PSICOTERAPIA E SENTIDO DA VIDA

Fundamentos da logoterapia e análise existencial

Conheça nossos clubes

Conheça nosso site

@editoraquadrante
@editoraquadrante
@quadranteeditora
Quadrante

PSICOTERAPIA E SENTIDO DA VIDA

Fundamentos da logoterapia
e análise existencial

7ª edição

Tradução
Alípio Maia de Castro

QUADRANTE

São Paulo
2019

Título original
Ärztliche Seelsorge

Copyright © 2003 herdeiros de Viktor Frankl

Capa
José Luis Bomfim

Dados Internacionais de Catalogação na Publicação (CIP)

Frankl, Viktor
    Psicoterapia e sentido da vida: fundamentos da logoterapia e análise existencial / Viktor Frankl; tradução de Alípio Maia de Castro – 7ª ed. – São Paulo : Quadrante, 2019.

    Título original: *Ärztliche Seelsorge*
    ISBN: 978-85-7465-056-2

    1. Psicoterapia 2. Psicanálise 3. Humanismo 4. Logoterapia 5. Psicoterapia existencial I. Título.

                                               CDD-616.8914
                                               NLM-WM 420

Índice para catálogo sistemático:
1. Logoterapia : Medicina 616.8914
2. Psicoterapia existencial : Medicina 616.8914

7ª edição, 2019
1ª reimpressão, 2024

Todos os direitos reservados a
QUADRANTE EDITORA
Rua Bernardo da Veiga, 47 - Tel.: 3873-2270
CEP 01252-020 - São Paulo - SP
www.quadrante.com.br / atendimento@quadrante.com.br

Sumário

Preâmbulo: Viktor Frankl – o homem 7
Prefácio à 7ª edição original 15
Introdução 17

I - DA PSICOTERAPIA À LOGOTERAPIA 29
Psicanálise e psicologia individual 31
O vácuo existencial e a neurose noogênica 45
A superação do psicologismo 49
O reducionismo genético e o pandeterminismo analítico 57
Imago hominis 65
A psicogênese do psicologismo 73

II - DA PSICANÁLISE À ANÁLISE EXISTENCIAL 79
A) Análise existencial geral 81
  1. O sentido da vida 81
    A DISCUSSÃO DO SENTIDO DA EXISTÊNCIA 82
    O SUPRASSENTIDO 88
    PRINCÍPIO DO PRAZER E PRINCÍPIO DO EQUILÍBRIO 95
    SUBJETIVISMO E RELATIVISMO 105
    TRÊS CATEGORIAS DE VALORES 111
    EUTANÁSIA 116
    SUICÍDIO 120
    A VIDA NO SEU CARÁTER DE MISSÃO 123
    O PRINCÍPIO DA HOMEOSTASE E A DINÂMICA EXISTENCIAL 131
    O SENTIDO DA MORTE 144
    COMUNIDADE E MASSA 150
    LIBERDADE E RESPONSABILIDADE 157
    O PODER DE RESISTÊNCIA DO ESPÍRITO 164
      O destino biológico 165
      O destino psicológico 170
      O destino sociológico 176
    A PSICOLOGIA DO CAMPO DE CONCENTRAÇÃO 179

  2. O sentido do sofrimento 192
  3. O sentido do trabalho 204
     A NEUROSE DE DESEMPREGO 209
     A NEUROSE DOMINICAL 215
  4. O sentido do amor 220
     SEXUALIDADE, EROTICIDADE E AMOR 222
     IRREPETIBILIDADE E «CARÁTER DE ALGO ÚNICO» 225
     O HORIZONTE DO «TER» 236
     VALOR E PRAZER 243
     DISTÚRBIOS NEURÓTICOS SEXUAIS 253
     O AMADURECIMENTO SEXUAL 259
     DIRETRIZES DE PEDAGOGIA SEXUAL 269
B) Análise existencial especial 277
  1. Psicologia da neurose de angústia 281
  2. Psicologia da neurose compulsiva 291
     ANÁLISE FENOMENOLÓGICA DAS VIVÊNCIAS
     DE TIPO NEURÓTICO-COMPULSIVO 298
     A TÉCNICA LOGOTERÁPICA DA INTENÇÃO PARADOXAL 312
  3. Psicologia da melancolia 339
  4. Psicologia da esquizofrenia 349

III - DA CONFISSÃO SECULAR À DIREÇÃO DE ALMAS MÉDICA 361

Direção de almas médica e pastoral 365
A relação manipulada e a entrevista de acareação 373
A técnica analítico-existencial do denominador comum 383
Último auxílio 389
Epílogo 395
Observações 407
Seleção bibliográfica do Autor 419
Índice de matérias 421

Preâmbulo

Viktor Frankl – o homem

O que impressiona desde o início na obra, bastante considerável já, de Viktor E. Frankl é a profundeza de humanidade que ela reflete, a intensidade de vida que dela se desprende: estas qualidades não lhe diminuem nada o valor propriamente científico, antes o realçam. É esta uma obra que talvez represente hoje em dia o último grande sistema de psicopatologia (à parte o de Szondi, se bem que Szondi não passe de um especialista); e os esforços de Frankl para elaborar uma doutrina psicológica e psicoterápica que permita ultrapassar qualquer psicologismo sem espírito, sem «logos», valeram-lhe um prestígio mundial indiscutido.

Não se imagine, porém, que a sua obstinação em descobrir no homem a «vontade de sentido» (ao contrário do «princípio do prazer», de Freud, e da «vontade de poder», de Adler); a sua insistência sobre os «valores», a sua concepção das «neuroses noogênicas», que (ao contrário de Freud, que vê na religião uma neurose obsessiva) supõem uma «religiosidade recalcada»..., estejam a denunciar nele o filósofo ou o moralista que se houvesse introduzido sub-repticiamente na clínica: Frankl é médico, lida com doentes, sarou muitos sofrimentos, elaborou um método terapêutico aplicado com êxito da Espanha ao Japão, da Rússia à África do Sul.

Entretanto, para melhor compreendermos a obra, travemos conhecimento com o homem.

Tipicamente vienense, expansivo e jovial, acolhe os doentes com uma grande cordialidade, que nada tem de profissional; gosta de conversar, quer na universidade quer em família, à mesa; polemista fino, sabe manejar o humor, a fantasia e o gracejo. Os seus cursos e conferências fascinam e enlevam porque são expressão de uma convicção interior, de experiências vividas, de sofrimentos suportados, de um idealismo renitente, mas jamais desencarnado. A sua conversação inesgotável, salpicada de historietas, de tiradas espirituosas, de guinadas imprevisíveis, de voos especulativos e de mergulhos incessantes na mais trivial experiência cotidiana – não tem nada de espetáculo que se contemple de fora: é antes uma contradança extraordinária que incita à participação. Os «sisudos professores» inquietam-se, os ingênuos defensores das ciências exatas evitam-no, os seus próprios compatriotas preferem por vezes ignorá-lo... Tal foi a sorte de outros célebres psiquiatras austríacos (Freud, Allers, Spitz). Pouco importa. Se o querem ouvir – sempre acompanhado da esposa encantadora, com quem casou em segundas núpcias –, podem fazê-lo hoje em Harvard, amanhã em Oslo, depois em Leipzig, Londres, Pamplona, em Ceilão, em Praga ou em Sydney. Por toda a parte desperta ou entusiasmo ou despeito, mas nunca indiferença.

Não conhece o repouso. Uma das suas «distrações» preferidas é meter-se em escaladas difíceis nos declives abruptos dos Alpes. Aliás, tem o diploma de guia da «Associação Alpina»; e há mesmo certos itinerários no Peilstein e no Raxalpe que tomaram o nome dele! Mas não é só isso: num abrir e fechar de olhos é capaz de esboçar a carvão uma caricatura divertida ou de compor um tango endiabrado. Leu Tomás de Aquino, mas compulsou também os últimos artigos ou obras de sociologia; é um apaixonado por pastéis e não bebe nunca uma gota de álcool; continua fiel à fé dos seus pais, mas utiliza-se de um breviário romano para rezar os salmos («a mais bela versão é a da Vulgata latina»). Sua filha estuda psicologia, mas nunca leu «as obras de papai». É um amigo exigente, mas que ninguém pode esquecer jamais.

Nos seus 16 anos, sendo ainda estudante de Colégio, este homem polifacético carteava-se com Sigmund Freud: enviou-lhe um ensaio sobre a origem da expressão mímica da afirmação e da negação, e teve a grande surpresa de o ver publicado pelo Mestre no seu *Journal international de Psychanalyse*. Muito mais tarde, Frankl poderá escrever: «Ao lado de Freud, eu não sou mais que um anão, mas se um anão trepa aos ombros dum gigante, vê até muito mais longe do que ele».

A sua carreira universitária foi a breve trecho truncada pela perseguição nazista; fez a experiência trágica dos campos de Theresienstadt (Boêmia), de Auschwitz, de Kaufering e de Türkheim (dependência de Dachau): e quase que só por milagre é que escapou. Aos quarenta anos, alguns dias depois de ter sido libertado pelos americanos, vem a saber, em chegando a Viena, da morte do pai, da mãe, do irmão e da sua querida esposa – com quem se havia casado durante a guerra; e é então que ele dita, dum fôlego, em nove dias, embargada a voz e debulhado em lágrimas, o livro que é conhecido em português sob o título de «Um psicólogo no campo de concentração»[1].

Não falarei aqui deste livro, pois muitos outros, mais quali-

---

(1) Tradução portuguesa, Editorial Aster, Lisboa. No original alemão Ein Psycholog erlebt das Konzentrationslager, Verlag für Jugend und Volk, 1ª edição, Viena, 1946. (N.T.)

ficados do que eu, o fizeram já, para prestar homenagem ao seu alto valor, à grande originalidade que ostenta no seu gênero, à riqueza interior deste informe sem artifícios, aos clarões psicológicos que nele se contêm e podem servir de introdução ao pensamento científico do autor. Mas, acostando-me em Gabriel Marcei, eu gostaria de falar a todos os que porventura sintam algum constrangimento em folhear ainda um livro sobre os horrores desses morticínios: este livro, não o deixem cair das mãos; retomem-no e não o larguem antes de o terem lido até o fim, dum fôlego só talvez – tal como foi criado –, e como o grande psiquiatra americano Allport confessa tê-lo feito, levado de um impulso espontâneo e irreprimível.

A *análise existencial* e a *logoterapia*, a doutrina e a terapêutica de Frankl, não se encontram aí inteiramente: já escreveu dezesseis livros! Mas o homem Viktor E. Frankl está todo inteiro nesse testemunho. Vemo-lo crescer, amadurecer, expandir-se: em comentários severos e irônicos, em voos líricos comoventes e observações clínicas objetivas, em astúcias espirituais e transportes generosos duma bondade sem artifícios. É uma obra que é uma joia e que conseguiu transformar-se em *best-seller* na América (913.000 exemplares, declarada quatro vezes «livro do ano» das universidades dos Estados Unidos). Primeiro, Frankl fazia tenção de a publicar no anonimato; só no último momento, quando começava já a ser impressa, é que os amigos o persuadiram de que devia assiná-la.

O pensamento de Frankl, embora se apoie em bases filosóficas sólidas – depois da guerra quis estudar filosofia, e aos 44 anos apresentou a sua tese de doutoramento, que é a obra sobre «o Deus inconsciente» –, brota diretamente da sua experiência humana e médica. Assim como Freud elaborou a sua doutrina a partir das neuroses que lhe foi dado observar e curar na sociedade burguesa, vitoriana e tradicionalista do seu tempo; e Adler, a partir das suas experiências nas classes sociais mais desfavorecidas, que lutavam por uma melhoria de situação – assim também Frankl elaborou a sua doutrina e o seu método em contato com homens do nosso tempo, sobretudo com aqueles que viveram as mais terríficas experiências do totalitarismo, do racismo, da segunda guerra mundial.

Não é possível, nem seria oportuno resumir agora o seu pensamento. Contudo, pelo que diz respeito à obra aqui apresentada, direi que a poderíamos definir como a «Summa Logotherapeutica» até 1942, enriquecida pelo «experimentum crucis» dos campos de concentração, e ampliada ultimamente, na edição de 1967, com as experiências da teoria e prática da Logoterapia, difundida já no mundo todo. O médico, o pedagogo, o assistente social, o sacerdote e todos os leitores avisados, ainda que não especialistas em alguma das chamadas ciências do homem, encontrarão aqui uma mina inesgotável de finíssimas observações sobre a existência humana, em seus aspectos mais quotidianos e também mais profundos, sobre o sentido indestrutível do viver na terra, se se vive como ser livre e responsável, no empenho de trabalhar e amar, em submissão inexorável à prova da dor e do lance da morte.

A sua exposição, a um tempo severa e amabilíssima, toca a chaga da problemática das gerações que assomam ao final do nosso século XX, salvando do naufrágio geral de estruturas passadas, não propriamente o instinto que certa psicanálise e certo espírito revolucionário quiseram pôr no centro da felicidade utópica futura – praticamente infra-humana –, mas sim aquele sentido imperecível da existência de cada um, em cada particular situação histórica, individual e coletiva, que só uma maturação da consciência consegue descobrir. A Logoterapia pretende justamente dirigir-se a tantos daqueles que hoje em dia se sentem asfixiados na atmosfera rarefeita do «vácuo existencial, para os ajudar a afinar a consciência, levando-os a descobrir em si mesmos o profundo significado da sua vida singular, única e irrepetível, até nas circunstâncias mais trágicas e aparentemente desprovidas de valor; para os ajudar a encontrarem a valentia de aceitar a responsabilidade de um viver humano entre os homens».

A parte dedicada à «Análise existencial especial» tem particular interesse para psicólogos e psiquiatras, mas todos a podem ler com proveito.

É uma obra que destrói uma infinidade de «tabus» e de lugares-comuns, que a divulgação psicológica e as atuais ideologias «desmitizantes» têm levantado na mentalidade supersticiosa do homem da era da técnica; e oferece, numa linguagem brilhante e briosa, a afirmação louçã e esperançosa do que é vivo, diário, simples e específico do ser humano enquanto tal, sempre capaz de recuperação, de novos entusiasmos, de amor e de autotranscendência.

Viktor E. Frankl ficará, na história da psiquiatria, como o médico da «doença do século XX»; como defensor corajoso da liberdade humana contra todo e qualquer determinismo científico-naturalista cego; como o admirável fenomenólogo do amor; como aquele que, cheio de otimismo, desvenda no homem uma abertura para a transcendência: com efeito, quem chega a compreender a existência humana como uma «missão» encontrará, mais cedo ou mais tarde, «Aquele que confia ao homem tal missão».

O seu bom senso, o seu senso de humor – que ele emprega como meio terapêutico, por permitir ao «Eu» o distanciar-se dos seus sintomas neuróticos – pode servir de remédio e de contrapeso a certa idolatria psicológica assaz difundida na nossa cultura de massas. A Lemercier, que preconizava a psicanálise de todos os religiosos, no intuito de afastar aqueles que batiam

PREÂMBULO

à porta do seu mosteiro movidos por «motivações neuróticas», Frankl respondeu, conforme contaria mais tarde, um pouco por ironia, um pouco por desabafo de quem quer sobreviver: «Se todos os que estudam psiquiatria por motivações neuróticas tivessem que ser eliminados, as nossas clínicas perderiam talvez os terapeutas mais compreensivos e mais entusiastas. Não sabe, Padre, que Deus escreve direito por linhas tortas?». Frankl é um psiquiatra excelente, precisamente por não ser um fanático da psiquiatria, porque crê no homem e no seu espírito, mais do que na pretensiosa ciência psicológica.

Prof. Johannes B. Torelló

Euntes eunt et plorant, semen spargendum portantes: Venientes venient cum exultatione, portantes manipulos suos.[2]

Prefácio à 7ª edição original

Já que nos aventuramos a corresponder, com uma nova edição, ao interesse por um livro que continua a ser procurado *vinte anos* depois que veio a lume pela primeira vez, impõe-se-nos introduzir capítulos adicionais que atualizem o ideário nele consignado, sem entretanto adulterar demasiado o «primeiro lance» – que era uma obra unitária, de uma só peça. É claro que isto não se faz senão à custa da homogeneidade do conteúdo. Por isso nos parece oportuno enumerar aqui, dentre os aditamentos feitos, aqueles que ocupam os tópicos mais extensos da presente edição. Ei-los:

– Introdução (extrato da comunicação apresentada pelo Autor no encerramento do 5.º Congresso Internacional de Psicoterapia, na qualidade de Vice-Presidente);

---

(2) Trecho do Salmo 125 da Bíblia, que é precedido pela frase «*Qui seminant in lacrimis, in exsultatione metent*» e, incluída esta, significa: «Os que semeiam com lágrimas exultarão de alegria na colheita. Na ida, vão chorando os que levam a semente a espargir; mas, ao voltarem, trazendo na mão os molhos da ceifa, virão cheios de alegria». (N.T.)

– O vácuo existencial e a neurose noogênica (extraído de uma entrevista concedida pelo Autor a Huston C. Smith, professor do *Massachusetts Institute of Technology*, conforme consta de um filme a cores preparado por iniciativa da *Califórnia College Association)*;

– O reducionismo genético e o pandeterminismo analítico (baseado na dissertação proferida a convite do Conselho Acadêmico, quando do 6.° Centenário da Universidade de Viena);

– *Imago hominis* (como acima);

– Subjetivismo e relativismo *(The First Howard Chandler Robbins Lecture*, dada na *American University* em Washington);

– O princípio da homeostase e a dinâmica existencial (extraído da conferência proferida a convite do Instituto de Psicologia da Universidade de Melbourne);

– A técnica logoterápica da intenção paradoxal (conforme o *Opening Paper* do *Symposium on Logotherapy*, a convite do 6.° Congresso Internacional de Psicoterapia);

– Direção de almas médica e pastoral (*Peyton Lecture* do ano de 1965, dada na *Southern Methodist University* em Dallas);

– A relação manipulada e a entrevista de acareação (extraído do Seminar on Logotherapy realizado na Harvard University Summer School);

– Último auxílio (da coleção *Modern Psychotherapeutic Practice: Innovations in Technique»*, editada por Arthur Burton, *Science and Behavior Books,* Palo Alto, Califórnia, 1965);

– Epílogo (tradução do texto de um filme preparado pelo *Department of Psychiatry, Neurology and Behavioral Sciences da University of Oklahoma)*.

VIKTOR E. FRANKL

Introdução

Schelsky, no título de um dos seus livros, classifica a juventude de hoje como «a geração cética». Uma coisa semelhante se pode dizer também dos psicoterapeutas atuais. Dizemo-lo especialmente pelo que se refere a nós próprios: tornamo-nos cautelosos e até desconfiados das nossas conclusões e conhecimentos; mas esta modéstia e moderação, pode dizer-se que exprime a impressão vital de toda uma geração de psicoterapeutas.

Há muito deixou de ser segredo que – independentemente da técnica ou método aplicado –, entre dois terços e três quartos dos casos se registrou cura ou pelo menos uma melhoria essencial. Só que eu queria percatar-me contra qualquer conclusão demagógica. Porque ainda se não deu uma resposta à pergunta de Pilatos da psicoterapia: o que é a saúde? O que é dar saúde, – o que é a cura? Uma coisa, entretanto, é indiscutível: se, seguindo muito embora os mais variados métodos, os altos conselhos finais que se apontam são mais ou menos os mesmos, então não é à técnica aplicada em cada caso que temos de atribuir em primeira linha os resultados respectivos. Franz Alexander sustentou uma vez esta afirmação: «In all forms of psychotherapy, the personality of the therapist is his primary instrument». Mas, deverá isto significar que nos é lícito tornarmo-nos *desprezadores da técnica?* Quanto a mim, preferiria concordar com Hacker, que teve o cuidado de não ver na psicoterapia uma simples arte comparável ao charlatanismo, a que se abrem de par em par todas as portas. O certo é que a psicoterapia é ambas as coisas: arte e técnica. Sem dúvida, gostaria de ir mais longe e arriscar a afirmação de que *o extremo da psicoterapia, musical ou técnico conforme o caso,* é, enquanto tal, enquanto extremo, mero artefato. Os extremos só existem propriamente na teoria. A prática desenvolve-se numa esfera intermédia, numa esfera que se situa *entre* os extremos de uma psicoterapia concebida musical ou tecnicamente. Entre estes extremos estende-se todo um espectro; e neste espectro cada método e técnica adquire um determinado valor de posição. No ponto mais próximo do extremo musical estaria o autêntico encontro existencial (a «comunicação existencial» no sentido de Jaspers e Binswanger), ao passo que no extremo técnico se localizaria a transferência em sentido psicanalítico, e que, como observa Boss num dos seus trabalhos mais recentes, se «manuseia» em cada caso, para não dizermos que se «manipula» (Dreikurs). Aproximar-se-ia bastante do extremo técnico o *training* autógeno segundo Schultz, e do polo musical poderia distanciar-se ao máximo algo do tipo da hipnose por música gravada *(Schallplattenhypnose).*

Quanto a saber com que esfera de frequência filtramos as coisas, por assim dizer, através do espectro, isto é, quanto ao método e técnica que julgamos indicado, – isso depende não apenas dos pacientes, mas também do médico, pois, além de que nem todos os casos reagem igualmente bem a cada método[3], também nem todos os médicos se podem sair igualmente bem

---

(3) Beard, o criador do conceito de neurastenia, já afirmava: se um médico trata do mesmo modo dois casos de neurastenia, é porque com certeza tratou mal um dos dois.

com qualquer técnica. É o que tento explicar aos meus alunos servindo-me desta igualdade:

$$\Psi = x + y$$

Quer dizer: o método de psicoterapia a escolher em cada caso (Ψ) é dado por uma igualdade com duas incógnitas, não se podendo construir sem se tomar em conta, por um lado, a irrepetibilidade e o «caráter de algo único»[4] do paciente e, por outro, a irrepetibilidade e o «caráter de algo único» do médico.

Quererá isto significar que podemos entrar e cair num ecleticismo ambíguo e pobre? Deverão ser dissimuladas as contradições existentes entre os vários métodos de psicoterapia? Não é possível ocuparmo-nos aqui de todas estas questões. Mas, tanto quanto no-lo permitem os nossos exames e reflexões, importa dizer que a nenhuma psicoterapia é lícito impor a pretensão de exclusividade. *Enquanto não pudermos deparar com uma verdade absoluta, devemos contentar-nos com que as verdades relativas se corrijam umas às outras*, e também adotar a *coragem da unilateralidade,* de uma unilateralidade que seja consciente de si mesma.

Suponha-se que o flautista de uma orquestra não quer tocar «unilateral» e exclusivamente flauta, mas ter à mão outro instrumento: seria inconcebível! Com efeito, ele tem não só o direito, mas precisamente o dever de tocar «unilateral» e exclusivamente na orquestra a sua flauta. Bem entendido, só na orquestra: porque, logo que chega a casa, terá a prudente cautela de não

---

(4) A expressão que pusemos entre aspas é a tradução de um só vocábulo alemão: *Einzigartigkeit.* Já se sabe que outra tradução possível é o termo unicidade. No entanto, pareceu-me melhor a solução adotada, muito mais rigorosamente expressiva do que o Autor quer dizer. Já que a palavra alemã questionada não figura entre aspas no original, queria ainda fazê-lo constar. No resto do texto, seguiremos, por via de regra, idêntico critério. (N. T.)

enervar os seus vizinhos com um concerto unilateral e exclusivo de flauta. Seja como for, na orquestra polifônica da psicoterapia é-nos não só legítimo mas também obrigatório escolher uma *unilateralidade, que permaneça consciente de si mesma.*

A arte foi uma vez definida como unidade na pluralidade. Analogamente, penso eu, pode-se definir *o homem como multiplicidade na unidade.* A despeito de toda a unidade e totalidade da essência do homem, há uma multiplicidade de dimensões em que ele se estende interiormente, devendo a psicoterapia segui--lo no interior de todas elas. Nada se pode deixar de tomar aí em consideração: – nem a dimensão somática, nem a psíquica, nem a noética. A *psicoterapia* deve-se mover, portanto, *numa escada de Jacó,* subir e descer por uma escada de Jacó. Não lhe é lícito descurar a problemática metaclínica que lhe é própria, nem espezinhar o terreno seguro do empírico clínico. Se a psicoterapia se «extravia» em esotéricas alturas, logo devemos chamá-la à terra, pondo-a de novo no seu lugar.

Com o animal partilha o homem as dimensões biológica e psicológica. Por mais que o seu ser animal seja dimensionalmente encimado e caracterizado pelo seu ser humano, o homem não deixa de ser também um animal. E, no entanto, é algo mais do que isso. Um avião não deixa de poder dar voltas no aeródromo, em terra, exatamente como um automóvel; embora só se mostre verdadeiro avião quando levanta voo, isto é, quando se eleva ao espaço tridimensional. Da mesma forma, o homem é também um animal; contudo, em última análise, é também mais do que um animal e, na verdade, em nada menos do que toda uma dimensão, a dimensão da liberdade. A liberdade do homem não é, evidentemente, uma liberdade em relação a condições, quer elas sejam biológicas, psicológicas ou sociológicas; e, sobretudo, não é uma liberdade *de* algo, mas sim uma liberdade *para* algo, a saber: a liberdade para uma *tomada de posição* perante todas as condições. Assim, o homem também só se revela como verdadeiro homem quando se eleva à dimensão da liberdade.

O que acabamos de dizer ilustra a razão pela qual, na teoria, o princípio ethológico é exatamente tão legítimo como, na prática, o princípio farmacológico. Gostaria que isto me permitisse dilucidar a questão de saber se uma psicofarmacologia pode substituir uma psicoterapia, ou apenas simplificá-la ou complicá-la. E, neste sentido, limitar-me-ei a uma observação: recentemente salientou-se o receio de que a terapia psicofarmacológica, tanto como o tratamento por eletrochoque, poderia fazer com que a prática psiquiátrica se mecanizasse e o paciente já não fosse considerado como uma pessoa; entretanto, eu sinto-me na obrigação de dizer que não se entende o motivo de tal receio, pois o que aqui está em causa não é uma técnica, mas sim e sempre aquele que manuseia a técnica, o espírito com que a técnica é manuseada[5]. Assim, há de fato um espírito com base no qual certa técnica *psicoterápica* é manuseada de modo que «despersonaliza» os pacientes e que, por trás da doença, já não deixa ver a pessoa, limitando-se antes a ver, na *psyche*, meros mecanismos: o homem é *reificado*[6] – transforma-se numa coisa – ou é *manipulado* a bel-prazer: passa a ser meio para um fim[7].

Aliás, há, a meu ver, casos mais graves, de depressão endógena por exemplo, em que o tratamento por eletrochoque é muitas vezes inteiramente indicado. A argumentação segundo a qual em

---

(5) Uma coisa é que eu aplique um aparelho, outra muito diferente é que eu *considere* como aparelho e mecanismo o paciente.

(6) Latinismo usado pelo Autor. (N.T.)

(7) Cf. W. v. Baeyer (*Gesundheitsfürsorge – Gesundheitspolitik* 7, 197, 1958): «Um paciente não se sente menosprezado no seu ser humano unicamente quando nos interessamos só pelas suas funções corpóreas, mas também quando ele se sabe objeto de estudos psicológicos, de comparações e manipulações. Ao lado do frio objetivismo da medicina científico-natural, há também o frio objetivismo da psicologia e de uma medicina impregnada de psicologia».

tais casos os sentimentos de culpa não deveriam ser «eliminados por choque», por estar neles latente uma culpa real, não a tenho eu por recomendável. Num certo sentido, num sentido existencial, cada um de nós é culpado; mas este ser-culpado sensibiliza os depressivos endógenos de um modo tão desproporcionado, tão hiper-dimensionado, que os impele para o desespero, para o suicídio. *Quando na maré-baixa aparece um recife, ninguém se arrisca a afirmar que o recife é a sua causa.* Semelhantemente se passam as coisas numa fase endógeno-depressiva: torna-se visível – visível, mas desfiguradamente – aquela culpa que está no fundo de todo ser humano; isto, contudo, ainda não significa que tal ser-culpado existencial também se encontra agora «no fundo» da depressão endógena, no sentido de que esteja «no fundo» da psicogênese ou até da noogênese. Seja como for, é já bastante digno de nota – cito um caso concreto – o fato de esta culpa existencial ser patogênica precisamente de Fevereiro a Abril de 1951 e, posteriormente, só de Março a Junho de 1956, não o sendo em geral depois, durante longo tempo.

Mas ainda há uma coisa sobre a qual eu gostaria de fazer refletir: não será descabido confrontar um homem com a sua culpa existencial, precisamente durante as fases endógeno-depressivas? Uma conduta destas facilmente teria por única consequência uma tentativa de suicídio: seria atirar água ao moinho de autocensura do paciente. Eu não creio que nos seja lícito, em casos deste tipo, privar o doente daquele alívio que o tratamento por eletrochoque, e sobretudo a terapia com o auxílio da psicofarmacologia, já costuma proporcionar às suas dores.

O mesmo não se pode dizer quando temos de lidar, não com uma depressão endógena, mas com uma depressão psicógena; não com uma psicose depressiva, mas sim com uma neurose depressiva: neste caso, um eletrochoque representaria, conforme as circunstâncias, um defeito de técnica. Defeito que, por seu

INTRODUÇÃO

turno, representaria uma pseudoterapia, mera dissimuladora da etiologia: tal qual a morfina no caso de uma apendicite. Isto vale analogicamente para a psicoterapia: também o médico pode passar por alto a etiologia nesta matéria. E este perigo é tanto mais atual quanto é certo vivermos numa época em que a psiquiatria e, afinal, a medicina, estão conhecendo uma mudança de função. Ainda não há muito, o professor Farnsworth, da Universidade de Harvard, numa exposição à *American Medical Association*, sustentava: «Medicine is now confronted with the task of enlarging its function. In a period of crisis such as we are now experiencing, physicians must of necessity indulge in philosophy. The great sickness of our age is aimlessness, boredom, and lack of meaning and purpose». Desta maneira, põem-se hoje ao médico problemas que não são propriamente de natureza médica, mas antes de natureza filosófica, e para os quais ele não se acha preparado.

Os pacientes dirigem-se ao psiquiatra porque duvidam do sentido da sua vida ou porque perderam mesmo toda a esperança de o achar. A este respeito, eu costumo falar de uma frustração existencial. Bem vistas as coisas, não se trata aqui de nada patológico; na medida em que especialmente se pode falar de neurose, o que temos de encarar é um novo tipo de neurose, que eu denominei *neurose noogênica*. Por toda a parte ela preenche, conforme o atestam estatísticas gritantemente coincidentes como as que constam em Londres, Würzburg e Tubinga, cerca de 20% do movimento dos hospitais respectivos, e nos Estados Unidos, tanto na Universidade de Harvard como no *Bradley Center of Columbia*, (Geórgia), já se começaram a elaborar testes que permitam diferençar em diagnóstico a neurose noogênica de uma neurose psicógena (e de uma pseudoneurose somatógena). Um médico que não estivesse em condições de estabelecer esta diagnose diferencial correria o risco de renunciar à arma mais importante que jamais se pôde dar no arsenal psicoterapêutico:

a orientação do homem para o sentido e os valores (obs. 1)[8]. Eu não consigo imaginar que a deficiente dedicação a uma missão possa constituir alguma vez a única e exclusiva *causa* de uma *enfermidade* física. Mas estou convencido de que uma orientação de sentido (*Sinnorientierung*) *é um meio de cura*.

Já estou preparado para o caso de me objetarem que deste modo se estaria exigindo demais ao paciente: porque, o que nós hoje em dia devemos temer, numa época de frustração existencial, não é o exigir demais ao homem, mas sim o exigir-lhe de menos. Já não temos apenas uma patologia do esgotamento (*stress*); mas temos também uma *patologia do desafogo*. Em 1946 foi-me dado descrever a psicopatologia do desafogo por morbidez em antigos prisioneiros de guerra. Mais tarde, alguns trabalhos de W. Schulte bateram na mesma tecla, conceituando o desafogo como um «ângulo vegetativo do tempo».

Finalmente, as minhas observações foram confirmadas por Manfred Pflanz e Thure von Uexküll. Portanto, já não vale evitar a todo o custo as tensões. Inclino-me antes a pensar que *o homem precisa de uma certa medida de tensão, de uma medida saudável e doseada de tensão*. Não se trata de homeostase a qualquer preço, mas sim de *noodinâmica,* conforme a terminologia por mim adotada para designar o campo de tensão polar que se abre entre o homem e o sentido – ininterrupta e irrevogavelmente nele expectante – da sua realização. Nos Estados Unidos, já se fizeram ouvir opiniões segundo as quais *na psicoterapia está chegando ao fim uma era epicurista, substituindo-a uma era estoicista*. Quer dizer que, daqui em diante, já podemos pelo menos dar-nos ao luxo de despachar a orientação e ordenação de um homem para

---

(8) No final do volume, o Autor acrescenta um acervo de notas como esta a que aqui o texto se refere. Para as distinguirmos das notas que acompanham o texto no rodapé, designamo-las, na tradução, por observações. (N.T.)

INTRODUÇÃO

algo como o sentido e os valores, a título de «meros mecanismos de defesa ou racionalizações secundárias». Pelo que me diz respeito – e talvez me seja permitido falar aqui em nome pessoal –, eu não gostaria de viver em função dos meus mecanismos de defesa ou por causa das minhas racionalizações secundárias, ou arriscar inteiramente à toa a minha vida. Decerto, em casos isolados e excepcionais, deve haver, por trás da preocupação do homem com o sentido da sua existência, alguma outra coisa; mas em todos os outros casos há apenas uma pura predisposição do homem, que nós temos de tomar a sério, não nos sendo lícito comprimi-la dentro de um esquema perceptivo profissional, tomado como um leito de Procusto. O esquema perceptivo profissional facilmente nos induziría a analisar ou a tranquilizar parcialmente a preocupação do homem com o sentido da existência, preocupação essa tão humana que *só o homem pode levantar a questão do sentido e pôr em questão o sentido da sua existência!* Fosse como fosse, estaríamos enveredando por uma pseudoterapia.

A noodinâmica não é relevante unicamente para a psicoterapia; também o é para a psico-higiene. Nos Estados Unidos, baseando-se em pesquisa de testes, Kotchen conseguiu provar que o conceito de orientação de sentido (*Sinnorientierung*), fundamental em logoterapia, – quer dizer, o ser orientado e o ser-ordenado de um homem, em função de um mundo do sentido e dos valores – é proporcional à sua saúde espiritual. Davis, McCourt e Solomon também confirmaram, no decurso das experiências de *sensory deprivation*, que, para evitar as alucinações ocorrentes, não basta proporcionar simples dados de sentido *(Sinnesdaten)*, antes se tornando indispensável restabelecer uma correta referência de sentido *(Sinnbezug)*.

Ora, esta exclusão da referência de sentido é precisamente o que está, não apenas no fundo de uma psicose experimental, mas no fundo também de uma neurose coletiva. Refiro-me àquele sentimento de perda do sentido (*Sinnlosigkeitsgefühl*), que pelo visto se apodera cada vez mais do homem de hoje, e que defini como *vácuo existencial*. Atualmente, o homem não sofre apenas de um depauperamento dos instintos, mas de uma perda da tradição. Doravante, nem os instintos lhe dizem o que tem que fazer, nem a tradição lhe diz o que deve fazer. Em breve deixará de saber o que quer, para começar a imitar os outros pura e simplesmente. E, assim, cairá no conformismo. Nos Estados Unidos, os psicanalistas queixam-se de terem começado a lidar com um novo tipo de neurose, cuja característica mais marcante consiste numa entorpecente perda da iniciativa. O tratamento tradicional – queixam-se os colegas – deixa-os desamparados e não dá resultado em tais casos. Vê-se, assim, que o brado dos pacientes, a reclamar um sentido da vida, produz entre os médicos o seu eco, isto é, faz-lhes formular um apelo a novas diretrizes psicoterápicas. Este apelo soa com tanto mais urgência quanto é certo que, no caso do vácuo existencial, trata-se de uma manifestação coletiva. Cerca de 40% dos estudantes alemães, suíços e austríacos, que assistiram às minhas preleções em língua alemã, confessaram que haviam tido a vivência e a experiência do sentimento de uma profundíssima perda do sentido; entre os estudantes dos Estados Unidos que assistiram às lições em língua inglesa, a percentagem subia a 80%. Naturalmente, isto não quer dizer que o vácuo existencial domine esmagadoramente os americanos, nem que, enfim, tenhamos que atribuir o fato à chamada americanização; apenas significa que, pelo visto, estamos em face de uma característica das formas de sociedade superindustrializadas. E, já que Boss mencionou o tédio como a neurose do futuro, estou em acrescentar que «o futuro já começou». Mais ainda: foi já profetizado no século passado por Schopenhauer, que via o homem destinado a oscilar para sempre entre os dois extremos da necessidade e do té-

INTRODUÇÃO

dio. Em todo caso, nós, os psiquiatras, observamos que o extremo do tédio dá mais que fazer.

Entretanto, estará a psicoterapia preparada para tudo? Eu creio que ela tem que aprofundar mais ou menos o seu novo papel. Pelo menos ainda mal se desenvencilhou daquela fase que – para usarmos a expressão de Franz Alexander – estava dominada pela mentalidade mecanicista. Se bem que Franz Alexander tem também toda a razão em dizer que é precisamente à orientação mecanicista e materialista da antiga medicina que nós devemos prodigiosos frutos. Eu, por mim, preferiria dizer: *Não temos nada de que arrepender-nos, mas muito que subsanar.*

Uma das primeiras tentativas neste sentido foi a que Freud empreendeu. A criação da sua psicanálise foi o nascimento da moderna psicoterapia. Mas Freud teve que emigrar, e com ele a psicoterapia. Na realidade, já tinha emigrado no dia em que a sua conferência na respeitável sociedade de médicos de Viena foi recebida com um sorriso de escárnio. Hoje, parece-me ter chegado o momento de atentar naquilo que eu caracterizei, no título de uma conferência apresentada na Sociedade Médica de Mainz, como «O *regresso da psicoterapia ao lar da medicina*». Que já chegamos ao momento de fazê-lo, é o que se deduz do fato de toda uma série de tarefas relativas à medicina da alma estarem esperando por um médico de cabeceira. Seja como for, o esforço médico ainda está a muitos títulos mecanizado, «despersonalizando-se» com ele o paciente. Com efeito, o esforço clínico de muitos modos ameaça cristalizar em rotina, para não dizer em burocracia. E se agora a própria psicoterapia se contaminasse nesta medicina ultramecanizada, prestando homenagem ao ideal tecnológico do engenheiro da alma, tão censurado por Franz Alexander, o erro seria tanto maior. No entanto, eu penso poder afirmar que estamos em vias de conjurar este perigo.

A psicoterapia acha-se, assim, com efeito, no caminho de

regresso ao seio materno de toda a arte médica. Mas este regresso modificará tanto o aspecto da psicoterapia como o da medicina. Realmente, a psicoterapia terá de pagar um preço pelo seu regresso ao lar da medicina, e este preço será a *desmitificação da psicoterapia*.

Entrementes, é de perguntar: como se efetivará, em última análise, o regresso da psicoterapia ao lar da medicina? Conduzirá ele realmente a uma ilimitada «psicologicização da medicina»? Julgo que não é bem assim, Caminhar-se-á não para uma psicologicização, mas sim para uma *reumanização da medicina*.

Como quer que seja, sempre convém considerar que, por mais essencial que seja para a psicoterapia a relação humana entre médico e doente, nunca nos será lícito tornarmo-nos desprezadores da técnica. É que, o que desumaniza os pacientes não é um método mas sim o espírito com que o método é usado; e a tentação de *reificar* e manipular os pacientes está pelo menos tão latente na psicoterapia como por exemplo no tratamento psicofarmacológico ou no que se faz com ajuda do eletrochoque. Pelo que diz respeito particularmente à neurose noogênica, a psicoterapia, não menos do que a somatoterapia, deveria ter em conta a verdadeira etiologia durante o tratamento; e o vácuo existencial, que cada vez mais se propaga, requer novos princípios (logo)terápicos. O certo é que a psicoterapia só pode dar vasão à multidimensionalidade das suas tarefas se se inserir de novo no conjunto da medicina donde ela emigrou com Freud. Esse regresso modificará tanto o seu próprio rosto como o da medicina, trazendo consigo, por um lado, uma desmitificação da psicoterapia e, por outro, uma reumanização da medicina.

I

DA PSICOTERAPIA À LOGOTERAPIA

Psicanálise e psicologia individual

Quem poderia falar de psicoterapia sem mencionar Freud e Adler? E, em se tratando da psicoterapia, quem poderia deixar de partir da psicanálise e da psicologia individual, para depois e sempre se lhes referir? Não resta dúvida alguma de que ambas representam os dois únicos grandes sistemas no âmbito psicoterápico. A obra dos seus criadores impõe-se ao nosso pensamento na história da psicoterapia, sem que dela possamos prescindir. Ainda que se trate de ultrapassar os princípios da psicanálise e da psicologia individual, continua válida a sua doutrina como base das investigações. Stekel exprimiu uma vez belamente os termos do problema, quando, ao referir-se à sua posição a respeito de Freud, imaginou um anão que, encarrapitado aos ombros de um gigante, podia ver mais e mais longe do que o próprio gigante (obs. 2).

O intuito das páginas que se seguem é ultrapassar os limites de toda a psicoterapia que se fez até agora. Por isso, é preciso antes de mais delimitar com precisão esses limites: antes de nos perguntarmos sobre o problema de saber se é necessário e em que medida é possível ultrapassá-los, cumpre-nos determinar que a psicoterapia tem realmente tais limites.

Freud compara o trabalho essencial da psicanálise à drenagem do Zuider-See: assim como, nessa região, às águas primitivas se foram conquistando terrenos férteis, assim também a psicanálise vai substituindo o «Id» (Es) pelo «Ego» (Ich); isto é, o consciente passará a ocupar o lugar do inconsciente; o que se fez inconsciente deve-se tornar consciente, mediante a abolição dos «recalques». Portanto, do que se trata na psicanálise é de anular o resultado dos atos de repressão como processo de inconscientização. Já se vê, em todo caso, que dentro da psicanálise corresponde ao conceito de repressão um significado central, aliás no sentido de uma limitação do Ego (Ich) consciente por parte do Id (Es) inconsciente. Nestes termos, a psicanálise vê no sintoma neurótico uma ameaça, uma privação de poder do Ego (Ich) enquanto consciência; e, por conseguinte, esforça-se a terapia analítica no sentido de extrair do inconsciente o conteúdo das vivências reprimidas, para restituí-las à consciência e, assim, prover o Ego (Ich) de um incremento de poder.

De um modo análogo ao que ocorre na psicanálise com o conceito de repressão, desempenha na psicologia individual um papel principal o conceito de *arrangement*. No *arrangement*, o neurótico tenta eximir-se de culpa; não há aqui, portanto, uma tentativa de tornar algo inconsciente, mas sim a tentativa de se tornar irresponsável; o sintoma arca, por assim dizer, com a responsabilidade, eximindo-se dela o doente. Isto significa, evidentemente, no campo de visão da psicologia individual, uma tentativa (como *arrangement*) do paciente para se justificar perante a comunidade ou perante si próprio (a chamada legitimação da doença). A terapia da psicologia individual propõe-se, por isso, tornar o neurótico responsável pelo seu sintoma, inserindo-o na esfera pessoal da responsabilidade, alargando a esfera do Ego (Ich) mediante um incremento da responsabilidade.

Vemos, assim, que a neurose representa, para a psicanálise, em última instância, uma limitação do Ego (Ich) enquanto consciência e, para a psicologia individual, uma limitação do Ego (Ich) enquanto ser-responsável (*Verantwortlichsein*). Ambas as teorias incorrem numa limitação concêntrica do seu campo científico de visão: uma, convergindo para a conscientidade (*Bewusstheit*) do homem; a outra, para a sua responsabilidade. Contudo, uma reflexão imparcial sobre os fundamentos originários do ser humano leva-nos a concluir que o ser-consciente (*Bewusstsein*) e o ser-responsável *(Verantwortlichsein)* constituem precisamente os dois fatos fundamentais da existência. Exprimindo esta realidade numa fórmula antropológica fundamental, poderíamos dizer: ser-homem significa ser-consciente e ser-responsável. É bem verdade que tanto a psicanálise como a psicologia individual consideram um dos aspectos do ser-homem, um dos momentos da existência humana; mas só os dois aspectos tomados conjuntamente é que evidenciam um verdadeiro retrato do homem. No seu ponto de partida antropológico, a psicanálise e a psicologia individual encontram-se em posições opostas; mas sua oposição demonstra, já de si, uma complementaridade recíproca. Patenteia-se, assim, com base nesta análise teórico-científica, que as duas escolas de psicoterapia não nasceram como produto de um acaso histórico-cultural, devendo-se antes a uma necessidade sistemática.

Na sua unilateralidade, é claro que a psicanálise e a psicologia individual descortinam um dos lados do ser-homem. Todavia, o fato de que o ser-consciente e o ser-responsável se interpenetram tem a sua contraprova na circunstância de a linguagem humana dispor, por exemplo em francês e inglês, de expressões semelhantes (com a mesma raiz etimológica) para se referir ao «ser-consciente» (*Bewusstsein*) e à «consciência» (*Gewissen*); portanto, para se referir a um conceito que toca de perto a «responsabilidade». É a unidade da palavra a remeter-nos para a unidade do ser.

Que o ser-consciente e o ser-responsável se entrelaçam numa unidade, numa totalidade do ser humano, é coisa que se entende ontologicamente. Para atingirmos a compreensão deste ponto, podemos começar por atentar em que todo ser é, em cada caso, e em substância, um ser-diferentemente *(Anders-sein)*. Explicamos: aquilo que nós no ente *(Seiend)*[9] escolhemos, isolando-o da restante série de seres, só se pode delimitar na medida em que é suscetível de diferenciação. Afinal de contas, só em se referindo a um ente *(Seiend)*, a um diferentemente-ente *(Anders-seiend)*, é que ambos se constituem. Seja como for, a relação entre ente *(Seiend)* e diferentemente-ente *(Anders-seiend)* está aí. Ser = Ser *diferentemente,* isto é, «ser-diferentemente em relação a» *(Anders-sein als):* – portanto, *relação;* propriamente, só a *relação* «é» (obs. 3). Poderíamos, por conseguinte, usar esta fórmula: *todo ser é ser-referido (Bezogen-sein).*

Mas o ser-diferentemente *(Anders-sein)* tanto pode representar um ser-diferentemente numa relação de vizinhança (um *Nebeneinander)* como numa relação de sucessão (um *Nacheinander).* Ora, o ser-consciente pressupõe uma relação de vizinhança pelo menos entre o sujeito e o objeto – portanto um ser-diferentemente na dimensão espacial; em contrapartida, o ser-responsável tem por pressuposto uma relação de sucessão de diversos estados, a separação entre um ser futuro e um ser presente –, portanto, um ser-diferentemente na dimensão temporal: um

---

(9) O Ser *(Das Sein)* não é nenhuma exceção: «É», em todo caso, «diferentemente em relação» ao Nada!

mudar *(Anders-werden* = tornar-se outra coisa diferente), em que a vontade, como sujeito da responsabilidade, se esforça por conduzir de um estado a outro. A interpenetração ontológica dos dois conceitos – «ser-consciente» e «ser-responsável» – tem a sua origem, por conseguinte, no primeiro desdobramento do ser, como ser-diferentemente, nas duas dimensões das relações de vizinhança e sucessão. Das duas possibilidades de visão antropológica que assentam na realidade ontológica apresentada, é claro que a psicanálise e a psicologia individual escolhem uma apenas.

Nós bem sabemos que se deve a Freud nada mais e nada menos que a descoberta de toda uma dimensão do ser psíquico[10]. Mas Freud entendeu tão pouco a sua descoberta como Colombo que, quando descobriu a América, julgava ter chegado à Índia. Também Freud pensava que o essencial na psicanálise eram mecanismos como o recalque e a transferência, quando na realidade se tratava da consecução de um mais profundo conhecimento de si mesmo, mediante um encontro existencial.

E, no entanto, devemos ser bastante generosos para defender Freud do seu *errado conhecimento de si mesmo*. Afinal de contas, o que é que nos diz a psicanálise, se nós a isolamos de todo condicionamento temporal, se a separamos de todas as cascas de ovo que o século XIX lhe possa ter pegado? O edifício da psicanálise assenta em dois conceitos essenciais: o do recalque e o da transferência. Pelo que diz respeito ao recalque, nos quadros da psicanálise, é através da consciencialização *(Bewusstwerdung)* que se elabora a atuação consciente *(Bewusstmachung)*. Todos nós conhecemos a orgulhosa frase de Freud, – eu diria mesmo a sua frase prometeica: «Onde está o

---

(10) Viktor E. Frankl, *Das Menschenbild der Seelenheilkunde*, HippokratesVerlag, Stuttgart 1959, pág. 13.

Id (Es), tornar-me-ei Ego (Ich)». Mas, pelo que se refere ao segundo princípio, o da transferência, bem vistas as coisas, estamos, quanto a mim, perante *um veículo de um encontro existencial*. Tanto assim é que a quinta-essência da psicanálise, afinal sempre aceitável, admite uma formulação que abrange os dois princípios da atuação consciente (*Bewusstmachung*) e da transferência: «Onde está o Id (Es), tornar-me-ei Ego (Ich)»; ora, *o Ego só se torna Ego perante o Tu.*

Paradoxalmente, a massificação da sociedade industrial traz consigo um isolamento que acentua a necessidade de comunicação. A mudança de função da psicoterapia, nos Estados Unidos, o país da *lonely crowd*, jogou a cartada forte da psicanálise. Mas os Estados Unidos são também o país da tradição puritana e calvinista. O sexual tinha sido reprimido no plano coletivo, e agora uma psicanálise equivocadamente pansexualista relaxava a repressão coletiva. Embora, *na realidade, seja evidente que a psicanálise não era de modo algum pansexualista,* mas sim e apenas pandeterminista.

Para falarmos com propriedade, a psicanálise nunca foi pansexualista. E hoje em dia muito menos. O que ocorria é que Freud concebia o amor como um mero epifenômeno, sendo ele, na realidade *um fenômeno originário da existência humana* e não precisamente um mero epifenômeno, quer no sentido das chamadas tendências inibidas, quer no sentido da sublimação. Fenomenologicamente verificou-se que, em se tratando de qualquer coisa como a sublimação, é sempre o amor que precede esta mesma sublimação como condição da sua possibilidade; e que, por esta razão, a capacidade de amar – *o pressuposto* da sublimação – não podia ser por si só *o resultado* de um processo de sublimação. Por outras palavras: a sublimação, quer dizer, a integração da sexualidade no todo da pessoa, só se torna compreensível a partir de um fundo que é a capacidade de amar, existencialmente primária e originária, a solicitude originária do homem pelo amor. Em suma: *só o Ego (Ich) que tende para o Tu pode integrar o Id (Es) verdadeiro e próprio*.

Scheler referiu-se à psicologia individual com uma observação desrespeitosa, dizendo que ela só valia propriamente para um tipo de homem determinado, o do ambicioso. Talvez não se deva ir tão longe na crítica. Em todo caso, pensamos que o que a psicologia individual passou por alto em toda a tendência para fazer-se valer *(Geltungsstreben)*, que imaginava encontrar sempre e em toda a parte, foi que muitos homens podem estar animados por uma ambição muito mais radical do que a ambição pura e simples, a saber: por uma ambição que, por assim dizer, não se satisfaria de maneira nenhuma com uma honra terrena, estendendo-se, ao contrário, até muito mais longe, em um eternizar-se, de qualquer forma que seja.

Já se consagrou a expressão psicologia profunda; onde fica, porém, a psicologia das alturas, que inclui no seu campo de visão, não só a vontade de prazer, mas também a vontade de sentido?[11] Cumpre perguntarmo-nos se não terá já soado a hora de vermos, no âmbito da psicoterapia, a existência humana, não só na sua profundeza, mas também nas suas alturas, – para se ultrapassar deliberadamente, não apenas o nível do físico, mas também o do psíquico, abarcando, por princípio, a esfera do espírito.

A psicoterapia feita até à data bem pouco nos deixou ver da

---

(11) Cf. V. E. Frankl, *Zentralblatt für Psychotherapie* 10, 33, 1938: «Onde está aquela psicologia terapeuticamente interessada, que inclua em seu esquema estas camadas mais altas da existência humana e, neste sentido e em contraste com o nome de psicologia profunda, mereça denominar-se psicologia das alturas?» É verdade que um representante da psicologia das alturas já disse certa vez: *Ideals are the very stuff of survival* – o homem só pode sobreviver se viver por um ideal; e, ao fazer semelhante afirmação, pensava que ela vale não apenas para o homem individual, mas também para a humanidade como um todo. Sabem quem é esse psicólogo das alturas? O primeiro dos astronautas americanos, John H. Glenn, – um psicólogo das alturas realmente...

realidade espiritual do homem. Como se sabe, ainda existe, por exemplo, uma ampla oposição entre a psicanálise e a psicologia individual: ao passo que aquela contempla a realidade anímica[12] sob a categoria da causalidade, o que domina no campo de visão da psicologia individual é a categoria da finalidade. A este respeito não se pode negar que, como quer que seja, a finalidade representa a categoria mais elevada, e neste sentido a psicologia individual significa, em confronto com a psicanálise, um maior desenvolvimento da psicoterapia, um progresso na sua história. Ora, este progresso, na minha opinião, ainda continua em aberto, na medida em que se lhe pode acrescentar mais outra fase. Porque, de fato, o que se impõe indagar é se com as duas categorias aduzidas já se esgotou a esfera dos possíveis pontos de vista categoriais, ou se pelo contrário não se deveria introduzir a nova categoria do «dever ser», para associá-la à do «ter que» (em função da causalidade) e à do «querer» (em função de uma finalidade anímica).

Semelhantes considerações podem parecer, à primeira vista, afastadas da vida. Mas não o são: especialmente, não o são para o médico, nem muito menos para quem se dedique à prática psicoterápica. Tudo está, afinal de contas, em que se queira que o doente dê de si o máximo possível. Não propriamente o máximo possível de segredos, mas sim de valor humano, recordando aquelas palavras de Goethe, que talvez se pudessem apontar como princípio supremo de toda a psicoterapia: «Se tomamos os

---

(12) Esta palavra, embora pouco corrente nos livros da especialidade escritos em língua portuguesa, é a única que nos permite conservar rigorosamente a terminologia do Autor. Para se referir às várias dimensões do ser humano, Frankl usa, afora outros termos de significado óbvio, os seguintes: *physisch* (físico); *psychisch* (psíquico); *geistig* (espiritual); e, finalmente, *seelisch* que é o que traduzimos por *anímico* (de alma, *Die Seele*). Veja-se, aliás, a secção III do livro onde se fala de «direção de almas médica» (título do original austríaco). Ao longo de toda a tradução, a palavra *anímico* corresponde invariavelmente a *seelisch*. (N.T.)

homens como eles são, fazemo-los piores. Se os tratamos como se eles fossem o que deveriam ser, conduzimo-los aonde cumpre conduzi-los».

Para além dos seus aspectos antropológicos e das suas categorias psicopatológicas, podemos agora afirmar que a psicanálise e a psicologia individual têm, quanto ao respectivo escopo psicoterápico, uma visualização perfeitamente diferençável. Mas também aqui, mais uma vez, encontramos, não uma simples oposição, deparando-se-nos antes uma espécie de gradação; – mais ainda, uma escala que nos parece não ter sido percorrida ainda até ao fim. Observemos, a este propósito, a cosmovisão que a psicanálise se propõe e que, consciente ou inconscientemente, poucas vezes declarada, mas sempre implicitamente contida, está nela latente. Afinal de contas, onde é que a psicanálise quer chegar quando se refere ao homem neurótico? O seu objetivo predeterminado está em provocar um compromisso entre a pretensão do seu inconsciente, por um lado, e, por outro, as exigências da realidade. A psicanálise procura adaptar o indivíduo, a sua disposição instintiva *(Triebhaftigkeit)*, ao mundo exterior; tenta harmonizá-la com a realidade, sendo que esta, muitas vezes – em consonância com um «princípio de realidade» – exige inexoravelmente a chamada negação dos instintos *(Triebversagung)*. Em contrapartida, o objetivo da psicologia individual vai muito mais longe. Para além da mera adaptação, exige do doente uma corajosa configuração da realidade; ao ter-que por parte do Id *(Es)*, contrapõe o querer por parte do Ego *(Ich)*.

Ora bem. Perguntamos a nós próprios se esta série de objetivos não estará incompleta, se não será permitido ou mesmo exigido o avanço para uma dimensão mais ampla; se, por outras palavras, não se deveria acrescentar às categorias da adaptação e da configuração uma terceira categoria, para chegarmos a uma imagem adequada da total realidade somático-anímico-

-espiritual que é o «homem», – a única que, enfim, nos poria em condições de conduzir a esta realidade tão sua o homem sofredor que nos é confiado e que, por seu turno, se nos confia. A categoria que temos em mente, denominá-la-emos categoria da consumação. Com efeito, entre a configuração da vida externa e a mais íntima e plena consumação de um homem, há uma diferença essencial. A configuração da vida é por assim dizer uma grandeza extensiva, ao passo que a realização consumada da vida é uma grandeza vetorial: trata-se de uma direção, uma direção para a possibilidade de valor que a cada pessoa humana está reservada, encomendada, e em vista de cuja realização efetiva se vive a vida.

Imaginemos, para esclarecer com um exemplo todas estas distinções, um rapaz novo que cresceu na pobreza e – em vez de se contentar com «adaptar-se» à estreiteza e à pressão das circunstâncias – impõe ao meio ambiente o seu querer pessoal, «configurando» a sua vida de tal maneira que, por hipótese, consegue estudar para chegar ao exercício de uma profissão de relevo. Suponhamos ainda que, seguindo a sua aptidão e inclinação, estuda medicina e chega a ser médico; tem então oportunidade de aceitar uma proposta sedutora de uma posição financeiramente lucrativa, que lhe garante ao mesmo tempo uma boa prática; vence na vida e consegue configurar uma existência externamente rica. Mas admitamos também que o talento deste homem se refere a um especial setor da sua carreira, para o qual aquela posição não oferece nenhuma saída: sendo assim, a despeito da feliz configuração externa da vida, continuaria sendo negada a esta vida a consumação íntima. Ainda que bem acomodado, por muito feliz que pareça, no seio de um lar instalado a bel-prazer, numa casa própria, com automóvel de luxo e um rico parque, – este homem, logo que reflita mais profundamente, por força tem que achar errada a sua vida; e, ao comparar-se talvez com a figura de outro homem que, renunciando às riquezas externas e a muitas oportunidades da vida, se manteve fiel ao seu destino próprio, terá que referir-se à sua vida com as palavras de Hebbel: «Quem eu sou saúda tristemente aquele que eu poderia ser». Em contrapartida, poderíamos muito bem imaginar que este homem do nosso exemplo, renunciando a uma carreira externamente brilhante e, consequentemente, a muitos bens da vida, e retirado a um estreito setor profissional ditado pela sua aptidão, encontra o *sentido da sua vida* e a sua consumação íntima fazendo aquilo que ele, e porventura só ele exclusivamente, pode fazer melhor. A esta luz, muitos «pequenos» médicos de aldeia que permanecem e criam raízes no seu meio ambiente parecem-nos «maiores» do que muitos dos seus colegas chegados às grandes cidades. Do mesmo modo, muitos teóricos, que vivem em postos retirados da ciência, podem estar mais alto do que muitos dos práticos que, «mergulhados na vida», se lançam a dirigir a luta contra a morte. É que, na frente de luta da ciência, lá onde o combate com o desconhecido se inicia ou progride, o teórico conserva um setor de combate realmente pequeno, – mas é aí que ele pode contribuir com algo de insubstituível e único, sendo insubstituível no caráter único desta tarefa pessoal. Encontrou o seu posto, desempenha-o e, assim, consuma-se, *realiza-se plenamente a si mesmo.*

Desta maneira, teríamos conseguido, como que por um processo puramente dedutivo, o que se poderia classificar como uma vaga no quadro científico da psicoterapia; teríamos conseguido provar a existência de uma lacuna que espera o respectivo preenchimento. Quer dizer: mostramos que a psicoterapia feita até à data se caracteriza por uma necessidade de complementação, a necessidade de ser completada por um processo psicoterápico que, digamos assim, se move do lado de lá do complexo de Édipo e do sentimento de inferioridade – ou, em termos gerais, do lado de lá de toda a dinâmica dos afetos (*Affektdynamik*). Nesta ordem de ideias, o que está ainda por fazer é uma psicoterapia que retroceda para trás desta dinâmica dos afetos; que, observando por trás dos sofrimentos anímicos o homem neurótico, se aperceba da sua luta espiritual. Trata-se, assim, de uma psicoterapia «a partir do espírito».

A hora do parto da psicoterapia soou quando se começaram a ver, por trás dos sintomas somáticos, as causas anímicas; isto é, quando se começou a descobrir a sua psicogênese. Mas agora, o que importa é dar ainda um passo último e, ultrapassando, para além do psicógeno, a dinâmica dos afetos da neurose, contemplar o homem na sua necessidade espiritual, – para o ajudarmos daí em diante. Com isto, não nos passa despercebido, nem de longe, que o médico, ao situar-se assim perante o doente, ocupa uma posição que está onerada por uma problemática. Referimo-nos àquela problemática que resulta da atitude valorativa, necessariamente assumida pelo médico: com efeito, no momento em que se entra no terreno de uma necessária «psicoterapia a partir do espírito», apenas se torna explícita toda a conduta espiritual do médico, a sua cosmovisão concreta, – exatamente aquela cosmovisão que até esse momento se achava oculta no simples tratamento médico, na forma de afirmação do valor da saúde, que afinal se contém, de antemão e tacitamente, no fundo de todo agir médico como tal. Seja como for, o reconhecimento deste valor enquanto princípio último da arte médica está livre de qualquer problemática, pois o médico pode reportar-se, a todo momento, ao mandato da sociedade humana, que o incumbiu exclusivamente de velar pelos interesses sanitários.

No entanto, a ampliação da psicoterapia que nós postulamos, incluindo o espiritual no tratamento anímico do doente, encerra dificuldades e perigos. Destes perigos, sobretudo do perigo de o médico impor ao doente sua cosmovisão pessoal, ainda falaremos mais adiante; e além do problema de saber se tal imposição se pode efetivamente evitar, terá que ser resolvido o problema de saber se, em princípio, é possível a complementação da psicoterapia por nós requerida. Enquanto este problema estiver em aberto, o postulado de uma «psicoterapia a partir do espírito» não passará de um *desideratum*. A sorte desta mesma psicoterapia depende de nós conseguirmos também, para além da dedução da sua necessidade teorética, mostrar a sua possibilidade; e de provarmos por princípio a legitimidade da inserção do espiritual (e não apenas do anímico) no tratamento médico. Se não nos quisermos tornar culpados de qualquer extralimitação no quadro da nossa crítica à «simples» psicoterapia, temos que demonstrar a possibilidade do valorar, dentro da psicoterapia. Entretanto, antes de metermos ombros a esta tarefa – o que faremos no capítulo final deste livro –, e depois de nos termos referido já à inevitável presença do valorar em todo o agir médico, queríamos ocupar-nos com a sua necessidade: não com a sua necessidade teorética – com a qual já nos ocupamos anteriormente – mas precisamente com a sua necessidade prática.

De fato, a observação empírica confirma o que nós procuramos antes concluir dedutivamente: a falta que faz uma psicoterapia a partir do espírito. Na realidade, o psicoterapeuta depara dia a dia, hora a hora, no exercício quotidiano da profissão e nas situações concretas das suas horas de consulta, com problemas relativos à concepção do mundo. E perante tais problemas mostram-se insuficientes todos os recursos postos à sua disposição pela «simples» psicoterapia, tal como ela até agora se tem praticado.

O vácuo existencial
e a neurose noogênica

A missão do médico, de ajudar o paciente a alcançar uma concepção de valor e uma cosmovisão – a própria do paciente! – é, numa época como a atual, tanto mais urgente quanto é certo que *20%* das neuroses aproximadamente são condicionadas e provocadas por aquele sentimento de ausência de sentido que eu defini como vácuo existencial. O homem não dispõe de um instinto que, como sucede aos animais, lhe dite o que tem que fazer, e hoje em dia já não há uma tradição que lhe diga o que deve fazer; em breve, também não saberá o que quer propriamente e terá que estar preparado, quanto antes, para fazer o que outros quiserem dele; por outras palavras: tornar-se-á um joguete nas mãos de chefes e sedutores autoritários e totalitários.

Atualmente, há pacientes que se dirigem ao psiquiatra porque duvidam do sentido da sua vida ou porque já desesperaram até de encontrar, em geral, um sentido para a vida. Em logoterapia, falamos, neste contexto, de uma frustração existencial. Isto não constitui, em si e por si só, nada de patológico. Foi-me dado conhecer um caso de um paciente – de profissão, professor universitário – que foi enviado à minha clínica em virtude do seu desespero quanto ao sentido da existência. Da conversa inferia-se que, no caso dele, se tratava propriamente de um estado depressivo endógeno. Pôs-se a limpo que as elucubrações sobre o sentido da vida não o assaltavam, como poderíamos ter suposto, ao tempo das fases depressivas; pelo contrário, nessas fases, estava tão hipocondriacamente preocupado que não conseguia pensar absolutamente em nada. E só nos intervalos sadios é que conseguia pôr-se a elucubrar! Por outras palavras: entre a necessidade espiritual, por um lado, e a doença anímica por outro, havia mesmo, no caso concreto, uma relação de exclusão. Freud via as coisas de outra maneira, quando escrevia a Maria Bonaparte: «se se pergunta pelo sentido e valor da vida, é porque se está doente...»[13]

A Rolf von Eckartsberg, do *Department of Social Relations* da Universidade de Harvard, devemos uma pesquisa detalhada, de grande envergadura, que se prolongou ao longo de 20 anos, e que muito esclarece o nosso ponto. Tratava-se de 100 antigos estudantes de Harvard e – conforme depreendi de uma comunicação pessoal de Rolf von Eckartsberg – «*25%* explicaram com toda a espontaneidade que passavam por uma "crise" relativa ao problema do sentido da vida. Se bem que, em parte alcançaram êxito na sua profissão (metade são ativos nos negócios) e ganham bem, queixam-se de sentir a falta de uma missão vital especial, a falta de uma atividade em que pudessem prestar um contributo único e insubstituível. Andam à procura de uma "vocação" e de valores pessoais que os sustentem».

Na medida em que se pode falar de neurose, temos que lidar hoje com um novo tipo de neurose, que em logoterapia classifi-

---

(13) Sigmund Freud, *Briefe* (Cartora) 1873-1939, Frankfurt am Main 1960.

camos como neurose noogênica. Nos Estados Unidos, tanto na Universidade de Harvard como no *Bradley Center* de Colúmbia (Geórgia), chegaram-se a elaborar testes que permitem diferençar por diagnóstico a neurose noogênica de uma neurose psicógena. James C. Crumbaugh e Leonhard T. Maholick resumem os resultados das suas pesquisas nestes termos: «The results of 225 subjects consistently support Frankl's hypothesis that a new type of neurosis – wich he terms noogenic neurosis – is present in the clinics alongside the conventional forms. There is evidence that we are in truth dealing with a new syndrome»[14].

Perante uma neurose noogênica, a terapia específica que se oferece é a logoterapia; mas se, apesar de indicada, um ou outro médico a recusa, é de suspeitar que o faz por medo de enfrentar o próprio vácuo existencial.

Diante da problemática existencial que se abre nos casos por nós chamados de neurose noogênica, a psicoterapia aplicada e orientada por uma psicodinâmica e analítica unilateral procuraria consolar os pacientes fazendo-os esquecer a sua «trágica existência» (Alfred Delp). Em contrapartida, a logoterapia, o que faz é precisamente ocupar-se dela e tomá-la tão a sério que recusa, como «nothing but defense mechanisms and reaction formations», as suas falsas interpretações psicologísticas e patologísticas. Acaso não é consolar – com uma consolação bem barata, aliás – o reduzir o médico a angústia da morte do paciente, como muitas vezes acontece – cito o psicanalista americano Burton[15] –, a um medo de castração, tentando-se resolver desta maneira existencialmente as suas amarguras? Quem me dera a

---

(14) J. H. Crumbaugh e L. T. Maholick, *The Psychometric Approach to Frankl's Concept of Noogenic Neurosis,* Journal of Clinical Psychology 20, 200, 1964.

(15) Arthur Burton, *Death as a Countertransference, Psychoanalysis and the Psychoanalytic Review* 49, 3, 1962/63.

mim estar preocupado pelo medo da castração em vez de me afligir com o angustiante problema, a dúvida pungente sobre se a minha vida um dia, na hora da morte, virá a ter sentido!

Mas, com o aparecimento da neurose noogênica, não se ampliou apenas o horizonte da psicoterapia; modificou-se também a sua clientela. A consulta médica transformou-se num posto de escuta para todos os desesperados da vida, para todos os que duvidam do sentido da sua vida. Já que «a humanidade ocidental emigrou do pastor de almas para o médico da alma», como disse v. Gebsattel, coube em sorte à psicoterapia uma espécie de função de lugar-tenente.

E, no entanto, parece que ninguém teria hoje razões de queixa, por lhe faltar o sentido da vida; pois basta alargar um pouco o horizonte para se notar que, na verdade, nos regozijamos com o bem-estar, enquanto outros vivem na escassez. Sim, regozijamo-nos com a liberdade; mas onde fica a responsabilidade pelos outros? Milhares de anos atrás, a humanidade lutou pela fé num Deus único: pelo monoteísmo; – mas onde fica o saber de uma humanidade única, um saber que eu gostaria de chamar *monantropismo?* O saber em torno da unidade da humanidade, uma unidade que ultrapassa todas as diversidades, quer as da cor da pele, quer as da cor dos partidos.

A superação
do psicologismo

Qualquer psicoterapeuta sabe com quanta frequência se lhe apresenta, no decorrer de um tratamento médico-anímico, o problema do sentido da vida. Entretanto, o sabermos que a dúvida de um doente sobre o sentido da sua vida, o seu desespero quanto à cosmovisão respectiva, se desenvolveu psicologicamente de um modo ou de outro, pouca serventia tem. Quer estejamos em condições de lhe demonstrar que os sentimentos de inferioridade são a origem anímica da sua carência espiritual, quer acreditemos poder «reduzir» a sua concepção da vida pessimista, digamos, a um complexo qualquer, fazendo-o acreditar nisso, – na realidade, apenas estaremos entretendo o doente com palavreado inútil. Com tudo isto, não tocamos o cerne dos seus problemas. Fazemos exatamente o mesmo que um médico que, em vez de proceder psicoterapicamente, se contentasse com medidas de tratamento físico ou prescrições medicamentosas. Vem a propósito aplicar-lhe o sábio ditado que diz: «*Medica mente, non medicamentis*»!

O que aqui nos interessa é mostrar que estes procedimentos

médicos estão todos na mesma linha, significando por igual um «palavreado» para o doente, ainda que tal palavreado se afigure, num caso ou noutro, «sob a imagem» de medicina e ciência.

O que importa é nós termos, para os nossos doentes, palavra e resposta sólidas; que aprendamos a entrar na discussão para empreendermos a luta com meios adequados, isto é, com armas espirituais. O que nós necessitamos, ou melhor, o que o homem neurótico tem o direito de exigir, é uma crítica imanente de tudo o que tende a apresentar nos argumentos ligados a uma cosmovisão. Temos que arriscar, com argumentos contrários, a luta honrada contra os seus argumentos: renunciando a uma argumentação comodamente heteróloga, que extrai as suas razões do reino do biológico ou até, quem sabe, do reino do sociológico; porque tais argumentos contrários significariam abandonar o plano – o plano espiritual – em que um problema foi colocado, em vez de permanecer nele e arriscar e sustentar a luta espiritual, a luta por um equacionamento espiritual, com armas espirituais. Até por uma questão de decência na nossa maneira de ver as coisas, deveríamos bater-nos com armas iguais.

É claro que, ocasionalmente, em se tratando de casos em que os pacientes, além de duvidarem do sentido da sua vida, se encontram já desesperados, correndo o perigo de se suicidarem, torna-se aconselhável proceder a uma espécie de prestação de socorro inicial.

Nestes termos, a título de socorro sempre dá bom resultado aquilo que se poderia caracterizar como academização da problemática: mal os pacientes se apercebem de que o que os oprime se insere no tema central da filosofia da existência contemporânea, as suas necessidades anímicas tornam-se transparentes. Coincidindo com a necessidade espiritual da Humanidade, os pacientes passam a tomá-las, não como uma neurose de que teriam que se envergonhar, mas como um sacrifício de que podem ufanar-se. De fato, há pacientes que, por fim, se sentem aliviados ao afirmarem que a problemática que os aflige é tratada nestes e naqueles termos, por esta ou aquela escola filosófica; porque, na verdade, é através dessa afirmação que se distanciam emocionalmente da problemática em questão, objetivando-a em termos racionais.

Qualquer médico que seja «bem educado» na crítica do conhecimento refugará portanto o prescrever, sem mais, uns tranquilizantes para o desespero de um homem envolvido nas lutas do espírito. Tentará antes, utilizando-se de uma *psicoterapia orientada pelo espírito*, dar ao doente um apoio espiritual proporcionando-lhe uma ancoragem no mundo do espírito. Isto vale também e sobretudo quando deparamos com o que se costuma chamar cosmovisão tipicamente neurótica. Com efeito, de duas uma: ou o doente tem razão na sua cosmovisão – e nessa altura far-lhe-íamos uma injustiça se tentássemos abordá-lo por vias psicoterápicas; portanto, nunca seria lícito desdenhar a cosmovisão dum neurótico *eo ipso,* quer dizer, enquanto «neurótica». Ou não tem razão – e, nessa altura, a correção da sua cosmovisão requer métodos fundamentalmente diferentes, em todo caso métodos não psicoterápicos. Poderíamos chegar, por conseguinte, a esta formulação: se o doente tem razão, a psicoterapia é desnecessária, – pois é claro que não temos que corrigir uma visualização correta; se, porém, o doente não tem razão, a psicoterapia é impossível, pois uma visualização incorreta é precisamente o que não podemos corrigir, a expensas da psicoterapia. A psicoterapia que se tem feito até agora revela-se, assim, insuficiente em face de todo o espiritual. Mais do que insuficiente, aliás: perante o espiritual, ela nem sequer é competente. De modo que, se pelo que anteriormente se discutiu, se mostrou insuficiente em face da totalidade da realidade anímica, mostra-se agora incompetente perante a autonomia da realidade espiritual.

Contudo, esta incompetência não se revela só ao tentar-se uma psicoterapia das cosmovisões; podemos vê-la já na chamada «psicopatologia da cosmovisão», pressuposta por toda aquela psicoterapia. É que, de fato, não existe nenhuma psicopatologia da cosmovisão, nem pode existir. Com efeito, uma criação espiritual enquanto tal é psicologicamente irredutível, mesmo porque o espiritual e o anímico são incomensuráveis. Quer dizer: nunca o conteúdo de uma imagem cosmovidente é suscetível de ser derivado, no seu todo, a partir das raízes anímicas do seu criador. Tanto mais que nunca estamos autorizados a concluir, partindo do fato de estar doente na sua visão o homem que produz determinada cosmovisão, que a sua cosmovisão enquanto tal seja falsa. Na realidade, o conhecermos como se originou psicologicamente o pessimismo ou o ceticismo ou o fatalismo de um neurótico, de pouco nos serve e em nada ajuda o doente. O que temos que fazer é refutar a sua cosmovisão, – e só então passaremos a ocupar-nos com a «psicogênese» da sua «ideologia», para a entendermos na perspectiva da sua história de vida pessoal. Não há, portanto, qualquer psicopatologia ou mesmo psicoterapia da cosmovisão; pode haver, quando muito, uma psicopatologia ou psicoterapia do homem concreto que vê o mundo, e cujo cérebro produziu a respectiva cosmovisão. Seja como for, exclui-se de antemão a possibilidade de uma tal psicopatologia decidir sobre a correção ou incorreção duma cosmovisão (cf. Allers). Nem de modo algum essa psicopatologia poderia pronunciar-se a respeito de um determinado filósofo; as suas assertivas só valem, de antemão e fundamentalmente, para a pessoa do filósofo em questão. As categorias «são» e «doente», por ela aferidas, só são aplicáveis, caso por caso, ao homem; nunca, porém, à sua obra. Uma assertiva psicopatológica sobre um homem nunca nos poderá poupar e substituir a análise filosófica de uma cosmovisão, no sentido de examinar a sua correção ou incorreção. A saúde anímica ou doença do titular de uma cosmovisão não pode nem demonstrar nem repulsar a correção ou incorreção espiritual desta cosmovisão: porque *duas vezes dois são quatro, mesmo quando é um paralítico a afirmá-lo*. Os erros de cálculo revelam-se verificando as contas, não através da atividade psiquiátrica: não é da presença duma paralisia que concluímos o erro de cálculo; pelo contrário, da verificação do erro de cálculo é que deduzimos a paralisia. Desta maneira, também continua a ser por princípio irrelevante, para a apreciação dos conteúdos espirituais, o saber-se de que modo estes se originaram animicamente ou se são o produto de um processo anímico enfermiço.

Ora bem. Toda esta digressão se prende, em última análise, com a questão do psicologismo. Por psicologismo entende-se aquele processo pseudocientífico que, partindo da origem anímica de um ato, tenta concluir a validade ou a invalidade do seu conteúdo espiritual. É uma tentativa que está condenada de antemão ao fracasso. Objetivamente, com efeito, as criações espirituais subtraem-se a tal interpretação heteróloga. Não é lícito ignorar jamais a legalidade própria de todo o espiritual. É inadmissível, por exemplo, que, só pela circunstância de o conceito de Deus do homem primitivo dever a sua origem à angústia dele perante a violência prepotente da natureza, se discuta a existência de um ser divino; ou que, dado o fato de um artista ter criado uma obra numa situação anímica enfermiça – digamos, numa fase da vida psicótica –, se conclua logo pelo valor ou não valor dessa criação. Embora uma vez ou outra, ocasionalmente, uma obra espiritual ou manifestação cultural originariamente pura possa pôr-se a serviço de motivos ou interesses alheios à sua natureza, – não é só por isso que já se põe em questão o valor do respectivo quadro espiritual. Esquecer a validade interna e o valor originário da criação artística ou da vivência religiosa, em vista da sua eventual aplicação a fins neuróticos, seria ir demasiado longe. Quem assim pensasse assemelhar-se-ia a alguém que, ao ver uma cegonha, exclamasse, maravilhado: «Mas eu pensava que realmente não existia nenhuma cegonha!» Será que, pelo fato de a figura da cegonha ser utilizada secundariamente na conhecida história da carochinha, será que só por isso já não existe essa ave na realidade?

Naturalmente, não queremos negar, com tudo isto, que as imagens espirituais de algum modo estão condicionadas psicologicamente, e mais ainda biológica e sociologicamente; estão, neste sentido, «condicionadas», mas não neste sentido «produzidas». Wälder referiu-se com razão ao fato de que todas estas condicionalidades das imagens espirituais e manifestações culturais foram representando pouco a pouco a «fonte de erros» donde sem dúvida brotam doutrinarismos parciais e exageros, mas sem permitir jamais a explicação positiva do conteúdo essencial, da atividade espiritual. (Qualquer tentativa de «explicação» deste gênero confunde o campo de expressão duma pessoa com o campo de representação duma coisa).

Aliás, quanto à configuração da imagem pessoal do mundo, já Scheller observou que as diferenças caracterológicas – toda a individualidade de um homem – só atuam sobre a sua imagem do mundo na exata medida em que influenciam a escolha desta última, não entrando, contudo, no seu conteúdo. Daí que Scheller denomine estes elementos condicionantes «eletivos» e não «constitutivos». São elementos que apenas permitem entender por que razão o homem em questão tem precisamente esta sua maneira pessoal de contemplar o mundo; mas jamais podem «explicar» o que é que, nesta visão única, quando não também parcial, se oferece da plenitude do mundo. Afinal, a particularidade de cada perspectiva, o caráter de recorte que todas as imagens do mundo têm, é claro que pressupõe a objetividade do mundo. Assim, também o fato de existir uma fonte de erros e condicionalidades na observação astronômica, como se pode ver na conhecida «equação pessoal» dos astrônomos, não autoriza ninguém a duvidar de que Sírio, por exemplo, existe realmente, independentemente dessas subjetividades. Por conseguinte, pelo menos por razões heurísticas, teremos que adotar o critério segundo o qual a psicoterapia, enquanto tal, não é competente em todos os problemas relativos à cosmovisão, pois já a psicopatologia, com as suas categorias de «são» e «doente», tem que renunciar ao problema do conteúdo de verdade e da validade de uma imagem espiritual. Consentisse a mera psicoterapia em ajuizar do que quer que fosse a este respeito, e incorreria no mesmo instante no erro do psicologismo.

Assim como na história da filosofia o psicologismo foi vencido, assim também agora tem que ser vencido no seio da psicoterapia, graças àquilo que nos compraz chamar logoterapia. A esta logoterapia caberia precisamente a missão que nós atribuímos à «psicoterapia a partir do espírito»: a missão de completar a psicoterapia no mais estrito sentido da palavra e de preencher aquela lacuna que começamos por tentar deduzir teoricamente, para depois a verificarmos em contato com a prática médico-anímica. Só a logoterapia está metodologicamente legitimada para, renunciando à tentação psicologística de resvalar em crítica inadequada, introduzir-se num debate objetivo da necessidade espiritual do homem animicamente perturbado (obs. 4).

Naturalmente, uma logoterapia pode e deve, não substituir a psicoterapia, mas sim completá-la, – e, mesmo isto, só em determinados casos. *De fato,* isto, que é o que ela pretende, é o que vem acontecendo há muito tempo e cada vez mais: a maioria das vezes inconscientemente; algumas vezes, mas menos, conscientemente. No entanto, vale a pena inquirir se e em que medida a logoterapia se dá *de iure*. Para chegarmos a tal esclarecimento, devemos separar, num exame metodologicamente orientado, mais uma vez por razões heurísticas, o componente logoterápico do componente psicoterápico. Entretanto, não nos esqueçamos nunca de que ambos os componentes se interpenetram vivamente na prática médico-anímica; de que, por assim dizer, se fundem um no outro dentro da unidade da ação médica. Além do mais, é patente que também os objetos da psicoterapia e da logoterapia, isto é, o anímico e o espiritual do homem, só num sentido heurístico se separam um do outro, pois na unidade real da existência humana em sua totalidade, entrelaçam-se num liame indissolúvel.

Em princípio, impõe-se portanto continuar a distinguir o espiritual do anímico; ambos representam duas esferas essencialmente distintas[16]. O erro do psicologismo cifra-se precisamente em andar mudando arbitrariamente de uma esfera para a outra. Assim, não toma em consideração, nos casos concretos, as leis próprias do espiritual, e este descuido tem que conduzir naturalmente à consumação de uma *metábasis eis állo génos*. Evitá-lo no campo da ação psicoterapêutica e, assim, vencer o psicologismo no seio da psicoterapia, – eis o propósito e a incumbência da logoterapia que nós postulamos.

---

(16) Cf. V. E. Frankl, *Theorie und Therapie der Neurosen, Einführung in Logotherapie und Existenzanalyse*, Viena 1956, Pág. 161 e ss.

O reducionismo genético
e o pandeterminismo analítico

Hoje vivemos numa época de especialistas, e o que eles nos proporcionam são simples perspectivas particulares e aspectos da realidade. *Defronte das árvores dos resultados da pesquisa, o pesquisador já não vê o bosque da realidade.* Mas os resultados da pesquisa não são apenas particulares; são também dispersos, urgindo fundi-los numa imagem una do mundo e do homem. O certo é que já não se pode desandar o que se andou. Numa época cujo estilo de pesquisa se caracteriza pelo trabalho em equipe, é patente que não podemos passar sem os especialistas. Seja como for, *o perigo não está em os pesquisadores se especializarem, mas sim em que os especialistas generalizem.* Todos nós conhecemos os chamados *terribles simplificateurs.* Mas, ao seu lado, podem-se colocar agora aqueles que me apraz denominar *terribles généralisateurs.* Os *terribles simplificateurs* simplificam tudo; medem tudo pela mesma bitola. Os *terribles généralisateurs,* porém, não se contentam com a sua bitola: generalizam os resultados da sua pesquisa. Como neurólogo, convenho em que é absolutamente legítimo considerar o *computer* como um modelo, digamos, para o sistema nervoso central. O erro está apenas na asserção segundo a qual o homem *não é nada mais* que um *computer*, pois é ao mesmo tempo infinitamente mais do que um *computer*. *O niilismo, não é que tire a máscara falando do nada; o que faz é mascarar-se com a locução «nada mais que»*.

Sob a influência da psicanálise, foi alastrando na psicoterapia a tendência para «personificar instâncias» intrapsíquicas. Na esteira desta tendência, estigmatizada por Boss, adquiriu foros de cidadania a propensão para farejar em toda a parte truques e artimanhas, a fim de em seguida os desmascarar e pôr a claro. O fato de este *furor analisandi* como lhe chama Ramon Sarro (Quinto Congresso Internacional de Psicoterapia, Viena 1961), não se deter perante o sentido e os valores, ameaça e faz periclitar a psicoterapia nas suas raízes. Os americanos falam, a este respeito, num *reductionism*. O *reductionism*, poderia eu defini-lo como um processo pseudocientífico mediante o qual os fenômenos especificamente humanos são reduzidos a fenômenos sub-humanos ou destes se deduzem. Quer dizer, por conseguinte, que, em termos gerais, o reducionismo se poderia definir como *um sub-humanismo*. Por trás do amor não haveria, pois, senão os chamados impulsos inibidos; e a consciência não seria mais do que o super-ego (*Über-Ich*) (a psicanálise realmente moderna já há muito que não continua a sustentar como correta a identificação da consciência com o super-Ego, admitindo e propondo, pelo contrário, a diferença entre uma e outro). Numa palavra, fenômenos especificamente humanos, como consciência e amor, transformam-se em meros epifenômenos. Como se o espírito fosse apenas a mais alta atividade nervosa, conforme a designação de um bem conhecido trabalho de um investigador famoso: uma espécie de *epifenomenologia do espírito*...

Ao niilismo científico tal como o exprime o reducionismo,

corresponde o niilismo vivido, já que como tal se pode interpretar o vácuo existencial. Efetivamente, com o vácuo existencial colabora o reducionismo, dada a sua tendência para manusear o homem, reificando-o, coisificando-o e despersonalizando-o. Tem visos de *overstatement*, não o único certamente, a explicação do jovem sociólogo americano William Irving Thompson: «Humans are not objects that exist as chairs or tables; they live, and if they find that their lives are *reduced* to the mere existence of chairs and tables, they commit suicide» *(Main Currents in Modern Thought* 19, 1962). E, dadas certas circunstâncias, fazem-no realmente: uma vez, enquanto dava uma conferência na Universidade de Ann Arbor (Michigan), dissertando sobre o vácuo existencial, o *Dean of Students*, o assessor dos estudantes, entrou na discussão para afirmar que o vácuo existencial era o que lhe aparecia diariamente no consultório, e que estava preparado para me reunir toda uma lista de estudantes que, precisamente em virtude das suas dúvidas sobre o sentido da vida, acabaram por desesperar, tendo tentado o suicídio.

Os autores americanos foram os primeiros a adotar uma posição de autocrítica, fixando a sua atenção no dito reducionismo: os primeiros que, atendo-se ao postulado de reconhecer o verdadeiro tal qual é – admitindo-o, como eles dizem, «at face value» –, fizeram coro com a investigação fenomenológica europeia. Isto não aconteceu sem que, em todo caso, reconhecessem o contributo de Sigmund Freud; simplesmente, viram nele um especialista em motivos que precisamente não podiam reconhecer como verdadeiros. Assim, Gordon W. Allport, o psicólogo mais representativo da Universidade de Harvard, define Freud como «a specialist in precisely those motives that cannot be taken at their face value» *(Personality and Social Encounter,* Beacon Press, Boston 1960, pág. 103). A título de exemplo, toma Allport a posição de Freud a respeito da religião: «To him religion is essentially a neurosis in the individual, a formula for personal escape. The father image lies at the root of the matter. One cannot therefore take the religious sentiment, when it exists in a personality, at its face value» (1. c., pág. 104).

Allport tem bastante razão ao afirmar ao mesmo tempo que um processo interpretativo deste tipo é realmente antiquado: «In a communication to the American Psychoanalytic Association, Kris points out that the attempt to restrict interpretations of motivation to the id aspect only "represents the older procedure". Modern concern with the ego does not confine itself to an analysis of defense mechanisms alone. Rather, it gives more respect to what he calls the "psychic surface"» (1. c., pág. 103).

A questão é que, na problemática aqui abordada não há apenas um aspecto material a considerar; há também um aspecto humano. Cumpre perguntarmo-nos, portanto, para onde iremos, se no âmbito da psicoterapia deixam de ser considerados como verdadeiros o sentido e os valores, em função dos quais vive o paciente: o próprio paciente já não é tomado a sério como homem. Podemos exprimir este estado de coisas recorrendo à fórmula seguinte: já se não acredita na sua fé. Ou então, para falarmos outra vez com as palavras de Allport: «The individual loses his right to be believed» (1. c., pág. 96). É difícil imaginar como é que, em tais circunstâncias, ainda se pode construir uma conduta confiada.

A fiarmo-nos no testemunho de Ludwig Binswanger, Freud considerava a filosofia como «nada mais» que «uma sexualidade reprimida pelas formas mais decentes da sublimação» *(Erinnerungen an Sigmund Freud*, Berna 1956, pág. 19). Quanto não deve parecer suspeita a um epígono psicanalítico a cosmovisão privada e pessoal de um paciente neurótico! Dentro desta ótica, não é de esperar da filosofia nada mais do que a teorização ou até a teologicização de uma neurose disfarçada. E nem sequer se pensa no problema de saber se a neurose não será antes a consequência de se ter posto em prática uma filosofia errônea!

Mas o reducionismo nem sequer tem razão quando se limita a uma interpretação genética e analítica, não já dos empreendimentos humanos, mas até das perturbações destes empreendimentos; por exemplo, digamos, quando reduz a perda de fé de um homem à sua educação e ambiente. Assim, afirma-se quase sempre, em termos gerais, que é à influência da *imago* do pai que, no caso concreto, se deve atribuir a deformação da imagem de Deus, bem como a renegação de Deus.

A este propósito, permito-me aduzir alguns dados. Os meus colaboradores deram-se ao trabalho de acompanhar uma série de casos, tirados à sorte entre os que se apresentaram no espaço de 24 horas, para observarem neles as correlações que deixavam entrever entre a *imago* do pai e a vida religiosa. No decurso da sua pesquisa estatística, pôs-se a claro que 23 pessoas possuíam uma *imago* do pai dotada de traços absolutamente positivos, ao passo que 13 não sabiam declarar nada de favorável. E, coisa digna de nota: das 23 que haviam crescido sob uma boa estrela pedagógica, só 16 se encontraram mais tarde em boas relações com Deus, tendo abandonado a fé as 7 restantes; por outro lado, dentre as 13 que haviam sido criadas sob os auspícios de uma *imago* do pai negativa, apenas havia 2 que se poderiam qualificar como irreligiosas, enquanto nada menos do que 11 tinham sido levadas a uma vida crente. Portanto, as 27 que se mantêm religiosas mais tarde não se recrutam apenas, de modo algum, entre o círculo daquelas pessoas que cresceram num meio favorável; e aquelas 9 que se tornaram irreligiosas também não puderam atribuir a sua irreligiosidade exclusivamente a uma *imago* do pai negativa. Mesmo que, nos casos em que se apresentou uma *correlação* entre a *imago* do pai e a imagem de Deus, pudéssemos entrever um resultado da educação, teríamos que admitir uma distinção para os casos em que a *imago* do pai e a imagem de Deus *não* são congruentes. O homem capaz de discernimento está precisamente em condições de opor resistência a determinativos falsos da sua conduta. E uma das missões – não a menos importante, aliás – da psicoterapia é evocar este ser-livre perante as condições falsamente todo-poderosas. A filosofia, injuriada como «nada mais» que «sublimação da sexualidade reprimida» (veja-se acima), é que pode mostrar ao paciente o caminho para uma dilucidação desta liberdade. E não faríamos mais do que seguir um conselho de Kant, se nos propuséssemos aplicar a filosofia como uma medicina! Condenar isto *a limine* é inadmissível. Lembremos, de resto, que também é perfeitamente válido aplicar a química, por exemplo, no âmbito da medicina.

Contra um sadio determinismo, é claro que não haveria nada a dizer; mas o que nós temos que contraminar é aquilo que eu tentei definir como «pandeterminismo»[17]. Evidentemente, o homem está determinado, isto é, sujeito a condições, quer se trate de condições biológicas e psicológicas, quer de condições sociológicas; e, neste sentido, de modo algum é livre: o homem não está livre de condições e, em geral, não está livre *de algo*, mas livre para algo, quer dizer, livre para uma *tomada de posição* perante todas as condições; e é precisamente esta possibilidade propriamente humana que o pandeterminismo de todo em todo esquece e desconhece.

Não preciso de que ninguém me chame a atenção para a condicionalidade do homem: – afinal de contas, eu sou especialista em duas matérias, neurologia e psiquiatria, e nessa qualidade sei muito bem da condicionalidade biopsicológica do homem;

---

(17) De braço dado com o pandeterminismo, portanto com um determinismo exorbitante, andam, em geral, certo subjetivismo e certo relativismo não menos exorbitantes. O primeiro traduz-se especialmente nas teorias da motivação, e tanto assim é que segue a orientação da homeostase, em termos unilaterais e exclusivistas.

acontece, porém, que não sou apenas especialista em duas matérias, sou também sobrevivente de quatro campos de concentração, e por isso também sei perfeitamente até onde vai a liberdade do homem, que é capaz de se elevar acima de toda a sua condicionalidade e de resistir às mais rigorosas e duras condições e circunstâncias, escorando-se naquela força que costumo denominar o poder de resistência do espírito.

Imago hominis

Para salvar o humano, em vista das aspirações reducionistas a uma ciência pluralista, não pouparam esforços, entre outros, Nicolai Hartmann, com a sua ontologia, e Max Scheler, com a sua antropologia. Distinguiram estes autores diversos graus ou camadas como o corporal, o anímico e o espiritual. Corresponde a cada qual uma ciência: ao corporal, a biologia; ao anímico, a psicologia, etc. Assim, à diversidade dos graus ou camadas corresponde precisamente o pluralismo das ciências. Mas é de perguntar: onde fica a unidade do homem? Que é que fizeram do ser-homem, que o destroçaram, pondo-o como uma cerâmica de cacos e rachaduras, de «fissuras qualitativas» (Hegel)? Como é sabido, definiu-se a arte como unidade na pluralidade. Pois eu gostaria de definir agora o homem como unidade *apesar* da pluralidade: porque há uma unidade antropológica apesar das diferenças ontológicas, apesar das diferenças entre as espécies de ser diferençáveis. O sinete da existência humana é a coexistência da unidade antropológica com as diferenças ontológicas, dos modos de ser humanos unos com as espécies de ser diferençáveis, em que aquela toma parte. Em suma, a existência humana é «unitas multiplex», para usarmos as palavras do Aquinate. Esta unidade, porém, não a exprimem adequadamente, nem o pluralismo nem um monismo como o que encontramos na *«Benedicti de Spinoza ethica ordine geometrico demonstrata*". Não obstante, seja-me permitido esboçar em seguida uma *imago hominis* «ordine geométrico demonstrata», uma imagem do homem que opera com analogias geométricas. Trata-se de uma ontologia dimensional (Frankl, *Jahrbuch für Psychologie und Psychotherapie* 1, 186, 1953), caracterizada por duas leis. A primeira destas leis representa-se como se segue:

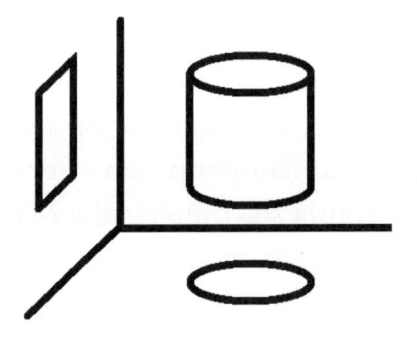

Se tomamos uma e a mesma coisa numa dada dimensão e a projetamos em várias dimensões inferiores àquela que lhe é própria, a coisa em questão representa-se de tal modo que as figuras obtidas se opõem umas às outras. Tomemos por exemplo, um copo, representado geometricamente sob a forma de cilindro, em um espaço tridimensional. Projetemo-lo em seguida nos planos horizontal e longitudinal; e teremos: num caso, um círculo; no outro, um retângulo. Observe-se, entretanto, que as figuras obtidas só se opõem enquanto se trata de um quadro fechado, ao passo que o copo é um recinto aberto.

A segunda das leis mencionadas exprime-se no quadro seguinte:

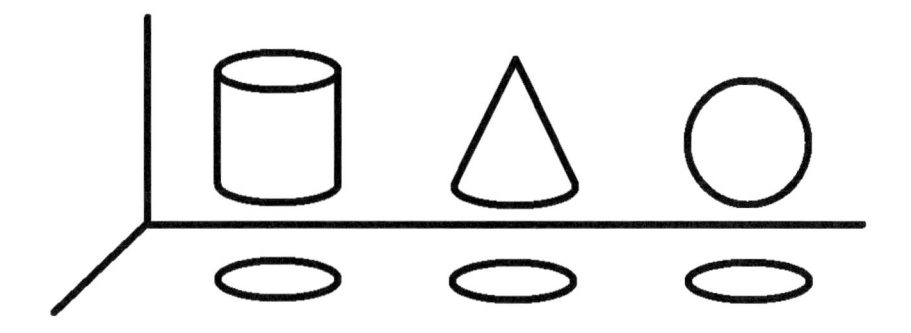

Como se vê pelo quadro acima, tomamos agora várias coisas, em lugar de uma só. Projetamo-las, não em várias, mas numa mesma e única dimensão, que é também inferior àquela que lhes é própria. O resultado obtido apresenta-se de tal modo que as figuras respectivas, em vez de se oporem claramente, são suscetíveis de vários sentidos. No exemplo acima, tomamos um cilindro, um cone e uma esfera, num espaço tridimensional, e projetamo-los no plano horizontal, resultando, como se vê, em qualquer dos três casos, um círculo. Convenhamos em que se trata das sombras que o cilindro, o cone e a esfera projetam; e, realmente, as sombras são suscetíveis de vários sentidos (equívocas), pois eu não posso concluir, partindo das três sombras certamente iguais, se o que as projeta é um cilindro, um cone ou uma esfera.

Como aplicar ao homem tudo isto? É que também o homem, tomado na dimensão do especificamente humano e projetado nos planos da biologia e da psicologia, se representa de tal modo que as figuras obtidas se opõem umas às outra. Com efeito, a projeção no plano biológico tem por resultado fenômenos somáticos, ao passo que a projeção no plano psicológico tem por resultado fenômenos psíquicos. Mas, à luz da ontologia dimensional, a oposição não se faz à unidade do homem: faz-se tão pouco como a oposição entre o círculo e o retângulo se faz à realidade, sendo, como são, as projeções de um mesmo e único cilindro. Contudo, não percamos de vista uma coisa: a unidade dos modos de ser humanos, que liga a pluralidade das espécies de ser diferençáveis a que ela se refere; portanto, a ligação dos opostos como o soma e a *psyche*, a *coincidentia oppositorum* no sentido de Nicolau Cusano, debalde a procuraremos nos planos em que projetamos o homem. Encontrá-la-emos antes e unicamente na dimensão imediatamente mais elevada, na dimensão do especificamente humano.

Não é que deste modo pretendamos resolver o problema psicofísico. Mas pode ser que a ontologia dimensional projete sobre o problema certa luz, mostrando-nos por que é que é insolúvel. Coisa análoga se passa com o problema do livre-arbítrio. Com efeito, sucede no caso do homem exatamente o mesmo que no caso do recinto aberto, ao ser projetado nos planos longitudinal e horizontal de um quadro fechado. O homem é representado no plano biológico como um sistema fechado de reflexos fisiológicos, e no plano psicológico como um sistema fechado de reações psicológicas. Mais uma vez, portanto, a projeção tem por resultado uma oposição. Mas, porque pertence à essência do homem o ser ele, em todo caso, aberto, o ser «aberto ao mundo» (Scheler, Gehlen e Portmann), – ser homem significa, já de si, ser para além de si mesmo. A essência da existência humana, diria eu, radica na sua autotranscendência. Ser homem significa, de per si e sempre, dirigir-se e ordenar-se a algo ou a alguém: entregar-se o homem a uma obra a que se dedica, a um homem que ama, ou a Deus, a quem serve. Esta autotranscendência quebra os quadros de todas as imagens do homem que, no sentido de algum monadologismo (Frankl, *Der Nervenarzt* 31, 385, 1960), representem o homem como um ser que não atinge o sentido e os valores, para além de si mesmo, orientando-se, assim, para o mundo, interessando-se exclusivamente por si mesmo, como se lhe importasse a conservação ou o restabelecimento da homeostase. O monadologismo ignora que, como demonstraram von Bertalanffy, Goldstein, Allport e Charlotte Bühler, o princípio da homeostase não vale geralmente na biologia, e muito menos na psicologia. Mas, à luz da ontologia dimensional, o caráter fechado do sistema de reflexos fisiológicos e de reações psicológicas não está em contradição nenhuma com a humanidade do homem. Pode-se dizer que tal contradição está tão longe de se verificar como a que se imaginasse existir entre o caráter fechado do cilindro do plano longitudinal ou do horizontal e o caráter aberto que tem de per si.

Parece-nos agora igualmente claro que os resultados obtidos nas dimensões inferiores continuam a ter a mesma validade que dantes, dentro dessas dimensões; e isto aplica-se na mesma medida a orientações de pesquisa tão unilaterais como a reflexologia de Pawlow, o behaviorismo de Watson, a psicanálise de Freud e a psicologia individual de Adler. Freud era suficientemente genial para saber da estreiteza dimensional da sua teoria. Aliás, são dele estas palavras que escreveu a Ludwig Binswanger: «Sempre me detive no rés do chão e na cripta do edifício». À tentativa do reducionismo na forma de psicologismo – eu diria mesmo de patologismo – Freud só cedeu no momento em que chegou à seguinte conclusão: «Para a religião já encontrei um cômodo na minha modesta casinha, desde que tropecei com a categoria de "neurose da humanidade"» (l.c.). Aqui é que Freud se enganou.

Mas a sua expressão «modesta[18] casinha» é uma expressão programática, um lema. Seja como for, cumpre esclarecer que,

---

(18) A palavra *niedrig,* que figura na frase de Freud citada pelo Autor, e que nessa frase traduzimos por *«modesta»,* é a mesma que, linhas abaixo, aparece traduzida por *inferior.* (N. T.)

quando se fala de dimensões inferiores ou superiores, não se prejudica uma hierarquia nem se menciona ainda implicitamente um juízo de valor. No sentido da ontologia dimensional, o que se quer dizer, ao falar de uma dimensão superior, é que se está lidando com uma dimensão *mais compreensiva,* que inclui e abarca uma dimensão inferior. A dimensão inferior é portanto «elevada»[19] à dimensão superior, exatamente no sentido plúrimo que Hegel confere a este termo. E é assim que o homem, uma vez tomado homem, continua a ser de algum modo animal e planta. Isto em nada se distingue do que ocorre no caso do avião, que, em qualquer hipótese, não perde a capacidade de se deslocar no chão, como um automóvel. Evidentemente, só prova o seu ser de avião quando decola e se eleva no espaço. Embora seja indiscutível que um técnico pode comprovar logo desde o momento em que o fabrica, se o avião, mesmo antes de ter voado efetivamente, é capaz de fazê-lo. Com isto queria aludir a Portmann, que pôde verificar que a humanidade do homem até na anatomia se pode rastrear. Com efeito, o próprio corpo do homem está já marcado pelo seu espírito.

A ciência, porém, não só tem o direito, mas inclusive o dever de pôr entre parênteses a multidimensionalidade da realidade, de fechar o diafragma da objetiva com que contempla a realidade, de filtrar uma determinada frequência do espectro da realidade. A projeção é, portanto, mais que legítima: é obri-

---

(19) O termo alemão que traduzimos por «elevada» é *aufgehoben,* particípio do verbo *aufheben,* que significa, por exemplo, levantar uma coisa do chão para pô-la mais acima, mas engloba ainda o sentido de tirar, eliminar (*tollere,* em latim). Para compreender bem o Autor importa lembrar o papel do termo na linguagem de Hegel. Este, como se sabe, toma o conceito (*universal concreto*) como unidade *superior* na qual a *tese* e *antítese* são *conservadas e superadas,* sem se excluírem: o processo da realidade, que se identifica com o do pensamento, evolve nesses três momentos – tese, antítese, síntese. A passagem dos dois primeiros momentos, contrapostos, para a síntese, exprime-a Hegel precisamente com a palavra *aufheben.* (N.T.)

gatória. O cientista tem que continuar a fingir que opera com uma realidade unidimensional. Mas tem que saber também o que está fazendo; e isto significa que tem de se aperceber das fontes de erro que a investigação perlustra.

Assim chegaríamos ao ponto em que se aplica ao homem a segunda lei da ontologia dimensional: se eu, em vez de projetar figuras tridimensionais num plano de duas dimensões, projeto figuras como Fiodor Dostoievski ou Bernadette Soubirous no plano psiquiátrico, para mim, enquanto psiquiatra, Dostoievski não passa de um epilético como qualquer outro e Bernadette não é senão uma histérica com alucinações visionárias. O que são para além disso não se reflete no plano psiquiátrico. Com efeito, tanto a criação artística de um como a entrevista religiosa da outra ficam fora do plano psiquiátrico. Mas dentro do plano psiquiátrico tudo permanece equívoco enquanto não transparecer esse algo que possa estar por trás ou acima do plano mencionado; e isto, à semelhança do que acontecia com a sombra, que era equívoca enquanto eu não podia assegurar se se tratava do cilindro, do cubo ou da esfera.

Toda patologia precisa da diagnose, de uma diagnose, de um olhar através de, o olhar para o *logos* que está por detrás do *pathos*, para o sentido que a afecção tem. *Toda* sintomatologia precisa ainda da diagnose, do olhar para uma etiologia; e, precisamente na medida em que a etiologia é multidimensional, é a sintomatologia equívoca.

A psicogênese do psicologismo

Ao concluir este capítulo, não deixaremos de voltar o psicologismo contra si mesmo, usando-o como arma contra ele, batendo-o com as suas próprias armas. Basta, para tanto, voltar o feitiço contra o feiticeiro, digamos assim, e, em certo sentido, aplicar o psicologismo a si mesmo, examinando-o na perspectiva da sua própria psicogênese, isto é, a partir dos motivos que porventura estejam na sua base. Perguntemo-nos pois: qual é a sua posição oculta fundamental, a sua tendência secreta? E logo responderemos: é uma tendência desvalorizadora, mantida, aliás, em relação aos conteúdos espirituais, eventualmente discutidos, dos atos anímicos que o próprio psicologismo qualifica de consumados. Partindo desta tendência desvalorizadora, o psicologismo põe-se continuamente a desmascarar: nunca perde a energia disposta a arrancar os disfarces: anda constantemente à procura das motivações impróprias, isto é, neuróticas. Se se lhe apresenta qualquer problema sobre a validade – por exemplo, no âmbito religioso ou artístico, mas também no científico –, o psicologismo declina-o de si, *fugindo da esfera dos conteúdos para a esfera dos atos.* Assim, em última análise, o psicologismo está em fuga diante da poderosa riqueza dos dados do conhecimento e das tarefas decisivas; em fuga, portanto, perante as realidades e as possibilidades da existência.

Só vê máscaras por toda a parte; e por trás delas, pretende nada mais haver que motivos neuróticos. Tudo lhe parece inautêntico, postiço. Quer-nos fazer crer que a arte, «em última análise, não seria nada mais que» fuga da vida e do amor; que a religião não passaria de medo do homem primitivo às forças cósmicas. E os grandes criadores do espírito, logo os despacha como neuróticos e psicopatas. Na esteira de um «desmascaramento» deste jaez, mediante este psicologismo «arrancador de disfarces», poderemos finalmente afirmar, com um suspiro de alívio, que, por exemplo, um Goethe, «também, propriamente falando, apenas» era um neurótico. Semelhante orientação do pensamento não vê nada de genuíno, de verdadeiro; isto é, verdadeiramente nada vê. Só porque algo uma vez por outra foi máscara ou, em algum momento, meio para um fim, – será que, só por isso, sempre e exclusivamente tem que ser máscara e meio para um fim? Não haverá então nada de imediato, autêntico, originário? A psicologia individual prega a valentia; mas, pelo visto, esqueceu a submissão: a submissão ao que no mundo há de espiritualmente criador, ao espiritual como um mundo de per si, cuja essência e valores não admitem o serem projetados, sem mais, no plano psicológico (obs. 5). Ora a submissão, se autêntica, é, pelo menos tanto como a valentia, um sinal de força interior.

O que interessa, em última análise, à psicoterapia «arrancadora de disfarces» não é um juízo, mas uma condenação sumária e definitiva. Basta fazermos com que olhe para si mesma à sua própria luz: coloquemos diante dela um espelho como se fosse o basilisco; e logo se verá que – como todo psicologismo – evita o problema da validade no âmbito científico e no relativo à concepção do mundo.

O psicologismo pode-se entender, portanto, como meio de uma tendência desvalorizadora. Assim, qualquer orientação de pesquisa dominada por ele deixa de ser expressão da entrega cognoscitiva a uma coisa. Mas o psicologismo, na nossa opinião, é ainda a manifestação parcial de um fenômeno mais amplo. O final do século XIX e o começo do século XX deformaram completamente a imagem do homem, vendo-o predominantemente no seu vário estado de sujeição; quer dizer, na sua hipotética impotência em face dos liames que o atam; assim, o biológico, o psicológico, o sociológico. E a liberdade verdadeiramente humana, a liberdade perante todas estas vinculações, a liberdade do espírito em face da natureza – a única, aliás, que constitui a essência do homem –, foi esquecida. Como se vê, surgiram, junto do psicologismo, um biologismo e um sociologismo (obs. 6) que inculcaram simultaneamente e na mesma medida uma imagem desfigurada do homem. Não é de estranhar que, na história do espírito, se tenha registrado uma reação contra esta visão naturalística. De fato, não se fez esperar essa reação, convidando-nos a reconsiderar os fatos fundamentais do ser humano: o humano ser-livre perante os dados da vinculação natural. Não é de admirar que enfim o ser-responsável, como estado de coisas primordial, tenha sido trazido outra vez ao centro do nosso campo de visão; este estado de coisas, digo, porque o outro, pelo menos o do ser-consciente, não o pôde negar o psicologismo. A filosofia da existência nomeadamente teve o mérito de apresentar a existência *(Dasein)* do homem como uma forma de ser *sui generis*. Assim, Jaspers denomina o ser do homem como um ser «que decide», um ser que não «é», sem mais, mas que só em cada caso decide «o que ele é».

Esclarecida desta maneira uma situação que, embora nem

sempre isso se confesse, decerto que havia longo tempo era tida por evidente para o comum dos estudiosos, já se torna possível, em princípio, uma apreciação ética da conduta humana. Com efeito, só quando o homem se contrapõe aos dados naturais, quando o homem como tal «se contém» perante eles; por conseguinte, só quando deixa de se submeter e obedecer cegamente aos liames que o vinculam ao biológico (raça), ao sociológico (classe) ou ao psicológico (tipo caracterológico), – só então, digo, é que começa a manifestar-se a sua suscetibilidade de ser julgado moralmente a todos os respeitos. O sentido de certos conceitos que se empregam todos os dias, tais como os conceitos de mérito e de culpa, só se verifica se nós, em vez de aceitarmos simplesmente as mencionadas vinculações a título de dados do destino, reconhecermos a capacidade humana de as tomar como tarefas e funções, que visam configurar o destino e a vida. Assim, por exemplo, o fato de se pertencer a um povo determinado, é claro que não representa, sem mais, nem mérito nem culpa. A culpa só começaria no momento em que, por hipótese, não se fomentassem as qualidades especiais de uma nação ou fossem negligenciados os valores culturais dela; ao passo que o mérito só estaria em serem dominadas certas fraquezas caracterológicas do povo em questão, no que do indivíduo dependesse, mediante uma autoeducação consciente (obs. 7). Mas quantos homens não há ainda que cometem o erro de tomar por pretexto das suas fraquezas de caráter as fraquezas de caráter da respectiva nação! Fazem lembrar Alexandre Dumas Filho, de quem se conta este episódio: um dia, uma dama da alta-roda disse-lhe: «deve ser desagradável para V.S. ter tido um pai com costumes tão livres...»; ao que Dumas Filho retorquiu: «Oh, não minha senhora; se ele me não serviu de exemplo, com certeza que me serve de desculpa». Mais correto seria que o filho tivesse tomado o pai como exemplo esclarecedor e bom aviso. Mas quantos homens não há também que cometem o erro de se sentirem simplesmente orgulhosos da força de caráter nacional, sem se darem ao trabalho de criar um mérito individual, cultivando primeiro a força de caráter da sua pessoa! Aquilo por que alguém não se pode fazer responsável, nem lhe pode ser atribuído como mérito nem lhe pode ser imputado como culpa. Esta maneira de pensar é, afinal, o fundamento de todo o pensamento ocidental, desde os filósofos antigos, e sobretudo a partir do advento do cristianismo; em oposição estrita e consciente ao pensamento pagão, toda suscetibilidade de ser julgado moralmente começa, sob este aspecto, no momento em que o homem pode decidir com liberdade e agir com responsabilidade, para desaparecer logo que deixe de o poder fazer assim.

Até aqui, tentamos deduzir, primeiro teoreticamente, a necessidade de uma logoterapia, para em seguida mostrarmos, na prática, a necessidade de uma «psicoterapia a partir do espírito». Quanto ao primeiro ponto, revelou-se categorialmente insuficiente a psicoterapia, entendida no sentido mais estrito da palavra; quanto ao segundo, pôs-se de manifesto que ela é incompetente para tocar todo o campo espiritual, ou forçosamente tem que cair no psicologismo. O que faremos agora, nas páginas que se seguem, é demonstrar a possibilidade prática de uma logoterapia, enquanto possibilidade de uma consciente «psicoterapia a partir do espírito», para depois, finalmente, pormos à prova a sua possibilidade teorética, isto é, para respondermos à pergunta, já ventilada, sobre se se consegue evitar, em princípio, a imposição de uma cosmovisão. Quanto ao problema da viabilidade técnica de uma «psicoterapia a partir do espírito», no entanto, já resultam, do que foi dito até aqui, advertências importantes: porque se mostrou reiteradamente a necessidade de reconsiderar o fundamento essencial da existência *(Dasein)* humana, o ser--responsável que lhe está na base. Assim, compreenderemos que, girando em torno do eixo de uma logoterapia, a psicoterapia tem que se voltar para uma análise da existência[20] enquanto análise do ser humano como ser responsável.

---

(20) Cf. V. E. Frankl, *«Zur geistigen Problematik der Psychotherapie»*, Zentralblatt für Psychotherapie (1938) e também *«Zur Grundlegung einer Existenzanalyse»*, Schweiz. med. Wschr. (1939).

II

DA PSICANÁLISE
À ANÁLISE EXISTENCIAL

A) Análise existencial geral

1. O sentido da vida

Especificada como psicanálise, a psicoterapia esforça-se por chegar à consciencialização do anímico. A logoterapia, pelo contrário, procura a consciencialização do espiritual. Com isto, na sua especificação como análise existencial, a logoterapia esforça-se especialmente por trazer o homem à consciência do seu ser-responsável, – enquanto fundamento essencial da existência humana.

Mas responsabilidade significa sempre responsabilidade perante um sentido. Foi por isso que o problema do sentido da vida humana se pôs à cabeça deste capítulo; e é por isso que terá de permanecer no seu núcleo central. Na realidade, é este problema um dos mais frequentes entre aqueles com que o doente da alma, na sua luta espiritual, assalta o médico. E não é este quem o levanta; é precisamente o paciente que, na sua necessidade espiritual, insta com o médico para que lho resolva.

A DISCUSSÃO DO SENTIDO DA EXISTÊNCIA

O problema do sentido da vida, quer se apresente quer não expressamente, cumpre defini-lo como um problema caracteristicamente humano. Por conseguinte, o pôr-se em questão o sentido da vida não pode ser, nunca, de per si, expressão do que porventura o homem tenha de doentio; é antes e sem mais, para falarmos com propriedade, expressão do ser humano, – expressão precisamente do que de mais humano há no homem. Com efeito, podemos perfeitamente imaginar animais altamente evoluídos que – como as abelhas ou as formigas, por exemplo – em certos aspectos de organização social, em alguns dispositivos semelhantes às estruturas humanas do Estado, cheguem a superar a sociedade humana; mas jamais poderemos imaginar que um animal seja capaz de suscitar o problema do sentido da sua própria existência, conseguindo assim pô-la em questão. Só ao homem, como tal, é dado – a ele exclusivamente – ter a vivência da sua existência como algo problemático; só ele é capaz de experimentar a problematicidade do ser.

Vale a pena repetir aqui o que dissemos acima, relatando um caso exemplificativo, a propósito do conceito de vácuo existencial. Refiro-me àquele professor universitário que tinha estado na minha clínica por causa do seu desespero quanto ao sentido da existência. No decorrer da consulta, pôs-se de manifesto que se tratava de um estado endógeno-depressivo. Verificou-se ainda que as elucubrações sobre o sentido da vida não o assaltavam, como seríamos tentados a supor, ao tempo das fases depressivas; pelo contrário, nessas fases, estava tão hipocondriacamente preocupado, que não conseguia pensar no que quer que fosse. Só nos intervalos saudáveis entrava em tais cogitações! Por outras palavras: entre a necessidade espiritual, por um lado, e a enfermidade anímica, por outro, havia inclusive, no caso con-

A) ANÁLISE EXISTENCIAL GERAL

creto, uma relação de exclusão. Freud era de outro parecer, quando escrevia a Maria Bonaparte: «Se se pergunta pelo sentido e valor da vida, é porque se está doente...» (Cartas 1873-1939, Francforte do Meno 1960).

O problema do sentido, posto em toda a sua radicalidade, pode francamente abater um homem. É este o caso corrente, sobretudo na puberdade, portanto na época em que a problemática essencial da existência humana se abre ao homem jovem, que vai amadurecendo e lutando espiritualmente. Uma vez, um professor de história natural explanava, numa aula dum colégio, a tese de que a vida dos organismos, incluindo o do homem, «em última análise, nada mais é que "um processo de oxidação, um processo de combustão"». Imediatamente saltou um aluno, lançando-lhe em rosto esta pergunta apaixonada: «Sim, mas então o que é que dá sentido a toda uma vida?» Esse jovem tinha compreendido exatamente que o homem existe num modo de ser diferente do de uma vela, por exemplo, que está diante de nós a arder, em cima duma mesa. O ser da vela (Heidegger diria: «ser-presente», V*orhanden-sein)* pode-se interpretar como processo de combustão; ao homem, contudo, ao homem como tal, pertence uma forma de ser essencialmente diferente. O ser humano é antes de mais um ser essencialmente histórico, está inserto num espaço histórico concreto, a cujo sistema de coordenadas não logra arrancar-se. E este sistema de relações está determinado, em cada caso, por um sentido, se não inconfessado, talvez em geral inexprimível. O movimento de um formigueiro bem se pode definir, portanto, como tendente a um fim; o que não se pode é afirmar que tem um sentido. Desaparecendo, porém, a categoria de sentido, desaparece também o que se pode chamar «histórico»: um «Estado-formigueiro» não tem «história» alguma.

Em seu livro «Acontecimento e vivência», Erwin Straus mostrou que no homem – e não apenas no caso do homem doente de neurose – o fator histórico do tempo não se pode isolar conceitualmente da sua realidade de vida, daquilo que o mesmo Straus chama «realidade-cambiante». Menos ainda se pode fazer tal separação quando o homem (assim especialmente no caso da neurose) «deforma» essa realidade-cambiante. Uma das formas que esta deformação pode assumir é aquela tentativa de aversão, aquela tentativa de abandonar o modo de ser humano originário, que Straus classificou como existência «presentista», entendendo por tal um ajustamento à vida, que crê poder renunciar a toda e qualquer orientação. Trata-se, portanto, de um comportamento que nem se funda no passado nem se orienta para o futuro, aplicando-se antes ao puro presente sem história. Encontramo-lo, aliás, na evasão neurótica para certa espécie de esteticismo, para uma dissipação artística ou para um excessivo êxtase em saborear a natureza. O homem em questão está, assim, em certo sentido, esquecido de si mesmo; mas poderíamos também dizer: esquecido dos seus deveres, na medida em que, nesses momentos, vive do lado de lá de qualquer dever que resulte do caráter de sentido histórico-individual da sua existência.

O homem «normal» (tanto no sentido de uma norma-média como no da norma ética), só em certas ocasiões pode e, mesmo então só em certo grau, legitimamente tomar uma atitude presentista. Refiro-me àquelas ocasiões, as «festas» por exemplo, em que adrede e temporariamente se afasta da vida determinada por um sentido, para se entregar à embriaguez; à embriaguez, quer dizer, àquele estado de esquecimento de si mesmo que o homem provoca intencional e artificialmente, para se desonerar, de tempos a tempos, da impressão da sua responsabilidade essencial que, de quando em vez, lhe parece demasiado pesada. Mas, na verdade, o homem ocidental, pelo menos, está sempre sob o ditado de valores que lhe compete efetivar de modo cria-

A) ANÁLISE EXISTENCIAL GERAL

dor. Com isto não se pretende certamente negar a possibilidade de alguém se narcotizar, embriagando-se com as suas obras criadoras. É o que ocorre aos homens daquele tipo que Scheler, no seu estudo sobre o «burguês», caracterizou dizendo que, por causa dos meios de realização dos valores, esquecem o fim último (os próprios valores). Estão neste caso os que passam toda a semana a trabalhar intensamente e no domingo – em vista do vazio, da solidão e da falta de conteúdo da sua vida, que então irrompe à tona da consciência – se tornam deprimidos («neurose dominical») ou, sentindo um *horror vacui* (em sentido espiritual), mergulham em qualquer situação de embriaguez.

Mas não é só nos anos de maturação que o problema do sentido da vida se põe de modo típico; põe-se também sempre que, ocasionalmente, como se o destino a trouxesse, sobrevêm ao homem uma vivência perturbadora. E, assim como no período de amadurecimento, nada há de propriamente doentio em questionar sobre o sentido da vida, assim também nada representa de patológico a necessidade anímica do homem que luta por um conteúdo da vida, ou a própria luta espiritual em que se empenha. Sendo assim, não se pode esquecer que a psicoterapia, uma vez alargado o seu horizonte pela logoterapia e, paralelamente, pela análise da existência *(Existenzanalyse),* como forma que é desta logoterapia, – tem que lidar, dadas certas circunstâncias, com homens que padecem animicamente, e que, em sentido clínico, não é lícito considerar propriamente doentes. Afinal, esse sofrimento, nascido dentro da problemática absolutamente humana, constitui precisamente o objeto de uma «psicoterapia a partir do espírito». Mas, mesmo quando houver de fato sintomas clínicos, pode ser conveniente proporcionar ao doente, através da logoterapia, aquele apoio espiritual especialmente seguro de que o homem são e corrente precisa menos, mas que o homem animicamente inseguro necessita com urgência, precisamente para compensar a sua insegurança. Em nenhuma hipótese é lícito tomar a problemática espiritual de um homem como um «sintoma», pois sempre ela é «realização» (para usarmos a antítese de Oswald Schwarz): – nuns casos, realização que o paciente já efetivou; noutros, uma realização em que nós temos de ajudá-lo. Isto vale nomeadamente para aqueles homens que por razões puramente externas perderam a equanimidade. Entre eles pode-se contar quem, depois de ter perdido um ser especialmente querido, a cujo serviço havia dedicado a vida inteira, levanta, inseguro, o problema de saber se a sua vida ainda conserva algum sentido. Pobre do homem que, em tais momentos, sente vacilar a sua fé no caráter de sentido da sua existência! Encontrar-se-á sem reservas: aquelas forças, que só lhe pode dar uma cosmovisão que afirme a vida incondicionalmente – ainda que não se trate necessariamente de chegar a uma clara consciência dela ou a uma formulação conceitual –, faltam-lhe nesse instante difícil; e já não lhe fica a possibilidade de «encaixar» o golpe do destino compensando por si mesmo o seu «poder». E assim, nascerá nele uma espécie de descompensação anímica.

Gostaríamos que se compreendesse o melhor possível o significado central que corresponde a uma atitude derivada de uma cosmovisão que afirme a vida, esclarecendo-se também com que profundidade ela pode chegar a atingir até o biológico. E talvez isto salte à vista nas linhas que se seguem. Fez-se uma vez um estudo estatístico de grande envergadura sobre as prováveis razões da longevidade. Pois bem: pôde-se comprovar que, em todos os casos examinados, a razão era uma concepção da vida «alegre», portanto uma concepção afirmativa da vida. Na esfera psicológica, a atitude derivada da cosmovisão vê-se que ocupa uma posição central de tal valor que sempre «transparece»; assim, por exemplo, no caso de doentes que tentam ocultar a sua atitude básica negativista em relação à vida, vê-se

A) ANÁLISE EXISTENCIAL GERAL

que nunca a conseguem «dissimular» inteiramente. Utilizando o método correspondente da exploração psiquiátrica, o tédio da vida oculto revela-se sem mais. Suponhamos um doente que suspeitamos estar dissimulando intenções suicidas. O processo que se recomenda para o exame é o seguinte: em primeiro lugar, interroguemos o doente a respeito dos pensamentos de suicídio, isto é, perguntemos-lhe se pensa em suicidar-se ou, conforme o caso, se persiste nas ideias suicidas que antes manifestou. Em qualquer hipótese, sempre responderá que não a esta pergunta – sobretudo, aliás, na hipótese de pura dissimulação. Em seguida, façamos-lhe outra pergunta que nos permita estabelecer uma diagnose diferencial entre o estar realmente livre do *taedium vitae,* por um lado, e, por outro, a mera dissimulação do mesmo: perguntemos-lhe – por mais brutal que a pergunta lhe pareça – «por que» (já) não tem nenhum pensamento de suicídio. Nessa altura, o doente que estiver livre de tais propósitos ou que já estiver curado logo responderá que, evidentemente, por ter de cuidar dos seus ou por ter de pensar no seu trabalho, ou motivos semelhantes. O doente dissimulador, no entanto, ficará encalhado subitamente na nossa pergunta, com uma perplexidade típica. Sentirá a necessidade de responder à nossa pergunta com argumentos em prol de uma afirmação (simulada) da vida, sem saber como satisfazê-la. No caso de se tratar de um paciente já internado, o mais típico é começar então a insistir em ir-se embora ou a protestar solenemente que não há nesse desejo quaisquer intenções de suicídio. Logo se vê que o homem está psicologicamente incapacitado para fingir sequer argumentos a favor da afirmação da vida, ou argumentos para continuar a viver; argumentos, enfim, que depõem contra os seus prementes pensamentos de suicídio: se realmente os houvesse, se os tivesse já no pensamento, não mais estaria, *eo ipso,* dominado por intenções de suicídio, nada tendo portanto que fingir.

O SUPRASSENTIDO

O problema do sentido da vida pode ser configurado de diferentes maneiras. Por isso, desde já queremos separar da sua ulterior discussão a questão de averiguar qual o problemático sentido de todo o acontecer; e, assim por exemplo, a problemática «finalidade e fim» do mundo como um todo, ou o sentido do destino que vem ao nosso encontro, das coisas que nos sucedem. Porque as possíveis respostas positivas a todos estes problemas pertencem propriamente ao domínio reservado da fé. É por isso, aliás, que, para o homem religioso, que crê numa Providência, não há por via de regra, a este respeito, nenhuma problemática. Quanto aos restantes, a discussão de tais indagações teria que ser examinada, antes de mais, em termos de crítica gnoseológica. Teríamos que examinar, sem dúvida, se em geral é permitido perguntarmos pelo sentido do todo; se portanto esta pergunta, de per si, tem plena razão de ser. Isto é, o que nós podemos propriamente fazer em cada caso é perguntar apenas pelo sentido de um acontecer parcial e não pelo «fim» do acontecer universal. A categoria de fim é transcendente na medida em que em cada caso o fim está fora daquilo que o «tem». Por isso, quando muito, poderíamos conceber o sentido do mundo como um todo na forma de um conceito-limite, como se costuma dizer. Assim, talvez pudéssemos caracterizar este sentido como suprassentido, exprimindo, numa só palavra, que o sentido do todo já não é apreensível e que é mais do que apreensível. Nestes termos o conceito seria análogo aos postulados kantianos da razão; representaria ao mesmo tempo uma necessidade do pensamento e, apesar disso, uma impossibilidade do pensamento, – uma antinomia que só a fé logra contornar.

Já Pascal dizia que nunca o ramo pode abarcar o sentido da árvore toda. E a mais recente teoria biológica do mundo circun-

A) ANÁLISE EXISTENCIAL GERAL

dante mostrou que todo ser vivo se encontra encerrado no mundo circundante próprio da respectiva espécie, sem poder quebrá-lo. Ora, por muito excepcional que seja a posição do homem a este respeito, por muito que ele seja «aberto ao mundo», tendo mais do que um mundo circundante, mesmo que o homem «tenha mundo» (Max Scheler) – ainda que tenha «o» mundo –, quem nos diz que, para além deste seu mundo, algum supramundo não existe? Ou melhor: o que é de supor não é só que a colocação final do homem no mundo seja apenas aparente, um simples estar-mais-acima dentro da natureza, em confronto com o animal, mas sim que para o «ser-no-mundo» (Heidegger) vale, em última análise, analogicamente, o que se diz dos mundos circundantes dos animais. Quer dizer: assim como um animal não pode entender, para além do seu mundo circundante, o mundo do homem que o ultrapassa, assim também o homem não poderia apreender o supramundo; para alcançá-lo, portanto, teria que ir mais longe, vislumbrando-o, – na fé. *Um animal doméstico não sabe para que fins o homem se serve dele. Como poderia chegar o homem a saber que «fim último» tem a sua vida, qual o «suprassentido" que tem o mundo como um todo?*

Bem sei que N. Hartmann afirma que a liberdade e a responsabilidade do homem estão em contradição com uma finalidade para ele oculta, mas que lhe é imposta de cima. Entendemos, porém, que esta visualização não concorda com os factos. Vejamos. O próprio Hartmann admite que a liberdade do homem é uma «liberdade apesar da dependência», na medida em que a liberdade espiritual também se constrói por sobre a legalidade[21] da natureza, numa «camada de ser» própria, mais elevada, que, malgrado a sua «dependência» da camada de ser

---

(21) É exactamente isto o que o Autor diz: *Gesetzlichkeit;* e não *Gesetz* (a lei). O original alude à normalidade, não à norma. (N.T.)

inferior, é «autônoma» em relação a esta. Pois bem: a meu ver, é perfeitamente concebível uma relação análoga entre o reino da liberdade humana e um reino que se lhe sobreponha, de tal modo que o homem continue a gozar duma vontade livre, a despeito do que uma Providência projete fazer com ele; exatamente nos mesmos termos em que o animal doméstico vive em conformidade com o seu instinto, apesar de servir ao homem que precisamente dos instintos animais se serve para seus fins.

Suponhamos que eu quero construir uma máquina cuja função consista em embalar determinada mercadoria de determinada maneira; salta logo à vista que, para realizar esta tarefa construtiva, precisarei de uma certa inteligência; uma inteligência de que se pode afirmar, sem receio de erro, que ela tem de ser, em qualquer caso, de um grau essencialmente mais elevado do que o que me faria falta para eu me encarregar de fazer, por mim, a embalagem da mercadoria em questão! Nada mais natural do que aplicar agora esta escala comparativa ao problema dos instintos; pois, no que se refere à chamada sabedoria dos instintos, não temos que fazer longos raciocínios para concluir que *aquela* sabedoria que dotou de determinado instinto uma espécie ou um gênero de animais, aquela sabedoria portanto que, por assim dizer, tem que ter fundado este instinto, que aquela sabedoria, digo, estando *por trás* de todos os instintos, terá que ser de um nível incomparavelmente mais alto do que a própria «sabedoria» dos instintos com base nos quais o dito animal reage tão «sabiamente». Aliás, talvez a diferença específica entre o homem e o animal não esteja tanto, em última análise, no fato de o animal ter instintos e o homem inteligência (afinal, toda a inteligência humana se pode conceber como um simples instinto «mais alto», especialmente se pomos diante dos olhos o *a priori* latente no fundo de toda a razão humana, mas que já não é explicável, em si mesmo, através da razão); talvez a diferença

A) ANÁLISE EXISTENCIAL GERAL

essencial esteja, com efeito, em ser tão elevada a inteligência do homem que – e nisto em decisivo contraste com a capacidade do animal – pode aperceber-se inclusive de que tem que haver uma sabedoria, decerto de um nível fundamentalmente superior ao da sua – uma sabedoria sobre-humana –, que nele enxertou a razão e nos animais os instintos: uma sabedoria que criou *toda* a sabedoria, tanto a sabedoria humana como os «sábios» instintos dos animais, sintonizando-os, aliás, com o seu mundo.

Ninguém como Schleich exprimiu com tanta beleza e concisão a relação que medeia entre o mundo humano e um supramundo: uma relação que, por conseguinte, nos cumpre representar como análoga àquela que se dá entre o «mundo circundante» (v. Uexküll) do animal e o do homem. «Deus – diz Schleich – sentou-se ao órgão das possibilidades e improvisou o mundo. Nós, os pobres dos homens, nunca ouvimos mais do que a *vox humana*. Se esta é já tão bela, como não será esplêndido o todo!»

Se a queremos definir de algum modo, a relação entre o mundo circundante dos animais (estreito) e o mundo do homem (mais amplo) e entre este e um supramundo (que abranja a todos), teremos uma espécie de alegoria da secção áurea. Consequentemente, a parte menor está para a maior assim como a maior para o todo. Tomemos o exemplo de um macaco a que se tenham aplicado injeções dolorosas destinadas à obtenção de um soro. Conseguiria o macaco porventura imaginar por que razão tem que sofrer? Limitado pelo seu mundo circundante, não está em condições de acompanhar as reflexões do homem que o submete às suas experiências, pois não lhe é acessível o mundo humano, o mundo do sentido e dos valores. Até lá não chega, não consegue atingir as suas dimensões. Ora, não teremos nós que admitir que, acima do mundo humano, existe por sua vez um outro mundo, inacessível ao homem, e cujo sentido, cujo suprassentido seja o único capaz de dar sentido aos seus sofrimentos?

A entrada na dimensão supra-humana, efetivada na fé, funda-se no amor. De per si, é isto coisa sabida. O que talvez seja, contudo, menos sabido, é que há disto *uma pré-formação infra-humana*. Quem não terá notado já como um cão, ao ter de sofrer uma dor – causada no seu interesse, digamos, por um veterinário –, levanta os olhos para o seu dono, todo cheio de confiança? Sem poder «saber» qual o sentido da dor que lhe provocam, o animal «crê», precisamente na medida em que confia no seu dono e precisamente, aliás, porque o «ama», – *sit venia anthropormorphismo*.

É de si evidente que a fé num suprassentido – quer o entendamos como conceito-limite quer, em termos religiosos, como Providência – tem uma imensa importância psicoterápica e psico-higiênica. Esta fé é criadora. Como fé pura que brota duma força interior, torna o homem mais forte. Para um crente assim, não há, em última instância, nada sem sentido. Nada se lhe pode afigurar «inútil», «não fica por assentar no livro fato algum» (Wildgans). Neste aspecto, nenhuma grande ideia pode vir a perecer, mesmo que jamais venha a ser conhecida, mesmo que alguém «a tenha levado consigo para o túmulo». Assim, a história interior da vida de um homem nunca acontece «em vão» em todo o seu drama e inclusivamente na sua tragédia; e isto, ainda que nunca a tenham observado, ainda que nenhum romance a tenha sabido contar. *Seja como for, o «romance» vivido por um homem é sempre uma realização criadora incomparavelmente maior do que o que alguém porventura tenha escrito.* De um modo ou de outro, todos sabemos que o conteúdo duma vida, o seu acabamento, fica guardado, por assim dizer, nalgum lugar, sendo «elevado», naquele sentido duplo com que Hegel inclui no termo simultaneamente as conotações de «tollere» e «conservare»[22]. Assim, o tempo, a caducidade da vida, em nada poderão afetar o seu sentido e valor. *Ter-sido é também um modo de ser, talvez o mais seguro.* E, sob este prisma, todas as ações na vida se nos podem apresentar como um pôr o possível a salvo na realidade. A despeito de serem ações passadas; mais ainda, precisamente no passado é que estão seguras para toda a eternidade, a salvo de qualquer posterior golpe do tempo.

Já se sabe que o tempo decorrido é irreversível; mas o que no decurso dele aconteceu é intocável e inviolável. Assim, o tempo que corre mostra-se não apenas como um ladrão, mas também como fiel depositário. E uma cosmovisão que tenha em vista a caducidade da existência nem por isso tem que ser, de modo algum, pessimista. Se quiséssemos expressá-lo numa imagem, poderíamos dizer: o pessimista assemelha-se a um homem que está diante de um calendário de parede e vê, com medo e tristeza, como o calendário – a que arranca diariamente uma folha – fica cada vez mais fino; ao passo que quem conceber a vida no sentido do que acima se disse, parece-se com um homem que cuidadosamente toma a folha que acabou de separar do calendário, para juntá-la às restantes, já arrancadas, sem deixar de inscrever no verso uma notícia a modo de diário, a fim de se lembrar, cheio de orgulho e alegria, de tudo o que nessas notícias assentou, – de tudo o que na sua vida foi «realmente vivido». Mesmo que este homem repare ter envelhecido, que importa? Deveria, poderia, só por isso, olhar com coração invejoso para a juventude de outros homens ou lembrar melancolicamente sua própria juventude? Porque, afinal – pois é isso o que antes deve perguntar-se –, o que é que tem a invejar num homem moço? As *possibilidades*, talvez, que um homem jovem ainda tem, o seu *futuro?* «Muito obrigado» – pensará entre si –, «no meu *passado*

---

(22) Veja-se a nota que apusemos à página 46. (N.T.)

tenho eu *realidades*, em vez de possibilidades: não apenas a realidade das obras realizadas, mas a do amor amado e a das dores sofridas. E por estas é que mais orgulho eu sinto, muito embora sejam elas as que menos inveja despertam...»

Tudo o que no passado há de bom e de belo, no passado está bem seguro e bem guardado. Por outro lado, enquanto a vida dura, todas as culpas, todos os pecados são ainda «redimíveis» (Scheler, *«Wiedergeburt und Reue»*). Por conseguinte, as coisas não se passam, nem de longe, como se fossem um filme que acabou, que simplesmente chegou ao fim do último rolo (é mais ou menos assim que a teoria da relatividade representa o processo cósmico, na totalidade das «linhas cósmicas» tetra-dimensionais); pelo contrário: o filme deste mundo mal começou a ser rodado! Isto, porém, não significa senão que o passado – «felizmente» – está fixado, sendo, portanto, seguro, ao passo que o futuro – «felizmente» – está em aberto, deparando-se por conseguinte à responsabilidade do homem.

Ora bem: o que é responsabilidade? Responsabilidade é aquilo por que somos «atraídos» e a que «nos subtraímos». Assim, a sabedoria da linguagem já indica que no homem tem que haver como que forças antagônicas, que tentam impedi-lo de arcar com a sua responsabilidade essencial. Realmente, na responsabilidade há qualquer coisa de abismo. E quanto mais e com mais profundidade pensamos nela, mais descobrimos o abismo, até que, finalmente, nos envolve uma espécie de vertigem. Com efeito, basta mergulharmos a fundo na essência da responsabilidade humana para logo sentirmos um estremecimento: há nela qualquer coisa de *temível*, se bem que haja nela também qualquer coisa de *sublime! Temível* é: saber que a cada momento arco com a responsabilidade pelo momento seguinte; que todas as decisões, as de menor e as de maior monta, são decisões «para toda a eternidade»; que em cada momento realizo ou desperdiço

A) ANÁLISE EXISTENCIAL GERAL

uma possibilidade, a possibilidade deste momento preciso e único. Cada momento encerra milhares de possibilidades, mas eu só posso escolher uma delas para realizá-la, condenando todas as outras simultaneamente ao não-ser, e isto também «para toda a eternidade»! Não obstante, é *sublime* o saber que o futuro, tanto o meu próprio futuro como o das coisas e o dos homens que me rodeiam, em certa medida, por pequena que seja, depende da decisão que eu tomo em cada instante. O que eu realizar com essa decisão, o que com ela «criar no mundo», é qualquer coisa que ponho a salvo na realidade, preservando-a da caducidade.

PRINCÍPIO DO PRAZER
E PRINCÍPIO DO EQUILÍBRIO

Até aqui tratamos do problema do sentido na medida em que tal problema se põe quanto ao sentido do universo como um todo; reconsideremo-lo agora nos termos em que o entendem o mais das vezes os doentes que o levantam; isto é, o problema do sentido do indivíduo, da sua vida pessoal.

A este propósito, impõe-se-nos abordar antes de mais certa viragem que muitos pacientes tentam dar à discussão deste problema, e que por força tem que desembocar num niilismo ético. Refiro-me com isto à afirmação simplista que se costuma fazer de que, falando com propriedade, o sentido da vida se reduz ao prazer; no seu arrazoado, esta afirmação reporta-se ao suposto fato de que todo o agir humano é ditado, em última análise, por uma aspiração à felicidade, sendo todos os processos anímicos determinados única e exclusivamente por um princípio do prazer. Como é sabido, esta teoria do predomínio do princípio do prazer no conjunto da vida anímica, defende-a também a psicanálise; perante o princípio do prazer, o princípio da realidade não representa, a rigor, nada de contraposto, constituindo antes um simples alargamento daquele primeiro, achando-se a seu serviço, exatamente na medida em que se apresenta como mera «modificação» dele, «também no fundo pretendendo alcançar prazer»[23].

Ora bem: a meu ver, *o princípio do prazer é um artefato psicológico*. Na verdade, o prazer não é em geral a meta das nossas aspirações, mas sim a consequência da sua realização. Já Kant aludiu a este fato. E Scheler, referindo-se ao eudemonismo, disse que o que ocorre não é que o prazer se depare como meta à ação moral, mas antes que a ação moral, digamos assim, traz às costas o prazer. Decerto que em situações ou circunstâncias especiais o prazer pode representar efetivamente a meta dum ato da vontade. Mas, prescindindo dos casos especiais deste tipo, a teoria do princípio do prazer passa por alto o caráter essencialmente intencional de toda a atividade psíquica. Em geral, o que o homem quer não é o prazer; quer o que quer, sem mais. Os objetos do querer humano são entre si diversos, ao passo que o prazer sempre será o mesmo, tanto no caso de um comportamento valioso, como no de um comportamento contrário aos valores. Daí que, como logo se entrevê, o reconhecimento do princípio do prazer conduza inevitavelmente ao nivelamento de todas as possíveis finalidades humanas. Com efeito, sob este aspecto, seria completamente indiferente que o homem fizesse uma ou outra coisa. É claro que o dar esmolas serviria para eliminar sensações desagradáveis; mas nem mais nem menos que o gastar esse dinheiro em delícias culinárias. Na realidade, um impulso de compaixão, digamos, encerra já um caráter de sentido, mesmo antes de ser eliminado por um ato correspondente que, pelo visto, apenas teria o sentido de eliminação do desprazer; afinal, perante o mesmo estado de fato que a um indivíduo

---

(23) S. Freud, *Gesammelte Werke* (Obras Completas), vol. VII, pág. 370.

A) ANÁLISE EXISTENCIAL GERAL

provoca compaixão, é perfeitamente concebível que outro sinta uma maldade sádica, se sacie com a desdita que contempla e inclusive experimente desse modo seu prazer.

Bem vistas as coisas, muito pouco na vida depende do prazer ou desprazer. Realmente, muito poucas vezes na vida é a questão do prazer ou desprazer que está em causa. É como no caso do espectador num teatro: o que é essencial para o espectador não é o fato de assistir a uma comédia ou a uma tragédia; o importante, para ele, é o conteúdo, a substância do que lhe oferece a representação. E ninguém com certeza se lembrará de afirmar que certos sentimentos de desprazer provocados na alma dos espectadores por um acontecer triste visto no palco são a verdadeira finalidade da sua ida ao teatro; se assim fosse, teríamos que considerar como masoquistas disfarçados todos os que pagaram entrada. De resto, a afirmação de que o prazer é o fim último de todos os esforços humanos – e não apenas mero efeito final de alguns deles –, pode-se refutar de plano, sendo para tanto suficiente inverter-lhe os termos. Assim, se por exemplo fosse exato que Napoleão deflagrou as suas batalhas só para sentir o prazer do seu desfecho vitorioso – o mesmo prazer que qualquer outro soldado poderia vir a sentir muito simplesmente em comezainas, na embriaguez ou no prostíbulo –, então também o «fim último» das derradeiras batalhas napoleônicas por força tinha que estar nas sensações de desprazer que se seguem às derrotas, tanto como as sensações de prazer acompanham as vitórias.

Se realmente víssemos no prazer todo o sentido da vida, em última análise a vida parecer-nos-ia sem sentido. Se o prazer fosse o sentido da vida, a vida não teria propriamente sentido algum. Porque, afinal, o que é o prazer? Um estado. O materialista – e o hedonismo costuma andar à mistura com o materialismo – poderia dizer inclusivamente: o prazer não é mais do que um processo qualquer que se opera nas células ganglionares do cérebro. E eu pergunto: só por causa desse processo valerá a pena viver, experimentar, sofrer, ou fazer o que quer que seja? Imaginemos um condenado à morte que, poucas horas antes de morrer, se pusesse a escolher os manjares da refeição de despedida. Esse condenado poderia perguntar: será que ainda tem algum sentido, à vista da morte, abandonar-se às delícias culinárias? Não será indiferente que o tornar-se o organismo um cadáver, duas horas mais tarde, ocorra antes ou depois de nele se haver verificado rapidamente aquele processo das células ganglionares a que chamamos prazer? Ora, toda a vida está à vista da morte e todo o prazer de qualquer homem careceria igualmente de sentido.

Esta desolada concepção da vida, consequentemente, teria que fazer-nos duvidar do sentido da própria vida, mesmo enquanto a estamos vivendo. Com toda a razão poderia antecipar e generalizar aqui a conclusão a que chegou certo paciente. Uma vez internado, após uma tentativa de suicídio, o paciente a que me refiro, relatando a sua vivência, disse que, para efetivar o suicídio projetado, quisera deslocar-se a um lugar afastado da cidade; mas, não encontrando nenhuma companhia de bondes que o levasse, resolvera tomar um táxi. «Então – concluiu ele – pus-me a pensar se não seria melhor poupar os dois centavos; e não pude deixar de sorrir involuntariamente, reparando na sovinice de querer poupar dois centavos imediatamente antes da morte».

Se alguém há a quem a própria vida ainda não tenha suficientemente convencido de que não se vive para «gozar a vida», consulte a estatística de um psicólogo experimental russo que, certa vez, mostrou como o homem normal experimenta, em média, nos seus dias, incomparavelmente mais sensações de desprazer que de prazer. Aliás, a experiência cotidiana põe já de manifesto quão insatisfatório é o princípio do prazer, não só enquanto visão da vida, e portanto na prática, mas também

A) ANÁLISE EXISTENCIAL GERAL

na teoria. Assim, se perguntamos a um homem por que não faz isto ou aquilo que a nós nos parece ter sentido e ele nos dá como «razão»: «Não tenho nisso prazer nenhum», – logo tomamos esta resposta por insatisfatória. Imediatamente nos salta à vista que essa resposta não é propriamente resposta alguma, pela simples razão de que nunca podemos fazer valer o prazer ou o desprazer como verdadeiro argumento a favor ou contra o sentido de uma ação.

De modo que, o princípio do prazer como máxima seria igualmente insustentável, mesmo que se verificasse o que Freud afirma num dos seus trabalhos – «Para além do princípio do prazer» –: a tendência geral do orgânico para retornar à paz do inorgânico. Freud julgava poder provar com isso a afinidade entre toda tendência para o prazer e o que ele denomina instinto da morte. Só que, a meu ver, seria perfeitamente concebível que todas essas tendências originárias, psicológicas e biológicas, pudessem continuar a ser reduzidas mais ainda, porventura até um princípio de equilíbrio universal, que cooperasse para cancelar qualquer tensão em todas as regiões do ser. Na verdade, a física conhece algo de semelhante na sua teoria da entropia: o estado cósmico final, que há que esperar. Assim, à «morte térmica» poderíamos contrapor, como correlato psicológico, o Nirvana; em suma, o equilíbrio de todas as tensões anímicas, mediante a libertação de todas as sensações de desprazer, seria o equivalente microcósmico da entropia macrocósmica, considerando-se *o Nirvana como a entropia «vista de dentro»*. Mas o próprio princípio do equilíbrio representaria o contrário, frontalmente incompatível, do «princípio de individuação», tendente a conservar todos os seres como seres individualizados, como seres que são-diferentemente (*Anders-sein*)[24]. Basta o existir esta con-

---

(24) A teoria de Schroedinger, análoga a esta, não é sobre o ser, mas sim sobre a vida.

traposição para se concluir que, do ponto de vista ético, nada colhe o achado desse princípio tão universal, a afirmação geral de quaisquer tendências cósmicas; pois é claro que o acontecer objetivo de modo algum é subjetivamente obrigatório (isto é, para o sujeito). Quem nos afirma que, por assim dizer, temos que identificar-nos com todas estas tendências e princípios? A questão começa precisamente com o problema de saber se nós devemos submeter-nos a tais tendências, – mesmo que porventura as descubramos no nosso próprio acontecer anímico. Sem dúvida, é perfeitamente concebível que a nossa missão própria consista precisamente em resistir ao domínio dos poderes desse tipo, externos ou internos.

É provável que todos nós, em virtude de uma educação unilateralmente naturalista, tenhamos um respeito desmesurado, excessivo, pelos resultados da pesquisa das ciências naturais e das ciências exatas, pelos conteúdos da imagem física do universo. Mas, teremos que temer realmente uma morte térmica ou um «perecimento do mundo», como se uma catástrofe final de proporções cósmicas pudesse privar de todo o seu sentido os nossos esforços e os das gerações que nos seguirem? A «experiência interna» duma vivência simples e isenta de preconceitos teóricos não nos estará antes a ensinar que, por exemplo, a alegria evidente de ver um pôr de sol tem não sei quê de «mais real» do que, digamos, um cálculo astronômico sobre o suposto momento em que a terra virá a chocar contra o sol? Poderá ser-nos dado algo de mais imediato do que a experiência de nós mesmos, – *a autocompreensão do nosso ser-homem enquanto ser-responsável?* Alguém disse já que «o mais certo é a consciência»[25]; e nenhuma

---

(25) Em alemão, a frase é um trocadilho mais expressivo: «Das Gewisseste» (o mais certo) é «das Gewissen» (a consciência). Para conservar o trocadilho, poderia dizer-se, quando muito: «o mais conscientizado é a consciência». (N.T.)

A) ANÁLISE EXISTENCIAL GERAL

teoria sobre a «natureza» fisiológica de certas vivências, nem a tese de que o gozo não é senão uma dança organizada, inteiramente determinada, de moléculas, átomos ou elétrons no interior das células ganglionares do córtex cerebral, – nenhuma delas é tão irrefutável e convincente como a experiência de um homem que, pela vivência do mais alto prazer estético ou da mais pura felicidade do amor, tem a certeza de que a sua vida possui pleno sentido.

No entanto, a alegria só pode dar sentido à vida se a vida, de per si, o tiver já. Aliás, o sentido mais rigoroso da alegria, não é nela que reside. Bem vistas as coisas, reside sempre fora dela: porque, em cada caso, a alegria *intende*[26] para um objeto. Já Scheler nos indica que a alegria é um sentimento intencional, ao contrário do mero prazer, que conta entre os sentimentos não intencionais, os sentimentos «de estado», «estados afetivos». Salienta, a este propósito, o referido autor o fato de os usos da linguagem cotidiana acusarem já esta diferença: tem-se prazer «por causa de» alguma coisa, mas é «a propósito» de alguma coisa que a alegria se sente[27]. Isto dá-nos a lembrar também o conceito do *modus vivendi* «presentista», nos termos em que Erwin Straus o consagrou. Neste modo de viver, o homem aferra-se precisamente ao estado de prazer (a embriaguez, por exemplo),

---

(26) Do latim *intendere,* tender para. No intuito de sermos fiéis ao sentido exato que o A. tem em mente, conservaremos o latinismo ao longo de toda a obra. (N.T.)

(27) A diferenciação linguística a que o texto alude é dificilmente traduzível em todo o seu rigor. Para melhor conservar o argumento, mantive na tradução o sentido literal das preposições alemãs, prescindindo da adaptação exigida pelo contexto, em português. «Wegen» equivale a «por causa de»; «über» equivale a «a propósito de», «sobre». Talvez contribua para o esclarecimento da leitura o observar-se que a preposição «über» implica, no caso em apreço, uma referência ao *tema* para o qual tende o sujeito e que está à vista dele, ao passo que a preposição «wegen» parece exprimir mais determinada consequência: o prazer seria, pois, um resultado acontecido *em consequência* de algo; e a alegria, um sentimento que o sujeito *faz*, por assim dizer, ao *tender para* determinado objeto ou tema. (N.T.)

sem atingir, mais além, o reino dos objetos, – que seria, neste caso, o reino dos valores; só a *intentio emotiva* para os valores pode dar ao homem verdadeira «alegria». Assim se compreende por que motivo a alegria não pode ser nunca um fim em si; não se pode *intender* para a alegria como tal. É uma «realidade de execução» (Reyer): realizável apenas na execução de atos cognoscitivos de valores; na realização, portanto, dos atos intencionais daquele que capta os valores (obs. 8). É o que Kierkegaard exprimia numa bela frase, ao dizer que a porta da felicidade abre para fora: essa porta fecha-se para quem, tentando abri-la, a empurrar. Barra o caminho para a felicidade aquele que a todo o transe se empenha em tornar-se feliz. Donde se conclui que toda aspiração à felicidade – ao suposto «final» da vida humana – é, já de si, coisa impossível.

O valor é necessariamente transcendente em face do ato que para ele *intende*. Transcende o ato cognoscitivo de valores *(wert--kognitiv)* que se dirige em direção a ele, de modo análogo ao que ocorre com o objeto de um ato cognoscitivo (no sentido estrito da palavra), que não pode deixar de estar fora deste. A fenomenologia pôs de manifesto que o caráter transcendente do objeto de cada ato intencional faz já parte do conteúdo deste ato. Se me é dado ver uma lâmpada acesa, é-me dado ao mesmo tempo o fato de que ela está aí, ainda que eu feche os olhos ou lhe volte as costas. «Ver» já significa também ver alguma coisa que está fora dos olhos. Não obstante, talvez alguém insista na tese de que o que vemos não são realmente as coisas que se acham no mundo, fora de nós, mas simplesmente as imagens das coisas, refletidas na nossa retina. Como se sabe, esta tese – absolutamente falsa – corresponde ao erro fundamental da escola positivista de Mach, que parte metodicamente dos dados sensíveis. Ora, uma atitude que se atém às sensações como tais, enquanto sensações, é uma atitude totalmente determinada e, na verdade, meramente se-

A) ANÁLISE EXISTENCIAL GERAL

cundária, isto é, reflexa; que, por conseguinte, se adapta muitíssimo bem à postura cognoscitiva da psicologia científica, mas não, de modo algum, à postura puramente natural do conhecimento. Ora, uma teoria do conhecimento não tem primariamente nem a intenção nem a missão de ser teoria psicológica do conhecimento[28], pois a sua intenção e missão é antes a de ser, sem mais, teoria do conhecimento.

Poderíamos ir mais longe até e dizer que se enganaria quem porventura afirmasse que, com os óculos postos, apenas se veem as lentes, mas não (através delas) as próprias coisas. Com efeito, não há dúvida de que nos podemos fixar nas impurezas, nas nódoas ou partículas de pó que tenham aderido às lentes; mas nem por isso seria lícito esquecer que com essa atitude apenas estaríamos atentando nos defeitos das lentes. Pois bem: a crítica do conhecimento é também uma atitude com que nos fixamos nas fontes de erro do conhecimento; mas de um conhecimento que, em si, é certo! Quer dizer: trata-se de uma postura que atenta nas fontes de erro dum conhecimento cuja exatidão potencial sempre se pressupõe, precisamente ao aceitarem-se possíveis fontes de erro!

No conhecimento de um objeto como real, já está implícito o reconhecer-se a realidade deste último, independentemente de que o cognoscente ou quem quer que seja o conheça de fato. O mesmo se aplica aos objetos do conhecimento de valores. Se é que ainda se faz mister, podemos esclarecer isto com o seguinte exemplo: um homem observa que os atrativos estéticos da

---

(28) Análogo ao conhecimento psicológico seria – para continuarmos com o tipo de exemplificação adotado – aquele caso particular em que alguém só visse realmente as imagens refletidas na retina, se, por exemplo, tentasse estudar num olho arrancado a um cadáver os processos físicos da *câmara mágica,* imitados por aquele. Realmente, é de perguntar: a atitude psicológica perante os processos anímicos não encerrará em si uma espécie de «desmembramento que dissolve a íntima e coerente contextura do todo vivo»?

sua companheira erótica apenas lhe são «dados» enquanto ele se acha numa determinada disposição, ou seja, enquanto se encontra num estado de tensão sexual, sentindo que, ao cessar esta excitação, é como se todos os valores estéticos de algum modo desaparecessem. Daí o concluir que tais atrativos nada têm de real, correspondendo antes ao ofuscamento dos seus sentidos, resultante da sensualidade; e que, por conseguinte, não representam nada de objetivo, antes são qualquer coisa de relativo ao estado concreto do seu organismo, que se funda na subjetividade dos seus instintos. Mas esta conclusão é falsa. Não há dúvida de que determinado estado subjetivo foi a condição adequada para que certos valores se tornassem perceptíveis; também não há dúvida de que determinada disposição do sujeito constitui o meio ou órgão necessário à captação dos valores. Contudo, isto não exclui a objetividade dos valores; pelo contrário, pressupõe-na. Por conseguinte, tanto os valores éticos quanto os estéticos requerem, assim como os objetos do conhecimento, atos adequados à respectiva captação; entretanto, sempre tais atos implicam a transcendência dos referidos objetos; quer dizer: estes objetos são transcendentes em relação aos atos que para eles *intendem*, verificando-se, portanto, a sua objetividade.

E isto em nada se altera pelo fato, já mencionado, de que a nossa imagem dos valores, tal como a nossa imagem do mundo, apenas nos permite ver, em cada caso, como que um setor do mundo, um simples corte do mundo, vinculando-nos, assim, à perspectiva. O que porventura ocorre é que todo dever-ser é dado ao homem com caráter concreto, na concretização do que «deve» fazer, «aqui e agora». Os valores redundam, assim, em exigências do dia e em missões pessoais; ao que parece, só através destas missões é que se pode *intender* para os valores que por trás delas se escondem. E não seria de excluir a possibilidade de que aquela totalidade para a qual se abre, por assim dizer, todo

A) ANÁLISE EXISTENCIAL GERAL

dever-ser concreto, jamais se torne visível para o indivíduo vinculado à perspectiva do concreto (obs. 9).

Toda pessoa humana representa algo de único e cada uma das situações da sua vida algo que não se repete. Cada missão concreta de um homem depende relativamente deste «caráter de algo-único», desta irrepetibilidade. É por isso que um homem só pode ter, em cada momento, uma missão única; e é assim precisamente que esta peculiaridade do que é único comunica a tal missão o caráter de absoluto. Pode-se dizer, portanto, que o mundo[29] dos valores se contempla em perspectiva, correspondendo, porém, a cada situação uma única perspectiva, que é precisamente a exata. Há, por conseguinte, uma exatidão absoluta, não apesar, mas justamente por causa da relatividade da perspectiva.

SUBJETIVISMO E RELATIVISMO

Permita-se-me fazer ainda uma observação a respeito da objetividade daquilo a que chamo *sentido:* a objetividade não exclui a sua subjetividade. Explico-me: o sentido é subjetivo na medida em que não há um sentido para todos, mas sim um sentido para cada um dos outros; entretanto, no caso concreto de que se tratar, o sentido não pode ser *puramente* subjetivo[30]: não pode ser a mera expressão, o puro reflexo do meu ser, nos termos em que o subjetivismo[31] o relativismo o entendem e no-lo pretendem fazer crer.

Assim, quando dizemos que o sentido é não só subjetivo,

---

(29) No original lê-se o mundo *(Die Welt),* sem mais. (N.T.)
(30) No sentido de um *understatement,* podemos defini-lo, com Rudolf Allers, como trans-subjetivo.
(31) A rigor, o subjetivismo nega que haja um sentido, pois sustenta que não «o» há, sendo nós, pelo contrário, que damos e atribuímos um sentido a uma situação.

mas também relativo, apenas queremos salientar que está numa determinada relação com a pessoa, – e com a situação em que precisamente essa pessoa se realiza e se insere. Sob este prisma, é claro que o sentido de uma situação é realmente relativo; é-o, assim, em relação a uma situação tomada, no caso concreto, como irrepetível e única.

A pessoa tem que atingir e captar o sentido, tem que apreendê-lo, percebê-lo e efetivá-lo, isto é, realizá-lo. O sentido, portanto, em virtude da sua relação com a situação, é também, por seu turno, irrepetível e único; e esta unicidade do «único que se impõe» faz com que o sentido, extraído da sua trans-subjetividade, em vez de ser algo dado por nós, seja para nós um dado, por muito que a percepção e realização deste dependa da *subjetividade do saber e da consciência humanos*. A falibilidade do saber e da consciência não prejudica *a trans-subjetividade do ente captado pelo saber humano nem a do dever-ser captado pela consciência humana*. E quem estiver convencido desta trans-subjetividade logo se convence também de que só uma consciência equivocada poderia advogar qualquer coisa de semelhante ao homicídio ou ao suicídio. Esta convicção legitima por isso que o médico, em casos excepcionais, se responsabilize por uma imposição da sua concepção do mundo e da sua concepção valorativa; sem esquecer, mesmo então, a falibilidade tanto da sua consciência como da do paciente.

A consciência faz parte dos fenômenos especificamente humanos. Poderíamos defini-la como a capacidade intuitiva para seguir o rasto do sentido irrepetível e único que se esconde em cada situação. Numa palavra: a consciência é um *órgão-sentido*.

Mas não basta dizer que é um fenômeno humano; diríamos ainda que é extremamente humano, pois, na verdade, participando da condição humana, está sujeito ao seu cunho característico, à sua finitude. É claro que a consciência pode levar o

A) ANÁLISE EXISTENCIAL GERAL

homem a enganar-se. Mais ainda: até o último momento, até o último suspiro, não sabe o homem se realmente terá realizado o sentido da sua vida ou se apenas se terá iludido: *ignoramus, ignorabimus*. Desde Peter Wust, porém, «incerteza e risco» implicam-se mutuamente e – por mais que a consciência o deixe sem saber se afinal encontrou, atingiu e captou o sentido da sua vida – tal «incerteza» não dispensa o homem do «risco» de obedecer à sua consciência, começando por escutar, antes de tudo, a sua voz.

E nem só este «risco» faz parte da «incerteza»; faz parte dela também a humildade. O fato de nem sequer no leito de morte virmos a saber se o órgão-sentido, a nossa consciência, não esteve afinal submetido a um sentido ilusório, significa, já de si, que a consciência de outrem bem pode ter razão. Humildade, portanto, significa tolerância; mas tolerância não quer dizer indiferença, pois o respeitar a fé de quem de outro modo crê, nem de longe requer que nos identifiquemos com a fé alheia.

Ninguém nega que, em certas circunstâncias, o homem não pode entender o sentido, tendo antes que interpretá-lo[32]. Mas isso não significa, nem de longe, que tal interpretação se efetue arbitrariamente. Com efeito, possuindo o homem liberdade para adotar qualquer interpretação, – não terá ele de arcar com a responsabilidade pela interpretação exata? Porque decerto só há uma resposta para cada pergunta, isto é, a resposta exata; para cada problema há apenas uma solução, a solução válida; e, em cada vida, em cada condição de vida, só um sentido, o verdadeiro. A um quadro de Rorschach dá-se um sentido: e o sujeito a quem se aplica o teste de Rorschach (projetivo) «desmascara-se» precisamente em razão da subjetividade do ato mediante o qual lhe atribui um sentido. Contudo, na vida não se trata de uma atribuição de sentido, senão de um achado de sentido; o que se

---

(32) V. E. Frankl, em: *Die Kraft zu leben, Bekenntnisse unserer Zeit*, Gütersloh 1963.

faz não é dar um sentido, mas encontrá-lo: encontrar, dizemos, e não inventar, já que *o sentido da vida não pode ser inventado; antes tem que ser descoberto.*

O seguinte episódio talvez nos possa esclarecer até que ponto, malgrado toda a subjetividade que porventura afete uma interpretação, nunca falta, ao sentido para o qual ela intende, um mínimo de trans-subjetividade. Um dia, estando eu nos Estados Unidos, por ocasião de uma discussão que se seguiu a uma das minhas conferências, tive que haver-me com uma pergunta que me fora apresentada por escrito e estava vasada nestes termos: «Na sua teoria, como se define 600?» Mal passou a vista por este texto, o moderador da discussão dispunha-se a pôr de lado o papel donde constava a pergunta, enquanto me comentava: «É absurdo! Como se define 600 na sua teoria!...» Nisto, peguei no papel, dei-lhe uma vista de olhos e disse categoricamente que o moderador – um teólogo profissional, note-se de passagem – tinha-se enganado; com efeito, no original inglês, a palavra «GOD», escrita em caracteres de imprensa, não era nada fácil de distinguir de 600. Graças a este equívoco, efetivou-se um teste projetivo involuntário cujos resultados, no caso do teólogo e no meu próprio, como psiquiatra, acabaram por ser completamente paradoxais. Fosse como fosse, tendo regressado já à Universidade de Viena, onde leciono, não perdi a oportunidade de que os meus alunos americanos observassem o texto original em inglês. O resultado foi que nove estudantes leram «600» e outros nove leram «GOD», havendo entretanto 4 a hesitar entre estas duas interpretações. O fato é que – e aqui é que eu queria chegar – estas interpretações não tinham o mesmo valor; pelo contrário, só uma delas se pedia e exigia, e era esta: o autor da pergunta pensara única e exclusivamente em «Deus» e tinha entendido a pergunta aquele que, ao lê-la (e precisamente sem nada se pôr a decifrar), a tivesse interpretado no sentido aludido pela palavra «Deus». E por mais que esteja obrigado a seguir a sua consciência, dela dependendo quanto ao sentido duma situação concreta, e por muito que duvide (mesmo que seja até o último suspiro) sobre se a sua consciência se engana ou não na situação concreta, – o homem tem que arcar com o risco dessa possibilidade e conformar-se com a sua humanidade, com a sua finitude. É o que diz, aliás, Gordon W. Allport: «We can be at one and the same time half-sure and whole-hearted»[33].

Assim como o ser-livre do homem e, afinal, o próprio homem, não tem nada de onipotente, – assim também o seu ser-responsável está configurado de tal forma que, não sendo o homem onisciente, tem que decidir tão somente «como souber e a consciência lho permitir».

Sempre que se acha o sentido único de uma situação ou se afirma a sua concordância ou discordância com um valor universal, o papel da consciência parece desembocar numa captação de configurações *(Gestalterfassen);* e isto em virtude do que nós chamamos vontade de sentido e James C. Crumbaugh e Leonard T. Maholick definem como a capacidade especificamente humana para descobrir a configuração do sentido *(Sinngestalten),* não apenas no real mas também no possível[34].

Em certa ocasião, Wertheimer sustentou o seguinte: «The situation, seven plus seven equals... is a System with a lacuna, a gap (um lugar vago). It is possible to fill the gap in various ways. The one completion – fourteen – corresponds to the situation, fits in the gap, is what is structurally demanded in this system, in this place, with its function in the whole. It does justice to the situation. Other completions, such as fifteen, do not fit. They

---

(33) *Psychological Models for Guidance,* Harvard Educational Review 32, 373, 1962.
(34) J. C. Crumbaugh e L. T. Maholick, *The Case of Frankl's «Will to Meaning»,* Journal of Existential Psychiatry 4, 42, 1963.

are not the right ones. We have here the concepts of *the demands of the situation; the "requiredness". "Requirements" of such an order are objective qualities*»[35].

Note-se, aliás, que, para além do sentido vinculado a uma situação irrepetível e única, há ainda universais de sentido, que se prendem à *condition humaine* enquanto tal, e é a estas possibilidades gerais de sentido que se chama valores. É verdade que o homem experimenta uma degradação de valores, princípios éticos e morais, de validade mais ou menos geral: com o decurso da história, esses valores degradam-se efetivamente, cristalizando nos quadros da sociedade humana. Esta degradação, porém, vem a ser para o homem o preço pago por declinar de si os conflitos. Não se trata aqui propriamente de conflitos de consciência; de resto, tais conflitos não existem na realidade, pois é inequívoco o que a consciência dita a cada um. O caráter de conflito é antes inerente aos valores: na verdade, *ao contrário* do *sentido* das situações irrepetíveis e únicas de cada caso, que é *concreto* (e, como costumo dizer, o sentido sempre é sentido não só *ad personam*, mas também *ad situationem*), os valores são, por definição, *abstratos universais-de-sentido;* como tais, não valem pura e simplesmente para pessoas inconfundíveis, inseridas em situações irrepetíveis, estendendo-se a sua validade a uma área ampla de situações repetíveis, típicas, que interferem umas nas outras. Há, portanto, situações em que o homem se acha defronte de uma alternativa de valores, perante a necessidade de escolher dentre princípios entre si contrários; e, como essa escolha não deve ser feita arbitrariamente, ei-lo de novo a reportar-se à consciência e na dependência da consciência, que apenas lhe impõe decidir *livremente,* – *não arbitrariamente, mas com responsabilidade.* Sem dúvida, ainda é livre em face da consciência; mas

---

(35) Em: *Documents of Gestalt Psychology,* University of California Press, 1961.

esta liberdade consiste única e exclusivamente na escolha entre duas possibilidades: ouvir a consciência ou fazer-lhe orelhas de mercador. Reprima-se e sufoque-se sistematicamente, metodicamente, a consciência, e logo se cairá ou no conformismo ocidental ou no totalitarismo oriental, – conforme os «valores», exorbitantemente generalizados pela sociedade, sejam propostos ou impostos pela força.

Dissemos que o caráter de conflito de que aqui se trata é inerente aos valores. Mas nem sequer isto é assim tão garantido, porque as possíveis interferências entre as esferas de validade dos valores podem ser simplesmente aparentes, por se verificarem mediante uma projeção e, por conseguinte, mediante uma perda da sua dimensão. Quer dizer: só quando pomos entre parênteses a diferença de nível hierárquico de dois valores, é que eles parecem interferir um no outro, colidindo entre si: é o que sucede com duas esferas, se as projetamos num plano; as figuras resultantes da projeção colidem entre si, muito embora as esferas tenham sido tomadas por separado no espaço.

TRÊS CATEGORIAS DE VALORES

Tentamos desenvolver os argumentos necessários para rebater o ceticismo de princípios que com tanta frequência manifestam os nossos doentes, fazendo frente, assim, ao niilismo. Mas, muitas vezes, faz-se ainda mister tornar visível a riqueza do mundo dos valores, o reino dos valores em toda a sua plenitude. Realmente, de quando em quando convém que o homem não se fixe, por assim dizer, perante um determinado grupo de valores: que não se aferre à sua realização, sendo, pelo contrário, suficientemente «dócil» para se deslocar a um outro grupo de valores que esteja mais além, se é que aí, e só aí, se dá a possibilidade de uma realização de valores. A este respeito, a vida pede ao homem uma elasticidade declarada, uma adaptação elástica às oportunidades que se lhe oferecem.

Quantas vezes nos não aparece um dos nossos pacientes a afirmar que a sua vida não tem sentido algum, por carecer de um valor superior a sua atividade! Antes de mais, temos que chamar-lhe a atenção para o fato de que, em última análise, é indiferente o lugar em que um homem profissionalmente se situa ou o trabalho que faz; dizendo-lhe que o que importa fundamentalmente é o modo como trabalha e, além disso, o preencher deveras o lugar em que, afinal, se acha inserido. O que tem importância não é, portanto, a grandeza do seu raio de ação, mas apenas o fato de se desempenhar do círculo das suas obrigações. Um homem simples que realmente cumpre as tarefas concretas impostas pela família e a profissão é, a despeito da sua vida «pequena», bem «maior» e mais altamente colocado do que, por exemplo, um «grande» estadista que, com uma penada, pode dispor da sorte de milhões de pessoas, mas toma as suas decisões sem prestar atenção à consciência.

Ora, o que nos permite compreender o valioso da vida, independentemente da estreiteza das suas circunstâncias, é precisamente a apreensão de toda a riqueza do reino dos valores. A este propósito, importa frisar que nem todos os valores se cifram numa realização mediante um ato criador. Ao lado daqueles que poderíamos denominar valores «criadores», há outros que se realizam na experiência vital, e que denominaremos «vivenciais». São os que se realizam, por exemplo, ao acolher o mundo, na entrega à beleza da natureza ou da arte. Não é lícito desdenhar a plenitude de sentido que também podem conferir à vida humana. Talvez haja quem duvide de que o sentido atual de determinado momento da existência humana possa ser preenchido numa simples vivência, isto é, para além de qualquer fazer e

A) ANÁLISE EXISTENCIAL GERAL

conduta, de qualquer realização de valores através de atividade. A quem assim duvidar, talvez valha a pena referir a seguinte experiência mental: imagine-se que um homem, amante da música, está sentado na sala de concertos e que, precisamente no instante em que lhe soam aos ouvidos os compassos mais tocantes da sua sinfonia predileta, sente aquela forte comoção que só se experimenta perante a beleza mais pura. Suponha-se agora que, nesse momento, alguém lhe pergunta se a sua vida tem um sentido; a pessoa assim interrogada não poderá deixar de responder que valeria a pena viver, mesmo que fosse só para experimentar a vivência desse doce instante (obs. 10). Com efeito, embora se trate de um só momento, *pela grandeza de um momento já se pode medir a grandeza de uma vida*: a altura duma serrania não nos é dada pela altura de um vale qualquer, mas sim e exclusivamente pela altura do mais alto cume das montanhas. Assim também, o que na vida decide do seu caráter de sentido são os pontos altos; e um simples momento pode dar sentido, retrospectivamente, à vida inteira. Senão, imaginemos ainda um homem que, empreendendo uma escalada de alta montanha, saboreia o arrebol dos Alpes nas alturas e a tal ponto o domina toda a majestade da natureza que se sente transido de emoção; e perguntemos-lhe se, depois dessa vivência, ainda se pode considerar totalmente sem sentido a sua vida...

Mas, a meu ver, há ainda uma terceira categoria de possíveis valores. Com efeito, a vida também se revela, em princípio, plena de sentido quando não é fecunda em criações nem rica em vivências. Quer dizer: há uma vasta série de valores fundamentais cuja realização se cifra no modo como o homem se insere numa limitação da sua vida. Precisamente no modo de se comportar perante este estreitamento das suas possibilidades, abre-se um novo e específico reino de valores, que sem dúvida alguma se conta entre os mais altos. Assim, uma existência, por muito empobrecida que pareça – na realidade, porém, só o será em valores criadores e vivenciais –, pode oferecer ainda uma última oportunidade, e decerto a maior, para, apesar de tudo, realizar valores. Chamaremos a estes valores, valores de atitude *(Einstellungswerte):* porque aqui tudo depende da atitude que o homem adote perante um destino imutável. A possibilidade de realizar estes valores de atitude sempre se verifica, portanto, quando um homem arrosta um destino perante o qual nada mais pode fazer que aceitá-lo, suportá-lo; tudo está no modo como o suporta, tudo depende de que o carregue sobre si como uma cruz. Trata-se de atitudes tais como: a valentia no sofrimento, a dignidade na ruína e no malogro. Ora, desde que os valores de atitude se incluam na esfera das possíveis categorias de valores, fica patente que a existência humana nunca na realidade e propriamente se pode considerar sem sentido: *a vida do homem conserva o seu sentido* até «as últimas», *até o último suspiro.* Enquanto está consciente, o homem tem uma responsabilidade perante os valores, ainda que apenas se trate de valores de atitude. Enquanto tem um ser-consciente, tem também um ser-responsável. A sua obrigação de realizar valores não o deixa em paz até o último instante da existência. Por muito limitadas que venham a ser as possibilidades da realização de valores, a realização de valores de atitude sempre continua a ser possível. Assim se demonstra, por outro lado, a validade da afirmação de que partimos: ser-homem significa ser-consciente e ser-responsável.

De hora a hora, muda na vida a oportunidade de uma orientação para este ou para aquele grupo de valores. Umas vezes, a vida exige-nos que realizemos valores criadores; outras, que nos orientemos para a categoria dos valores vivenciais. No primeiro caso, teremos, por assim dizer, que enriquecer o mundo com o nosso agir; no segundo, teremos que enriquecer-nos a nós mesmos através das nossas vivências. O imperativo do momento,

A) ANÁLISE EXISTENCIAL GERAL

ora o poderemos satisfazer por meio de um ato, ora por meio da nossa entrega a uma possibilidade de vivência. Sendo assim, até à alegria pode o homem estar «obrigado». Neste sentido, alguém que, encontrando-se sentado num ônibus e, ao presenciar um pôr de sol soberbo ou ao notar o aroma de acácias em flor, em vez de se entregar a esta possível vivência da natureza, continua a ler o seu jornal, de certo modo, poderia ser classificado, nesse momento, como «esquecido do seu dever».

Para compreendermos a possibilidade de realizar as três categorias de valores mencionadas, numa sucessão unitária, quase dramática, podemos referir aqui a história da vida de um doente, cujos últimos capítulos passamos a esboçar. Trata-se de um homem novo que, em consequência de um tumor não operável, localizado na parte superior da coluna vertebral, estava internado num hospital. A atividade profissional tinha-lhe sido proibida há muito tempo; manifestações de paralisia haviam-lhe cerceado a capacidade de trabalho. Assim, já não tinha qualquer acesso à realização de valores criadores. Mas, nesse estado, ainda continuava aberto para ele o reino dos valores vivenciais: mantinha conversações estimulantes com os outros pacientes (sem, ao mesmo tempo, deixar de os entreter, encorajando-os e consolando-os); ocupava-se com a leitura de bons livros e, sobretudo, ouvindo boa música no rádio. Até que, um dia, não podia mais segurar os auriculares; e as mãos, cada vez mais paralisadas, não podiam já compulsar livro nenhum. Então imprimiu à vida a segunda viragem; depois de ter tido que deixar os valores criadores para se debruçar sobre os valores vivenciais, viu-se forçado a orientar-se para os valores de atitude. Acaso poderemos interpretar de outro modo o seu comportamento, tendo em conta que, a partir desse momento, se pôs a servir de conselheiro e modelo aos companheiros de hospital? E, de fato, suportou com valentia as suas dores. No dia da morte – que ele conhecia de antemão –

ficou sabendo que o médico de plantão tinha sido encarregado de lhe aplicar, a seu tempo, uma injeção de morfina. Pois bem: que fez o nosso doente? Quando o médico apareceu para a visita da tarde, pediu-lhe que lhe desse a injeção mesmo antes de se deitar, para não ter de acordar de noite por causa dele.

EUTANÁSIA

Posto isto, impõe-se perguntar se em alguma circunstância estamos autorizados a privar um doente, já votado à morte, da oportunidade de se entregar à «sua morte»; da oportunidade de encher de sentido a sua existência até o seu último instante, ainda que, no caso, se trate apenas de realizar valores de atitude. Isto é, temos diante dos olhos o problema de saber como o paciente, o «sofrente», se comportará perante os seus sofrimentos quando estes chegarem ao máximo e ao final. O morrer do paciente, contanto que se trate real e exclusivamente do *seu* morrer, faz parte, a rigor, da sua vida e encerra-lha numa totalidade de sentido. O problema com que aqui deparamos é o problema da eutanásia; não no sentido de alívio prestado ao moribundo, mas no sentido mais amplo de «golpe de misericórdia». A eutanásia, no sentido mais estrito da palavra, nunca constituiu problema para o médico; a mitigação das ânsias da morte mediante medicamentos é coisa evidente, sendo igualmente uma questão de fato o momento indicado para efetivá-la, de modo que é supérfluo discuti-la no plano dos princípios. Mas, afora este tipo de alívio ao moribundo, para além da eutanásia no sentido estrito da palavra, têm-se feito tentativas, e em vários lugares, para consentir legalmente na livre eliminação das chamadas vidas inúteis. A este propósito, cumpre alinhar as seguintes considerações.

A) ANÁLISE EXISTENCIAL GERAL

Em primeiro lugar, e contestando tais tentativas, forçoso é reconhecer que o médico não foi chamado a julgar do valor ou não valor duma vida humana. A sociedade humana apenas o destinou a prestar ajuda, onde puder, e a aliviar as dores, onde tiver que fazê-lo; a curar os homens, na medida em que isso estiver ao seu alcance, e a cuidar deles, quando tal já não lhe for possível. Não estivessem os pacientes e seus familiares convencidos de que o médico toma a sério e à letra esse mandato, e logo desapareceria, duma vez para sempre, a confiança que nele depositam. O doente em nenhum momento saberia se o médico, ao aproximar-se dele, vem para ajudá-lo ou para matá-lo, como carrasco.

Esta posição de princípios também não autoriza nenhuma exceção quando, em vez de se tratar de doenças físicas incuráveis, se trata de doenças mentais, igualmente incuráveis. Com efeito, quem se atreveria a profetizar por quanto tempo se tem de considerar incurável ainda uma psicose tida como tal? E, antes de mais, não nos é lícito esquecer que o diagnóstico duma psicose tida por incurável pode muito bem ser algo de subjetivamente certo, mas sem que as manifestações objetivas da mesma nos permitam ajuizar do ser e não-ser do paciente. Foi-nos dado conhecer o caso de um homem que, tendo de ficar entrevado na cama cinco anos inteiros, a ponto de se lhe atrofiarem os músculos das pernas, precisava também de que o alimentassem artificialmente. Se se tivesse mostrado este caso a certos médicos que costuma haver pelos hospitais, com certeza que algum deles teria formulado a pergunta típica: não seria melhor acabar com a vida de um homem assim? Pois bem: o futuro tinha preparado a melhor resposta a essa pergunta. Um dia, o nosso paciente pediu que lhe consentissem tomar uma refeição normal e mostrou vontade de se levantar. Fez exercícios até conseguir suster-se outra vez nas pernas, cujos músculos se haviam atrofiado. Poucas semanas depois, deram-lhe alta e em breve proferia conferências nas escolas superiores, tomando como tema, aliás, viagens feitas antes de ter adoecido. Finalmente, num círculo mais íntimo, expôs aos psiquiatras, por suas palavras, a experiência sofrida durante a doença, a despeito da suscetibilidade de alguns enfermeiros, que não o tinham tratado lá muito bem, sem repararem que, passados anos, poderia vir a expor em público, com toda a franqueza, tudo o que lhe sucedera.

Ora bem. É de supor que alguém argumentasse nestes termos: um doente psicótico não tem capacidade para velar pelos seus próprios interesses; por isso nós, os médicos, como que em representação da sua vontade enferma, temos de decidir pela sua morte, sendo de admitir que o próprio doente poria termo à vida se a noite que lhe envolve o espírito o não impedisse de se aperceber da sua defeituosidade. Mas nós colocamo-nos num ângulo de visão completamente diferente: o médico tem que atuar ao serviço e no sentido da vontade e do direito de viver do doente; nunca, porém, para lhe tirar tal vontade e direito. É muito instrutivo, a este respeito, o caso de um médico novo, vitimado por um melano-sarcoma, por ele já corretamente diagnosticado. Os colegas tentaram enganá-lo com reações negativas de urina, substituindo a dele pela de outros doentes; mas foi inútil: o doente, uma noite, fechou-se no laboratório e efetuou, por sua conta, a reação. Em progredindo a doença, temia-se uma tentativa de suicídio. Todavia, que fez o médico doente? Começou a duvidar cada vez mais do primeiro diagnóstico – aliás exato – que fizera; e, ao sentir metástases no fígado, entrou a diagnosticar distúrbios hepáticos inofensivos. Quer dizer: sem perceber, mentia e enganava-se a si mesmo, precisamente nas últimas fases em que a vontade de viver se rebelava. Ora, é exatamente esta vontade de viver que nos cumpre respeitar, sem passarmos por cima dela para, em nome de ideologias, sejam quais forem, arrancarmos a vida a um homem.

A) ANÁLISE EXISTENCIAL GERAL

Mas também se recorre frequentemente a outro argumento. É o argumento dos que se referem ao fato de os doentes mentais incuráveis, especialmente os que já nasceram com uma inferioridade de espírito, representarem uma carga econômica para a sociedade humana, sendo improdutivos e inteiramente inúteis para a comunidade. Todavia, que dizer desta argumentação? Na realidade, os idiotas, que pelo menos guiam um carrinho de mão, talvez até sejam mais «produtivos» do que, por exemplo, os velhinhos senis que vegetam dentro dum asilo; e, no entanto, os mesmos que se aferram ao critério de utilidade para a comunidade, certamente rechaçariam a ideia de exterminá-los com base na mera razão de improdutividade. É que todos temos de confessar que um homem que está rodeado pelo amor dos seus representa o objeto, de todo em todo insubstituível, desse amor, bastando isso para que a sua vida tenha um sentido, ainda que puramente passivo. Pelo visto, nem toda a gente sabe que são afinal as crianças mentalmente atrasadas as que, em geral, precisamente no seu caráter de desvalidas, mais terna e cuidadosamente são amadas e amparadas por seus pais.

Quanto a mim, a obrigação incondicional de salvar, que o médico tem sempre que possa, não o abandona nem sequer quando se lhe depara um paciente que tenha tentado matar-se e cuja vida se ache agora presa por um fio. Nesta situação, o médico encara o problema de saber se deve ou não entregar o suicida à morte livremente escolhida; se lhe é lícito opor-se à sua vontade de se suicidar, manifestada já na prática, ou se tem que respeitá-la. Talvez se pudesse dizer que o médico que intervém terapeuticamente perante uma tentativa de suicídio faz o papel de destino, em vez de dar ao destino livre curso. Mas a isto objetamos nós o seguinte: se o «destino» tivesse sido deixar morrer o cansado da vida aqui em questão, esse «destino» teria feito o possível e o impossível para que a intervenção médica chegasse tarde demais. Seja como for, mal o «destino», muito oportunamente, põe nas mãos do médico alguém ainda com vida, este médico tem que agir como médico e em nenhum caso lhe seria lícito arvorar-se em juiz, para decidir sobre o ser ou não ser, quer por razões ligadas à sua cosmovisão pessoal, quer por puro arbítrio.

SUICÍDIO

Até aqui, abordamos o problema do suicídio discutindo as possíveis posições do médico que o observa de fora. Tentemos esclarecer agora este problema, vendo-o, por assim dizer, de dentro, procurando compreendê-lo sob o prisma do homem que se cansou de viver, examinando ao mesmo tempo os motivos da sua justificação interior.

Já se tem falado do chamado suicídio-balanço. Com isto quer-se dizer que um homem só se poderia decidir por uma morte voluntária baseando-se num balanço que faz da sua vida inteira. Até que ponto este balanço, enquanto balanço do prazer, teria que ser forçosamente negativo, já o vimos ao examinar o problema do «prazer como sentido da vida». O que aqui nos ocupa, portanto, é apenas o problema de saber se alguma vez o balanço do valor da vida pode ser tão negativo que o continuar a viver chegue necessariamente a afigurar-se sem valor. Ora bem: nós temos por duvidoso que o homem esteja em condições de fazer um balanço da vida com a objetividade suficiente. Isto vale designadamente para a afirmação de que uma determinada situação não tem saída ou tem por única saída o suicídio. Por muito que essa afirmação corresponda a uma convicção, tal convicção continua a ser algo de subjetivo. *Mesmo que apenas um dentre os muitos que tentam o suicídio, por estarem convencidos de não haver saída para a sua situação, não tivesse tido razão;*

A) ANÁLISE EXISTENCIAL GERAL

mesmo que só nesse caso, apesar de tudo, se encontrasse mais tarde uma outra saída, – mesmo que assim fosse, digo, qualquer tentativa de suicídio careceria de justificação. Com efeito, a convicção subjetiva é afinal a mesma firme convicção em todos aqueles que se decidem pelo suicídio, e nenhum deles pode saber de antemão se precisamente a sua convicção é objetiva e fundamentada ou, pelo contrário, não virá a ser desmentida pelo acontecer das próximas horas, aquelas horas que, dadas certas circunstâncias... não mais viverá.

Num plano puramente teórico, seria perfeitamente concebível que um suicídio se justificasse, uma vez ou outra, como sacrifício conscientemente oferecido. Contudo, bem sabemos pela experiência que os motivos de um suicídio desse tipo também brotam muitas vezes dum ressentimento ou que, mesmo em tais casos, se acaba por divisar ainda outra qualquer saída para a situação aparentemente sem perspectiva. Assim, praticamente, pode dizer-se que o suicídio nunca tem justificação. Nem sequer o suicídio expiatório: porque, assim como torna impossível – no sentido da realização dos valores de atitude – o crescer e amadurecer pela dor genuína, assim também impossibilita o reparar, dum modo ou doutro, a dor infligida a outrem. O que o suicídio faz, isso sim, é perpetuar o passado e, em vez de arrancar do mundo uma infelicidade ocorrida ou uma injustiça cometida, arranca o eu, e nada mais.

Detenhamo-nos agora naqueles casos em que os motivos dependem de estados enfermiços da alma. Deixaremos em aberto o problema de saber se, numa sondagem psiquiátrica estrita e profunda, poderia vir a descobrir-se alguma tentativa de suicídio que não tivesse a menor base psicopatológica. O que aqui nos interessa é antes estabelecer que, em todos os casos, estamos obrigados a demonstrar aos cansados da vida o contrassentido do suicídio, o incondicional caráter de sentido que a vida sempre tem, – e isto, mediante uma crítica imanente e uma argumentação baseada em elementos objetivos, quer dizer, recorrendo aos meios da logoterapia. A este propósito, haveria que chamar-lhes, antes de mais, a atenção para o fato de que o cansaço de viver é um sentimento, nunca um sentimento podendo representar, porém, um argumento. O certo é que não lhes cabe em sorte o que procuram, isto é, a solução dum problema. Sim, o que temos que fazer com alguém que esteja *decidido a suicidar-se* é sobretudo mostrar-lhe repetidamente que um suicídio não pode resolver problema algum. Temos que lhe *fazer ver como ele se assemelha a um jogador de xadrez que, colocado perante um problema que lhe parece extremamente difícil, joga fora as pedras do jogo, sem com isso resolver qualquer problema de xadrez. Com a vida sucede também assim: nenhum problema se resolve deitando fora a vida.* E, assim como esse jogador de xadrez não se atém às regras do jogo, assim também viola as regras do jogo da vida um homem que escolhe a morte voluntária. Estas regras, é claro que não nos exigem vencer a preço de tudo; mas com certeza que nos impõem o não abandonar jamais a luta (obs. 11).

Evidentemente, não precisamos tirar do mundo todas as causas de infelicidade para afastarmos do seu propósito aquele que está decidido a suicidar-se; nem poderíamos fazê-lo. Não necessitamos proporcionar a mulher amada ao enamorado infeliz, e também não se trata de arranjar, a quem sofre indigência, um ordenado. O que importa conseguir é convencer estes homens de que, não só são capazes de continuar a viver sem aquilo que, por uma razão ou por outra, não podem ter; mas também de que têm de ver uma boa parte do sentido da sua vida precisamente em superar interiormente a sua infelicidade, em crescer com ela, mostrando-se à altura do seu destino, muito embora lhes seja negada alguma coisa. Contudo, só poderemos levar os nossos doentes a tomar a vida como um valor, como algo que sempre tem um sentido, se estivermos em condições de lhes dar à vida um conteúdo, de os levar a encontrar na sua existência uma meta, uma finalidade; por outras palavras: se os sabemos pôr diante de uma missão. «Quando se tem na vida algum "porquê"» – diz Nietzsche – «qualquer "como" se pode suportar» (Obs. 12). De fato, o saber-se incumbido duma missão na vida tem um valor psicoterápico e psico-higiênico extraordinário. Estamos em dizer que não há nada de mais apropriado para que um homem vença ou suporte dificuldades objetivas ou transtornos subjetivos do que a consciência de ter na vida uma missão a cumprir. Contanto que ela seja talhada, por assim dizer, com caráter pessoal, representando o que efetivamente se pode denominar uma missão; e sendo tanto mais eficaz, de resto, quanto mais pessoal for. Tal missão torna o seu titular insubstituível e confere-lhe à vida o valor de algo único. A frase de Nietzsche que citamos dá a entender também que o «como» da vida, e portanto quaisquer circunstâncias penosas que a acompanhem, passa para segundo plano no momento e na medida em que para o primeiro plano passar o «porquê». Mas há mais: uma vez atingida, a compreensão do caráter de missão da vida tem como consequência que, a rigor, a vida se torna tanto mais plena de sentido quanto mais difícil se tornar.

A VIDA NO SEU CARÁTER DE MISSÃO

Além disso, se queremos ajudar os nossos doentes a ativar o mais possível a sua vida, se os queremos tirar, digamos assim, da sua situação de «*patiens*» para conduzi-los à situação de um «*agens*», não nos poderemos contentar em levá-los à vivência da sua existência como ser-responsável perante as possibilidades de realização dos valores; temos que mostrar-lhes também que a missão, por cujo cumprimento são responsáveis, é sempre uma missão específica.

O caráter específico desta missão é duplo. Com efeito, *a missão não muda apenas de homem para homem – em consonância com o caráter único de cada pessoa muda também de hora a hora, em decorrência do caráter irrepetível de cada situação*. Baste-nos recordar o que Scheler denominou «valores de situação» (contrapostos aos valores «eternos», que valem sempre e para todos). Estes valores, é como se estivessem à espera de que a sua hora chegasse, à espera de que um homem aproveite a ocasião irrepetível de realizá-los; a ocasião que se deixa passar será ocasião perdida irremediavelmente e o valor de situação fica para sempre irrealizado, – o homem desperdiçou-o. Já se vê, portanto, como estes dois aspectos da existência humana – o seu caráter único e irrepetível – são constitutivos do seu caráter de sentido. É, aliás, à filosofia existencialista do nosso tempo que nós devemos o ter-se realçado a existência do homem como algo essencialmente concreto, que é «só meu», – ao contrário do vago conceito de vida da filosofia da vida de outros tempos. Só assim, com esta forma concreta, é que a vida humana adquiriu obrigatoriedade. Não é em vão que se designa a filosofia existencialista como filosofia «vocativa» *(«appellierende»)*. Realmente, a explicada existência humana, como algo de único e irrepetível, encerra uma vocação (*Appell,* apelo, chamada) para realizar as suas possibilidades únicas, que não se repetem.

Se, no sentido duma análise da existência e ao serviço duma logoterapia, queremos levar os pacientes a concentrar-se o mais possível na sua vida, basta mostrar-lhes como a vida de cada homem tem um fim único, a que conduz um único caminho. Neste caminho, o homem assemelha-se ao aviador que, numa noite nevoenta e voando às cegas, é «pilotado» até o aeroporto. O caminho indicado é o único a conduzir o piloto à sua meta. As-

A) ANÁLISE EXISTENCIAL GERAL

sim também cada homem, em todas as situações da vida, conta com um caminho único e irrepetível, pelo qual pode chegar à realização das suas mais peculiares possibilidades.

Pois bem. Se um paciente vem ter conosco e nos diz que ignora o sentido da sua vida, que as possibilidades únicas da sua existência lhe estão vedadas, podemos replicar-lhe que a sua primeira e mais imediata missão está precisamente em descobrir a própria missão e em avançar resolutamente ao encontro do sentido da vida, no que ele tem de único e irrepetível. E, para tanto, no que se refere especialmente às suas possibilidades interiores, no que diz respeito, por conseguinte, ao problema de saber como poderia decifrar, digamos assim, no seu ser a direção do seu dever-ser, – nada melhor do que ater-se à resposta de Goethe: «Como pode uma pessoa conhecer-se a si mesma? Nunca pela reflexão, mas sim pela ação. Tenta cumprir o teu dever e logo saberás o que há em ti. Mas, o que é o teu dever? A exigência do dia».

Pode ser que alguns homens, não obstante reconhecerem o caráter único, de missão, da sua vida, e apesar de estarem também decididos a realizar os seus valores de situação concretos, únicos, considerem «desesperada» a sua situação pessoal. Nestes casos, o que temos que perguntar, antes de mais nada, é isto: que significa «desesperado»? É claro que o homem não pode predizer o seu futuro. Aliás, nunca o poderá, precisamente porque o seu conhecimento do futuro imediatamente influenciaria o seu futuro comportamento, ao sabor da sua atitude mais ou menos tenaz ou sugestionável; e, sendo assim, já estaria configurando o futuro de outro modo, e a primitiva previsão deixaria de ser exata. Mas enquanto o homem não puder profetizar, também nunca poderá pronunciar-se sobre se o seu futuro encerra ou não a possibilidade de realização de valores. Uma vez, um negro que tinha sido condenado a trabalhos forçados por toda a vida, embarcou em Marselha, rumo à ilha do Diabo. No alto-mar, sobreveio um incêndio no barco que o levava: era o «Leviathan», que ficou destruído na ocasião. O condenado, um homem extraordinariamente forte, tendo-se libertado dos grilhões, salvou a vida de dez pessoas. O feito valeu-lhe, mais tarde, um indulto. Se, estando ainda no cais de Marselha, tivessem perguntado a esse homem se, na sua opinião, poderia ter para ele algum sentido o resto da vida, com certeza que logo teria dito que não com a cabeça. É que, afinal de contas, nenhum homem pode saber se tem ainda alguma coisa a esperar da vida e se algum grande momento por ele ainda espera.

Ninguém tem o direito de apelar para a sua própria insuficiência; portanto, ninguém tem o direito de menosprezar as suas próprias possibilidades interiores. Por muito que um homem duvide de si mesmo, por muito que a si mesmo queira fazer justiça, metendo-se a magicar escrupulosamente a sós com a consciência, esse simples fato já, de certo modo, justifica a sua vida. Com efeito, sucede aqui o mesmo que com as aflições em torno da relatividade e subjetividade de todo o conhecimento (bem como com a captação dos valores): assim como tais aflições pressupõem já a objetividade do conhecimento, assim também o autojulgamento de um homem pressupõe um ideal da personalidade, um dever-ser pessoal. Um homem destes já tem em vista algo de valor e, por isso, participa no mundo dos valores; desde que esteja em condições de aplicar a si mesmo a pauta dum ideal, é porque não pode estar totalmente privado de valor. Efetivamente, atinge com isso já um nível que o salva; tendo conseguido elevar-se acima de si mesmo, entrou numa região do espírito e confirmou a sua cidadania num mundo do espírito, cujos valores passam a ser-lhe inerentes. «Não tivessem qualquer coisa de solar os nossos olhos, e nunca o sol poderíamos contemplar...» É este um pensamento que se poderia apli-

A) ANÁLISE EXISTENCIAL GERAL

car por analogia à generalização do desespero, à dúvida que se vê na humanidade. Vêm-nos dizer que «o homem é mau» no fundo de si mesmo (obs. 13). Em todo o caso, este pessimismo não autoriza ninguém a paralisar o seu agir. Se alguém pretender convencer-nos de que «todos os homens, em última análise, são egoístas», como se os altruístas só aparentemente o fossem, nada mais pretendendo que libertarem-se dum eventual sentimento de compaixão, bem sabemos o que lhe havemos de responder: em primeiro lugar, a eliminação dum impulso de compaixão não é um fim, mas uma consequência; em segundo lugar, o modo de manifestar-se esse impulso pressupõe já um autêntico altruísmo. Mas, além disso, poderemos objetar que vale para a vida da humanidade o que acima dissemos sobre o sentido da vida individual. Quer dizer: o que decide são os pontos culminantes, tanto na história dos tempos como por entre as serranias. Bastariam algumas existências exemplares ou mesmo este ou aquele homem concreto, a quem votamos um amor verdadeiro, para justificar a humanidade como um todo. E se, finalmente, nos fazem ver que os grandes e eternos ideais da humanidade são por toda a parte fementidos e aproveitados para distorcidamente satisfazer finalidades da política, dos negócios, do erotismo pessoal ou da vaidade privada, também poderemos responder que tudo isso depõe a favor da obrigatoriedade geral e do poder imperecível desses ideais: com efeito, se para tornar eficiente qualquer coisa, é necessário revesti-la duma roupagem moral, isso apenas demonstra, ao fim e ao cabo, que a moralidade é eficiente; e isto significa que ela é capaz de atuar sobre os homens precisamente em virtude da moralidade que lhes é própria.

Por conseguinte, a missão que um homem tem que cumprir na vida, sempre na base da vida está presente, nunca, em princípio, sendo impossível de cumprir. Nestes termos, o que em geral interessa à análise existencial é fazer com que o homem experimente vivencialmente a responsabilidade pelo cumprimento da sua missão; quanto mais o homem apreender o caráter de missão que a vida tem, tanto mais lhe parecerá carregada de sentido a sua vida. Ao passo que o homem sem consciência da sua responsabilidade encara a vida como algo simplesmente dado *(Gegebenheit),* a análise existencial ensina-o a vê-la com o caráter de algo que lhe é encomendado *(Aufgegebenheit).* Mas aqui não podemos deixar de observar ainda o seguinte: há homens que dão mais um passo, vivendo a vida, digamos assim, numa dimensão que vai mais longe. São homens para quem a missão, por assim dizer, é qualquer coisa de transitivo. Experimentam juntamente com ela, a vivência de uma instância donde a missão lhes vem. Na sua vivência, vão ao encontro da instância que os incumbe da missão. Vivem a missão como mandato. A vida deixa transparecer neles a presença de um mandante transcendente. E é com isto, a meu ver, que se poderia desenhar um dos rasgos essenciais do *homo religiosus*: aquele homem em cujo ser-consciente e ser-responsável se dão conjuntamente a missão vital e o mandante que lha confere (obs. 14).

Apresentamos o ser do homem como ser-responsável. Este ser-responsável é sempre um ser responsável pela realização de valores. Pois bem: ao falarmos destes valores, dissemos que cumpria ter também em conta aqueles que são irrepetíveis, os «valores de situação» (Scheler). As oportunidades de realização de valores adquirem assim um cunho concreto. Convém salientar, porém, que não se vinculam apenas à situação, pois se ligam também à pessoa, variando não só de hora a hora, mas igualmente de pessoa para pessoa. As possibilidades que cada homem tem para si, e exclusivamente para si, são tão específicas como as possibilidades que a situação histórica oferece, no seu caráter irrepetível.

Numa visualização analítico-existencial rigorosa, não pode deixar de se nos afigurar impossível uma missão vital válida

A) ANÁLISE EXISTENCIAL GERAL

em termos gerais e obrigatória para todos. Sob este prisma, o problema «da» missão da vida, «do» sentido da vida, – é um problema sem sentido. Tal problema, posto dessa forma, faz pensar na questão que, por hipótese, um repórter formulasse a um campeão mundial de xadrez, mais ou menos assim: «E agora, diga-me, mestre, na sua opinião, qual é a melhor jogada?» É uma pergunta que também não tem uma resposta válida em termos gerais, mas apenas uma resposta atinente a uma situação concreta (e relativa a uma pessoa determinada). Qualquer campeão mundial de xadrez, se afinal quisesse tomar a sério a pergunta, teria que responder isto: «Um jogador de xadrez deve-se comportar em cada caso, de modo que tente fazer a melhor jogada, na medida das suas próprias possibilidades e do que o adversário lhe permitir». E valeria a pena sublinhar aqui duas coisas: primeiro, que há que avaliar a situação interior, isto é, os chamados dotes da pessoa, – e é isto o que se tem em mente na referência à «medida das suas próprias possibilidades»; depois, que cumpre ter em conta que o jogador em questão nunca pode fazer senão «tentar» a melhor jogada para uma situação concreta do jogo, isto é, a que melhor quadrar a uma determinada disposição das pedras no tabuleiro. Quer dizer: se de antemão quisesse fazer a jogada considerada melhor em termos absolutos, atormentado pela dúvida e pela autocrítica, pelo menos teria que deixar passar o tempo de que dispõe e abandonar o jogo. Ora, as coisas passam-se de maneira idêntica com o homem que põe o problema do sentido da sua vida: para que a formulação do problema tenha algum sentido como tal, só a pode aventar em vista duma situação concreta e bem assim em vista da sua pessoa concreta; mais do que isso, teimar em fazer o ótimo absoluto, em vez de simplesmente «tentar» fazê-lo – seria falso e doentio. Bem entendido, sempre deve tender para o melhor, pois, caso contrário, nunca nada de bom lhe adviria; mas, ao mesmo tempo, tem que estar disposto a renunciar a uma consecução do seu objetivo, que não seja apenas assintótica.

Se agora passamos a resumir tudo o que dissemos sobre o problema do sentido da vida, chegamos a uma crítica radical do problema como tal. O problema do sentido da vida, sem mais, carece de sentido, porquanto está mal posto, se nos seus termos apenas se considera vagamente «a» vida e não, em concreto, «a minha» existência. E, se nos remontamos a uma reflexão sobre a estrutura originária da nossa vivência do mundo, teremos que dar ao problema do sentido da vida *uma viragem copernicana: é a própria vida que faz perguntas ao homem. O que o homem tem que fazer não é interrogar, mas ser interrogado pela vida e à vida responder: o homem tem que responder à vida, tornando-se «responsável»*[36]. Entretanto, as respostas que o homem dá só podem ser respostas concretas a «perguntas vitais» concretas. É na responsabilidade da existência que se dá a sua resposta; é na própria existência que o homem «efetiva» o responder-lhe às questões que lhe são próprias.

Talvez não deixe de ser oportuno referir aqui o fato de que a psicologia evolutiva também salienta que o «extrair um sentido» se verifica numa fase de desenvolvimento mais elevada do que o simples «dar sentido» (Charlotte Bühler). Assim, o que tentamos «desenvolver» logicamente mais acima – isto é, o primado, aparentemente paradoxal, da resposta em relação à pergunta – corresponde perfeitamente ao desenvolvimento psicológico; e funda-se no experimentar-se o homem a si mesmo como alguém

---

(36) Esta expressão – «tornando-se responsável» – é tradução incompleta, se bem que inevitável, do original alemão. O Autor diz que o homem «tem que responder à (ou pela) vida» reiterando a ideia com o verbo *ver-antworten* (*antworten* = responder), que dá origem ao adjetivo *verantwortlich* (responsável). Assim, em língua alemã, pode-se dizer que o homem *responsável* é aquele que, na ordem de ideias desenvolvidas pelo A., *responde* à vida. (N.T.)

A) ANÁLISE EXISTENCIAL GERAL

sempre interrogado. Ora, o instinto que, como vimos, conduz o homem às missões da vida que lhe são mais peculiares, guia-o também na resposta às perguntas da vida, na responsabilidade pela sua vida. Este instinto é a consciência. A consciência tem a sua «voz», «fala-nos», – eis um fato fenomenicamente indiscutível. Acontece, entretanto, que o falar da consciência é sempre e em cada caso um responder. E aqui, considerado psicologicamente, o homem religioso é aquele que, ao atender ao falado, experimenta a vivência de alguém que lhe fala, sendo portanto, por assim dizer, homem – de ouvido mais agudo do que o não religioso: no colóquio com a sua consciência – essa conversação mais íntima que se dá a sós consigo mesmo – o seu Deus é o interlocutor que o acompanha (obs. 15).

O PRINCÍPIO DA HOMEOSTASE E A DINÂMICA EXISTENCIAL

Na prática, a logoterapia acaba por estabelecer um confronto entre a existência e o *logos*. Em teoria, não faz mais do que tomar o *logos* por motivação da existência.

Entretanto, salta à vista uma objeção: confrontando a existência com o *logos,* numa ordenação da pessoa ao mundo do sentido e dos valores, não se estará exigindo demais ao homem? Prescindindo de que hoje em dia há menos razões para temer semelhante coisa, cumpre observar que tais receios são radicalmente descabidos, na medida em que ainda se apoiam no princípio da homeostase, ultrapassado já desde v. Bertalanffy[37]. No âmbito da neurologia e da psiquiatria, foi Kurt Goldstein[38]

---

(37) *Problems of Life,* Nova Iorque, 1952.
(38) *Human Nature in the Light of Psychopathology,* Harvard University Press Cambridge, 1940.

quem conseguiu demonstrar que o princípio da *«tension reduction»*, a que se reportam continuamente as hipóteses psicanalíticas e psicodinâmicas, representa, a rigor, um princípio patológico patente: o que normalmente se ajusta ao homem é o suportar tensões e o orientar-se em direção aos valores, e não o esquivá-los a todo custo.

Quanto a mim, entendo que um dos atributos essenciais do ser humano consiste em achar-se num campo de tensão, entre os dois polos do ser e dever-ser, em visar o sentido e os valores, abrindo-se às suas exigências. Aliás, tendo em conta que a fuga perante estas exigências constitui um traço característico da existência neurótica, logo se vê quanto a psicoterapia se deve opor a este «escapismo» tipicamente neurótico, sem lhe ser lícito cooperar com ele, tentando afastar os pacientes de qualquer tensão e poupando-lhes o confronto com o sentido e os valores, por um medo excessivo de prejudicar a homeostase.

Em logoterapia, a dinâmica que se estabelece no campo de tensão entre os dois polos do ser e dever-ser denomina-se noodinâmica, em contraposição a toda a psicodinâmica; e distingue-se desta precisamente por entrar nela um elemento de liberdade: em sendo movido por impulsos, sou atraído para os valores, isto é, posso dizer sim ou não a uma exigência dos valores, posso portanto decidir-me dum modo ou doutro. Quer dizer: o elemento da liberdade não se verifica apenas em face da instante imposição, aliás meramente aparente, das condições biológicas, psicológicas ou sociológicas, mas também em face de uma possibilidade de realizar valores.

Quanto mais se reduz a tensão que mana da noodinâmica, tanto mais se ameaça e prejudica o homem. Apoiando-se nos resultados da investigação inspirada por Carl Rogers, Allport esclarece: «There is always a wholesome gap between self and ideal-self, between present existence and aspiration. On the

A) ANÁLISE EXISTENCIAL GERAL

other hand, too high a satisfaction indicates pathology»[39]. A correlação normal entre a imagem real de si mesmo e a ideal, diz ele, poderia caracterizar-se pelo coeficiente de + 58.

Por isso, é perfeitamente compreensível que os autores americanos – e limito-me a citar aqui Theodore A. Kotchen[40] –, baseando-se em estudos estatísticos, tenham dado crédito à logoterapia por ela haver tomado a orientação do homem para o sentido como pedra de toque da saúde anímica.

Nos Estados Unidos, a psicologia está dominada por duas correntes: uma mecanicista, a outra – em reação contra ela –, humanística. Ao passo que a primeira se conduz pelo princípio da homeostase, a segunda guia-se pelo ideal da realização de si mesmo (Goldstein, Horney e Maslow).

Gordon W. Allport acentua que o costume de entender a motivação como uma tentativa de quebrar o estado de tensão através da homeostase não atinge a essência da aspiração propriamente dita[41]. De fato, Freud caracterizou «o aparelho anímico» como algo cuja «intenção» consistiria «em domar e eliminar toda uma gama de estímulos e excitações que lhe chegam de fora e de dentro»[42]; e os arquétipos de Jung, antes ou depois, são concebidos homeostasicamente: antes ou depois, o homem é-nos, assim, apresentado como alguém cuja aspiração acaba na realização de possibilidades que precisamente são pré-formadas, mas que tem na base, única e exclusivamente, a intenção de apaziguar o acicate ou até o desejo de vingança contra arquétipos não desfrutados e de evitar as tensões por eles provocadas.

Charlotte Bühler tem razão quando afirma que «desde as

---

(39) *Personality and Social Encounter,* Beacon Press, Boston 1960.
(40) *Journal of Individual Psychology* 16, 174, 1960.
(41) *Becoming,* New Haven 1955, p. 48 e s.
(42) S. Freud, *Gesammelte Werke* (Obras Completas), vol. XI, p. 370.

primeiras formulações freudianas do princípio do prazer até à última e atual versão do princípio da abreação («*Spannungsabfuhr*», purga de tensões) e homeostase, o constante objetivo de toda a atividade ao longo da vida tem sido concebido no sentido de um restabelecimento do equilíbrio no indivíduo»[43].

Mas já a própria Charlotte Bühler, ao criticar a concepção freudiana dos processos de ajustamento *(Anpassungsvorgänge)* afirma que «no seu impulso para o equilíbrio, quem se ajusta toma a realidade negativamente», ao passo que «quem cria coloca o seu produto e obra numa realidade concebida positivamente»[44]. Assim, o princípio da realidade, na dependência desta, também por sua vez fica ao serviço do princípio do prazer, na medida em que representa uma simples «modificação» do princípio do prazer, «pois, no fundo, também tende ao prazer»[45]. Ora, bem vistas as coisas, podemos afirmar que o próprio princípio do prazer representa, por seu turno, uma mera modificação, enquanto se subordina a um princípio superior, da homeostase, isto é, à tendência para manter ou restabelecer o mais baixo nível de tensão possível.

Assim como a psicanálise põe em relevo a vontade de prazer na forma de princípio do prazer, assim a psicologia individual acentua a vontade de poder, sob a forma do chamado impulso para fazer-se valer *(Geltungsstreben)*. Contudo, no caso do impulso para fazer-se valer, de Adler, já nem de longe se trata de uma impulsividade do homem em direção a algo que, tomado como agressividade daquela sexualidade salientada por Freud, se tivesse posto de lado; trata-se antes de um querer que brota do «centro dos atos» (Scheler) *(«Aktzentrum»)* da pessoa.

---

(43) *Basic Tendencies in Human Life,* em: Sein und Wissen, Tubinga, 1960.
(44) Psychol. Rdsch. 8, 1956.
(45) S. Freud, Gesammelte Werke, vol. VII, p. 370.

A) ANÁLISE EXISTENCIAL GERAL

Já se vê que, no sistema fechado de um «aparelho anímico» dominado pelo princípio do prazer, não cabe aquilo a que nós chamamos vontade de sentido e que ordena e orienta o homem para o mundo. Não se entenda, porém, este conceito, num sentido voluntarista. Se falamos de uma «vontade de sentido» e não, por exemplo, de um *instinto* de sentido», não é porque nos curvemos ao voluntarismo; o que com isso queremos salientar é que não se pode perder de vista o fato da direta (primária) intenção de sentido, isto é, o fato de que o que o homem põe em jogo é, ao fim e ao cabo, o sentido *e nada mais que o sentido.* Porque, se realmente se tratasse de um instinto, o homem realizaria o sentido apenas para apaziguar o acicate do instinto e readquirir o seu equilíbrio. Se assim fosse, contudo, o homem teria deixado de agir por causa do sentido em si, e a nossa teoria da motivação viria a redundar no princípio da homeostase.

A crítica europeia ainda zomba da logoterapia. As observações que lhe faz ainda têm seu ar de troça; dizem: ora... ora!, «apelar para a vontade»! Entretanto, a psiquiatria americana foi muito mais longe e deu a devida atenção a esta «vontade» tão ultrajada na sua pátria. O renomado psicólogo existencial de Nova York, Rollo May chega a afirmar que a psicanálise se torna cúmplice da tendência do paciente para a passividade, levando-o a considerar-se privado de um poder de decisão, sem se achar já responsável nas suas dificuldades. Vale a pena transcrever aqui a sua mordaz observação: «The existential approach puts decision and will back into the center of the picture»; e notar como depois termina, tão oportunamente, com as palavras de um Salmo: «The very stone which the builders rejected has become the head of the corner»[46][47]. Por outro lado, James C. Crumbaugh

---

(46) *Review of Existential Psychology and Psychiatry* 1, 249, 1961.
(47) Salmo 117, 22. (N.T.)

e Leonard T. Maholick, os diretores do *Bradley Center* de Colúmbia, Geórgia (U.S.A.), esclarecem, num trabalho publicado no *Journal of Existential Psychiatry (The Case for Frankl's «Will to Meaning»*), que, no entender deles, o resultado das suas experiências confirma a nossa hipótese da existência duma vontade de sentido.

Seria um erro interpretar a ideia de vontade de sentido a modo de apelo para a vontade. A fé, o amor, a esperança não se deixam manipular e fabricar. Ninguém lhes pode dar ordens. Até à intervenção da vontade se subtraem. Eu não posso querer crer, não posso querer amar, não posso querer esperar, – e, sobretudo, não posso querer querer. Daí que seja inútil exigir a um homem «que queira o sentido». Apelar para a vontade de sentido significa antes o fazer com que desponte o brilho do sentido, – pondo à disposição da vontade o querê-lo ou não.

«Atualmente – diz Charlotte Bühler –, no campo da psicoterapia, há essencialmente duas concepções fundamentais a respeito das tendências básicas da vida. Uma é a da teoria psicanalítica, segundo a qual o restabelecimento do equilíbrio homeostásico é a única tendência básica da vida; a outra é a teoria da realização de si mesmo como meta final da vida»[48]. Na síntese que faz, contrapõe, como se vê, a teoria da libertação dos instintos à teoria da realização de si mesmo. Mas só na medida em que o homem atinge o sentido é que ele se realiza também a si mesmo: a realização de si mesmo, portanto, significa de per si como que um efeito da consecução do sentido, mas não o objetivo desta. Só a existência que a si mesma se transcende se realiza a si mesma; entretanto, aquela que *intende* tão só para si mesma, isto é, aquela que unicamente tende à realização de si mesma, decerto que fracassa. O ser do homem é, por sua essência, um

---

(48) *Z. exp. angew. Psychol.* 6, 1959.

A) ANÁLISE EXISTENCIAL GERAL

ser que está ordenado para algo, que se dirige a algo, quer esse algo seja alguém, quer seja uma ideia ou uma pessoa[49].

Ora bem, Charlotte Bühler observa com todo o acerto que «What the representatives of the self-realization principle really meant was the pursuit of potentialities». De fato, qualquer realização de si mesmo redunda, afinal de contas, na realização das possibilidades próprias. A este propósito, depara-se-nos hoje uma série de teorias em cujos termos o homem apenas deveria tentar gozar as suas possibilidades interiores ou, como se costuma dizer, exprimir-se a si mesmo. Mas, o que é que está por trás de todas essas teorias? Na minha opinião, o motivo que nelas se oculta é afinal uma tendência para minorar a tensão provocada pela fissura existente entre o que o homem é e o que ele tem que vir a ser; a tensão que, bem poderíamos dizer, existe entre a realidade, por um lado, e, por outro, os ideais que cumpre realizar; ou ainda, por outras palavras, *a tensão entre existência e essência, entre ser e sentido.* De fato, se, ao dizer-se que o homem não precisa de se preocupar com quaisquer ideais e valores, se quer inculcar que os ditos ideais e valores nada mais são do que a expressão de si mesmo, podendo o homem limitar-se a realizar tranquilamente a sua mesmidade e possibilidades, – então, convenhamos em tirar o chapéu à boa nova! É claro que, sendo assim, o homem verifica não precisar de mover um dedo para alcançar a plenitude de sentido ou a realização de valores, uma vez que tudo está já em ordem há muito tempo, pelo menos na forma de cada possibilidade própria e concreta que cumpre realizar. Desta forma, o imperativo de Píndaro, segundo o qual o homem deve vir a ser o que é, fica privado do seu caráter de imperativo, para se transformar numa tese meramente indicativa,

---

(49) «Os homens são fortes enquanto defendem uma ideia forte; ficam sem poder, se se lhe opõem» (S. Freud, *Gesammelte Werke* vol. XVII p. 113).

cujo conteúdo, daqui em diante, se poderia traduzir dizendo que o que o homem sempre deve vir a ser é aquilo que ele sempre já tem sido! E é precisamente por isso que não tem que se preocupar com ideal nenhum. Para nos exprimirmos metaforicamente, diríamos: não mais precisa o homem de levantar o braço para colher estrelas e traze-las à terra, porque, afinal, reparai!, a própria terra é já uma estrela...

E sente-se um suspiro de alívio nas fileiras daqueles que, cúmplices duma pseudomoral, tinham experimentado certo mal-estar! Mas nós bem sabemos que a tensão entre ser e sentido tem um fundamento inamovível na essência do homem. A tensão entre ser e dever-ser faz parte, precisamente, do ser-homem, constituindo por isso condição inalienável da saúde anímica. Demais, a aplicação de testes em estudos que se realizaram nos Estados Unidos pôs de manifesto que o conceito logoterápico fundamental da orientação de sentido representa inclusivamente o melhor critério de saúde física.

Afora isto, o hiato entre ser e dever-ser, entre ser e sentido, é essencial para todo o ser-homem, mesmo numa acepção mais profunda. É que, numa natureza finita como a do homem, não podemos nem devemos fazer coincidir e concordar a existência com a essência; pelo contrário, o sentido tem que ir sempre à frente do ser, – pois só assim o sentido pode ser o que propriamente é: *o guia do ser*. Em contrapartida, toda a existência se afunda em si mesma, se a si mesma se não transcende, levantando-se acima de si, para alcançar algo que esteja mais além.

É como se diz na Bíblia: durante o êxodo de Israel através do deserto, Deus caminha em forma de nuvem à frente do seu povo. E não deixaria de vir a propósito interpretar esta passagem, afirmando que o sentido (último; o suprassentido, na nossa formulação) caminha à frente do ser, seguindo este último ao primeiro, arrastando consigo o primeiro a este últi-

A) ANÁLISE EXISTENCIAL GERAL

mo. Senão, imaginemos o que teria acontecido se a majestade de Deus, em vez de ir à frente de Israel, tivesse permanecido no meio deste povo; logo se entrevê o que sucederia: a nuvem nunca mais estaria em condições de conduzir Israel pelo deserto até o fim, até o lugar de destino; pelo contrário, teria envolvido tudo em brumas, ninguém poderia já orientar-se, e Israel ter-se-ia extraviado.

Uma vez analisada esta dinâmica existencial, já estamos em condições de distinguir perfeitamente dois tipos de homens, que poderíamos denominar guia e pacificador (ou, para transcrevermos a denominação inglesa original, «pacemakers *versus* peacemakers»). Os guias põem-nos em face dos valores e do sentido, oferecem-no-los à vontade de sentido; os pacificadores, em compensação, tentam aliviar-nos da carga de qualquer acareação com o sentido.

Um guia, na acepção em que aqui tomamos o termo, seria, por exemplo, Moisés. Moisés, com efeito, de modo algum procurou tranquilizar a consciência do seu povo; antes a desafiou. E, ao descer do monte Sinai, entregou ao seu povo os dez mandamentos, sem lhe poupar o confronto com os ideais nem o conhecimento da realidade, que lhes ficava muito aquém.

Com o pacificador, nada disto acontece. Para ele, o que interessa é o equilíbrio interior que nada deve perturbar. Daí que, para proteger esse equilíbrio, não só todos os meios sejam permitidos, mas também o mundo inteiro degenere e se degrade, nada mais sendo que um meio: um meio que tanto se pode destinar à libertação dos instintos como à realização de si mesmo, ou à satisfação de necessidades, ao alívio de um *super-ego* ou à suavização de um arquétipo. Seja como for, o homem faz as pazes consigo mesmo, – cai no «sossego». Só os fatos têm validade. Ora, o que nos mostram os fatos é que apenas uma imperceptível minoria entesta com os ideais. Portanto, por que é que nos devemos preocupar com eles, em vez de ficarmos simplesmente no termo médio? Para que sermos idealistas?... Permaneçamos normais! Compreendemos agora em que sentido Kinsey merece ser chamado pacificador de espíritos...

Segundo Charlotte Bühler, parece que o funcionamento do organismo são depende de uma alternância entre duas tendências: a tendência para a descarga de tensões e a tendência para a sua conservação[50]. Ora bem, o que nos perguntamos é se não haverá, ao lado deste ritmo, digamos, ontogenético, um ritmo análogo, filogenético! Aliás, não foi Schopenhauer quem chamou a atenção para o predomínio intermitente da necessidade e do tédio, à luz da escala histórica e social? É claro que os períodos de necessidade e as épocas de tédio são de uma alternância que se verifica por sucessão, e não por justaposição, como no caso do «organismo são». O certo é que poderíamos chegar a arriscar a afirmação de que o homem, em épocas «homeostásicas» (como a duma *«affluent society»*), assume *espontaneamente o* contrapeso da *necessidade.* A este propósito, e sustentando muito embora a opinião de que «a pressão da necessidade tem provavelmente uma importância extraordinária sob o prisma antropológico», Gehlen explica que, «se alguma saída se pudesse imaginar, essa saída, a rigor, não poderia ser senão a da ascese». Só que não o podemos acompanhar quando defende a ideia de que «a ascese não foi secularizada, prendendo-se ainda a quase todos os elementos da religião cristã»[51]; com efeito, quer-nos parecer que foi o desporto que se incumbiu de expor o organismo a um *stress* periódico e de proporcionar ao homem, em meio do bem-estar, situações de um estado de necessidade artificial e passageiro.

Mais delicada do que as teorias da motivação em voga, é, no

---

(50) *Psychol. Rep.* 10, 1962.
(51) *Anthropologische Forschung,* Hamburgo 1961, p. 65 e s.

A) ANÁLISE EXISTENCIAL GERAL

entanto, a sua aplicação prática, digamos, à higiene física. Tal aplicação decerto que será radicalmente errônea se a construirmos com base num fundamento errôneo, o que sucederá quando a dominar e possuir o princípio segundo o qual importa evitar que no homem apareça qualquer tensão; ou, em suma, quando essa explicação for complacente com o princípio da homeostase, para não falarmos do «princípio do Nirvana» (Sigmund Freud). O certo é que aquilo de que *o homem realmente precisa* não é de um estado isento de toda e qualquer tensão, senão de *uma certa tensão, uma sadia dose de tensão*, – aquela doseada tensão que lhe provoca no ser as exigências e solicitações de um sentido.

O problema é que na *affluent society*, a sociedade do bem-estar, há muito pouca tensão; a época atual, ao contrário das épocas de carestia do passado, poupa ao ser humano muitos sofrimentos e tensões, a tal ponto que ele já não sabe como suportá-las. A sua tolerância às frustrações se reduz, e o homem desaprende a capacidade de renunciar. Mas, quando a sociedade não lhe oferece suficientes situações de tensão, o homem acaba por *criá-las de maneira artificial*: inventa as tensões de que precisa. E o faz exigindo determinadas coisas de si próprio, como por exemplo um desempenho externo, e não raramente o «desempenho da renúncia». Assim pode ocorrer que, no meio do consumismo reinante, as pessoas comecem a negar-se livremente algumas coisas, a criar situações artificiais mas deliberadas de pobreza. No meio da sociedade do desperdício, o homem cria por assim dizer «ilhas de ascese»; e esta é, na minha opinião, a função do esporte: ele é a ascese moderna, secular.

Os professores dos Estados Unidos queixam-se de que os estudantes de hoje se caracterizam por estarem mergulhados num abismo de apatia: «On almost every campus from California to New England, student apathy was a topic of conversation. It was the one subject mentioned most often in our discussions with faculty members and students»[52]. Esses professores têm em alta estima o ideal da liberdade; mas a liberdade em que eles pensam é negativa, e precisa de ser completada por uma ideia positiva: a da responsabilidade, bem entendido. Quando se resolverão a levantar, na costa ocidental, uma estátua da Responsabilidade, a fazer *pendant* com a estátua da Liberdade, da costa oriental?[53]

É também nos Estados Unidos que os psicanalistas se queixam de terem de lidar com um novo tipo de neurose, cuja nota mais marcante está na *carência de iniciativa e de interesse*.

Ao que parece, é tão difícil para o homem suportar por longo tempo a absoluta *despreocupação* no sentido psicológico, como a absoluta *ausência de obstáculos* no sentido físico; e também se pode dizer que lhe é tão impossível existir num espaço *sem sentido* como num espaço *sem ar*.

Como é sabido, pelas experiências realizadas para preparar viagens à volta do mundo, a privação total de impressões sensoriais produz alucinações. Contudo, conforme os estudos feitos nas Universidades de Yale e Harvard, chegou-se à conclusão de que «o que produz os efeitos da privação de impressões sensoriais não é a ausência de estímulos sensitivos, mas sim a ausência de estímulo *portador de sentido*». Para arrematar, os autores explicam que o que faz falta ao cérebro é o sentido. Como se

---

(52) E. D. Eddy, The College Influence on Student Character, *p. 16*.

(53) A diferença que há entre ser responsável e ser livre, pode-se exemplificar facilmente comparando a culpa com o puro arbítrio. Assim, se é certo que podemos definir o puro arbítrio como liberdade sem responsabilidade, também podemos dizer que, de certo modo, a culpa é o ser-responsável sem o ser-livre; evidentemente, quem se tornou culpado suporta a responsabilidade por alguma coisa, mas sem possuir a liberdade de eliminar o que já fez. Nessa altura, tudo depende do comportamento Justo, da atitude correta; e o comportamento justo em face de uma culpa verdadeira e própria é o arrependimento. Aliás, Max Scheler, num trabalho referente a esta matéria, pôs-nos de manifesto até que ponto o arrependimento pode, se não anular, sim, pelo menos, reparar no plano moral o que aconteceu e se tornou culposo (cf. p. 153).

A) ANÁLISE EXISTENCIAL GERAL

vê, até no fundamento biológico da existência do homem se pode ir encontrar a sua elementar necessidade de sentido. Ora bem: ao fazermos uma transposição desta projeção no plano fisiológico para o espaço do fenômeno especificamente humano, escutamos, por assim dizer, o *leitmotiv da logoterapia;* é como se se estendesse uma ponte entre os significados de *logos* – espírito e sentido –, a modo de fuga musical: o espírito precisa do sentido – do *nous*, do *logos* –, assim como a enfermidade noogênica precisa de um tratamento logoterápico.

Mas, ao lado das neuroses noogênicas, temos ainda as pseudoneuroses: não apenas as pseudoneuroses psicógenas, mas também aquelas que denominei somatógenas. Baste-nos citar as agorafobias, por trás das quais se encontra uma hipertireose; as claustrofobias em que se insere uma tetania latente; e os sintomas de despersonalização, ou síndromas psicoadinâmicos, que escondem uma insuficiência no córtex das suprarrenais. Não se pode dizer, portanto, que a *logoterapia é, em teoria, espiritualista, e, na prática, moralista.* Antes se poderia dizer isso da medicina psicossomática. De fato, o acontecer corporal da doença em geral está muito longe de ter na história da vida a importância que a medicina psicossomática com tanto destaque lhe atribui, o mesmo podendo afirmar-se quanto ao valor de expressão do espírito, que ela lhe concede. O corpo do homem não é de modo algum o espelho fiel do seu espírito, – a não ser que se trate do corpo «glorioso»; mas, no caso do homem «decaído», se o queremos tomar como espelho, será, quando muito, um espelho quebrado, distorcido. Decerto que toda doença tem o seu «sentido»; mas o sentido real de uma doença não está no *quê* do ser doente, senão no *como* do sofrer, na atitude assumida pelo doente, na postura que ele adota perante a doença.

Será a logoterapia, na prática, moralista? Não o é, pela simples razão de que o sentido não se pode receitar. O médico não pode dar sentido à vida do paciente. Em última análise, o sentido não pode ser dado; tem que ser encontrado. E, na verdade, é o próprio paciente quem tem que o achar, por sua conta. Não é à logoterapia que compete decidir sobre o sentido e não-sentido, ou sobre o valor e não-valor; é à serpente, que no Paraíso prometeu aos homens torná-los «iguais a Deus, conhecedores do bem e do mal».

O SENTIDO DA MORTE

Ao tentar responder à questão do sentido da vida – a mais humana de todas as questões –, o homem é remetido para si mesmo, tornando-se alguém a quem a vida interroga, alguém que a esta tem de responder, sendo responsável, assim, por sua vida[54]. Vê-se portanto remetido ao fato primordial de que a existência humana é ser-responsável. Ora, pela análise da existência foi-nos dado observar que a responsabilidade tem origem no caráter concreto da pessoa e da situação, e que cresce, além disso, juntamente com esse caráter concreto. Como vimos, a responsabilidade acompanha, no seu desenvolvimento, o «caráter de algo único» da pessoa e a irrepetibilidade da situação. «Caráter de algo único» e irrepetibilidade são, conforme dissemos, elementos constitutivos do sentido da vida humana.

Mas, nestes dois aspectos essenciais da sua existência manifesta-se simultaneamente a finitude do homem. Sendo assim, esta finitude tem de representar algo que, de qualquer forma, dê sentido à existência humana, e não algo que lho tire. É isto o que agora cumpre explicar, resolvendo antes de mais o problema de saber se a finitude do homem no tempo, a finitude temporal da

---

(54) Veja-se a nota da página 96. (N.T.)

A) ANÁLISE EXISTENCIAL GERAL

sua vida – o fato da morte –, é ou não suscetível de fazer da vida uma coisa sem sentido.

Quantas vezes nos não vêm dizer que a morte põe em dúvida o sentido da vida inteira! Quantas vezes nos dizem que, em última análise, tudo carece de sentido, já que a morte, no fim, tudo destrói! Ora bem: poderá a morte realmente corroer esse sentido que caracteriza a vida? De maneira nenhuma! Pelo contrário: porque, que aconteceria se a nossa vida não fosse finita no tempo, mas antes temporalmente ilimitada? Se fôssemos imortais, poderíamos, com razão, adiar cada uma das nossas ações até o infinito; nunca teria a menor importância o realizá-las agora, neste momento preciso, podendo muito bem realizar-se amanhã ou depois de amanhã, ou daqui a um ano ou dez. Em compensação, tendo em vista a morte como fronteira infranqueável do nosso futuro e limite das nossas possibilidades, vemo-nos obrigados a aproveitar o tempo de vida de que dispomos e a não deixar passar em vão as ocasiões irrepetíveis que se nos oferecem, ocasiões essas cuja soma «finita» representa precisamente a vida toda.

A finitude, a temporalidade, não é apenas, por conseguinte, uma nota essencial da vida humana; é também constitutiva do seu sentido. O sentido da existência humana funda-se no seu caráter irreversível. Daí que só se possa entender a responsabilidade que o homem tem pela vida quando a referimos à temporalidade, quando a compreendemos como responsabilidade por uma vida que só se vive uma vez. Portanto, se, na perspectiva duma análise da existência, quisermos levar os nossos pacientes a tomarem consciência do seu ser-responsável; se realmente quisermos fazer com que se compenetrem da sua responsabilidade, – então teremos que representar-lhes, por meio de metáforas, o caráter histórico da vida e, a par disso, a responsabilidade que o homem nela tem. A um homem simples que porventura estivesse sentado diante de nós durante a consulta, recomendaríamos, por exemplo, que fizesse de conta que, no ocaso da vida, estava a folhear a sua biografia, tendo-a aberto precisamente por aquele capítulo que trata do momento presente; e que imaginasse que, por milagre, lhe era dado ainda decidir sobre o conteúdo do capítulo seguinte, estando, assim, em seu poder introduzir correções num capítulo decisivo da história interior da sua vida, ainda inédita. A máxima da análise da existência, poderíamos então revesti-la da seguinte forma imperativa: *Vive como se vivesses pela segunda vez e como se da primeira vez tivesses feito tudo tão falsamente como agora estás quase a fazer.* Quem conseguir compenetrar-se desta representação fantástica aperceber-se-á imediatamente de toda a grandeza da responsabilidade que o homem em cada momento tem por sua vida: a responsabilidade pelo que ocorrerá na hora seguinte, pelo modo como configurará o dia de amanhã.

Também se pode sugerir aos pacientes que imaginem a sua vida como um filme que estão a «filmar», mas que não admite «cortes», isto é, um filme em que já não se pode voltar atrás para desfazer o que foi «tomado». Desta maneira também se consegue, uma vez ou outra, fazer ver o caráter irreversível da vida humana, a historicidade da existência.

No começo, a vida é ainda substância na sua totalidade, substância ainda não consumida; mas, à medida que transcorre, perde cada vez mais como substância, convertendo-se em função cada vez mais, para se reduzir, finalmente, aos fatos, vivências e sofrimentos, que o seu portador, o homem concreto, foi acumulando. Assim, a vida humana faz lembrar o rádio que, como é sabido, tem também um «tempo de vida» limitado, já que os seus átomos se desintegram e a sua matéria se vai transformando em energia que irradia, nunca mais retornando nem voltando a transformar-se em matéria. Com efeito, o processo de desintegração do átomo é irreversível, «inapelável»; no rádio verifica-se também um deperecimento progressivo da substan-

A) ANÁLISE EXISTENCIAL GERAL

cialidade originária. Pois bem: o mesmo vale aproximadamente para a vida, justamente na medida em que o seu originário caráter de matéria vai retrocedendo cada vez mais, até acabar em pura forma. O homem, efetivamente, assemelha-se a um escultor que trabalha com cinzel e martelo a pedra informe, de modo que a faz adquirir forma pouco a pouco. É como se o homem fosse modelando o material com que o destino o brinda: ora criando, ora experimentando vivências ou sofrendo, o homem procura «arrancar» valores da vida, «a golpes», para a transformar quanto possível em valores criadores, vivenciais ou de atitude. Demais, nesta comparação com a atividade do escultor, podemos introduzir o elemento tempo; basta imaginar que, para terminar a sua obra de arte, o escultor dispõe apenas de um tempo limitado, desconhecendo contudo o momento em que a tem de acabar e entregar. Assim, nunca sabe quando será «exonerado», ignorando mesmo se a exoneração ocorrerá no momento seguinte. Desta maneira, também ele se vê forçado, em todo o caso, a aproveitar o tempo, considerando o risco de deixar a sua obra em embrião, em fragmento. Diga-se, entretanto, que, caso a não pudesse terminar, nem de longe ficaria sem valor a sua obra. O «caráter fragmentário» da vida (Simmel) não prejudica de modo algum o seu sentido. *Nunca poderíamos avaliar a plenitude de sentido duma vida humana com base na sua duração.* Afinal, também não avaliamos uma biografia pela sua «extensão», pelo número de páginas, mas sim pela riqueza do seu conteúdo. Decerto que a vida heroica de um homem que morra na juventude tem mais conteúdo e sentido do que a de um burguês qualquer que viveu muito. Quantas sinfonias «incompletas» não há entre as mais belas!

O homem está na vida como que submetido a um exame de aptidão: mais do que um trabalho terminado, interessa aí que o trabalho seja valioso. Assim como o examinado tem que estar à escuta do sinal de campainha que lhe anuncia ter-se esgotado o tempo à sua disposição, assim também temos que estar na vida à espera de sermos «chamados»[55] a qualquer instante.

O homem deve – no tempo e na finitude– levar alguma coisa até o fim[56], isto é, arcar com a finitude e contentar-se conscientemente com um fim. Esta atitude ainda não tem que ser heroica, pois, muito ao contrário, podemos entrevê-la já na conduta cotidiana do homem médio. Quando se vai ao cinema, é claro que o que mais importa é que o filme tenha um fim, seja ele qual for, pouco importando que seja um *happy-end*. Aliás, o simples fato de que o homem comum sinta necessidade de uma coisa como o cinema ou o teatro, demonstra já, de per si, o caráter de sentido do histórico: se não estivesse em questão, precisamente, o explicarem-lhe o que lhe interessa, e por conseguinte, o desenvolverem-lho no tempo, numa representação histórica, com certeza que ele se contentaria com que lhe contassem em poucas palavras a «moral da história», em vez de ficar sentado no teatro ou no cinema horas e horas.

Não é necessário, portanto, separar a morte da vida, seja de que modo for; porque, a rigor, o que sucede é que a morte faz parte dela! Mas também não é possível «dominá-la», como julga fazer o homem que quer «eternizar-se» pela procriação, pois é falsa a tese de que o sentido da vida se radica na descendência. Essa tese facilmente se pode reduzir *ad absurdum*. Em primeiro lugar, a nossa vida não se pode prolongar *in infinitum*: também

---

(55) No original não é isto literalmente o que se diz; mas sim «abberufen», isto é, «exonerados», demitidos do cargo. O Autor usa o mesmo termo que emprega mais acima, na comparação do escultor; modificamos o texto, porém, aproximando-o da linguagem comum, a propósito do fim da vida. (N.T.)

(56) O texto alemão gira em torno de um trocadilho: *vollenden* (levar até o fim) – termo que o Autor decompõe propositadamente, escrevendo *voll-enden; Endlichkeit* (finitude); e *Ende* (fim, final). (N.T.)

A) ANÁLISE EXISTENCIAL GERAL

as linhagens acabarão por morrer e decerto que um dia também toda a humanidade terá que desaparecer pela morte, ainda que tal suceda apenas numa catástrofe cósmica do planeta Terra. E, se uma vida finita carecesse de sentido, seria completamente indiferente a data do final, bem como o poder-se ou não prevê-la. Quem fechar os olhos à irrelevância deste fator temporal assemelha-se àquela senhora que, ao saber da profecia de um astrônomo, segundo a qual se esperava o desaparecimento do mundo para dentro de um bilhão de anos, estacou horrorizada e, ao garantirem-lhe, mais uma vez, que «só daqui a um bilhão de anos», exclamou, com um suspiro de alívio: «Ainda bem, eu tinha entendido que era daqui a um milhão!» De duas uma: *ou a vida tem um sentido, e nesse caso conservá-lo-á independentemente da sua duração, quer se propague quer não; ou não tem sentido nenhum, e nesse caso também não o ganha, por muito longa que ela seja e por mais que ilimitadamente se propague.* Se a vida duma mulher sem filhos ficasse realmente sem sentido por essa única razão, isso significaria que o homem vive apenas para os seus filhos e que o sentido da sua existência estaria exclusivamente na descendência que deixasse. Mas assim não se faz mais do que adiar o problema, deslocando-o cada geração para a geração seguinte, sem o resolver. Não seria isso o mesmo que dizer que o sentido de cada geração está em criar a geração que se lhe segue? Contudo, perpetuar uma coisa que, em si, não tem sentido é coisa que, de per si, tampouco o tem: porque, o que carece de sentido não passa a tê-lo pelo simples fato de se eternizar.

Mesmo que se apague, não se pode dizer que uma tocha não teve sentido no seu resplendor, enquanto iluminou; em compensação, o que não tem sentido nenhum é tomar uma tocha apagada e desatar a correr com ela, mesmo que a corrida nunca acabe. «O que deve iluminar tem que suportar o seu arder», diz Wirdgangs; e o que tem em mente ao dizê-lo não pode ser senão isto: tem que sofrer. Bem poderíamos dizer também que tem de suportar o queimar-se, isto é, o arder «até o fim».

Assim chegamos ao paradoxo de que uma vida cujo único sentido consistisse em propagar-se tornar-se-ia, eo ipso, *tão carente de sentido como a sua propagação.* Em contrapartida, a propagação da vida tem sentido só e quando a vida, de per si, representa já alguma coisa cheia de sentido. Por isso, quem vê na maternidade o sentido exclusivo e último da vida da mulher não é que negue, na realidade, o sentido à vida da mulher sem filhos; nega-o, sim, precisamente à vida da mulher que se fez mãe. Por conseguinte, a falta de descendência não pode tornar sem sentido a existência de um homem de peso. Mais ainda: a série de antepassados que nele termina só teria adquirido retroativamente a coroação do seu sentido através do significado desta existência que ela fez nascer. De tudo isto deduzimos mais uma vez que *a vida nunca pode ser um fim em si, que a sua propagação jamais pode constituir o sentido que lhe é próprio.* Muito pelo contrário, a vida só recebe o seu sentido de outras referências não biológicas, que representam, por isso, um momento transcendente. A vida não se transcende a si mesma em «longitude» – no sentido da sua própria propagação –, mas sim «em altura», – enquanto *intende* para um sentido.

COMUNIDADE E MASSA

O correlato da irrepetibilidade da existência humana – no tempo, na sucessão – é esse «caráter de algo único» que se verifica em cada homem: não já na ordem linear da sucessão, senão na da vizinhança e confronto com os indivíduos que o circundam. Mas, assim como a morte, enquanto limitação temporal, externa, não priva a vida de sentido, antes lhe confere o seu caráter de sentido, assim também a limitação interior do homem não faz mais do que dar sentido à sua vida. *Se todos os homens fossem perfeitos, seriam todos iguais uns aos outros, qualquer um poderia representar a bel-prazer outro qualquer, e para quem quer que fosse, portanto, seria cada qual um substituto.* Mas é precisamente da imperfeição do homem que deriva o caráter indispensável e insubstituível de cada indivíduo, pois ainda que o indivíduo seja na verdade imperfeito, cada qual o é a seu modo. O indivíduo não é onifacético (*allseitig*), mas unifacético (*einseitig*), tendo precisamente por isso um «caráter de algo único», peculiar.

Vem aqui a propósito recorrer a uma comparação tirada da biologia. Como é sabido, o ser vivo unicelular paga a sua transformação em organismo pluricelular com o preço da sua «imortalidade», – e com o sacrifício da onipotência. Em vez destas, porém, tem a célula dentro de si a sua especificidade. A célula da retina, por exemplo, altamente diferenciada, não pode ser substituída na sua função por nenhum outro tipo de células. Pois bem: o que isto mostra é que o princípio da divisão do trabalho das células as priva do caráter funcional onifacético, mas dá-lhes, precisamente por isso, um caráter funcional unifacético, que é o que lhes confere a sua relativa insubstituibilidade.

Num mosaico, cada um dos fragmentos, cada pedra, é, na forma e na cor, algo incompleto e ao mesmo tempo imperfeito; só no todo e para o todo significa cada uma alguma coisa. Se cada pedra – a modo de miniatura, digamos– contivesse já o todo, então poderia ser substituída por qualquer outra: tal como acontece com um cristal, que de algum modo pode ser perfeito na sua forma, mas precisamente por isso é substituível por qualquer outro exemplar da mesma forma; afinal de contas, todos os octaedros são iguais.

Quanto mais um homem é diferenciado, tanto menos corresponde à norma – quer no sentido de média, quer no de ideal; mas é pelo preço desta normalidade ou idealidade que adquire a sua individualidade. No entanto, o significado desta individualidade, o sentido da personalidade humana, é sempre orientado e referido à comunidade. Com efeito, assim como o caráter único e peculiar só confere valor ao pequeno fragmento do mosaico em relação ao todo respectivo, assim também o sentido do «caráter de algo único» de qualquer personalidade humana reside exclusivamente no que ela significa em ordem a um todo superior. Desta maneira, o sentido da existência pessoal, enquanto pessoal, o sentido da pessoa humana enquanto personalidade, está numa referência que lhe ultrapassa os limites, apontando para a comunidade; na sua orientação para a comunidade, transcende-se a si mesmo o sentido do indivíduo.

Para além do caráter de *dado* meramente afetivo – e portanto «situacional», de *estado* – que se revela na socialidade do homem, a comunidade ostenta ainda o caráter de algo que é *encomendado*[57]. A sua pura facticidade psicológica ou biológica – o homem é, evidentemente, um *«zoon politikon»* – transforma-se num postulado ético. Mas não é só a existência individual a precisar da comunidade para vir a ser portadora de sentido; pode-se dizer também o contrário: a comunidade, por seu turno, precisa da existência individual para ter algum sentido. É isto o que essencialmente a distingue da massa pura e simples. A massa, com efeito, não tolera individualidade nenhuma, e menos ainda que a existência individual possa achar em seu seio uma plenitude de sentido. Vimos mais acima que a relação do indivíduo para com a comunidade se podia comparar com a que se dá entre uma pequena pedra de um mosaico e o mosaico inteiro. A relação do indivíduo com a massa, poderíamos compará-la

---

(57) É esta a versão que nos parece mais fiel, pois, mantendo o trocadilho do original alemão – *Gegebenheit* (algo dado) e *Aufgegebenheit* (qualidade do relativo ao que é encomendado ou exigido como encargo) –, é também adequada suficientemente à ideia que lhe corresponde. (N.T.)

A) ANÁLISE EXISTENCIAL GERAL

agora com aquela que se verifica entre um paralelipípedo cortado em série e a rua pavimentada com paralelepípedos, na sua grisácea uniformidade: cada paralelepípedo pode aqui ser substituído por qualquer outro, já que todos são talhados do mesmo modo; de resto, não tem qualquer significado qualitativo para o todo – que, no caso, não é propriamente um todo, mas apenas uma coisa grande; além disso, o pavimento de paralelepípedos, no seu tom uniforme, não tem tampouco o valor estético de um mosaico, mas unicamente o valor do útil – tal qual como a massa, que apenas sabe da utilidade dos homens, não tomando conhecimento do seu valor ou da sua dignidade.

O sentido da individualidade só se atinge plenamente na comunidade. Nesta medida, o valor do indivíduo depende da comunidade. De modo que, se a comunidade, por si, tiver sentido, não poderá prescindir da individualidade dos indivíduos que a formam; na massa, em contrapartida, desaparece o sentido da existência única e individual de cada homem, e não pode deixar de desaparecer, já que tudo quanto tiver a peculiaridade de algo único atua nela como fator de perturbação. Pode dizer-se ainda que a individualidade intervém na constituição do sentido da comunidade e que, por outro lado, intervém esta também na constituição do sentido da primeira; ao passo que o «sentido» da massa é perturbado pela individualidade dos indivíduos que a compõem (obs. 16) e, por outro lado, o sentido da individualidade (que na comunidade se destaca), desaparece nela inteiramente.

Dissemos que o «caráter de algo único» de cada homem e a irrepetibilidade da vida são elementos constitutivos do sentido da existência; convém, no entretanto, distingui-los perfeitamente da simples singularidade numérica. Toda singularidade numérica é, em si, carente de valor. *O simples fato de cada homem se distinguir dactiloscopicamente de todos os outros não é suficiente para fazer dele uma personalidade.* Por isso, quando se fala desse «caráter de algo único» como elemento do sentido da existência humana, não é que se esteja pensando em algo que é único «dactiloscopicamente». Assim, socorrendo-nos, por analogia, da distinção hegeliana entre «infinitude má» e «infinitude boa», poderíamos falar aqui de um bom e um mau «caráter de algo único»; e, nestes termos, seria «bom» aquele que se orienta para uma comunidade para a qual um homem tem a significação valiosa de algo único.

O referido caráter da existência humana tem, a meu ver, um fundamento ontológico, porque, evidentemente, a existência pessoal representa uma forma especial do ser. Se tomamos uma casa, por exemplo, não sucede o mesmo. Uma casa compõe-se de andares e os andares compõem-se de quartos. Assim, a casa pode-se conceber como soma de andares e um quarto como divisão de um andar. Quer dizer: neste caso, podemos traçar os limites do ser mais ou menos arbitrariamente, delimitando o ente arbitrariamente e separando-o da totalidade do ser. Só o ser-pessoa, a existência pessoal, se subtrai a esta arbitrariedade, pois é algo completo em si, subsistente por si, que não se pode somar nem dividir.

Posto isto, e remontando-nos à tese que apresentamos mais acima, em cujos termos «ser=ser-diferentemente», também poderíamos precisar agora a sobre-excelência do homem no campo do ser, oferecendo uma nova proposição: ser-pessoa *(menschliches Dasein, Existenz)* significa um absoluto ser-diferentemente *(Anders-sein)*[58]. Com efeito, o essencial e valioso «caráter de algo

---

(58) Tomado em confronto com todos os outros, como «absoluto ser-diferentemente», o homem, no que concerne ao seu ser-assim *(Sosein)*, tem o «caráter de algo único»; ao mesmo tempo, no que diz respeito à sua existência *(Dasein* = ser aí), cada homem é irrepetível, de modo que o sentido de cada existência é também irrepetível e tem o «caráter de algo único». E é precisamente nisto que se funda a responsabilidade

A) ANÁLISE EXISTENCIAL GERAL

único» de cada homem não significa senão que ele é precisamente diferente de todos os outros homens.

Portanto, o ser do homem acaba por perder a sua dignidade sempre que se vê absorvido por um ser de ordem superior. É na massa que isto se pode observar mais claramente. Na medida em que atua – podendo neste sentido dizer-se que é «real»–, nunca a massa atua de per si. *As leis sociológicas não atuam passando por cima dos indivíduos, mas sim passando através deles. E a sua validade – se de validade se pode falar aqui – só se verifica na medida em que são válidos os cálculos de probabilidade referentes à psicologia das massas;* e, mesmo assim, só na proporção em que for suscetível de cálculo um tipo psicológico médio. Ora, este tipo médio não passa duma ficção da ciência, não é uma pessoa real – nem poderia sê-lo, precisamente por ser suscetível de cálculo.

Em sendo absorvido pela massa, perde o homem o que lhe é mais próprio e peculiar: a responsabilidade. Em contrapartida, entregando-se àquelas missões de que a comunidade o incumbe, por as assumir ou com elas ter nascido, ganha o homem algo mais, uma responsabilidade adicional. É por isso que o fugir para a massa representa uma fuga à responsabilidade individual. Sempre que alguém atua como se apenas fosse a parte de um todo, tomando por propriedade sua este todo tão somente, decerto pode ter a sensação de se libertar do fardo da sua responsabilidade. Mas esta tendência para fugir da responsabilidade é

---

humana: nesta finitude da existência, que se mede pela sucessão e pelo confronto na simultaneidade, no tempo e no espaço. Mas a esta dupla finitude acresce um terceiro elemento constitutivo que logo a quebra: a transcendência da existência, esse modo de ser do homem, que é «ser-em-ordem-a-algo», pois esse «caráter de algo único» e irrepetível, tem-no o homem em si, mas não para si. Não é, porém, nas minhas pobres e limitadas palavras que este fato encontra a sua expressão mais penetrante; é decerto naquelas três perguntas em que Hillel condensa a sua filosofia, apontando os seus ensinamentos para a vida: Se eu não o faço, quem o fará? – E se eu o não faço agora, quando se fará? – E, se só para mim o faço, o que é que eu sou afinal?

o motivo de todos os coletivismos. *Uma verdadeira comunidade é essencialmente comunidade de pessoas responsáveis, ao passo que a pura massa é apenas uma soma de seres despersonalizados.*

No juízo que faz dos homens, o coletivismo vê neles, em vez de pessoas responsáveis, apenas um tipo e, em vez da responsabilidade pessoal, a mera sujeição do homem a esse tipo único. Mas a perda da responsabilidade não se dá só por parte do objeto do juízo; chega-se a ela também por parte do sujeito, pois não há dúvida de que a valoração dos homens em função de um tipo facilita a quem valora o seu juízo, tirando-lhe parcialmente a responsabilidade que tem ao emiti-lo. De fato, quando se avalia um homem tomando-o como tipo, não é preciso analisar as características do caso concreto; e isto é muito cômodo. Tão cômodo como, por exemplo, julgar de um motor atendo-nos apenas à marca da fábrica respectiva ou ao tipo de fabrico. Se guiamos um determinado tipo de automóvel, sabemos a que ater-nos. Conhecendo a marca duma máquina de escrever, sabemos também o que dela podemos esperar. Até das raças de cães nos podemos fiar: tratando-se de um *pudel,* são de pressupor certas inclinações e propriedades características; se de um lobo--de-Alsácia se tratar, outras o serão. Só não é assim quando se trata de homens. Só o homem se não pode determinar ou calcular pelo fato de pertencer a um certo tipo. Tal cálculo nunca seria exato; sempre um resto ficaria por contar: é o resto que corresponde àquela liberdade que o homem tem para se subtrair às condicionalidades próprias de um tipo. Como objeto de juízo moral, o homem como tal só aparece no exato momento em que tem liberdade para defrontar a sujeição a um tipo determinado; porque apenas nessa altura é que o homem é o seu ser – ser-responsável –; só nessa altura se pode dizer que «é» propriamente, ou que é «propriamente» homem. *Uma máquina é tanto melhor quanto mais regulada estiver de acordo com o modelo de fabri-*

A) ANÁLISE EXISTENCIAL GERAL

co; mas o homem, quanto mais se ajustar ao seu tipo – de raça, de classe, ou de caráter– ou a uma norma média, tanto mais se desviará da norma ética.

No âmbito moral, o julgamento ou a condenação coletivista dos homens acaba por fazê-los «coletivamente responsáveis». Acaba-se por responsabilizá-los por alguma coisa pela qual não são realmente responsáveis; o que equivale a tentar fugir à responsabilidade pelo juízo. Não há dúvida de que é muito mais cômodo valorar «raças» inteiras em bloco, prezando-as ou desprezando-as, conforme o indivíduo em apreço pertencer ou não a uma das duas únicas «raças» relevantes do ponto de vista moral: a «raça» dos decentes e a «raça» dos indecentes.

LIBERDADE E RESPONSABILIDADE

A responsabilidade do homem, consciencializada, assim, pela análise da existência, é uma responsabilidade em vista da irrepetibilidade e do referido «caráter de algo único» da sua existência; a existência humana é um ser-responsável em vista da sua finitude. Já vimos, contudo, que esta finitude da vida, enquanto finitude temporal, não a torna sem sentido; pelo contrário, e como vimos já, é a morte que dá sentido à vida. Dissemos que à irrepetibilidade da vida pertence a irrepetibilidade de cada situação; agora, podemos dizer que o «caráter de algo único» de cada destino faz parte do «caráter de algo único» da vida. Em termos gerais, pode-se afirmar que o destino – por analogia com a morte – faz parte da vida, de algum modo. O homem não pode sair do seu espaço de destino concreto, que tem também um «caráter de algo único». Se se rebela contra o destino, isto é, em face daquilo contra que nada pode, em face daquilo em que não tem nenhuma responsabilidade ou culpa, é porque não viu bem o sentido do destino. E há um sentido do destino, pois este, tal como a morte, dá à vida um sentido. Dentro do seu espaço de destino, como que exclusivo, o homem é insubstituível. E é esta insubstituibilidade que gera a sua responsabilidade pela configuração do seu destino. Com o destino assim caracterizado, o homem está, por assim dizer, só no meio do universo. O seu destino não se repete. Ninguém tem as mesmas possibilidades que ele, nem ele próprio as volta a ter. As ocasiões com que depara para realizar valores criadores ou vivenciais, aquilo que é próprio do destino e vem ao seu encontro – ou seja, o que não pode alterar e tem que suportar no sentido dos valores de atitude –, tudo isso tem o «caráter de algo único» e irrepetível.

A revolta contra o destino é paradoxal, como se pode ver claramente quando alguém pergunta o que teria sido dele se o seu verdadeiro pai não fosse quem realmente é, mas outro qualquer: pois, se alguém formula tal pergunta, é porque esquece que, nesse caso, não se trataria «dele»; que o portador do destino seria outra pessoa completamente diferente, de modo que nem já se poderia falar do «seu» destino. O problema da possibilidade de um outro destino é, por conseguinte, em si impossível, contraditório e sem sentido.

O destino pertence ao homem como o chão a que o agarra a força da gravidade, sem a qual lhe seria impossível caminhar. Temos que comportar-nos em relação ao destino como em relação ao chão que nós pisamos: estando em pé; sabendo, entretanto, que esse chão é o trampolim donde nos cumpre saltar para a liberdade. Liberdade sem destino é impossível; liberdade só pode ser liberdade em face de um destino, um livre comportar-se perante o destino. Sem dúvida, o homem é livre; mas isto não significa que esteja flutuando, por assim dizer, num espaço sem ar, pois, ao contrário, acha-se envolvido por uma série de vínculos. Estes vínculos, contudo, são os pontos de arranque para a sua liber-

A) ANÁLISE EXISTENCIAL GERAL

dade. A liberdade pressupõe vínculos, refere-se a vínculos. Mas tal referência não significa submissão nenhuma. O chão em que o homem caminha, transcende-o ele a cada passo e, em última análise, tomando-o como chão unicamente na medida em que lhe serve de ponto de apoio para saltar. Assim, se quiséssemos definir o homem, teríamos que caracterizá-lo como o ser que se vai libertando daquilo que o determina (enquanto tipo determinado biologicamente, psicologicamente e sociologicamente); quer dizer, como o ser que transcende todas estas determinações, dominando-as ou configurando-as, se bem que dependa também delas.

Este paradoxo aponta o caráter dialético do homem, entre cujos traços essenciais figuram o achar-se sempre aberto e o estar sempre *encomendado* a si mesmo (*Sich-selbst-Aufgegebenheit*): a sua realidade é uma possibilidade, e o seu ser é um poder-ser. Nunca o homem se confunde com a sua facticidade. Ser homem – poderíamos dizer – não significa ser facticamente, mas antes facultativamente.

O existir humano é ser-responsável, porque é ser-livre. É um ser que – como diz Jaspers – de cada vez decide o que ele é: «ser que decide». É precisamente «ser-aí» (*Dasein*) e não, pura e simplesmente, «achar-se presente»[59] (Heidegger). A mesa que

---

(59) Na terminologia de Heidegger, *Dasein* (em alemão: *da* = aí, e *sein* = ser) é o modo de ser que se caracteriza pela «solicitude» própria do «instrumento» (*Zuhandene*) que, por essência, é «alguma coisa para», que se encontra num estado referido a um *para quê* (*Wozu*); um estado que é, por sua vez, uma vontade-para-quê *(Worum-Willen)*. Este estado do *Zuhandene* (*Zuhandenheit*) é inteiramente diferente do estado em que se acham as simples «coisas»: estas apenas estão presentes. *Vorhanden-sein* é precisamente a expressão que traduzimos por «achar-se presente». Note-se ainda que aquilo que Heidegger define como *Dasein* é o que, na terminologia de Jaspers, corresponde à *Existenz*. Convém frisar, por outro lado, que o Autor emprega estes dois termos com um critério pessoal. Tendo em consideração este critério, bem como a dificuldade de forjar, em português, uma nomenclatura específica que lhe quadre, deixaremos uma vez por outra entre parênteses as palavras alemãs. (N.T.)

está diante de mim é e continua a ser tal como agora e, ao menos por si só, quer dizer, se um homem a não modificar; mas o homem que se põe à minha frente, sentando-se a essa mesa, decide de cada vez o que ele «é» no segundo seguinte, aquilo que, um momento depois, por exemplo, me dirá ou ocultará. O que caracteriza o seu existir (*Dasein*) como tal é a multiplicidade de distintas possibilidades, dentre as quais apenas uma única realiza no seu ser. (O ser peculiar do homem, a que se chama existência (*Existenz*), também se poderia definir como «o ser que eu sou»). Em nenhum instante da sua vida pode o homem esquivar-se à forçosa necessidade de escolher entre as possibilidades. Só lhe resta fazer «como se» não tivesse nenhuma escolha e nenhuma liberdade de decidir. Mas isto de «fazer como se» constitui boa parte da tragicomédia do homem.

Talvez nos sirva de exemplo ilustrativo um episódio da vida do Imperador Francisco I da Áustria. Conta-se que alguém se apresentou repetidas vezes ao Imperador, insistindo sempre no mesmo requerimento, que sempre de novo era indeferido. Por fim, e referindo-se ao requerente, o imperador dirigiu-se a um dos seus ajudantes, para lhe dizer: «Verá como esse pobre diabo acaba por se sair com a sua». Talvez me perguntem qual a graça que se pode achar no caso. Pois está, simplesmente, em se falar aí de alguém que faz de conta que não é livre, atuando como se não pudesse decidir sobre se o «pobre diabo», da próxima vez, «acaba por se sair com a sua» ou não.

O cômico do homem que não se apercebe da sua essencial liberdade de decidir transparece em muitas anedotas. Uma dessas anedotas fala de um homem que explica à mulher como a humanidade dos nossos dias é imoral e, para certificá-la, acrescenta o seguinte: «Hoje, por exemplo, encontrei uma carteira de documentos; você acha que me passou pela cabeça ir entregá-la no departamento de objetos perdidos?». O que há de cômico

A) ANÁLISE EXISTENCIAL GERAL

no caso? Precisamente o fato de que alguém fala da sua própria imoralidade como se não fosse responsável por ela; o homem em questão procede como se tivesse que aceitar, sem mais, como fato dado, a sua própria imoralidade, como se se tivesse que aceitar a imoralidade dos outros precisamente na sua facticidade. Também ele se comporta como se não fosse livre, como se não lhe fosse possível decidir conservar a carteira em seu poder ou ir entregá-la ao departamento respectivo.

Já uma vez nos referimos àquele professor de Secundário que definia a «essência» da vida como um processo de oxidação ou de combustão. Uma vela que – para nos atermos à terminologia da filosofia existencial – apenas «se acha presente»[60], arde até o fim, sem de modo algum poder dirigir o respectivo processo de combustão; o homem, em contrapartida, tem um «ser aí» – tem, em cada caso concreto, a possibilidade de decidir livremente sobre o seu ser: este decidir vai tão longe nas suas possibilidades que o homem pode chegar até à decisão de se aniquilar a si mesmo: o homem pode «apagar-se a si mesmo».

A liberdade de decidir, o chamado livre-arbítrio, é coisa óbvia para o homem sem preconceitos, que tem a experiência vivencial e imediata de si, como ser livre. Para se poder pôr seriamente em dúvida o livre-arbítrio, é preciso estar-se tolhido por uma teoria filosófica determinista ou sofrer de uma esquizofrenia paranoica, numa vivência da própria vontade como algo não livre, como algo «feito». Mas, no fatalismo neurótico, o que há é um livre-arbítrio encoberto: o homem neurótico barra a si próprio o caminho para as suas próprias possibilidades; atravessa-se a si próprio no caminho que o levaria ao seu «poder-ser». Assim, deforma a sua vida e furta-se à «realidade do devir», em vez de a executar (porque também o ser humano como um todo pode

---

(60) Cf. a última nota que apusemos. (N. T.)

ser tomado por «realidade de execução»). De modo que, se de início dissemos que todo ser é ser-diferentemente (*Anders-sein*), temos que acrescentar agora esta outra fórmula: *ser homem não significa apenas ser-diferentemente, mas também poder-diferentemente* (*Anders-können*).

À liberdade da vontade contrapõe-se o que há de fatal[61]. Com efeito, chamamos destino precisamente a tudo aquilo que escapa essencialmente à liberdade do homem e que não fica sob o seu poder nem sob a sua responsabilidade. No entanto, em nenhum momento se deve esquecer que toda a liberdade humana depende do que há de fatal, na exata medida em que só neste elemento e a ele aderindo pode desenvolver-se.

Pois bem. No fatal inclui-se antes de mais tudo o que é passado, precisamente na sua inalterabilidade. O *factum*[62] (o feito, o que já veio a ser, o passado) é exatamente o *fado*. Não obstante, o homem é livre também em face do passado e, nessa medida, em face do que é fatal. É verdade que o passado torna compreensível o presente, mas não se justifica que o futuro seja por ele exclusivamente determinado, – como sucede no fatalismo tipicamente neurótico, cujo erro característico está em reclamar, para o futuro, o perdão dos mesmos erros que se cometeram no passado, ao mesmo tempo que se tem compreensão deles. Entretanto, os erros do passado deveriam ser tomados como fecundo material, útil para configurar um futuro «melhor», já que com eles se «aprendeu». Portanto, o homem tem liberdade para tomar perante o passado uma atitude meramente fatalista ou para aprender as suas lições. Nunca é tarde demais para aprender, mas também nunca é demasiado cedo; sempre se está, enfim, «na hora H». Quem não se

---

(61) Traduzimos *Schicksalhafte* por «o que há de fatal»; e *Schicksal* por destino. Como se vê, a palavra destino entra na composição daquela. (N. T.)

(62) O grifado não figura no original. (N. T.)

A) ANÁLISE EXISTENCIAL GERAL

aperceber disto assemelha-se àquele bêbado que, tendo sido interpelado por alguém que o aconselhava a dar de mão à embriaguez, entendia que já era demasiado tarde para isso; quando lhe objetaram que nunca é tarde, deu esta resposta: «Então, não há motivo para pressas!»

A inalterabilidade do passado que, como tal, se transformou em destino, é precisamente o que mobiliza a liberdade humana: o destino sempre tem que ser um incentivo para o agir ciente da responsabilidade. Conforme vimos, o homem está na vida como alguém que nela colhe em cada instante uma única possibilidade, dentre uma série de possibilidades e que, realizando-a, de certo modo a põe a salvo no reino do passado e, por assim dizer, a assegura. No reino do passado «fica» o passado – por mais paradoxal que pareça –, e «fica», não apesar de ter passado, mas precisamente porque passou. Já nos referimos, noutro lugar, à realidade do passado, dizendo que ela é «elevada»[63] no duplo sentido hegeliano de eliminar (*Aufhebung*) para guardar (*Aufbewahrung*); e acrescentamos: ter-sido é a forma «mais segura» do ser. Com efeito, *é o passado que o salva de ser passageiro*[64]; *só são passageiras as possibilidades* (cf. o que se disse sobre os valores de situação irrepetíveis e sobre a ocasião, irreversivelmente transitória, para a sua realização); – *o que se preserva da caducidade (de ser passageiro) é o que fica guardado no passado aquela realidade que no ser-passado se insere e põe a salvo*. O instante transforma-se em eternidade se conseguimos converter as possibilidades que o presente encerra naquelas realidades que no passado ficaram encerradas «para toda a eternidade». É este o sentido de todo e

---

(63) Reveja-se a nota que inscrevemos na página 46, confrontando-a com o texto do Autor à pág. 65.

(64) O termo do original é, a rigor, *caducidade* (*Vergänglichkeit*): mas escolhemos a tradução aqui posta para mantermos o jogo de palavras do Autor (o passado, em alemão, é *die Vergangenheit*). (N.T.)

qualquer realizar. Sendo assim, o homem não «realiza» apenas quando efetua uma ação ou cria uma obra «duma vez para sempre», mas também quando se põe a experimentar uma vivência. E, tomando o termo no estrito sentido que nós aqui lhe damos, e em consequência desta espécie de objetivismo, pode-se chegar a afirmar que o realizado numa experiência vivencial não é suscetível de ser destruído realmente, mesmo quando porventura caia no esquecimento; ou até ficando excluída a possibilidade de recordá-lo, pela morte do sujeito da vivência[65].

De ordinário, o que o homem vê é apenas o restolho do passado, passando por alto os celeiros do passado bem fornidos. E, na verdade, não há nada definitivamente perdido no passado, antes tudo aí fica a bom recado, para não mais se perder. Do que uma vez aconteceu, nada se pode apagar ou deitar fora; e não haverá mais razão ainda para dizer que tudo depende do que neste mundo se criou?

O PODER DE RESISTÊNCIA DO ESPÍRITO

O que há de fatal na vida apresenta-se ao homem principalmente sob três formas: 1. sob a forma das suas disposições, aquilo que Tandler denominou «fado somático»; 2. sob a forma da sua condição, ou seja, a totalidade das suas concretas situações externas. Disposições e condição integram a posição de um homem. E, perante esta, tem o homem uma atitude; atitude que, ao contrário da «posição» essencialmente fatal do destino, é livre, conforme se pode provar verificando que há na vida uma

---

(65) Veja-se, aliás, o que, em correlação com isto, se diz mais adiante (pág. 153) a respeito do subjetivismo ou «psicologismo» do homem que fica aturdido diante duma infelicidade e foge para a «inconsciência» da infelicidade – pela embriaguez – ou para a inconsciência absoluta – pelo suicídio.

A) ANÁLISE EXISTENCIAL GERAL

espécie de mudança de posição[66]; basta, para tanto, incluirmos a dimensão temporal no nosso esquema, já que uma mudança de posição significa uma modificação da atitude no tempo e com o tempo. Faz parte da mudança de posição neste sentido, por exemplo, tudo aquilo a que chamamos educação, educação complementar, autoeducação, mas também a psicoterapia na acepção mais ampla da palavra, e bem assim o fenômeno da conversão.

As disposições representam o destino biológico do homem, e a condição o seu destino sociológico. Acresce a isto, porém, o destino psicológico, do qual faz parte aquela atitude anímica que, por não ser livre, não constitui ainda uma livre tomada de posição espiritual. Pois bem; o que faremos em seguida será examinar, passo a passo, em que medida o biológico, o psicológico e o sociológico, enquanto representam algo de fatal, interferem, digamos assim, na liberdade humana.

O destino biológico

Se repararmos naqueles casos ou situações em que o homem defronta o destino biológico, logo nos surgirá o problema de saber até onde chega a liberdade do homem em face do acontecer orgânico; e, paralelamente, o problema de saber qual a profundidade com que o poder da sua vontade livre penetra no campo do fisiológico. Desta maneira, aproximamo-nos da problemática psicofísica, mas sem nos introduzirmos na interminável discussão sobre a questão de saber em que medida o organismo físico do homem depende do anímico-espiritual, e

---

(66) Aqui, a fidelidade ao pensamento do Autor não nos parece permitir a conservação do jogo de palavras que, mais uma vez, ele utiliza. Assim, traduzimos: *Anlage,* por disposições; *Lage,* por condição; *Stellung,* por posição; *Einstellung,* por atitude (em vez de postura); *Umstellung,* por mudança de posição. (N.T.)

vice-versa. Baste-nos acarear duas cruas realidades, deixando-as a comentar-se por si mesmas.

Uma vez, o psiquiatra Lange informou-nos do seguinte caso: havia dois gêmeos seus conhecidos, que procediam de um único óvulo e há muitos anos viviam completamente separados um do outro. Pois bem, a certa altura recebeu uma carta de um deles que vivia noutra cidade. Nessa carta, revelava-se, pela primeira vez, uma ideia quimérica do mesmo conteúdo que o da paranoia do outro irmão, sob os cuidados de Lange para tratamento psiquiátrico da mesma. Assim, as disposições enfermiças comuns manifestavam-se como algo de fatal nestes dois irmãos que, como gêmeos de um só óvulo, se tinham formado a partir da mesma célula germinal, tendo portanto as mesmas disposições.

Ora bem: teremos que cruzar os braços perante esta força biológica do destino? Deveremos negar aos poderes orgânicos a consideração devida, uma vez vistos fatos como estes, que tanto dizem da sua eficácia? Estará porventura o destino dos portadores de certas disposições inevitavelmente configurado pelo biológico? E, sendo assim, terá ainda alguma coisa a fazer, quanto à configuração do destino, a liberdade do espírito humano? Dos resultados obtidos pela investigação no campo da patologia hereditária dos gêmeos, brota uma sugestão fatalista que é perigosa, porque paralisa a vontade de resistir ao destino interior. Com efeito, *quem considera marcado o seu destino torna-se incapaz de vencê-lo*[67].

Isto, quanto ao primeiro caso. Vejamos agora o segundo. Na clínica neurológica de Viena, Hoff e os seus colaboradores puseram em estado hipnótico algumas pessoas, para deste modo,

---

(67) Note-se que há, aqui também, um trocadilho, desta vez intraduzível: *besiegelt* significa marcado (decidido, selado); *besiegen* significa dominar (vencer). (N.T.)

A) ANÁLISE EXISTENCIAL GERAL

a título de experiência, produzirem nelas uma espécie de afetos puramente cristalizados *(reinkristallisierte Affekte)*. Ora lhes eram sugeridas vivências gozosas, ora tristes. Pois bem: verificou-se nas referidas experiências que o título de aglutinação relativo aos bacilos do tifo, se o soro sanguíneo se extraía ao tempo da excitação alegre, era incomparavelmente maior do que quando obtido ao tempo do estado de ânimo triste. Aliás, estes exames permitiram ver a uma nova luz a reduzida capacidade de resistência às infeções do organismo de um homem hipocondriacamente medroso, e bem assim o que costuma suceder com as enfermeiras possuídas do senso do dever moral. Estas enfermeiras, trabalhando muito embora em hospitais de doenças infecciosas ou até em leprosários, a tal ponto se acham preservadas de infecções que, quando se fala nisso, chega-se a dizer que se trata de «milagre» ou de «fábula».

A meu ver, é ocioso andar sempre a trazer à baila, para confrontá-los entre si, o «poder do espírito» e o «poder da natureza». Já nos referimos ao fato de que ambos fazem parte do homem, dependendo sempre um do outro. Não há dúvida de que homem é cidadão de vários reinos, estando, essencialmente, na sua vida, numa tensão, num campo de forças bipolar. Se quiséssemos comparar entre si os dois poderes, pondo-os a medir forças, tudo redundaria numa espécie de «corrida morta». Mas, como se sabe, é nas corridas mortas que se chega ao cúmulo da violência. E, afinal, o que propriamente faz a vida do homem é a eterna luta que nele se dá entre a sua liberdade e o seu destino tanto interior como exterior. Sem desprezarmos o que há de fatal, e especialmente o destino biológico, o que nos cumpre observar a nós, na qualidade de médicos psicoterapeutas, em tudo isto, são, em última análise, as provas que garantem a liberdade humana. Pelo menos por razões heurísticas, teríamos que fazer de conta que os limites do livre poder-ser *(Können)* em face do ter-que-ser *(Müssen)* fatal estão infinitamente longe; nessa altura, poderemos pelo menos ir tão longe quanto possível (Rudolf Allers).

Mesmo nos casos em que o fisiológico está em íntima relação com o psíquico, na patologia cerebral, uma alteração física patológica ainda não significa, de per si, nenhum destino definitivo, mas sim um mero ponto de arranque para uma configuração livre. É neste sentido que se diz que o cérebro tem «plasticidade»: assim, sabe-se que, no caso de serem atingidas por ferimento partes externas do cérebro, passam a substituí-las «vicariamente» outras partes deste órgão, de modo que, mais cedo ou mais tarde, a função afetada pode chegar a restabelecer-se. Dandy, o cirurgião norte-americano especialista em cirurgia do cérebro, conseguiu eliminar operacionalmente toda a parte direita do córtex cerebral (nos destros), sem que daí tivessem resultado perturbações anímicas duradouras dignas de nota. Um problema à parte está em saber se o padecimento físico permanente que se segue a uma operação desse tipo, e que consiste numa paralisia da metade esquerda do corpo, será ou não bem recebido pelos doentes em questão ou pelos respectivos parentes, – problema perante o qual, mais uma vez, se põe de manifesto a concepção do mundo, como fundamento último da atuação médica.

Hoje em dia, ainda não sabemos se não ficam, por assim dizer, improdutivas, partes inteiras do cérebro humano. Nem sequer se sabe ao certo se são efetivamente aproveitadas todas as células ganglionares (aliás, o fato de os centros lesados poderem ser substituídos por outros na sua função persuade o contrário). Sobretudo, conclui-se das investigações mais recentes que o desenvolvimento filogenético do cérebro se dá aos saltos, isto é, de tal modo que o número das células ganglionares, em vez de aumentar paulatinamente, antes duplica de repente, em cada caso. Sendo assim, quem poderia afirmar com segurança que

A) ANÁLISE EXISTENCIAL GERAL

nós, os homens de hoje, já conseguimos realizar todas as possibilidades que correspondem ao atual grau de organização do cérebro humano? É perfeitamente concebível, realmente, que o desenvolvimento das funções do cérebro ainda esteja muito aquém das possibilidades máximas do órgão, muito aquém da sua capacidade de rendimento.

O destino biológico é, para a liberdade humana, puro material a configurar. Tal é, na perspectiva do homem, o seu último sentido. De fato, observamos constantemente como o homem lhe dá sentido ao integrá-lo na estrutura histórica e biográfica da sua vida. A cada passo encontramos homens que, de modo exemplar, conseguiram superar as restrições e limitações iniciais, postas à liberdade pelo fator biológico, isto é, as dificuldades que, a princípio, se opunham ao desenvolvimento do seu espírito. Assim, a sua forma de vida definitiva faz lembrar uma realização artística ou desportiva: uma realização artística, na medida em que a rebelde matéria biológica se foi deixando modelar; uma realização desportiva, no sentido em que a nação dos desportistas por excelência, os anglo-saxões, usa a expressão idiomática *to do one's best* – dar o máximo de si, dando-se às coisas, entregando-se-lhes de corpo e alma –, tomando-a como uma das mais correntes e quotidianas entre os ditos usuais. Contudo, fazer cada qual o melhor «que puder», fazer em cada caso o máximo possível, significa: ter em conta, ao ajuizar duma realização, a sua relatividade; apreciá-la em relação ao seu «start», em relação à situação concreta, com todas as suas dificuldades, isto é, os impedimentos externos ou inibições internas.

Uma vida humana bem pode estar inteiramente marcada, desde o seu começo, pela resistência contra um *handicap* do destino, no que este tem de fatalidade biológica, representando, afinal, dado esse difícil «start» a que aludimos, uma única grande realização. Conhecemos um homem que, em consequência de uma enfermidade cerebral contraída já no seio materno, era paralítico das quatro extremidades e tinha tão atrofiadas as pernas que, durante a vida inteira, só se podia mexer com o auxílio de uma cadeira de rodas. Até os finais da juventude foi considerado, geralmente, como atrasado mental, tendo ficado analfabeto. A certa altura, finalmente, um homem de letras resolveu tomar conta dele e ensiná-lo. O certo é que, num período de tempo mais curto do que seria de prever, o nosso paciente não só aprendeu a ler, escrever, etc., mas também adquiriu uma cultura superior em especialidades pelas quais se havia interessado particularmente. Uma série de renomados homens de ciência e professores universitários disputavam entre si a honra de serem seu mestre particular. Em sua casa, reunia várias vezes por semana uma tertúlia literária e artística, cujo centro de admiração era ele próprio. Belas mulheres enciumavam-se pelas mostras de amor que nele viam, o que deu motivo a cenas, escândalos, suicídios. E, não obstante, o que ali havia era um homem que nem sequer estava em condições de falar normalmente: como a articulação tinha sido afetada por uma atetose geral grave, era com o rosto convulsionado e banhado em suor pela fadiga que tinha de lutar ostensivamente na conformação motora de cada palavra. É bem de ver que este homem, se apenas tivesse seguido o seu «destino», ainda hoje estaria num asilo a vegetar, até às últimas. E, no entanto, que realização não representa a formação da sua vida! Que de força convincente ela não possui, como exemplo para os nossos doentes que, por via de regra, têm de haver-se com um «start» bem mais fácil do que o deste caso!

O destino psicológico

Analisemos agora aquilo a que demos o nome de destino psicológico do homem, querendo com isto referir-nos àque-

A) ANÁLISE EXISTENCIAL GERAL

le elemento anímico que contramina a liberdade humana. Os doentes neuróticos pendem, no aspecto psicológico, para uma fé cega no destino e, ao referirem-se ao destino, neste sentido, invocam constantemente a inexorabilidade das suas tendências instintivas, da força dos impulsos ou, digamos, da fraqueza da vontade, das fraquezas do caráter. No seu fatalismo típico, o neurótico parece como que dominado pela fórmula «A vida é assim» – aí está o seu «ser-assim»![68] – e «assim tinha que ser»; e com esta segunda parte da fórmula posta-se precisamente na sem-razão.

O *ego* «quer». O *id*[69] «impulsa» (obs. 17). Mas nunca o *ego* é absolutamente «impulsado»[70]. Velejar não é simplesmente deixar o bote correr ao sabor do vento que o «impulsa»; a arte de velejar começa, antes pelo contrário, precisamente quando se está em condições de imprimir à força do vento a direção desejada, podendo-se inclusive dirigir a embarcação contra o vento.

Fraqueza de vontade por nascimento é coisa que não existe. É verdade que os neuróticos hipostasiam a força da vontade; esta, contudo, não é nada de estático, algo dado de uma vez só, antes é algo que, de certo modo, se apresenta em cada caso como função de vários fatores, a saber: conhecimento claro dos objetivos, decisão honrada e um certo treino. Enquanto um homem cometer o erro de, mesmo antes de tentar o que quer que seja, cismar constantemente no inevitável malogro das suas tentativas, é claro que não lhe poderão surtir efeito as tentativas em questão; além do mais, porque ninguém de bom grado se retrata, mesmo perante si mesmo. Daí a importância que tem o excluir de

---

(68) No original, *Sosein*: So -assim-, e *sein* -ser-. Cf. nota do Autor à pág. 117. (N.T.)

(69) No original não figuram os pronomes latinos, mas os alemães correspondentes. *Ich e Es.* (N.T.)

(70) Traduzimos «treibt» por impulsa: e «getrieben», por impulsado, para mantermos a correlação terminológica do alemão. (N.T.)

antemão, na formulação interior de qualquer propósito, tudo o que possivelmente tenha visos de contra-argumento. Assim, por exemplo, se alguém diz, de si para si: «não vou beber», logo deve contar com que se lhe hão de apresentar as mais variadas objeções, mais ou menos como estas: «mas... não tem jeito»; «apesar de tudo, não poderei resistir», etc. Mas, se o interessado resolve pôr um ponto final na discussão e diz repetidamente a si mesmo: «Aqui não há bebidas e não se fala mais no assunto», então já entrou por bom caminho.

Quão sábia era – evidentemente, sem ela o saber e querer – a resposta de uma paciente esquizofrênica, quando lhe perguntavam se tinha força de vontade! «Quando quero, tenho; e quando não quero, também não tenho», – dizia ela. Esta paciente psicótica teria podido dar, portanto, uma boa lição a muitos doentes neuróticos, fazendo-lhes ver que o homem propende a dissimular a seus olhos o seu próprio livre-arbítrio, escondendo-o por trás duma suposta fraqueza de vontade.

O fatalismo neurótico, impressionado sobretudo pelas teses da psicologia individual – entendendo-as mal e tergiversando-as – apela muitas vezes também para o que «fizeram dele, na infância, as influências de educação e do meio ambiente», como se esses elementos e quejandos se tivessem transformado em destino. O que os homens querem com isto é, no entanto, desculpar-se das suas fraquezas de caráter. Tomam estas fraquezas como simplesmente dadas, em vez de nelas verem uma tarefa de complementação educacional ou de autoeducação. Uma doente que, após uma tentativa de suicídio, fora internada numa clínica neurológica explicava, recusando as indicações de um psicoterapeuta: «Mas que querem de mim? O que eu sou, precisamente, é uma "filha única" típica, segundo Alfred Adler!» Como se o que interessa não fosse precisamente libertar-se daquilo que numa pessoa há de típico. Bem vistas as coisas, o que o *ethos* da psi-

A) ANÁLISE EXISTENCIAL GERAL

cologia individual deveria exigir ao homem é que ele se liberte dos erros e fraquezas de caráter típicos que porventura ainda lhe aderem, em decorrência da respectiva situação educacional: de modo que, enfim, já ninguém repare que está a lidar com um «filho único» ou coisa semelhante.

A «lei» (da psicologia individual) a que «se amoldava» (como filho único) a nossa paciente acima citada, só vale, caso por caso, teoricamente, para quem está de fora; na prática, existencialmente, só está em vigor precisamente enquanto a «deixamos vigorar». Os erros de educação não são nenhuma desculpa; são para acertar por meio da autoeducação. Por outro lado, o fatalismo neurótico significa uma fuga à responsabilidade com que oneram os homens a sua própria irrepetibilidade e o seu «caráter de algo único», – uma fuga para o típico, para o que parece haver de fatal no destino da tipicidade. E, neste ponto, não é essencial que o tipo a cuja regularidade se julga estarmos sujeitos, se conceba como tipo de caráter ou como tipo de raça ou de classe; não é essencial, portanto, que se entenda no sentido de uma condicionalidade psicológica, pois a fuga pode também verificar-se com base numa condicionalidade biológica (coletiva) ou sociológica.

A atitude espiritual de um homem tem, portanto, certa margem de liberdade de movimentos em face do que nele há, não apenas de físico, mas também de anímico; e nem de longe ele tem que se submeter cegamente ao seu destino psicológico. Mas a expressão porventura mais inequívoca e impressionante do que acabamos de dizer, temo-la nos casos em que se trata de uma conduta humana de livre escolha perante estados anímicos patológicos. Vejamos o caso de uma paciente que estava internada numa clínica para tratamento de depressões endógenas que se repetiam periodicamente. À vista das componentes endógenas da sua doença, foi-lhe prescrita uma terapia medicamentosa, iniciando-se portanto um tratamento aplicado a fatores somáticos. Um dia, o médico que a tratava surpreendeu-a em estado de grande excitação, debulhada em lágrimas. Uma breve conversa permitiu verificar que, nesse instante, o que havia não era propriamente uma depressão endógena, mas antes uma depressão psicógena que tinha, assim, no conjunto, um componente psicógeno. Com efeito, a doente chorava, nessa ocasião, por ser de choro fácil. A depressão, por assim dizer, tinha-se potencializado. Ao componente endógeno acrescia um componente psicógeno adicional. A depressão atual tinha por objeto a depressão endógena; era, nestes termos, uma reação ao estado endógeno. Dado este desgosto reativo, prescreveu-se então uma terapia adicional, isto é, a psicoterapia correspondente aos componentes psicógenos. Por isso, a doente foi aconselhada a que evitasse, quanto possível, o estar a magicar e a dar voltas à sua depressão, já que isso, compreensível, mas injustificadamente, a fazia ver tudo negro. Foi admoestada a que deixasse passar a depressão como uma nuvem que corre diante do sol, tirando-o da nossa vista; fazendo-a compreender que, assim como o sol não deixa de existir, embora momentaneamente o não vejamos, assim também os valores continuam a existir, mesmo quando não os enxerga um homem que momentaneamente, ao atravessar uma depressão, ficou cego para os valores.

No entanto, uma vez posta a claro a situação da doente pelo tratamento psicoterápico, descobriu-se toda a sua carência espiritual: ela própria revelou a suposta pobreza de conteúdo e falta de sentido da sua existência – existência de uma pessoa que sente o *handicap* próprio do destino das suas depressões recidivas. Posto isto, era indicado ir mais além do tratamento psicoterápico, no sentido mais estrito do termo, atendendo a doente pelo processo logoterapêutico. Sendo assim, tratava-se de lhe mostrar como precisamente esses estados de desgosto, em retor-

A) ANÁLISE EXISTENCIAL GERAL

no fatal (Straus diria «criatural»), são apropriados para incitar o homem (livre, em todo caso, para tomar atitudes espirituais perante os processos anímicos) – para incitar o homem, digo, a adotar perante os ditos processos a única conduta correta: aquela que consiste em realizar o que nós denominamos valores de atitude. Com o tempo, a paciente aprendeu, não apenas a encarar, apesar dos seus estados de desgosto, uma vida cheia de tarefas pessoais, mas também a ver, nesses mesmos estados, mais uma tarefa: a tarefa de acabar com eles fosse como fosse e, como quer que fosse, sobrelevá-los. Feita esta análise existencial – pois não foi senão isso o que se fez –, e a despeito de subsequentes fases endógeno-depressivas e mesmo no seu decurso, conseguiu levar uma vida que era mais cheia de sentido do que antes do tratamento; mais inclusive do que possivelmente teria sido se jamais tivesse adoecido e precisasse de um tratamento. Isto lembra-nos de novo aquela frase de Goethe que já citamos, para inculcá-la como a melhor das máximas de qualquer psicoterapia: «Se tomamos os homens como eles são, fazemo-los piores; mas se os tomamos como eles devem ser, faremos deles o que podem ser».

Em muitos dos casos de doença mental, a melhor forma de produzir, na medida do possível, a atitude espiritual livre é levar o doente à reconciliação com o destino da sua doença. Não há dúvida de que é precisamente a luta constante e inútil contra esses estados «criaturais» que leva a uma depressão adicional; ao passo que quem simplesmente e sem convulsões se abandona aos estados em questão, acaba por superá-los mais depressa.

Havia uma paciente que, há dezenas de anos, sofria de gravíssimas alucinações auditivas: ouvia constantemente vozes horríveis, que acompanhavam com observações sarcásticas tudo quanto fazia ou deixava de fazer. Um dia perguntaram-lhe como, apesar disso, estava de tão bom humor e o que tinha que dizer ao que escutava. Ao que ela respondeu: «Eu, cá por mim, penso que, ao fim e ao cabo, sempre é muito melhor ouvir o que ouço do que estar surda como uma porta». Que arte de viver não há e que grande realização (no sentido dos valores de atitude), por trás deste comportamento de uma pessoa simples em face do terrível destino de um sintoma esquizofrênico penoso! Mas, não se encerra porventura nesta observação, a um tempo jocosa e sensata, uma certa liberdade de espírito em relação à doença mental?

Qualquer psiquiatra sabe como pode variar – em função das diversas atitudes de espírito – o comportamento de homens psicóticos em face da mesma e única psicose. Assim, um paralítico irrita-se e adota uma atitude de hostilidade para com os que o rodeiam, ao passo que outro – com a mesmíssima doença! – é amável, cheio de bonomia, e até, porventura, encantador. Sabemos de um caso que passamos a narrar. Numa barraca de um campo de concentração, havia duas dúzias de doentes com tifo exantemático. Todos deliravam, exceto um! E que fazia? Esforçava-se por evitar os delírios da noite, ficando acordado de propósito; o caso é que aproveitou a excitação febril e a animação de espírito para reconstruir, no decurso de 16 noites de febre, rabiscando às escuras, e numas diminutas folhas, algumas frases estenográficas básicas – um manuscrito duma obra científica ainda inédita que lhe tinham subtraído no campo de concentração.

O destino sociológico

Por toda a parte o indivíduo nos surge incrustado na estrutura social. Com efeito, a comunidade determina-o sob dois pontos de vista: por um lado, o organismo social como um todo

A) ANÁLISE EXISTENCIAL GERAL

condiciona-o; por outro lado, e simultaneamente, o indivíduo é orientado para se ajustar ao referido organismo. Assim, verifica-se tanto uma causalidade social que se exerce no indivíduo, como uma finalidade social deste último. Pelo que diz respeito à causalidade social, seria de notar, mais uma vez, que as chamadas leis sociológicas nunca determinam inteiramente o indivíduo, de modo algum o despojando, portanto, do seu livre-arbítrio. O que sucede, ao contrário, é que, antes de influenciarem o indivíduo no seu comportamento, têm que passar, digamos assim, por uma zona de liberdade individual. Quer dizer: o homem conserva também em face do destino social certa margem de livre possibilidade de decisão, tal como perante o destino biológico ou psicológico.

No que concerne à finalidade social, gostaríamos de referir-nos ao erro em que incorre sobretudo a psicologia individual, no âmbito da psicoterapia. O que temos aqui em mente é aquela errônea concepção segundo a qual toda a conduta valiosa de um homem não é senão, em última análise, uma conduta socialmente correta. O ponto de vista segundo o qual só é valioso o que acarreta algum proveito à comunidade é insustentável. Conduziria a existência humana a um empobrecimento de valores. Com efeito, é fácil demonstrar que, no reino dos valores, há reservas individuais, ou seja, valores cuja realização pode e até deve levar-se a cabo além e independentemente de toda e qualquer comunidade humana. Nomeadamente, sempre que se trata do que nós classificamos como valores vivenciais, nenhuma validade pode reclamar o padrão do útil para a comunidade. A plenitude de valores que se oferecem ao indivíduo que, mesmo em soledade, vive uma experiência artística ou experimenta vivências da natureza é fundamental e essencialmente independente do proveito que a comunidade porventura disso possa auferir, num caso concreto – o que, de resto, dificilmente se pode imaginar. Contudo, não nos passa despercebido que também há uma série de valores vivenciais que estão reservados necessária e essencialmente à vivência comunitária: quer se trate de uma base comunitária mais ampla, como sucede na camaradagem, na solidariedade, etc.; quer dessa outra que é própria da comunidade amorosa, apenas entre duas pessoas.

Com tudo isto, não fizemos mais do que indicar o momento social da existência humana, na medida em que o podemos conceber como base ou meta da vida. Temos que atentar agora no social enquanto destino propriamente dito, isto é, enquanto elemento imutável, ininfluenciável, que se contrapõe à vontade humana, desafiando-a para a luta. Cumpre-nos estudar, portanto, o sociológico, tomando-o como aquele terceiro campo em que o que há de fatal na vida vem ao encontro do homem. Nesse sentido, não deixaremos de considerar os problemas da configuração da vida profissional; o problema, digamos, daquela luta ativa em que o homem se debate com o meio ambiente social. É o que faremos, no próximo capítulo. Aqui, entretanto, apenas nos ocuparemos com este meio ambiente como fator que, em dadas circunstâncias, o indivíduo tem que sofrer.

Os últimos tempos prodigalizaram abundante material à psicologia deste possível sofrer sob a pressão das circunstâncias sociais. A primeira guerra mundial, permitindo compor o quadro patológico da chamada doença do arame farpado («barbed wire disease») com base nas observações e experiências dos campos de reclusão, já tinha enriquecido a psicologia da prisão; posteriormente, a segunda guerra mundial deu-nos a conhecer os fenómenos resultantes da «guerra de nervos». Mas estava reservado a um passado mais recente o enriquecimento da investigação no sentido de uma psicopatologia das massas, pois foi o estudo da vida das massas nos campos de concentração o que mais contribuiu nesse sentido.

A) ANÁLISE EXISTENCIAL GERAL

A PSICOLOGIA DO CAMPO DE CONCENTRAÇÃO

No campo de concentração, a existência humana sofreu uma deformação. Esta adquiriu tais proporções que se impunha perguntar se o observador, achando-se nele também prisioneiro, ainda poderia conservar a suficiente objetividade nos seus juízos. Evidentemente, a sua capacidade para ajuizar de si e dos outros por força tinha que ser também afetada do ponto de vista psicológico. Ao passo que quem estava de fora ficava a demasiada distância e dificilmente podia entrar nos sentimentos dos prisioneiros, quem «estava bem por dentro», tendo já vivido, por si, o sofrimento, carecia do mínimo de distância para julgar. Por outras palavras, o problema fundamental residia em que se impunha admitir que o critério a aplicar à realidade de vida deformada era, já de si, um critério desfigurado.

A despeito destes reparos, os especialistas em psicopatologia e psicoterapia coligiram, a este propósito, um material de observações próprias e alheias, tendo-se chegado a condensar em teorias a suma das suas experiências e vivências; e, considerando a sua suficiente concordância no essencial, pode-se dizer que é muito pouco o subjetivismo que há que polir nelas.

Nas reações do prisioneiro do campo de concentração são visíveis três fases distintas: a fase da entrada no campo, a da vida no campo propriamente dita, e a que se segue ao fim da detenção, isto é, a fase da libertação. A primeira caracteriza-se pelo chamado choque de entrada. Esta forma de reação perante um meio ambiente desacostumado, anormal, não oferece nada de novo sob o prisma psicológico. O prisioneiro que acaba de ingressar no campo traça um risco por sobre a sua vida anterior. Tiram-lhe tudo o que traz consigo; nada mais lhe fica que represente um laço de união externo com a sua vida anterior, a não ser, talvez, os óculos, se é que lhe permitem conservá-los. As impressões que desabam sobre ele, ou o sensibilizam profundamente ou o exaltam. Vista a ameaça que constantemente pesa sobre a vida, um ou outro decide-se a «atirar-se às farpas» (a cerca de arame farpado do campo, carregada de alta tensão), ou a tentar qualquer outro suicídio. Esta fase, contudo, logo depois de alguns dias ou semanas da segunda fase, costuma ceder a uma profunda apatia, que é um mecanismo de autoproteção da alma. O que até então sensibilizava ou amargurava o prisioneiro, o que ele tinha que contemplar à sua volta ou aquilo em que tinha que participar, ricocheteia, daí em diante, numa espécie de armadura que o envolve. Trata-se aqui de um fenômeno anímico de adaptação ao meio ambiente peculiar em que se vê obrigado a viver; o que nele se passa chega-lhe já amortecido à consciência. A vida afetiva vai decaindo até um nível baixíssimo. Verifica-se aquilo que os observadores orientados sob um prisma psicanalítico conceituam como regressão ao primitivismo. Os interesses cingem-se às necessidades imediatas e mais prementes. Todas as aspirações parecem concentrar-se num único ponto: sobreviver dia a dia. À noite, quando os prisioneiros, exaustos, cheios de frio e de fome, eram outra vez arrastados para as barracas pelos «comandos de trabalho», aos tropeções pelos campos nevados, sempre se lhes ouvia soltar um profundo suspiro: «Enfim, aguentamos mais um dia!»

Tudo o que ultrapassa os problemas mais atuais da pura e vital autoconservação, o que está mais além da salvação da vida – da própria e da alheia –, da vida atual, dia a dia, momento a momento, por força tem que ser considerado como um luxo. Chega a ser coisa sem valor. Esta tendência crescente para a desvalorização nota-se nas palavras de desabafo que mais se ouvem nos campos de concentração: «É tudo uma merda!». Todos os interesses superiores ficam postergados durante a prisão no campo, – a não ser os interesses políticos

A) ANÁLISE EXISTENCIAL GERAL

comuns, evidentemente, e, coisa digna de nota, eventuais interesses religiosos. Afora isto, o prisioneiro vai mergulhando numa hibernação cultural.

O primitivismo da vida interior no campo de concentração tem uma expressão característica nos sonhos típicos dos prisioneiros. A maioria sonha com pão, bolos, cigarros e um banho quente. Fala-se também constantemente de comida: se se juntam nos «comandos de trabalho» e a sentinela não está perto, os prisioneiros trocam entre si receitas de cozinha e descrevem uns aos outros os pratos favoritos que hão de oferecer-se quando, uma vez livres do campo, se convidarem uns aos outros a almoçar. Os melhores dentre eles esperam ansiosamente o dia em que já não tenham que sentir fome, não por amor à boa comida, mas pelo desejo de que acabe finalmente aquela situação humanamente indigna em que não se pode pensar senão em comer. Assim, o campo de concentração (salvas as exceções mencionadas) conduz ao primitivismo, e a subalimentação faz precisamente do instinto nutritivo o conteúdo mais importante em torno do qual se fecham os pensamentos e desejos; de modo que, sobretudo, provavelmente por causa da subalimentação, nota-se também um surpreendente desinteresse pelos temas de conversa sexual: nos campos de concentração não se dizem «porcarias».

A interpretação das reações anímicas perante a vida do campo de concentração, nos termos que acabamos de ver, como regressão à primitiva estrutura da instintividade, não é a única que se conhece. E. Utitz explicou as alterações de caráter típicas, observáveis, a seu ver, nos presidiários dos campos de concentração, como um deslocamento do tipo de caráter ciclotímico para o esquizotímico. O que lhe chamou a atenção foi que, além da apatia, podia observar-se nos presidiários uma grande irritabilidade. Ora, ambos os estados afetivos correspondem perfeitamente à proporção psicostética do temperamento esquizotímico, no sentido que Kretschmer lhe atribui. Mas, prescindindo de toda a problematicidade destas mudanças ou instabilidade de caráter, na nossa opinião, este esquizoidismo – aparente – pode-se explicar duma maneira muito mais simples: a grande massa dos presos sofria, por um lado, a escassez de alimentos e, por outro, a falta de sono – em consequência da praga de insetos, provocada pela excessiva concentração das moradias. Ao passo que a subalimentação tornava as pessoas apáticas, a deficiência crónica de sono tornava-as irritáveis. Mas a estes dois motivos acresciam ainda outros dois: a falta daqueles dois venenos da civilização que, na vida normal, costumam mitigar respectivamente a apatia e a irritabilidade: a cafeína e a nicotina. Realmente, as autoridades do campo proibiam a posse de café e de tabaco. Só que, com tudo isto, apenas teríamos tentado explicar as bases fisiológicas das «mudanças de caráter» em questão. Ora, há um fator psíquico que se lhes associa. A maioria estava atormentada por sentimentos de inferioridade: gente que tinha sido «alguém» era agora tratada pior que um «zé-ninguém». E, no entanto, uma minoria, que se juntava para formar camarilha, representada nomeadamente pelos *capos* (fiscais do trabalho), produzia a pouco e pouco um delírio de cesarismo em miniatura; ainda por cima, estes homens, formados em grupos selecionados com um critério caracterológico «negativo», tinham nas mãos um poder totalmente desproporcionado para a sua irresponsabilidade. Como aquela maioria de desclassificados entrava constantemente em atrito com esta minoria de arrivistas – e para choques assim nunca faltava nos campos ocasião –, a irritabilidade dos prisioneiros, potenciada, aliás, pelos motivos antes indicados, por força tinha que chegar a explodir.

Ora bem: será que isto não nos está a dizer que um tipo de caráter é modelado em função do meio ambiente? Não vem isto porventura demonstrar que o homem não se pode subtrair ao

A) ANÁLISE EXISTENCIAL GERAL

destino do seu ambiente social? A nossa resposta é: não! Onde fica então a liberdade interior do homem? Que dizer então da sua conduta? Espiritualmente, arca ele ainda com a responsabilidade pelo que lhe acontece sob o ponto de vista psíquico, por aquilo que «dele faz» o campo de concentração? A nossa resposta é: sim! É que, mesmo num meio ambiente socialmente tão estreito como este, a despeito destas limitações sociais impostas à sua liberdade pessoal, ainda resta ao homem aquela derradeira liberdade com que, dum modo ou de outro, consegue configurar a sua existência. Há exemplos bastantes – frequentemente heroicos – que demonstram como o homem, mesmo em campos deste tipo, «também pode ser-diferentemente», não tendo que sucumbir às leis, à primeira vista onipotentes, do campo de concentração, que lhe impõem uma deformação anímica. Antes pelo contrário, está demonstrado que, quando alguém assume as propriedades caracterológicas típicas do presidiário dos campos, nos termos em que as sublinhamos – e, portanto, sempre que alguém sucumbe às forças do seu meio ambiente social que lhe modelam o caráter, – é precisamente porque antes se deixou decair no aspecto espiritual. Não se perde a liberdade de atitude perante uma situação concreta; o que sucede, simplesmente, é que o homem se lhe entrega, numa atitude de desistência (obs. 18). Por muito que lhe tivessem tirado nas primeiras horas de presídio, *ninguém conseguiria arrebatar ao homem a liberdade que ele tem para, de um modo ou de outro, e até o último suspiro, assumir uma atitude para com o seu destino. E sempre há um «de um modo ou de outro».* Precisamente nos campos de concentração, havia indivíduos que conseguiam dominar a sua apatia e subjugar a sua irritabilidade. Eram aqueles homens admiráveis que – esquecendo-se de sua pessoa até à renúncia e sacrifício de si mesmos – passavam pelas barracas e praças de revista militar dizendo aqui uma boa palavra, dando além o último pedaço de pão.

Assim, toda a sintomatologia do campo de concentração, que acima tentamos explicar com base em causas físicas e anímicas, no seu desenvolvimento aparentemente fatal e inelutável, apresenta-se como algo suscetível de ser configurado a partir do espírito. E também vale, na esfera da psicopatologia do campo de concentração, o que, num dos capítulos seguintes, diremos, em termos muito gerais, a respeito dos sintomas neuróticos: que não constituem mera consequência de algo somático e expressão do psíquico, mas também um modo da existência – sendo este o fator decisivo, em última análise. É isto também o que se passa com as mudanças de caráter do homem no campo de concentração: trata-se sem dúvida de uma consequência das alterações do estado fisiológico (fome, insônias, etc.) e de uma expressão de dados psicológicos (sentimento de inferioridade, etc.); mas, afinal de contas, e essencialmente, trata-se de uma posição espiritual que se adotou. Com efeito, e seja qual for o caso, o homem conserva a liberdade e a possibilidade de decidir a favor ou contra a influência do meio ambiente (obs. 19). Mesmo que, em geral, só raramente faça uso dela, esta liberdade e possibilidade estão sempre ao seu dispor. Quer dizer: de um modo ou de outro, está inclusive ao dispor daqueles homens que sucumbiram ao meio ambiente do campo de concentração, como se este lhes tivesse imprimido um cunho anímico, pois, seja como for, ainda têm forças e responsabilidade para se subtraírem às suas influências. Ora bem: se agora perguntamos quais eram as razões que levavam estes homens a decair tanto espiritualmente, fazendo com que sucumbissem às influências físico-anímicas do meio ambiente, teremos que responder isto: abatiam-se porque e só quando tinham já perdido o apoio espiritual. Mas isto requer uma explanação mais detalhada.

Já Utitz caracterizou o modo de existir dos presidiários dos campos de concentração como uma «existência provisória». Esta

A) ANÁLISE EXISTENCIAL GERAL

caracterização pede, contudo, a meu ver, um complemento essencial. Referimo-nos com isto ao fato de que, nesta forma de existência humana, não se tratava apenas da mera provisoriedade, mas sim de uma provisoriedade «sem prazo». Antes de entrarem no campo, os futuros prisioneiros encontravam-se muitas vezes num estado de espírito que só se podia comparar àquele em que se sente o homem em face do Além, donde ninguém regressa: de muitos campos de concentração, também ainda ninguém havia regressado ou, pelo menos, não se sabia de quaisquer informações vindas a público. Uma vez que se entrava no campo, *o fim da incerteza* (quanto às condições locais) *trazia consigo a incerteza do fim*. Realmente, nenhum dos prisioneiros podia saber por quanto tempo ficaria ali detido. Os boatos que, de dia em dia e de hora em hora, circulavam por entre aquelas massas de homens amontoados, referindo-se de cada vez a um «fim» próximo, iminente, sempre levavam a um desengano cada vez mais profundo e até definitivo. A indeterminabilidade do momento de libertação cria no prisioneiro a sensação de um encarceramento praticamente ilimitado, por não ser delimitável. Com o tempo, toma-o a sensação de ser estranho ao mundo que está do lado de lá do arame farpado; através do arame farpado, vê os homens e as coisas que estão lá fora, como se não fossem deste seu mundo, ou melhor, como se ele já não pertencesse ao mundo, como se para o mundo fora já «perdido». O mundo dos não encarcerados afigura-se-lhe tal como o veria porventura um morto, do Além: irreal, inacessível, impossível de alcançar – fantasmal.

A carência de um fim, própria do modo de existir no campo de concentração, traz consigo a vivência da falta de futuro. Um dos prisioneiros que marchavam, em colunas intermináveis, para o seu futuro campo de concentração, dizia-nos uma vez que havia tido a sensação de se ir arrastando atrás do seu próprio cadáver. Era uma explicação precisa: era a sensação de que a sua vida não tinha futuro, de que era puro passado, tendo passado já, como a de um morto. A vida destes «cadáveres vivos» vem a ser predominantemente uma existência retrospectiva. Os pensamentos giram-lhes continuamente em torno dos mesmos detalhes da vida experimentada no passado; uma transfiguração fantasmagórica banha-lhes na sua luz as mais insignificantes ninharias cotidianas.

Ora, sem um ponto fixo no futuro, não consegue o homem propriamente existir. É em ordem ao futuro que normalmente todo o seu presente é configurado, orientando-se para ele como a limalha de ferro se orienta para um polo magnético. Pelo contrário, o tempo interior, o tempo vivencial perde toda a sua estrutura sempre que o homem perde o «seu futuro». Já não se vive: vai-se vivendo, num viver presentista, sem rumo; chega-se a uma situação semelhante àquela que nos pinta Thomas Mann na «Montanha Mágica», onde se fala precisamente de tuberculosos incuráveis que desconhecem por completo o término, o dia da libertação. Ou então cai-se naquela sensação de vazio e de falta de sentido da existência, que domina tantos trabalhadores desempregados, que experimentam também uma desintegração da estrutura da vivência temporal, conforme se deduz dos exames psicológicos feitos em série entre mineiros sem trabalho.

A palavra latina «finis» tanto significa o final ou término como o fim ou objetivo. No momento em que o homem não consegue entrever o final de uma situação provisória na sua vida, também não consegue propor-se nenhum fim, nenhuma missão; a vida por força tem que perder, a seus olhos, qualquer conteúdo e sentido. Pelo contrário, o olhar em direção ao «final» e a um objetivo marcado no futuro forma precisamente aquele apoio espiritual de que o prisioneiro dos campos tanto precisava, porque esse apoio espiritual é o único capaz de preservar o homem

A) ANÁLISE EXISTENCIAL GERAL

da capitulação perante as forças do meio social, modeladoras do caráter e tipificadoras; o único, portanto, que o pode livrar de sucumbir. Havia um prisioneiro, por exemplo, que com um instinto certeiro, tentava superar as situações mais duras da vida do campo de concentração, imaginando-se sentado numa cátedra, perante um numeroso auditório, a falar-lhes precisamente das coisas que ele, no momento, vivia e experimentava. Com esta artimanha, conseguia ele viver a experiência das coisas *«quadam sub specie aeternitatis»*, e suportá-las[71].

A decadência anímica proveniente da falta de um apoio espiritual, o completo abandono de si à apatia total, era entre todos os prisioneiros do campo um fenômeno tão conhecido como temido, e efetivava-se tão rapidamente que em poucos dias conduzia à catástrofe. A certa altura, os presidiários que se achavam neste estado ficavam pura e simplesmente no seu lugar, nas barracas, recusando-se a responder à chamada ou a ocupar o seu posto nos «comandos de trabalho»; não se preocupavam com tomar refeições, deixavam de ir aos quartos de asseio; e nenhuma proposta, nenhuma ameaça era já capaz de arrancá-los da apatia; nada os intimidava já, nem sequer os castigos, que suportavam resignadamente, embotados e indiferentes, «inarimbando-se» de tudo. E o hábito de se deixarem ficar para ali deitados – às vezes em cima das próprias fezes e urina – significava uma ameaça à vida, não apenas no aspecto disciplinar, mas também no aspecto diretamente vital. Era o que se via claramente nos casos em que a vivência do «interminável» se apossava subitamente dos prisioneiros.

Vejamos, a este propósito, um exemplo. Um dia, um deles contou aos companheiros que tinha tido um sonho esquisi-

---

(71) V. E. Frankl, *Man's Search for Meaning, Preface by Gordon W. Allport*, 4.ª edição, Washington Square Press, Nova York, 1964.

to: uma voz falava-lhe e perguntava-lhe se ele não desejava saber alguma coisa, pois lhe poderia profetizar o futuro. E a resposta dele tinha sido esta: «O que eu queria saber é quando terminará para mim esta segunda guerra mundial». Nisto, a voz do sonho retorquiu: «Em 30 de Março de 1945». Quando este prisioneiro explicava o seu sonho, estava o mês de Março nos começos. Na ocasião, ainda ele estava cheio de esperança e bom humor. Todavia, o dia 30 aproximava-se cada vez mais, de modo que era cada vez menos provável que a «voz» tivesse razão. Nos últimos dias do prazo profetizado, o nosso homem foi caindo cada vez mais no desalento. O certo é que no dia 29 de Março o transferiram para a seção dos doentes, com febre e em estado de delírio. E no dia 30 de Março – para ele tão importante –, no dia em que deviam acabar, «para ele», os sofrimentos, perdeu a consciência. Um dia depois estava morto. Morrera de tifo exantemático.

Já sabemos como a imunidade do organismo depende grandemente dos estados afetivos e portanto também de coisas como a vontade de viver ou o cansaço da vida – em virtude, por exemplo, de uma desilusão, de uma frustração de esperanças. Daí o podermos admitir, com razão e com toda a seriedade clínica, que o desengano desse prisioneiro a respeito da falsa profecia da voz do seu sonho provocou-lhe um súbito decaimento das forças defensivas do organismo, fazendo-o sucumbir à infecção incubada. Em consonância com o nosso modo de conceber este caso, temos uma informação de um médico dos campos de concentração, que se baseia em observações feitas em grande escala. Nos termos dessa informação, os prisioneiros do campo em que trabalhava o médico em questão andavam em geral com a esperança de que, no Natal de 1944, todos estariam em sua casa. Chegou a noite de Natal, mas as notícias dos jornais não eram nada animadoras para os prisioneiros. Que sucedeu então? Na

A) ANÁLISE EXISTENCIAL GERAL

semana entre o Natal e o Ano Novo, verificou-se nesse campo de concentração uma mortandade em massa como nunca até então se tinha visto e que também se não poderia explicar por determinadas circunstâncias: nem pela mudança de condições atmosféricas, nem pelo maior gravame das condições de trabalho, nem pelo aparecimento de doenças infecciosas.

Está claro que qualquer tentativa de psicoterapia num campo de concentração só seria possível se se orientasse para o fator decisivo do apoio espiritual num objetivo marcado no futuro, para a necessidade de uma vida «sub specie futuri», – sob o ponto de vista do futuro. Na «prática», não era assim tão difícil, muitas vezes, soerguer o ânimo de um ou outro prisioneiro através dessa orientação em ordem ao futuro. Numa conversa comum com dois desses prisioneiros cujo desespero se tinha ido agravando até os levar à decisão do suicídio, produziu-se uma vez um resultado desse tipo. Ambos estavam dominados pela sensação de que *já não tinham nada a esperar da vida.* O que era indicado, no caso, era levá-los a efetivar aquela viragem copernicana de que já falamos, declarando que, ao efetuá-la, a vida não poderia propriamente ser interrogada sobre o seu sentido, antes se tratava de responder-lhe às perguntas concretas, aos problemas por ela apresentados; de modo que o que havia que fazer era que eles fossem *res-ponsáveis*[72] perante ela. E *realmente em breve se tornou patente que* – para além do que ambos os prisioneiros tinham a esperar da vida – *era a vida deles que tinha missões bem concretas à sua espera.* O certo é que, conforme se comprovou, um deles

---

(72) O grifado não figura no original. Fizemo-lo nós, numa tentativa de conservar o jogo de palavras implícito no texto alemão: pois em alemão fica mais nítido que a palavra responsabilidade deriva de responder; *ver-antwortet werden,* como escreve o Autor, é, literalmente, ser respondida (a vida) mas com responsabilidade (e *Ver-antwort* significa responsabilidade, ao passo que *Antwort* significa apenas resposta). Cf. a nossa nota à pág. 96. (N.T.)

tinha publicado uma série de livros de geografia, mas sem a haver terminado; o outro tinha no estrangeiro uma filha que dele dependia e o idolatrava. A um, esperava-o uma obra; ao outro, um ser humano. Portanto, ambos estavam igualmente seguros naquele «caráter de algo único», naquela insubstituibilidade que logra dar à vida um sentido incondicionado, a despeito do sofrimento. Afinal, um deles era tão insubstituível para o respectivo trabalho científico como o outro para o amor da sua filha.

O prisioneiro, mesmo quando já posto em liberdade, precisa de certos cuidados anímicos. Precisamente a libertação, a desopressão súbita, *aquele desafogo* da pressão anímica, acarreta, por seu turno – no aspecto psicológico – *um perigo*. O que aqui ameaça o indivíduo, no plano psicológico, representa, nem mais nem menos, o *«pendant»* anímico da doença de Caisson. Mas com isto chegamos já à terceira fase que, dentro deste esboço da psicologia do campo de concentração, nos tínhamos proposto tratar.

Pois bem: pelo que diz respeito à reação do prisioneiro em face da libertação, pode-se afirmar, em poucas palavras, o que se segue. A princípio, tudo lhe parece um sonho lindo; nem sequer se atreve ainda a acreditar. É claro que muitos outros sonhos belos lhe haviam trazido já seus desenganos. Quantas vezes não sonhara já com a sua libertação! Quanto não sonhara estar voltando ao lar, a envolver num abraço a sua esposa, a cumprimentar seus amigos, a sentar-se à mesa para começar a contar as suas experiências vividas e explicar como se havia imaginado neste instante do reencontro, tão esperançosamente sonhado e agora, por fim, feito realidade! Mas era justamente enquanto sonhava que lhe soavam aos ouvidos aqueles três apitos estrídulos, que o vinham despertar imperativamente de madrugada, arrancando-o do sonho que lhe pintava enganosamente a liberdade, para zombar dele, tão somente. Enfim, dia virá em que o que se vislumbra e entrevê em sonhos se tornará verdadeira realidade. O certo é que o prisioneiro libertado se encontra opresso por uma espécie de sentimento de despersonalização. Não consegue ainda alegrar-se com a vida, – tem que aprender outra vez a alegrar-se, pois já o desaprendeu. No primeiro dia, afigura-se-lhe a liberdade um belo sonho; mas a certa altura vê que progrediu tanto que o passado chega a parecer-lhe apenas sonho ruim. Nem ele próprio consegue compreender como foi capaz de sobreviver à prisão. E daí em diante apossa-se dele a deliciosa sensação de que, depois de tudo o que viveu e sofreu, nada no mundo tem a recear – a não ser o seu Deus. E são muitos os que, nos campos de concentração e graças aos campos de concentração, voltaram a crer nEle.

2. O sentido do sofrimento

Ao analisarmos o problema do sentido da vida, distinguimos em termos muito gerais três categorias de valores. Falamos de valores criadores, de valores vivenciais e de valores de atitude. Conforme vimos, ao passo que os da primeira categoria se realizam mediante um fazer, os valores vivenciais já se realizam no eu mediante uma passiva acolhida dada pelo eu ao mundo (natureza, arte). Em compensação – e como tivemos também ocasião de advertir – os valores de atitude só se realizam quando algo de inelutável, qualquer coisa de fatal se tem que aceitar precisamente tal qual é. No modo como cada um assume estas coisas verifica-se uma série incalculável de possibilidades de valor. Mas isto significa que a vida humana pode atingir a sua plenitude, não apenas no criar e gozar, senão também no sofrimento.

Estas considerações, é claro que não se cingem a uma trivial ética do êxito. É suficiente refletirmos um pouco sobre o que há de primordial no nosso juízo cotidiano acerca do valor e da dignidade da existência humana, para logo se nos deparar aquela profundidade de vivência em que as coisas, para além do êxito ou do malogro, independentemente de tudo quanto seja efeito, conservam a sua validade. Este reino das plenitudes interiores a despeito dos malogros externos só se nos torna acessível atra-

A) ANÁLISE EXISTENCIAL GERAL

vés daquela visão que a arte tende a proporcionar-nos. Basta lembrar certos relatos do gênero da história da «Morte de Ivan Ilich», de Tolstoi.

Pinta-se aí a existência burguesa de um homem que só descortina a sua radical falta de sentido quando está à beira da morte. Mas eis que, ao penetrar nesta falta de sentido, esse homem, nas últimas horas da vida, ainda consegue superar-se a si mesmo, atingindo uma grandeza interior que, retrospectivamente, confere a toda a vida passada – não obstante a sua aparente inutilidade – uma plenitude de sentido. É que a vida pode adquirir o seu último sentido, não apenas – como no caso do herói – através da morte, mas também na própria morte. Portanto, não é que só o sacrifício da própria vida possa dar sentido à vida; o que ocorre é que a vida até no malogro se pode consumar.

Falta de êxito não significa falta de sentido. Isto torna-se evidente, por exemplo, quando se considera o próprio passado no que concerne à vida amorosa. Se alguém honestamente se interroga sobre se estaria disposto a passar sem as vivências amorosas malsucedidas, a saber que estavam riscadas na sua vida as vivências desventuradas e dolorosas, – decerto diria que não; a plenitude da dor não foi uma não plenitude de realização. Antes pelo contrário, foi na dor que amadureceu, foi nela que cresceu; a dor deu-lhe muito mais do que poderiam ter-lhe dado êxitos amorosos sem conta.

Em geral, o homem pende a exagerar respectivamente o lado positivo ou negativo do tom de prazer ou desprazer das suas vivências. A importância que atribui a estes aspectos torna-o sem razão queixumeiro contra o destino. Já dissemos os vários sentidos em que o homem «não está no mundo para se divertir». Já vimos também que o prazer de modo algum é suscetível de dar à vida do homem um sentido. Pois bem: se o prazer não é capaz de dar sentido à vida humana, também a ausência de prazer não é capaz de lho tirar. E mais uma vez verificamos que a arte nos indica com que justeza a vivência simples, sem preconceitos e direta, vê a realidade das coisas. Basta pensar, por exemplo, em como é indiferente, quanto ao conteúdo artístico, o problema de saber se uma melodia está composta em tom maior ou menor. Não são só as sinfonias incompletas que – conforme apontamos noutra ocasião – se contam entre as peças musicais mais valiosas; são também as «patéticas».

Dissemos que o homem realiza, criando, os valores criadores; experimentando vivências, os valores vivenciais; e, sofrendo, os valores de atitude. Sucede, além disso, que o sofrimento tem um sentido imanente. É a língua que, paradoxalmente, nos leva a descobrir *esse* sentido: se sofremos por causa de alguma coisa, é precisamente porque não «a podemos sofrer», isto é, porque não queremos permitir-lhe que vigore. A discussão com os dados fatais do destino é a missão ultima e rumo genuíno do sofrimento. Se uma coisa nos faz sofrer, é porque interiormente lhe voltamos as costas; é porque criamos distância entre a nossa pessoa e essa coisa. Se ainda sofremos perante um estado de coisas que não deveria ser assim, é precisamente porque ainda estamos na tensão entre o ser fático, por um lado, e o que as coisas deveriam ser, por outro lado. Isto vale, como já vimos, para o homem que desespera de si mesmo: um homem assim *deixa de ter qualquer razão para o desespero precisamente pelo fato de estar desesperado*, pois tal desespero significa, já de si, que ele avalia a própria realidade em função duma idealidade, que lhe serve para a valorar; o fato de esse homem, em geral, se aperceber dos valores (que permaneceram irrealizados), implica já um certo valor da sua vida. É claro que não poderia arvorar-se em juiz de si mesmo, se de antemão não possuísse o poder e a dignidade de juiz – como homem que se dá conta do que deveria ser, em confronto com o que é simplesmente (obs. 20). O *sofrimento*

A) ANÁLISE EXISTENCIAL GERAL

cria no homem, por conseguinte, uma tensão fecunda – estamos em dizer mesmo *uma tensão revolucionária* –, fazendo-lhe sentir, como tal, o que não deve ser. Na medida em que, digamos assim, se identifica com o que lhe é dado, o homem elimina a distância que existe entre ele e o dado e exclui a *fecunda tensão entre o ser e o dever-ser*.

É, assim, evidente, que há nas emoções do homem uma profunda sabedoria, anterior a qualquer racionalidade, e que chega a contradizer o que se poderia considerar racionalmente útil. Consideremos, por exemplo, os afetos doloridos do luto e do arrependimento: do ponto de vista utilitarista, decerto que ambos parecem sem sentido. Com efeito, chorar o que se perdeu irremediavelmente parece ao «são senso comum» coisa tão inútil e carente de sentido como o arrepender-se duma culpa indelével. E, no entanto, tanto o luto como o arrependimento têm o seu sentido na história interior do homem. *O luto por um homem, que amamos e perdemos, fá-lo de algum modo sobreviver; e o arrependimento do culpado, é como se o fizesse ressuscitar, libertado da sua culpa.* O objeto do nosso amor ou da nossa enlutada tristeza perdeu-se objetivamente, no tempo empírico, mas ficou a salvo subjetivamente, no tempo interior: a mágoa do luto mantém-no presente. E o arrependimento, conforme Scheler salientou, pode apagar uma culpa: não, evidentemente, no sentido de que ela deixe de ser imputada ao respectivo sujeito; mas sim no sentido em que este, por assim dizer, se soergue, ao renascer moralmente. Tal possibilidade de converter o já acontecido em algo de fecundo para a história interior do homem nem de longe está em contradição com a sua responsabilidade, mas antes numa relação dialética. Com efeito, o tornar-se culpável pressupõe responsabilidade. E esta, por sua vez, mede-se considerando o fato de o homem não poder derrogar nenhum dos passos que deu na vida; todas as decisões que tomou, da menor à maior, permanecem definitivamente. Nada do que o homem faz ou deixa de fazer se pode cancelar. Só para um observador superficial é que isto está em contradição com o fato de que, não obstante, o homem pode, no ato de se arrepender, afastar-se interiormente de uma ação e, ao efetivar esse ato – num acontecer interior, portanto –, fazer com que de algum modo, no plano moral, passe a ser não acontecido o que externamente aconteceu.

Como é sabido, Schopenhauer pensava e deplorava que a vida humana era um contínuo vaivém entre necessidade e tédio. Mas, afinal, tanto a necessidade como o tédio têm o seu sentido profundo. O tédio é um constante lembrete. O que é que conduz ao tédio? A ociosidade. *Não se pense, contudo, que o agir se destina, digamos, a livrar-nos do tédio; é este, pelo contrário, que aparece para fugirmos da inatividade e compreendermos bem o sentido da nossa vida.* A luta pela vida conserva-nos em «tensão» porque o sentido da vida prende-se intimamente com a necessidade de cumprir as suas missões; esta «tensão» é portanto essencialmente diferente daquela que buscam os neuróticos no sensacionalismo ou os histéricos na excitação.

O sentido da «necessidade» está igualmente em ser um *lembrete*. Mesmo no plano biológico, a dor representa já o papel de um guardião e monitor pleno de sentido. Pois bem: na esfera anímico-espiritual, tem uma função análoga. O que o sofrimento faz é salvar o homem da apatia, da rigidez mortal da alma. Enquanto sofremos, continuamos a viver da alma. É claro que no sofrimento amadurecemos e crescemos: o sofrimento torna-nos mais ricos e poderosos. O arrependimento, conforme vimos, tem o sentido e a força de fazer com que um acontecimento externo se converta em algo não acontecido, quanto à história interior (no sentido moral); e a tristeza do luto tem o sentido e a força de fazer com que continue a existir de algum modo aquilo que já passou. Quer dizer: ambos, de alguma maneira, corri-

A) ANÁLISE EXISTENCIAL GERAL

gem o passado. O certo é que, ao contrário da simples diversão ou do narcotismo, resolvem um problema. *O homem que*, para esquecer uma infelicidade, se diverte ou *tenta anestesiar-se pela narcotização* não resolve nenhum problema, *não acaba com uma infelicidade; acaba, sim, e simplesmente, com uma consequência da infelicidade: o mero* estado afetivo do *desprazer.* Quando apenas se diverte ou narcotiza, o homem «não quer saber de nada». Tenta fugir à realidade. Vai-se refugiar, por exemplo, na embriaguez. E com isso comete um erro subjetivista e até psicologista: o erro de supor que, silenciando-se, pela narcotização, o ato emocional, também se acaba com o objeto da emoção; como se o que se desterra para a inconsciência já ficasse também desterrado para o domínio da irrealidade. Mas o ato de olhar para um objeto não o produz, nem o ato de apartar dele os olhos o desfaz; assim, também a repressão duma emoção de tristeza não anula o estado de coisas que se lamenta. E, realmente, a sensibilidade sadia de um homem que chora costuma rebelar-se, por exemplo, contra a ideia de tomar hipnóticos, «para não passar noites inteiras a chorar»; quem fica enlutado sempre se opõe à banal prescrição de hipnóticos, pois não é por se dormir melhor que se ressuscita o morto tão chorado. Quer dizer: a morte – esse paradigma do acontecer irreversível – de modo algum se pode converter em algo não acontecido só por se expulsar para o domínio da inconsciência; mas não é menos certa esta afirmação no caso de quem chora um morto querido se refugiar na absoluta inconsciência – na ignorância da própria morte[73].

A sensibilidade que o homem tem para o sentido do emo-

---

(73) A embriaguez, em comparação com a narcotização, é qualquer coisa de positivo. A essência da embriaguez é o alheamento do mundo objetivo do ser, com que o homem se volta para uma vivência «situacional», para uma vida num mundo de aparências. Em contrapartida, a narcotização apenas leva à inconsciência da infelicidade, a uma «felicidade» no sentido negativo que lhe dá Schopenhauer, a um estado de Nirvana.

cional acha-se nele profundamente arreigada. É o que se pode entrever numa série de elementos que passamos a expor. Assim, há melancolias que, em vez de apresentarem o afeto da tristeza no seu primeiro plano sintomatológico (como habitualmente ocorre), fazem com que os pacientes se queixem precisamente de não conseguirem entristecer-se, de não poderem desabafar-se pelas lágrimas, de se sentirem numa frieza de sentimentos e interiormente mortos: trata-se dos casos da chamada melancolia *anestésica*. Quem os conhece, bem sabe que dificilmente se encontra um desespero tão grande como o destes homens que se desesperam por não poderem ficar tristes. Estamos em face de um paradoxo que, mais uma vez, vem demonstrar que o princípio do prazer é mera construção, um artefato psicológico, mas não um estado de coisas fenomenológico; na realidade, e pela sua emocional «logique du coeur», sempre o homem está empenhado numa certa ativação de emoções, tristes ou alegres, mas para, em todo o caso, se manter animicamente «ativo», não decaindo na apatia. Mas *o paradoxo de que quem sofre de melancolia «anestésica» sofre precisamente pela sua incapacidade de sofrer* é apenas um paradoxo psicopatológico; no âmbito da análise existencial, já não subsiste. Com efeito, a análise existencial demonstra que o sofrimento tem um sentido, prova que o sofrimento faz parte do pleno sentido da vida. O sofrimento, como a necessidade, o destino e a morte, faz parte da vida. Nenhum destes elementos se pode separar da vida sem se lhe destruir o sentido. Privar a vida da necessidade e da morte, do destino e do sofrimento, seria como tirar-lhe a configuração, a forma. É que *a vida só adquire forma e figura com as marteladas que o destino lhe dá quando o sofrimento a põe ao rubro.*

O sentido do destino que um homem sofre reside portanto, em primeiro lugar, em ser pelo homem configurado – se possível; e, em segundo lugar, em ser suportado – se necessário. Por outro lado,

A) ANÁLISE EXISTENCIAL GERAL

também não podemos esquecer que o homem tem que estar prevenido para não se render cedo demais; para não tomar por fatal, cedo demais, um determinado estado de coisas; para não se resignar com um destino que seja puro produto da imaginação. Só quando o homem já não tem nenhuma possibilidade de realizar valores criadores; só quando ele não está já realmente em condições de configurar o destino – só então pode realizar os valores de atitude; só nessa altura tem algum sentido «carregar a sua cruz». A essência de um valor de atitude reside precisamente no modo como um homem se submete ao irremediável; quer dizer: o pressuposto da verdadeira realização dos valores de atitude consiste em se tratar realmente de qualquer coisa de irremediável; em se tratar daquilo que Brod denomina «nobre infortúnio» e que se contrapõe ao infortúnio «não nobre» – não devido propriamente a uma fatalidade do destino, e que se podia ter evitado ou, uma vez verificado, se comprova dever-se à culpa do homem (obs. 21).

Seja como for, não há nenhuma situação que não nos ofereça a oportunidade de realizar valores – quer no sentido de valores criadores, quer no de valores de atitude. «Não há nenhuma situação que se não possa enobrecer, o que quer que seja realizando ou suportando» (Goethe). Aliás, se se prefere, bem se pode dizer que até no suportar há já, de algum modo, uma «realização»; uma vez pressuposto, é claro, que se trate de um autêntico suportar, isto é, de suportar um destino impossível de alterar pelo agir ou inevitável pela omissão. Só num «autêntico» suportar como este temos uma realização, só este sofrimento de todo em todo inevitável é sofrimento pleno de sentido.

Tal caráter de realização que o sofrimento possui não é estranho à sensibilidade simples do homem da rua. E, com efeito, qualquer um compreende, por exemplo, o episódio que passo a descrever. Quando, faz uns anos, quiseram premiar as mais altas realizações dos escoteiros ingleses, os condecorados foram três rapazes que, em consequência de doenças incuráveis, estavam internados num hospital e que, apesar disso, mostrando valentia e coragem, tinham suportado firmemente o sofrimento. Assim, o seu sofrimento foi reconhecido como «realização» mais alta do que a realização, no mais estrito sentido da palavra, de muitos outros escoteiros.

«A vida não é alguma coisa, mas sim, e sempre, mera ocasião para alguma coisa». Para confirmarmos esta sentença de Hebbel, basta considerarmos a seguinte alternativa de possibilidades: ou se pode configurar, no sentido de uma realização criadora de valores, o destino fatal (portanto, o que é originariamente e em si imutável); ou, sendo isso realmente impossível, e no sentido dos valores de atitude, adota-se perante o destino um comportamento tal que, num autêntico sofrimento, ainda haja uma realização humana. Ora bem: tem todo o ar de uma tautologia o dizermos que as doenças oferecem ao homem a «ocasião» de «padecer». No entanto, se usamos as palavras «ocasião» e «sofrer» no sentido acima apontado, já a frase nos não parecerá assim tão evidente. E não o é, sobretudo porque há que fazer uma distinção fundamental entre as doenças – incluindo as mentais – e o sofrimento. Assim, por um lado, o homem pode estar doente sem «sofrer» no sentido verdadeiro e próprio da palavra; por outro lado, há um sofrimento que está para além de todo o ser--doente: o sofrimento pura e simplesmente humano, aquele que se insere na essência e sentido da própria vida humana. Nestes termos, pode-se dar o caso de *a análise existencial* ter que tornar o homem *capaz de sofrer*, ao passo que *a psicanálise*, por exemplo, apenas pretende torná-lo *capaz de gozar ou realizar*. Quer dizer: há situações em que o homem se pode realizar plenamente a si mesmo no puro sofrimento e só no puro sofrimento. A «ocasião para alguma coisa», que é o que a vida significa, também se pode

A) ANÁLISE EXISTENCIAL GERAL

perder no caso de haver ocasião para um puro sofrimento e, por conseguinte, no caso de uma possibilidade de realizar valores de atitude. De modo que, aqui chegados, já podemos compreender por que razão dizia Dostoievski que só uma coisa tinha que temer: o não ser digno das suas penas. E é-nos dado avaliar também a grandeza da realização que há no sofrimento dos doentes que parecem lutar por serem dignos das suas grandes penas.

Vejamos outro caso. Havia um homem extraordinariamente dotado, espiritualmente falando, que, na sua juventude, fora arrancado de repente da sua ativa vida profissional logo que se lhe notaram sintomas de paralisia nas pernas. Era isto consequência de um corte transversal da medula espinal (motivado por uma tuberculose da coluna vertebral), que se desenvolvera bastante rapidamente. Aventou-se a possibilidade de uma laminectomia. Um dos mais renomados entre os novos cirurgiões da Europa, consultado pelos amigos do paciente, mostrou-se pessimista do ponto de vista do prognóstico, e recusou-se a operar. Um deles escreveu uma carta a uma amiga do doente, em cuja fazenda este se achava, informando-a do ocorrido. A empregada, sem a menor ideia do que fazia, entregou a carta à dona da casa no momento em que esta tomava o café da manhã com o hóspede doente. O que então aconteceu é o próprio paciente quem o descreve a um amigo seu, numa carta onde respigamos as passagens seguintes: «A Eva não pôde evitar que eu lesse a carta. De modo que tomei conhecimento da minha sentença de morte, contida nas explanações do professor. Meu caro, sabes o que isto me faz lembrar? Aquele filme do "Titanic", que vi há tantos anos. Lembro-me especialmente da cena em que o paralítico aleijado, representado por Fritz Kortner, rezando o Pai-Nosso, opõe à morte uma pequena comunidade de destino, enquanto o navio vai ao fundo e a água lhes sobe pelo corpo acima. Saí do cinema impressionado. Julgava que era um presente do destino ir assim consciente ao encontro da morte. Pois olha: agora, foi-me dado, a mim! esse presente. Chegou o momento de pôr à prova o combatente que há dentro de mim. Contudo, o que desde já está em causa não é uma vitória, mas sim uma última tensão das forças como tais, uma espécie de derradeiro exercício de ginástica... O que eu queria era suportar as dores sem os narcóticos, enquanto puder... "Combate em posição perdida?" Não, isso, nem falar! O que importa, é lutar... Não pode haver quaisquer posições perdidas... À noite, ouvimos a "quarta" de Bruckner, a romântica. Era como se tivesse cá por dentro de mim todo um mundo espaçoso a deslizar em torrentes reparadoras. De resto, trabalho todos os dias na Matemática, e nem de longe me sinto sentimental».

Outras vezes, pode uma doença e a proximidade da morte fazer brotar do fundo de um homem as últimas reservas, depois de ter passado a vida numa «frivolidade metafísica» (Scheler), sem prestar atenção às suas próprias possibilidades. Havia uma mulher, muito nova, que tinha sido sempre mimada pela vida. Um dia, inopinadamente, foi transferida para um campo de concentração. Aí, adoeceu e, de dia para dia, definhava. Mas, eis o que disse poucos dias antes de morrer: «Para falar a verdade, estou muito agradecida ao destino por me ter tratado tão duramente. Na minha vida anterior, burguesa, não há dúvida que, a bem dizer, fui muito relaxada. Quanto às minhas ambições artísticas, não havia nada de sério nisso». E, vendo a morte que se aproximava, encarou-a de frente. Do lugar da enfermaria em que ela jazia podia-se ver, pela janela, um castanheiro em flor; e, se nos debruçávamos sobre a cabeça da doente, divisávamos precisamente um ramo com duas résteas de flores. «Esta árvore é o meu único amigo na soledade em que estou», dizia. «É com ela que eu converso». Estaria com alucinações, estaria a delirar? Porque, de fato, acreditava que a árvore lhe «respondia». No entanto, faltavam todos os sinais do estado de delírio. Que espécie de estranho «diálogo» era aquele? O que é que a árvore em flor «dizia» à moribunda? «O que me disse foi isto: eu estou aqui, estou ao teu lado, eu sou a vida, a vida eterna».

Viktor von Weizsäcker afirmou certa vez que o doente, enquanto sofredor, está de algum modo acima do médico que o trata. E era isso exatamente o que nos vinha à mente e à consciência quando nos afastávamos daquela doente. Um médico que tenha a suficiente finura de sensibilidade para os imponderáveis duma situação sempre terá, diante de um doente incurável ou de um moribundo, a sensação de não se poder aproximar dele sem uma certa vergonha. É que, realmente, quando assim sucede, o médico fica impotente e incapaz de arrancar a vítima à morte; aliás, enquanto o paciente surge como um homem que enfrenta com firmeza o seu destino e, ao assumi-lo num sereno sofrimento, leva a cabo, no plano metafísico, uma autêntica realização, o médico, no mundo físico, na esfera das realizações médicas, não faz mais do que falhar.

3. O sentido do trabalho

Conforme já dissemos, não se trata de perguntar pelo sentido da vida, mas sim de responder-lhe, dando à vida uma resposta. Daí que a resposta a dar em cada caso não se possa dar efetivamente com palavras, mas antes com ações, através de um agir (obs. 22). Além disso, essa resposta tem que corresponder a toda a concretude da situação e da pessoa, assumindo-a em si, por assim dizer. A resposta correta vem a ser, portanto, uma resposta ativa e uma resposta na concretude do dia a dia, enquanto espaço concreto do humano ser-responsável.

Dentro deste espaço, não pode o homem ser por outrem substituído ou representado. Já definimos a importância que tem para o homem a consciência do seu «caráter de algo único» e da sua irrepetibilidade. Vimos também por que razões a análise da existência visa tornar o homem consciente do seu ser-responsável, e como, a par e passo, a consciência da responsabilidade se desenvolve, sobretudo ao basear-se na consciência de uma tarefa concreta e pessoal, isto é, de uma «missão». Se não penetra no sentido único do seu ser singular, o homem não pode deixar de se sentir paralisado nas situações difíceis. Por força lhe sucederá como ao alpinista que, encontrando-se com uma nuvem densa, deixa de ter a meta diante dos olhos e, dessa

A) ANÁLISE EXISTENCIAL GERAL

maneira, se expõe ao perigo de perder a vida pelo cansaço. Basta, porém, que se desanuvie o horizonte, para que, lobrigando ao longe o refúgio salvador, logo se sinta revigorado e cheio de energias.

Qualquer alpinista conhece perfeitamente essa vivência do abatimento que lhe enerva as forças quando «dá com uma parede» e fica sem saber se estará ou não numa rota falsa, ou se terá ido parar à borda de um despenhadeiro; até que, de súbito, divisa a «chaminé» e então, sabendo que pouca corda o separa já do cume, sente novas forças a revigorar-lhe os braços frouxos e enfraquecidos.

Enquanto os valores criadores ou a sua realização ocupam o primeiro plano da missão da vida, a esfera da sua consumação concreta costuma coincidir com o trabalho profissional. Em particular, o trabalho pode representar o campo em que o «caráter de algo único» do indivíduo se relaciona com a comunidade, recebendo assim o seu sentido e o seu valor. Contudo, este sentido e este valor são inerentes, em cada caso, à realização (à realização com que se contribui para a comunidade) e não à profissão concreta como tal. Não é, por conseguinte, um determinado tipo de profissão o que oferece ao homem a possibilidade de atingir a plenitude. Neste sentido, pode-se dizer que nenhuma profissão faz o homem feliz. E se há muitos, principalmente entre os neuróticos, que afirmam que se teriam realizado plenamente caso tivessem escolhido outra profissão, o que se encerra nessa afirmação é uma deturpação do sentido do trabalho profissional ou a atitude de quem se engana a si mesmo. Nos casos em que a profissão concreta não traz consigo nenhuma sensação de plena satisfação, a culpa é do homem que a exerce, não da profissão. A profissão, em si, não é ainda suficiente para tornar o homem insubstituível; o que a profissão faz é simplesmente dar-lhe a oportunidade para vir a sê-lo.

Disse-nos uma vez uma paciente que, como considerava sem sentido a sua vida, não tinha o menor interesse em ficar curada; mas, como tudo seria diferente e belo se ela tivesse uma profissão que a satisfizesse!; se, por exemplo, fosse médica, ou enfermeira, ou química, para poder fazer descobertas científicas. O indicado, no caso, era fazer ver à doente que o que importa não é, de modo algum, a profissão em que algo se cria, mas antes o modo como se cria; que não depende da profissão concreta como tal, mas sim de nós, o fazermos valer no trabalho aquilo que em nós há de pessoal e específico, conferindo à nossa existência o seu «caráter de algo único», fazendo-a adquirir, assim, pleno sentido.

Efetivamente, o que é que se passa, por exemplo, com o médico? O que é que confere um sentido ao seu agir? Será porventura o fato de se comportar de acordo com as regras da arte? O fato de, num determinado caso, dar ao doente esta ou aquela injeção ou receitar-lhe um medicamento? Não; a arte médica não consiste apenas em conduzir-se em conformidade com as regras da arte. A profissão médica dá à personalidade médica, pura e simplesmente, o quadro de contínuas oportunidades para esta se realizar plenamente através do cunho pessoal que imprimir à respectiva obra profissional. O que o médico faz no seu trabalho – mas sem dúvida transcende o que neste há de puramente médico –, o que nele há, enfim, de pessoal, de humano, – eis o que forma o sentido desse trabalho e nele torna o homem insubstituível. De fato, tanto faz que seja ele como qualquer outro dos seus colegas a aplicar, «lege artis», injeções, etc., – se e enquanto não fizer mais do que proceder «em conformidade com as regras da arte». Só a partir do momento em que se move para além das fronteiras dos preceitos puramente profissionais, para além do que está «regulado» pela profissão, – só a partir desse momento é que o médico começa um

A) ANÁLISE EXISTENCIAL GERAL

trabalho verdadeiramente pessoal, que só ele pode levar a cabo plenamente. E o que é que se passa com o trabalho das enfermeiras, que a nossa paciente tanto invejava? O que fazem as enfermeiras é ferver seringas, despejar urinóis, ajudar os doentes a deitar-se, tudo trabalhos certamente úteis, mas que de per si muito dificilmente poderiam satisfazer o homem; contudo, quando uma enfermeira, para além das suas obrigações mais ou menos regulamentares, faz algo de pessoal; quando, por exemplo, acha uma palavra para dizer a um doente grave, – então, sim, conseguirá encontrar no trabalho profissional uma oportunidade para dar sentido à sua vida. Só que esta oportunidade, qualquer profissão a dá, desde que o trabalho respectivo seja retamente compreendido. Quer dizer: aquele carácter insubstituível da vida humana, aquela impossibilidade de o homem ser representado por outrem no que só ele pode e deve fazer, o seu «carácter de algo único» e irrepetível, a que nos temos referido, sempre depende do homem: não do que ele faz, mas de quem o faz e do modo como o faz. Além do mais, o que era preciso fazer ver àquela doente que julgava de todo em todo impossível satisfazer-se na sua profissão era que ela poderia fazer valer o «carácter de algo único» e a irrepetibilidade – como fatores que dão sentido à existência – para além da sua vida profissional, na sua vida privada: como amante e amada, como esposa e mãe, pois nisto está toda uma série de encargos vitais em que uma mulher é insubstituível para o marido e os filhos, ninguém a podendo propriamente representar.

A relação natural do homem com o seu trabalho profissional, considerado como campo de possível realização criadora de valores e da realização única e plena de si mesmo, sofre muitas vezes um desvio em virtude das circunstâncias dominantes do trabalho. Penso sobretudo nos homens que se queixam de trabalharem oito ou mais horas por dia para um empresário, para os interesses dele, fazendo em série os mesmos movimentos, acionando sempre a mesma alavanca duma máquina – num trabalho tanto mais exato e oportuno quanto mais impessoal e estandardizado. Evidentemente que, em tais circunstâncias, só se pode conceber o trabalho como simples meio para um fim, o fim de ganhar a vida, de ganhar os meios necessários para viver a vida propriamente dita. Esta, no caso, só começa com o tempo livre, e o seu sentido está no modo livre e pessoal como o trabalhador o configura. Isto, sem nos ser lícito esquecer que há homens a quem o trabalho fatiga tanto que, em chegando a casa mortos de cansaço, atiram-se para a cama, à toa, sem já se atreverem a iniciar o que quer que seja; o único modo de configurarem o tempo livre consiste em tomarem-no como tempo de repouso: a única coisa que lhes resta fazer então, e a mais racional, é porem-se a dormir.

Mas o próprio empresário, o empregador, também não está sempre «livre» no seu tempo livre; também nem sempre está dispensado de sofrer os mencionados desvios das relações naturais de trabalho. Quem não conhece esse tipo de homem que anda sempre a acumular dinheiro e que, para além do lucro, para além do dinheiro como meio de viver a vida, se esquece de enxergar a vida em si? Nesses casos, o que não passa de um meio de vida passou a constituir um fim em si. Um homem assim tem muito dinheiro e *o seu dinheiro tem* ainda *um «para quê»; a sua vida*, porém, *deixou de o ter*. A ganância que o possui sufoca-lhe a vida verdadeira; ao lado do lucro, um homem destes não conhece nada, nem a arte, nem sequer o desporto; e no jogo, quando muito, o que conhece é a tensão, bem como a possível relação que o jogo tem com o dinheiro: nos cassinos, onde o que se joga é ainda o dinheiro que «está em jogo», e onde o jogo representa o último fim.

A) ANÁLISE EXISTENCIAL GERAL

A NEUROSE DE DESEMPREGO

O significado existencial da profissão torna-se claramente visível quando desaparece totalmente o trabalho profissional, isto é, no caso do desemprego. As observações feitas sobre os desempregados levaram-nos a formar o conceito da neurose de desemprego[74]. O que é digno de nota é que o que aparece no primeiro plano sintomatológico não é, digamos, a depressão, mas sim a apatia. Os desempregados tornam-se paulatinamente desinteressados e a sua iniciativa vai decaindo cada vez mais. É uma apatia não isenta de perigo. Assim, torna-os incapazes de apertar a mão que lhes estendem, tentando ajudá-los a sair da situação em que se meteram. O desempregado experimenta a vivência da desocupação da sua época como uma desocupação interior, um vazio da sua consciência. Sente-se inútil por estar desocupado. Por não ter nenhum trabalho, pensa que não tem nenhum sentido a sua vida. Assim como há, no campo biológico, as chamadas hipertrofias de vacância, assim também se verificam, no campo psicológico, fenômenos análogos. O desemprego vem a ser, desta forma, terreno abonado para processos neuróticos. O vazio espiritual conduz a uma *neurose dominical «em permanência»*.

Mas a apatia, como sintoma dominante da neurose de desemprego, não é apenas expressão da frustração anímica; é também, como, na nossa opinião, o é todo sintoma neurótico, sequela de um estado físico e, neste caso concreto do desemprego, sequela da subalimentação que o mais das vezes acompanha o desemprego. De quando em vez é ainda – tanto como os sintomas neuróticos em geral – um meio para um fim. De-

---

(74) V. E. Frankl, *Wirtschaftskrise und Seelenleben vom Standpunkt des Jugendberaters*, Sozialärztlinche Rundschau 43, 1933.

signadamente nos homens que já tinham uma neurose, que apenas foi exacerbada ou reiterada por uma espécie de desemprego intercorrente, o estado de coisas próprio do desemprego entra, por assim dizer, na neurose, como material; é tomado pela neurose como conteúdo e passa a ser «elaborado neuroticamente». Nestes casos, o desemprego é recebido pelo neurótico como um meio bem-vindo para se desculpar de todos os malogros da vida (não apenas os da sua vida profissional). Serve como que de bode expiatório que aguenta com todas as culpas de uma vida «estragada». Os próprios erros passam a ser apresentados como resultados fatais do desemprego. «É, se eu não estivesse desempregado, outro galo cantaria, seria tudo formidável». Os homens deste tipo neurótico sempre nos garantem que fariam isto e aquilo; a vida de desemprego autoriza-os a levar a vida como coisa provisória, fazendo-os cair numa modalidade provisória da existência. Julgam que ninguém lhes pode exigir nada. E eles, por seu turno, nada exigem a si mesmos. O destino do desemprego parece eximi-los de responsabilidade perante os outros e perante eles próprios, de toda a responsabilidade pela vida. E qualquer falha, em qualquer setor da existência, vem a ser reduzida a esse destino. É como se se consolassem pensando que o sapato só os aperta num ponto. Tudo se explica partindo deste ponto e se, ainda por cima, este ponto é, pelos vistos, um dado fatal do destino, tem-se uma vantagem: a vantagem de se não estar incumbido de nenhuma tarefa, não se precisando fazer coisíssima nenhuma, afora o esperar o momento imaginário em que tudo se poderá curar, uma vez que se cure aquele ponto.

Por conseguinte, como qualquer sintoma neurótico, a neurose do desemprego é também consequência, expressão e meio. É de esperar, assim, que, numa visão última e decisiva, possamos entrever nela, como em qualquer outra neurose, um *modus exis-*

A) ANÁLISE EXISTENCIAL GERAL

tendi, uma tomada de atitude espiritual, uma decisão existencial. O que queremos dizer com isto é que a neurose do desemprego não é de maneira nenhuma aquele destino incondicionado com que o neurótico tende a identificá-la. O desempregado nem de longe tem que se entregar à neurose de desemprego. Antes pelo contrário, também neste contexto se evidencia que o homem «pode ser-diferentemente»; que, seja como for, sempre pode decidir se se há de submeter ou não animicamente às forças do destino social.

Aliás, não faltam exemplos a demonstrar-nos que o caráter não é formado e cunhado de um modo unívoco e fatal pelo desemprego. É o que se pode concluir, sem dúvida, do fato de haver outro tipo de desempregados, além dos tipos neuróticos que acabamos de definir. Referimo-nos àquele que se encontra entre os homens que, vendo-se obrigados a viver nas mesmas condições econômicas desfavoráveis dos que padecem a neurose do desemprego, apesar disso, continuam livres dela, sem darem impressão nem de apatia nem de depressão, conservando até uma certa serenidade. A que se deverá isto? Não é necessário grande esforço para logo observarmos que estes homens se dedicam a ocupações que vão muito além do seu campo estritamente profissional. Ajudam espontaneamente, por exemplo, esta ou aquela organização; são funcionários honorários em instituições de educação popular, colaboradores de associações juvenis; vão ouvir conferências e boa música; leem muito e discutem com os amigos sobre o que leram. Sabem dar pleno sentido ao excesso de tempo livre e, desta maneira, conferem uma plenitude de conteúdo à sua consciência, ao seu tempo, à sua vida. Muitas vezes, também andam com o estômago a dar horas, como os representantes do outro tipo de desempregados, que se tornaram neuróticos; mas nem por isso deixam de afirmar a sua vida e nem por sombras se deixam possuir do desespero. É que souberam dar à vida um conteúdo e guarnecê-la de sentido. Aperceberam-se de que o sentido da vida humana não se reduz ao trabalho profissional; de que um homem pode estar desempregado, sem que por isso se veja forçado a viver uma vida carente de sentido. Para eles, já se não protege o sentido da vida com o mero fato da colocação profissional. O que verdadeiramente torna apático o desempregado neurótico, o que afinal está no fundo da neurose de desemprego, é por conseguinte a falsa visão segundo a qual o único sentido da vida reside no trabalho profissional. Com efeito, a falsa identificação da profissão com a missão a que se é chamado na vida, por força tem que induzir o desempregado a sofrer a impressão de ser inútil e supérfluo.

De tudo isto se depreende que na reação anímica perante o desemprego há bem pouco de fatal; que também aqui resta ainda muito espaço para a liberdade espiritual do homem. No campo de visão da análise existencial da neurose de desemprego que tentamos fazer, salta à vista que a mesma situação de desemprego é diversamente configurada por homens diferentes; ou melhor: vê-se claramente que, ao passo que o neurótico se deixa configurar animicamente pelo destino social – que o forma e modela caracterologicamente –, o tipo não neurótico, ao contrário, configura o destino social. Por conseguinte, cada desempregado pode ainda decidir, caso por caso, digamos assim, que tipo há de representar: se há de ser um desempregado que permanece erguido interiormente ou, pelo contrário, há de deixar-se abater pela apatia.

A neurose de desemprego não é, portanto, uma consequência imediata do desemprego. Aliás, chegamos a observar que, muito pelo contrário, o desemprego é uma consequência da neurose. Não há dúvida, realmente, de que uma neurose tem a sua repercussão no destino social e na situação econômica de

A) ANÁLISE EXISTENCIAL GERAL

quem a sofre. *Ceteris paribus*, um desempregado que se mantenha interiormente erguido na luta pela concorrência terá maiores oportunidades do que o desempregado que caiu na apatia; e, em confronto com ele, sempre levará a melhor ao procurar colocação. Mas as repercussões da neurose de desemprego não são unicamente sociais; são também vitais. Para o compreendermos, basta-nos atentar em que *a construtura adquirida pela vida espiritual mediante o seu caráter de missão repercute no biológico.* Por outro lado, a súbita perda da estrutura interior, que aparece com a vivência da falta de sentido e de conteúdo da vida, conduz também a fenômenos de decadência orgânica. A psiquiatria conhece, por exemplo, o típico decaimento psicofísico dos aposentados, manifesto em sinais de envelhecimento que surgem rapidamente. Até com os animais se verifica um fenômeno semelhante: sabe-se, por exemplo, que os animais amestrados para o circo, que recebem as suas «missões» no circo, vivem muito mais tempo do que os seus congêneres que se conservam em jardins zoológicos e não ficam «ocupados».

Pois bem. Do fato de a neurose de desemprego não se achar fatalmente vinculada ao desemprego, segue-se a possibilidade de uma intervenção psicoterapêutica. Quem, não obstante, se sentir inclinado a desdenhar esta forma de obviar ao problema psicológico do desemprego, tenha em conta o que não raro dizem os desempregados, especialmente os jovens: «O que nós queremos não é dinheiro, o que queremos é que a nossa vida tenha um conteúdo». Se bem que nisto se entreveja, por outro lado, o eventual despropósito de aplicar em tais casos um tratamento orientado, por exemplo, em termos de «psicologia profunda», uma psicoterapia no sentido mais estrito, e não no sentido da logoterapia. O que é indicado, nestes casos, é apenas uma análise da existência que mostre ao desempregado o caminho que leva à sua liberdade interior, mesmo perante o seu destino social, conduzindo-o àquela consciência da responsabilidade, a partir da qual ele possa dar um conteúdo à vida e guarnecê-la de sentido, a despeito das suas dificuldades.

O certo é que, conforme vimos, tanto o desemprego como o trabalho profissional podem ser usados abusivamente como meios para um fim neurótico. Mas desta utilização neurótica cumpre distinguir aquela atitude reta que se traduz na preocupação de manter o trabalho como meio para o fim de uma vida plena de sentido. Com efeito, a dignidade do homem proíbe-o de se transformar num meio, um simples meio do processo de trabalho; denega-lhe a degradação de vir a ser puro meio de produção. *A capacidade de trabalho não é tudo, não constitui razão necessária nem suficiente para encher a vida de sentido.* Um homem pode perfeitamente ser capaz de trabalhar e, no entanto, levar uma vida sem sentido; e pode dar-se também o caso de um homem incapacitado para o trabalho infundir verdadeiro sentido à sua vida. O mesmo vale, em termos gerais, quanto à capacidade de gozar. Quer dizer: justifica-se, sem mais, que um homem procure predominantemente o sentido da sua vida num determinado campo e, nessa medida, de algum modo a limite; é de perguntar, porém, se essa autolimitação se baseia na realidade das coisas ou se, para falar verdade, não será desnecessária, como no caso da neurose. O que nesses casos costuma acontecer, precisamente sem tal ser necessário, é que se renuncia à capacidade de gozar, em benefício da capacidade de trabalho, ou vice-versa. A estes neuróticos, haveria que ler-lhes aquela frase da médica que figura entre os personagens de um romance de Alice Lyttkens – «Ich komme nicht zum Abendessen»[75]: «Se falta o amor, transforma-se o trabalho em sucedâneo; se o que falta é trabalho, transforma-se o amor em ópio».

---

(75) A tradução literal deste título é: «Não vou jantar». (N.T.)

A) ANÁLISE EXISTENCIAL GERAL

A NEUROSE DOMINICAL

A plenitude de trabalho profissional não é idêntica à plenitude de sentido da vida criadora. De quando em quando, aliás, o neurótico tenta fugir da vida pura e simples, da vida em toda a sua grandeza, refugiando-se na vida profissional. O certo é que o verdadeiro vazio e, afinal, a pobreza de sentido da sua existência, vêm à luz do dia logo que a sua laboriosidade profissional se paralisa por certo lapso de tempo: quando chega o domingo! Quem não conhece o desconsolo mal disfarçado que transparece no rosto de alguns, quando, tendo posto de lado o trabalho para passarem o domingo, se veem por sua vez postos de lado se, por exemplo, perdem uma entrevista ou já não conseguem uma entrada para o cinema! Já se não dispõe do «ópio» do «amor»; fica-lhes vedado por uns instantes o entretenimento do fim de semana – aquele entretenimento que tende a abafar o deserto interior. Mas é disso que precisa o homem que nada mais é do que homem de trabalho. É que, no domingo, em se detendo o ritmo de trabalho dos dias úteis da semana, põe-se a nu a pobreza de sentido característica da vida cotidiana nas grandes cidades. E fica-se continuamente com a impressão de que o homem, ignorando por completo o objetivo da vida, corre por ela com a maior velocidade possível, precisamente para não reparar que essa vida carece de objetivo. É como se tentasse, dessa maneira, fugir de si mesmo – inutilmente, é claro, porque, em chegando o domingo, detendo-se por 24 horas a afanosa corrida da semana, posta-se-lhe outra vez diante dos olhos a carência de objetivo, a falta de conteúdo e de sentido da sua existência.

Não há nada que o homem não tente, para escapar a esta vivência. Primeira tentativa: correr para um salão de baile. Aí chegado, o barulho da música poupa-lhe a despesa da conversa: já não é como noutros tempos, já nem sequer faz falta animar-se com as «conversas de baile». É-lhe poupado também o trabalho de pensar; toda a sua atenção se concentra na dança. Mas há outras tentativas. O «neurótico dominical» também costuma refugiar-se na atividade desportiva, que é outro «asilo» para os entretenimentos de fim de semana. Resolve fazer de conta, por exemplo, que não há no mundo coisa mais importante do que saber qual das duas equipes vai ganhar a partida. Vinte e dois jogadores disputam o encontro e milhares de pessoas contemplam o espetáculo! Nas lutas de pugilato, embora só atuem dois homens, é claro que a disputa é mais intensa; e à atenção do espectador inativo une-se um pouco de sadismo. Com isto, não queremos dizer absolutamente nada contra qualquer atividade desportiva sadia. Só que, sempre seria de perguntar qual é o valor interior relativo que corresponde ao desporto. Tomemos, por exemplo, a atitude de um alpinista. O alpinismo pressupõe sempre participação ativa: não vale aqui a contemplação passiva. O que aqui há são verdadeiras realizações: no que diz respeito à capacidade de realização física, o escalador, em certas situações em que põe a vida em perigo, vê-se forçado a dar o máximo de si; sob o ponto de vista anímico, também não temos aqui senão verdadeiras «realizações», pois o alpinista sempre tem que aprender a vencer fraquezas anímicas, como o medo ou as vertigens. É de notar, aliás, que o alpinista, como salientou E. Straus, não «procura» o perigo (por si mesmo), mas apenas o «experimenta»[76]. E a rivalidade, que nos outros desportos produz o anseio pelos *records,* vem a produzir no alpinismo a forma mais valiosa e mais alta de uma «rivalidade consigo mesmo». Finalmente, a vivência da camaradagem, que se experimenta no liame da mesma corda, representa outro momento social, bem positivo.

---

(76) Em alemão, as duas palavras, que o Autor também põe entre aspas, dão à frase um sabor de trocadilho: «procura» é *«sucht»;* «experimenta» é *«versucht».* (N.T.)

A) ANÁLISE EXISTENCIAL GERAL

Mas, mesmo no malsão anseio pelos *records*, pode-se verificar um rasgo genuinamente humano, na medida em que representa, digamos assim, uma forma daquela tendência humana para chegar ao «caráter de algo único» e à irrepetibilidade. De resto, ocorre uma coisa semelhante com outros fenômenos psicológicos das massas; com a moda, por exemplo: o que o homem quer na moda, e a preço de tudo, é a originalidade; só que, aqui, o «caráter de algo único» e a irrepetibilidade ficam cingidos ao que há de mais exterior.

Entretanto, nem só do desporto se pode abusar neuroticamente; também da arte. Ao passo que a verdadeira arte ou a vida artística genuína enriquece o homem e o conduz às suas mais características possibilidades, a «arte» de que se abusa não faz mais que desviar o homem de si mesmo: essa «arte» passa a ser, pura e simplesmente, mera possibilidade e ocasião para o homem se embriagar e aturdir. Se o homem quer fugir de si mesmo, da vivência do vazio existencial, agarra-se, por exemplo, a um romance policial o mais possível tenso. É claro que o que se procura, em última análise, na tensão, é conseguir desligar-se – aquele prazer negativo que se sente quando uma pessoa se liberta, soltando-se de qualquer coisa desagradável, e que Schopenhauer considerava a única forma possível de prazer. Mas já dissemos acima que o desprazer, a tensão, a luta, não nos servem apenas para experimentarmos o prazer de nos vermos livres deles; na realidade, não nos metemos a lutar pela vida só para sentirmos sensações novas, pois a luta pela vida, antes pelo contrário, é qualquer coisa de intencional e só por isso constitui algo pleno de sentido.

Não há maior sensação, para o homem sedento de tensões, do que a sensação causada pela morte: tanto no âmbito da «arte» como na vida real. O valentão que, enquanto toma o café da manhã, se põe a ler o jornal necessita de reportagens que narrem mortes e desventuras. Não lhe bastam, porém, desventuras das massas, mortes em massa; a massa anônima ainda lhe parece coisa muito abstrata. Assim, pode acontecer que este homem sinta a necessidade de ir, no mesmo dia, ao cinema, para ver uma fita de *gangsters*. Sucede-lhe o mesmo que a todos os viciados: a avidez de sensações precisa de um prurido nos nervos; o prurido dos nervos produz uma nova e maior fome de excitações e traz consigo o aumento da dose. Mas o que se passa, no fim de contas, é o efeito de contraste produzido pela impressão de que são sempre os outros a morrer. É que os homens deste tipo fogem do que mais os horroriza: a certeza da sua própria morte, isto é, aquilo que torna tão insuportável o vazio existencial. Com efeito, a certeza da morte só representa um horror para aqueles a quem pesa a consciência da vida. A morte, como final do tempo que se vive, assusta apenas aqueles que não ocupam o tempo da sua vida. Só esses não podem olhar a morte cara a cara. Em vez de preencherem o tempo final da sua vida, realizando-se então plenamente a si mesmos, refugiam-se numa espécie de perdão ilusório, como faria um condenado à morte que à última hora começasse a julgar que ainda seria perdoado. Os homens deste tipo refugiam-se na ilusão de que a eles nada acontece e de que a morte e as catástrofes são uma coisa que sempre acontece aos «outros».

A fuga neurótica para o mundo dos romances, para o mundo dos seus «heróis», com os quais o neurótico de um modo ou de outro se identifica, fornece-lhe ainda mais uma *chance*. Ao passo que o desportista, possuído pela ilusão dos *records*, ainda gostaria de dormir sobre os louros alcançados, este tipo de leitores de romances contenta-se com que haja alguém, que, muito embora se trate de mera personagem fictícia, cumpra com o seu dever. Ora, em princípio, o que vale na vida não é dormir sobre os louros, sejam eles quais forem, nem o contentar-se com o que já se

A) ANÁLISE EXISTENCIAL GERAL

alcançou; para falar verdade, a vida, com as reiteradas perguntas que nos faz, nunca nos deixa descansar. Só aturdindo-nos de ilusões conseguimos tornar-nos insensíveis àquele eterno aguilhão que a vida nos crava na consciência com as suas exigências sempre novas. Quem se detém é ultrapassado; e quem se contenta a si mesmo acaba por perder-se. Portanto, não devemos ficar nunca satisfeitos com o que já alcançamos, quer no terreno da criação, quer no terreno das vivências; cada dia, cada hora torna necessárias novas ações e traz consigo a possibilidade de novas vivências.

4. O sentido do amor

Já vimos como o caráter de sentido da existência humana se funda no «caráter de algo único» e na irrepetibilidade da pessoa. Vimos também que os valores criadores se realizam sempre na forma de realizações que sempre têm relação com a comunidade. Ficou patente, assim, que só a comunidade, enquanto ponto de referência em ordem ao qual se orienta a criação humana, confere o sentido existencial àquele «caráter de algo único» e irrepetível próprio da pessoa. Mas não basta falar, a este propósito, da criação. A comunidade também pode ser aquilo para que se orienta a vivência humana. Especialmente a comunidade a dois: a comunidade de um eu com um tu. Se prescindimos do amor num sentido mais ou menos metafórico, para nos atermos ao amor no sentido de *eros*, temos que o amor representa o campo onde de um modo especial são realizáveis os valores de vivência. O amor é, afinal, a vivência em que, pouco a pouco, se vive a vida de outro ser humano, em todo o seu «caráter de algo único» e irrepetível!

Além do caminho da realização de valores criadores em que, portanto, se dá algo de ativo, para fazer valer o «caráter de algo único» e a irrepetibilidade da pessoa, há um segundo caminho, como que passivo, onde tudo quanto o homem tem

A) ANÁLISE EXISTENCIAL GERAL

que conquistar, em geral, mediante um agir, lhe cai do céu, por assim dizer. Esse caminho é o caminho do amor, ou melhor: o caminho do ser-amado. Sem necessidade de se propor fazer propriamente seja o que for, sem um «mérito» propriamente dito – como que por pura graça –, o que aqui sucede ao homem é que lhe cabe em sorte aquela plenitude que reside na realização do seu «caráter de algo único» e irrepetível. No amor, o amado é essencialmente captado como um *ser irrepetível no seu ser-aí* (*Dasein*), *e «único» no seu ser-assim* (*So-sein*)[77], que é o que ele é; concebido como Tu e, enquanto tal, acolhido num outro Eu. Como figura humana, vem a ser, para quem o ama, insubstituível, ninguém podendo fazer as vezes dele, sem que por isso ou para isso tenha que fazer seja o que for. A verdade é esta: o homem que é amado «não tem culpa» de que, em sendo amado, já se realize o que há de irrepetível e de único na sua pessoa, isto é, o valor da sua personalidade. Não é «mérito» o amor, antes é graça.

Mas não é só graça, é também feitiço. Para quem ama, o amor enfeitiça o mundo, mergulha-o numa nova valiosidade. O amor dá àquele que ama uma maior altura no que diz respeito à ressonância humana em face da plenitude dos valores. Abre-lhe o espírito ao mundo, na sua plenitude de valores, a toda a «gama dos valores». Assim, o amante, ao entregar-se ao Tu, experimenta um enriquecimento interior que transcende esse Tu: o cosmos inteiro torna-se para ele mais vasto e mais profundo na sua valiosidade; resplandece nos raios de luz daqueles valores que só o enamorado sabe ver, pois, afinal, não faz cegos o amor, mas sim videntes – dando aguda visão para os valores. Por fim, ao lado da graça de ser amado e do feitiço do amar, um terceiro momento

---

(77) Veja-se o texto da pág. 178. Aí o Autor toca a mesma ideia usando esta expressão modificada: «ser-assim-e-não-de-outro-modo» *(So-und-nicht-anders-sein)*. (N. T.)

surge ainda no amor: o seu milagre; porque, precisamente através do amor, e dando um rodeio pelo biológico, consuma-se o que é de algum modo inconcebível: uma pessoa nova entra na vida, cheia, ela também, daquele mistério do «caráter de algo único» e irrepetível da existência – e um filho é isto!

SEXUALIDADE, EROTICIDADE E AMOR

Temos falado repetidas vezes da estrutura do ser humano, disposta em camadas e escalões. Referimo-nos repetidas vezes à visão que temos do ser humano, como totalidade de corpo, alma e espírito. E, no que concerne à psicoterapia, partimos do postulado de que cumpre ter em consideração essa totalidade, de modo que a terapêutica, além de ver o que há de físico no homem, deve tomar como ponto de partida, não apenas o anímico, mas também o espiritual.

Pois bem. Vejamos agora, precisamente em face da estrutura estratificada da pessoa, as diferentes atitudes que podem tomar o homem como sujeito que ama e experimenta a vivência do amor e a vivência do outro, nesse amor com que ama. Efetivamente, às três dimensões da pessoa humana correspondem também três possíveis formas de atitude.

A mais primitiva destas atitudes é a atitude sexual. Neste caso, da aparência física de uma pessoa emana um atrativo sexual que desencadeia em outra, sexualmente predisposta, o impulso sexual, afetando-a, portanto, na sua corporalidade. A forma imediatamente superior de atitude é a erótica. Mas convém notar que aqui, por razões heurísticas, estabelecemos uma contraposição entre eroticidade e sexualidade. Queremos dizer com isto que, no sentido mais estrito da palavra, a atitude erótica não é aquela em que o homem se sente, sem mais, sexualmente

A) ANÁLISE EXISTENCIAL GERAL

excitado, pois há nela algo mais do que o mero desejo sexual. Trata-se de uma atitude que não é propriamente ditada por um impulso sexual, não sendo tampouco provocada pela outra parte da relação amorosa, enquanto mera companheira sexual. Quer dizer: se consideramos a corporalidade da companheira como o estrato mais externo da sua pessoa, o homem que toma para com ela uma atitude erótica não se fixa apenas nesse estrato; vai mais a fundo, digamos assim, do que aquele que tomou uma atitude meramente sexual, penetrando na camada imediatamente mais profunda, que é o tecido anímico. É aquela forma de atitude que, como fase da relação entre dois seres humanos, se costuma identificar pelo nome de paixão de namorados. As qualidades físicas excitam-nos sexualmente; mas as qualidades anímicas são as que nos tornam «enamorados». O namorado, portanto, já não está excitado na sua própria corporalidade, mas sim comovido na sua emocionalidade anímica; comovido, digo, pela psique própria da outra parte (não a do seu «caráter de algo único»): assim, por determinados traços do seu caráter.

Portanto, a atitude meramente sexual tem por meta a corporalidade e, como *intenção*[78], detém-se, por assim dizer, nessa camada. Pelo contrário, a atitude erótica, aquela que corresponde à paixão dos namorados, orienta-se para o psíquico; ainda que não chegue a avançar até o cerne da outra pessoa, pois isto só o faz a terceira das atitudes mencionadas: a do amor propriamente dito.

Amor (no sentido mais estrito da palavra) é a forma mais elevada possível do erótico (no sentido mais amplo do termo), porquanto representa a mais profunda penetração possível na estrutura pessoal da outra parte: o entrar em relações com ela,

---

(78) Grifado por nós, dado o sentido especial conferido pelo Autor a este termo. Cf. a nossa nota da pág. 72. (N.T.)

como algo de espiritual. Nestes termos, a relação direta com o que há de espiritual na outra parte significa a mais alta forma possível de companheirismo. Quem ama neste sentido também não se sente, por sua vez, excitado na sua corporalidade, nem comovido na sua emocionalidade; antes se acha tocado no mais fundo do seu espírito: tocado, sim, pelo portador espiritual da corporalidade e do anímico da outra parte, pelo seu cerne pessoal. Amor é, portanto, a atitude que relaciona diretamente com a pessoa espiritual do ser amado, com a sua pessoa precisamente no que ela tem de exclusivo «caráter de algo único» e de irrepetibilidade (os únicos traços que a constituem como pessoa espiritual!). Como pessoa espiritual, ela é a portadora daquelas qualidades anímicas e físicas para as quais *intende* quem toma a atitude erótica (no sentido mais estrito do termo) ou a sexual; é, como pessoa espiritual, o que se acha por trás daquelas aparências sexuais e mesmo puramente psíquicas em que penetram, respectivamente, a atitude sexual e a atitude do «namorado»; é o que, nas aparências físicas e anímicas, precisamente transparece. A aparência física e anímica são como que a «roupa», respectivamente exterior e interior, que a pessoa espiritual «traz» vestida. Quem se posta numa atitude sexual ou quem apenas é namorado fixa-se numa atração que sobre ele exerce determinada nota física ou determinada propriedade anímica. A quem está numa atitude sexual ou simplesmente é um namorado, agrada-lhe «na» outra parte uma nota física ou uma propriedade anímica determinada, atingindo-o, portanto, qualquer coisa que o ser amado «tem»; não assim o que ama com verdadeiro amor: porque este não se limita a amar «no» ser amado o que quer que seja, antes o ama por si mesmo – precisamente o que ele «é» e não o que ele «tem». Quem ama de verdade é como se visse através da «roupa» física e psíquica da pessoa espiritual, para pôr os olhos nela própria. Por isso, já se não trata aqui de um «tipo» físico que o

A) ANÁLISE EXISTENCIAL GERAL

excite, ou de um caráter anímico que porventura o apaixone; o que está aqui em apreço é o próprio ser humano, a companheira ou o companheiro enquanto ser incomparável e insubstituível.

Como é sabido, a psicanálise define como tendências «inibidas» aquelas que se nos deparam na chamada paixão de namorados e que não têm, por conseguinte, natureza sexual. Quer-nos parecer que tem razão, mas precisamente no sentido contrário àquele em que a julga ter. Porque a psicanálise considera inibidas as referidas tendências no sentido de que não atingem a meta do impulso sexual-genital por ela suposto. E, no nosso entender, tais tendências estão inibidas exatamente no sentido inverso: no sentido de que (quanto à paixão de namorados) está interrompida a sua orientação para a forma imediatamente mais elevada de atitude, a forma de amor verdadeiro, que visa à camada imediatamente mais profunda da pessoa da outra parte: o seu cerne espiritual.

IRREPETIBILIDADE E «CARÁTER DE ALGO ÚNICO»

O amor é um fenômeno humano no sentido exato da palavra. É um fenômeno especificamente humano, quer dizer: não se pode reduzir, sem mais, a um fenômeno sub-humano, nem de um fenômeno sub-humano se pode deduzir. Enquanto «fenômeno originário» que, como tal, é impossível reduzir a alguma coisa que «a rigor» esteja por trás dele, – o amor é um ato que caracteriza a existência humana no que ela tem de humano; por outras palavras, um ato existencial. Mais ainda: é o ato coexistencial por excelência; porque o amor é aquela relação entre dois seres humanos, que os põe em condições de descobrir o outro em todo o seu «caráter de algo único» e irrepetível. Numa palavra, o amor caracteriza-se pelo seu caráter de encontro; e encontro significa sempre que se trata de uma relação de pessoa para pessoa.

O amor não é apenas um fenômeno *propriamente* humano; é também um fenômeno *originariamente* humano e, por conseguinte, não é um epifenômeno puro e simples. Sê-lo-ia, certamente, se o pudéssemos interpretar no sentido em que o definem as doutrinas psicanalíticas e psicodinâmicas: como sublimação da sexualidade. Mas o amor não é mera sublimação da sexualidade, pela simples razão de que, muito ao contrário, constitui condição e pressuposto de um processo sem o qual é de todo em todo inconcebível qualquer coisa que se assemelhe a uma sublimação. Referimo-nos com isto àquele processo que se verifica através do desenvolvimento e amadurecimento da progressiva integração da sexualidade.

Explicamos. Desenvolvimento e amadurecimento da sexualidade partem do mero *ímpeto sexual* (*Sexualdrang*) que – para nos atermos à terminologia introduzida por Freud – desconhece qualquer *fim instintivo e objeto instintivo* (*Triebziel e Triebobjekt*). Só mais tarde é que se chega à formação do instinto sexual no sentido rigoroso do termo. O *instinto sexual* (*Sexualtrieb*) dispõe já de um fim instintivo, pois realmente aponta para o comércio sexual (*Geschlechtsverkehr*). Mas falta-lhe ainda um objeto instintivo, no sentido de uma genuína companhia amorosa em que se possa centrar: tal direção e orientação em ordem a uma pessoa determinada, precisamente a pessoa amada, é o que distingue a terceira fase e o terceiro estádio do desenvolvimento e amadurecimento sexual, a *tendência sexual (Sexualstreben)*. O que acontece, portanto, é que a capacidade de amar é condição e pressuposto da integração da sexualidade. E o que queremos dizer com isto é que *só o Ego, que intende para um Tu, pode integrar o próprio Id.*

Qualquer pessoa simples se apercebe claramente de que o homem, enquanto realmente ama, toma pelo amor uma atitude que de fato visa o que há de irrepetível e único na pessoa espi-

A) ANÁLISE EXISTENCIAL GERAL

ritual do ser amado. Imaginemos que uma dessas pessoas simples ama uma outra determinada e que, em seguida, a perde, ou porque morreu ou porque empreendeu viagem, ficando dela separada longo tempo. Apresentemos-lhe então uma espécie de sósia da pessoa amada, alguém que seja, tal e qual, do ponto de vista psicofísico, o objeto do seu primeiro amor. Pois bem: se lhe perguntarmos se poderia transferir para este sósia, pura e simplesmente, o amor com que amava o ser amado, não poderá deixar de confessar-nos que não é capaz de tanto. É que semelhante «transferência» de um autêntico amor é inconcebível. Quem deveras ama não «tem em mente», enquanto ama, uma peculiaridade física ou psíquica, qualquer que ela seja, e que se dá «na» pessoa amada; não há dúvida de que não «tem em mente» esta ou aquela qualidade que ela «tem», mas antes o que ela «é», no seu «caráter de algo único». Ora, enquanto pessoa «única», nenhum sósia a pode representar jamais, por muito semelhante que seja. Já o mesmo não sucede com o «apaixonado», que decerto se contentaria com o sósia: a sua mera paixão de namorado aceitaria, sem mais, a transferência, pois na sua paixão toma uma atitude que visa simplesmente o caráter anímico que a outra parte «tem», e não a pessoa espiritual que ela «é».

A pessoa espiritual como objeto da atitude de genuíno amor é, portanto, para o homem que ama realmente, insubstituível, ninguém a podendo representar, dado o seu «caráter de algo único» e irrepetível. Disto resulta, entretanto, que, simultaneamente, o verdadeiro amor garante, por si só, a sua duração no tempo. Com efeito, um estado físico desaparece e um determinado estado de ânimo tampouco se mantém; qualquer estado físico que represente a excitação sexual é igualmente passageiro: o impulso sexual desaparece inclusive em sendo satisfeito; e mesmo aquele estado de ânimo a que costumamos chamar paixão, a que chamamos paixão de namorado, não costuma ser duradouro. Em contrapartida, o ato espiritual com que envolvemos uma pessoa espiritual intencionalmente sobrevive de algum modo a si mesmo: se o seu conteúdo tem validade, tal validade mantém-se de uma vez para sempre. Assim, o amor autêntico, como um aperceber-se de um Tu no seu ser-assim-e-não-de-outro-modo, sempre fica a salvo daquela caducidade que afeta os meros estados de sexualidade corporal ou de eroticidade anímica.

O amor é mais do que um estado de sentimentos: é um ato intencional. Aquilo para que ele *intende* é o *ser-assim* de outro ser humano. Este *ser-assim* – a essência deste outro ser humano – é (como todo ser-assim) independente, em última análise, da existência *(Dasein)*; a essência – a «essentia» – não se conforma necessariamente com a «existentia» e, nesta medida, fica afinal acima dela. Assim, e só assim, se compreende que o amor pode sobreviver à morte do amado; é esta a única maneira de entender que o amor é «mais forte» do que a morte, isto é, do que o aniquilamento do ser amado na sua existência. A existência do ser amado é realmente desfeita pela morte, mas o seu *ser-assim* não o pode a morte arrebatar. A sua essência única é, como todas as naturezas genuinamente essenciais, algo desligado do tempo e, nesta medida, imperecível, algo que não passa. A «ideia» de um ser humano – precisamente a ideia que o amante contempla – faz parte de um reino metatemporal. Considerações deste gênero, como se vê, obrigam-nos a remontar a pensamentos escolásticos ou platônicos. Mas não se pense que andam muito longe daquelas vivências simples, cuja dignidade cognoscitiva nos é também conhecida. Basta atentarmos, para tanto, num relato de um antigo prisioneiro de um campo de concentração, que nos informa sobre as suas vivências e que passamos a transcrever.

«Para todos os do campo, para mim e para meus companheiros, uma coisa estava bem clara: não havia na terra ne-

A) ANÁLISE EXISTENCIAL GERAL

nhuma felicidade que no futuro nos pudesse ressarcir de tudo quanto tínhamos passado na prisão. Se tivéssemos feito um balanço das felicidades, só ficaríamos com um saldo favorável: "atirar-se às farpas" isto é, dar cabo da vida. Havia entre nós quem o não fazia, mas era pelo profundo sentimento de uma obrigação qualquer. Quanto a mim, sentia-me obrigado a continuar vivo para a minha mãe. Nós nos amávamos um ao outro acima de tudo. Assim, a minha vida tinha um sentido, apesar de tudo. Entretanto, eu tinha que contar dia a dia, hora a hora, com a minha morte. E, fosse como fosse, também a minha morte não podia deixar de ter um sentido, e bem assim todos os sofrimentos que se me deparassem até chegar junto dela. Foi então que selei um pacto com o Céu: se eu tivesse que morrer, a minha morte deveria presentear a minha mãe com uma vida mais longa; e o que eu tivesse que sofrer antes da morte faria também com que a minha mãe recebesse o ganho de uma morte fácil, quando lhe chegasse a hora. Só nesta perspectiva do sacrifício me parecia suportável toda a minha existência atormentada. Eu só podia viver a minha vida se ela tivesse um sentido; mas também só podia sofrer o que sofria e morrer da minha morte, caso tivessem também sentido a dor e a morte». Prosseguindo na sua narração autobiográfica, o prisioneiro informa-nos como ele, quando o tempo e a sua situação no campo lho permitiam, sempre se entregava interiormente à figura espiritual do ser por ele tão amado. Poderíamos dizer aqui que, enquanto na sua concreta situação vital não era possível realizar valores criadores, esse homem teve a experiência exata do que é realizar valores vivenciais, no enriquecimento e satisfação interior de uma existência que se entrega pelo amor; de uma vida de contemplação amorosa e amorosa vivência.

Mas parece-nos ainda digna de nota a descrição de vivências com que prossegue o relato. «O caso é que eu não sabia se a minha mãe continuava viva. Ficávamos o tempo todo sem notícias um do outro. Então, reparei que o fato de eu não saber se minha mãe ainda estava viva não estorvava em nada os diálogos habituais que eu tinha com ela, em espírito!» Este homem, portanto, em nenhum momento sabia se o ser por ele amado ainda existia fisicamente; e, não obstante, isto perturbava-o tão pouco que, mesmo que posteriormente e de passagem viesse a tropeçar com o problema da «existência», era como se não chocasse contra ele. É que o amor em tal medida tem em mente – essencialmente – o *ser-assim* de outra pessoa que quase se não discute a sua existência. Por outras palavras: a essencialidade do outro satisfaz tão plenamente o verdadeiro amante que a sua realidade passa, de certo modo, para segundo plano.

Prende-se tão pouco o amor com a corporalidade do amado, que sobrevive, sem mais, à sua morte, podendo perdurar até à morte de quem ama. Aliás, nunca é concebível, para quem ama realmente, a morte do ser amado. É-lhe tão difícil «concebê-la, como difícil lhe é conceber a morte de si próprio. Afinal, todos sabemos que o fato da própria morte nunca pode chegar a ser objeto de uma vivência e que, da mesma forma, é em última análise tão impensável como o fato de ainda-não--ter-sido, anterior ao próprio nascimento. *Quem realmente julga poder conceber a morte de um homem engana-se a si mesmo de algum modo;* porque, afinal, é inconcebível o que ele tem em mente e pretende fazer crer, ou seja: o fato de um ser pessoal, só por se haver convertido em cadáver o organismo respectivo, desaparecer do mundo absolutamente, isto é, de modo que já não mais lhe corresponda nenhuma forma de ser. Num estudo póstumo a respeito da questão da «sobrevivência» da pessoa após a morte (do corpo), aqui ventilada, Scheler referiu-se ao fato significativo de que, mesmo durante o seu tempo corporal, nos é já «dado» algo mais do que os dados aparentes do corpo,

A) ANÁLISE EXISTENCIAL GERAL

que são como «dois trapos sensíveis» –: e é a ausência deles o que afinal notamos com a morte! Mas não se quer dizer com isto que a pessoa deixe de existir; quando muito, apenas nos seria lícito afirmar que ela já não se pode dar a conhecer, pois para tanto carece de processos de expressão físicos ou fisiológicos (linguagem, etc). E, assim, mais uma vez se põe a claro por que razão e em que sentido a genuína *intenção* amorosa, isto é, o *intender* para outra pessoa enquanto tal, é independente da sua presença (*Vorhandensein*) corporal; mais ainda, de toda a sua corporalidade.

Naturalmente, não se afirma aqui que o amor não queira «incarnar». O que se pretende dizer é simplesmente que é independente da corporalidade, na medida em que não se lhe subordina, na medida em que não se conforma com ela. Mesmo para o amor entre os sexos, o corporal, o sexual, longe de constituir um elemento primário, um fim em si, é antes um meio de expressão. O amor pode existir substancialmente mesmo sem necessidade disso. Quando tal elemento for possível, decerto que o buscará e quererá; mas se for necessário renunciar, nem por isso arrefecerá ou morrerá. A pessoa espiritual adquire forma precisamente dando forma aos seus modos de expressão e manifestação anímica e corporal. Na totalidade centrada em torno do cerne pessoal, as camadas exteriores ganham, assim, um valor de expressão quanto às interiores. Seja como for, o corporal pode chegar a exprimir num homem o seu caráter (enquanto elemento anímico); e o seu caráter, por sua vez, pode exprimir a pessoa (enquanto elemento espiritual). *O espiritual consegue – pede – uma expressão através do corporal e do anímico*. Assim, a aparência física do ser amado vem a constituir, para quem ama, o símbolo de algo que está por trás dela e se manifesta pelo que é externo sem no externo se esgotar. *O amor autêntico, em si e para si, não precisa do corporal, nem para despertar nem para se consumar; mas serve-se do corporal nos dois momentos.* Dizemos que se serve do corporal para despertar, porque o homem de instinto seguro deixa-se influenciar pelo corpo da outra parte – mas sem que, apesar disso, o seu amor se dirija ao corpo do ser amado; o que acontece é que o corpo deste, conforme as circunstâncias, e como expressão que é do espiritual duma pessoa, faz com que a pessoa em questão venha a ser a eleita de alguém que a ama, e que, precisamente pela sua segurança de instintos, a prefere entre outros seres humanos. São sempre determinadas propriedades físicas ou rasgos anímicos de caráter de determinado cunho o que conduz o amante pelo caminho que vai até uma determinada pessoa, – «determinada para ele». Mas, assim como o homem «superficial» fica na «superfície» da outra parte sem conseguir abraçar o que nela há de profundo, assim para o homem «profundo» a «superfície» não passa de expressão da profundidade e, como tal, se bem que importante, nada tem de essencial e decisivo.

É neste sentido que o amor se serve do corporal, para nascer. Mas também dissemos que se serve do corporal para consumar-se. Efetivamente, o homem que ama e está fisicamente amadurecido sente-se impulsionado, em geral, para uma relação de tipo físico com quem ama. Entretanto, para quem ama realmente, o corporal, a relação sexual, continua a ser um meio de expressão da relação espiritual que é, essa sim, o amor propriamente dito; e, como meio de expressão, só do amor recebe a sua consagração humana – do amor que é, digamos, para a relação física, um suporte de atos espirituais. Por isso, podemos dizer o seguinte: para quem ama, o corpo da amada vem a ser expressão da sua pessoa espiritual; e, paralelamente, o ato sexual vem a ser mera expressão duma intenção do espírito.

A impressão externa provocada pela aparência física de um ser humano é, nestes termos, relativamente irrelevante quanto à

A) ANÁLISE EXISTENCIAL GERAL

sua capacidade de vir a ser amado. As notas fácticas individuais psicossomáticas só adquirem dignidade erótica a partir do amor, só o amor as transforma em propriedades «dignas de serem amadas». Isto não pode deixar de nos pôr de sobreaviso e numa atitude crítica em face do uso de cosméticos, porque, efetivamente, mesmo aquilo a que chamamos defeito de beleza faz parte, de algum modo, do ser humano que se ama. Sempre que algo de externo produz um efeito, não o produz de per si, mas precisamente em sendo amado o sujeito respectivo. Uma vez, por exemplo, uma paciente andava com a intenção de embelezar o busto, um tanto desgracioso, alterando a plástica dos seios com uma operação plástica; julgava que, assim, garantiria o amor do seu marido. Em dado momento, pediu ao médico um conselho. Este deu-lhe a sua opinião, prevenindo-a de que, se o marido afinal a amava realmente, amava o corpo dela tal como estava. Assim, também não é um vestido de noite «em si» que impressiona um homem; é antes o vestido «na» mulher amada que o traz. O certo é que, finalmente, a paciente pediu ao marido a sua opinião. E, de fato, o que o marido lhe deu a entender foi que o efeito da operação não poderia deixar de o perturbar, pois acabaria por pensar: «Isto, afinal, já não é a minha mulher».

Psicologicamente, é compreensível que as pessoas menos favorecidas na aparência se sintam forçadas a procurar precisamente aquilo que a outras, por assim dizer, lhes caiu do céu, tornando-as mais graciosas. As pessoas feias tendem a dar importância exagerada à vida amorosa – e tanto mais quanto mais dificuldades tiveram nos amores. Ora, vistas as coisas como elas são, o amor é apenas uma das possíveis *chances* de preencher plenamente a vida com um sentido, e não decerto a maior. Seria triste para a nossa existência, seria decerto empobrecer a nossa vida, o fazermos depender o seu sentido do fato de termos ou não sorte no amor. Afinal, a vida é rica em oportunidades de valor. Por isso, mesmo quem não ama e não é amado pode configurar a sua vida com a mais alta plenitude de sentido. O único problema a dilucidar é o problema de saber se essa recusa de amor é realmente fatalidade do destino ou uma recusa neurótica; e, neste último caso, será por culpa sua que alguém não tem acesso à ventura do amor. Também aqui, quanto aos valores vivenciais do amor, vale portanto – por analogia com a renúncia à realização de valores criadores, em benefício dos valores de atitude – o princípio de que não se deve cometer uma renúncia desnecessária ou demasiado prematura. E, em geral, costuma ser grave o perigo de uma resignação precipitada. Com efeito, os homens costumam-se esquecer de como é relativamente pequena a importância da aparência externa e de que, na vida de amor, importa muito mais a personalidade. De resto, todos conhecemos exemplos elucidativos – e consoladores – de pessoas externamente pouco atraentes e mesmo insignificantes que conseguiram ter êxito na vida amorosa em virtude da sua personalidade e do seu encanto. Lembremos, por exemplo, o caso acima citado, do paralítico que, nas circunstâncias mais desfavoráveis da vida que se possam imaginar, mostrou a sua hombridade, não apenas espiritualmente, mas também *in eroticis*.

Por conseguinte, a resignação do homem externamente pouco atraente não tem, a rigor, razão alguma. E, na mesma proporção, acarreta um resultado incurável: o ressentimento. Com efeito, o homem neurótico que não se satisfaz numa esfera de valores, de duas uma: ou enveneda pelo caminho da fuga para a sobrevalorização, ou pelo da desvalorização da esfera vital em que se encontra. Em qualquer dos casos, incorre em injustiça, e precipita-se na infelicidade. Não há dúvida de que a tendência neuroticamente convulsiva para a «felicidade» no amor, mesmo pela sua convulsividade neurótica, conduz de per si à «infelicidade». Quer dizer: quem se fixa no erótico, sobrevalorizando-o,

A) ANÁLISE EXISTENCIAL GERAL

o que faz é tentar empurrar aquela «porta da felicidade» que, como já dissemos, na esteira de Kierkegaard, «abre para fora», fechando-se, por isso mesmo, ao impetuoso que a quer abrir para dentro. Por outro lado, quem se fixa na vida amorosa num sentido de certo modo negativo, desvalorizando-a, pretendendo, com a desvalorização do inalcançável e aparentemente inalcançável, compensar-se e enganar-se, também fecha a si próprio o acesso à felicidade no amor. Assim, o íntimo ressentimento por causa da renúncia aparente ou realmente forçada conduz ao mesmo resultado que a rebeldia e o protesto contra o destino: tanto uns como outros se privam a si mesmos das respectivas oportunidades. Em contrapartida, a atitude desinibida, livre de ressentimentos, daquele que renuncia honradamente, mas não de modo inapelável, faz brilhar o valor duma personalidade, proporcionando aquela última *chance* que sempre se dá ao homem capaz de se ater à velha máxima: *abstinendo obtinere*.

Em geral, a acentuação da aparência externa faz com que se dê excessiva importância à «beleza» física no campo do erótico. Seja como for, também com isso se desvaloriza o homem como tal. Quando se diz, por exemplo, de uma mulher, que ela é «uma mulher bonita», o que se faz, em rigor, é infligir-lhe uma humilhação; porque, afinal, o que significa, em última análise, uma apreciação destas? Porventura não significará, pura e simplesmente, que se prefere não falar, por piedade, de outros valores, os espirituais, por exemplo? A insistência na apreciação positiva desta esfera de valores relativamente baixos não pode deixar de levantar a suspeita de que se está silenciando um juízo negativo quanto a uma esfera de valores mais altos. Mas, na acentuação dos juízos de valor erótico-estéticos, não se contém apenas uma desvalorização da pessoa que é apreciada; contém-se também uma desvalorização de quem os emite. É que, se eu falo exclusivamente da beleza de uma pessoa, é simplesmente porque não sei falar da sua espiritualidade; e, além disso, porque não me interesso nada por ela, pois nela não encontro valor algum.

O HORIZONTE DO «TER»

O «flirt», todas as formas do erótico médio de ontem e de hoje, encerram também a intenção inconsciente de passar de largo pela pessoa espiritual do namorado. Nessas relações superficiais não se vê o «caráter de algo único» e a irrepetibilidade do outro, simplesmente porque não se quer apreciar. São umas relações eróticas em que se foge dos laços do amor propriamente dito, do sentimento de verdadeira vinculação à outra parte – da responsabilidade que sempre se encerra nessa vinculação. Foge-se para o coletivo: para o «tipo» que em cada caso se prefere e que uma pessoa representa mais ou menos fortuitamente. Não se escolhe uma pessoa determinada, prefere-se apenas um determinado tipo. A intenção amorosa aferra-se a uma aparência externa, certamente típica, mas também impessoal. Os vários tipos físicos que o mais das vezes são preferidos vêm a constituir, assim, o tipo da mulher impessoal: a «não-pessoa» com um corpo, com quem não é preciso ter nenhuma relação pessoal; com quem se pode ter uma relação sem compromisso; exatamente a mulher que se pode «ter» e que por isso não é necessário «ter que amar»: é uma propriedade – sem nada de próprio – e sem nenhum valor. Ora, o amor só existe para com uma pessoa enquanto tal; em relação a uma «não-pessoa» com um corpo, não existe amor algum. Também não se verifica, em relação a ela, a fidelidade: à não-pessoa corresponde a infidelidade. Esta infidelidade, nas referidas relações eróticas, não é apenas possível; é ainda necessária. Efetivamente, onde a quantidade da felicidade amorosa falta, há aí uma falta que tem de ser compensada

A) ANÁLISE EXISTENCIAL GERAL

pela quantidade dos prazeres sexuais; pois, na verdade, quanto menos «feliz» se faz um homem, tanto mais tem que ser «apaziguado» o seu instinto.

O «flirt» representa uma forma mesquinha do amor. Bem sabemos que na linguagem corrente figuram expressões como esta: essa mulher, já eu a «tive» comigo. Expressões deste jaez deixam entrever qual o fundo desta forma do erótico. O que se «tem» pode-se substituir; o que se possui, pode-se trocar. Um homem que «possuiu» uma mulher também a pode trocar; pode inclusive chegar a «comprá-la». Mas a categoria do «ter», sob a forma de erótico a que nos referimos, aparece também do lado da parte feminina. Sim, este erótico «superficial» no mais estreme sentido da palavra – pois se atém à «superfície» da outra parte, à sua aparência externa, corporal, sem passar daí – verifica-se também do lado da mulher, sob o horizonte do «ter». O que vale sob este horizonte não é o que um homem «é», mas sim e exclusivamente o fato de ele ter, digamos, *sex appeal* (como possível companhia sexual). O que se tem pode-se modificar; e o aspecto «externo» que uma mulher tem, também ela afinal o pode modificar, com a *maquillage*. Ao encontro da atitude do homem, que acabamos de caracterizar, vem portanto uma atitude correspondente, por parte da mulher. A mulher banal, média, vê-se impelida a ocultar tudo o que nela há de pessoal, para não agravar o homem, inculcando-se unicamente o que ele procura: o tipo por ele preferido. A mulher banal anda sempre cheia de cuidados com o seu aspecto «externo»; quer ser «conquistada»[79] – quer ser «tomada», ainda que não queira ser tomada a sério, isto é, tal como ela é, no que ela tem de verdadeiro e próprio: um ser humano dotado de um «caráter de algo único» e irrepetível. Quer, afinal, ser tomada como ser genérico, de modo que o que nela sobressai é a sua

---

(79) No original diz-se apenas «tomada». (N.T.)

corporalidade, com o seu caráter não específico. É por isso que se desentranha para ser impessoal e, seja como for, representar qualquer tipo, desde que esteja em moda e tenha boa aceitação no mercado das vaidades eróticas. Todo o seu afã está em imitar esse tipo o mais fielmente possível, o que a leva forçosamente a ser infiel ao seu próprio eu.

E aonde vai buscar o tipo em questão? No mundo do cinema, por exemplo. É com esse tipo – que representa ou o ideal de mulher que ela tem ou o do seu companheiro – que ela se compara constantemente, tentando identificar-se com ele quanto possível. Já há muito que ela não tem a nobre ambição de professar esse predicado de ser incomparável, que é tão próprio do ser humano. Já nem sequer tem a ambição de criar um novo tipo de mulher, de «fazer» uma moda, por assim dizer. Em vez de criar um tipo, contenta-se com representá-lo. E é com prazer e espontaneidade que apresenta ao homem aquele «tipo» que ele prefere. Nunca se dá a si mesma, nunca dá por amor o seu próprio eu. Por este caminho, por este descaminho, afasta-se cada vez mais daquela vivência do amor autêntico que a viria a satisfazer plenamente. Com certeza que não se lembra jamais de que, quando o homem a procura, só aparentemente a procura, pois, na realidade, anda à procura do seu tipo. Entregando-se aos desejos do homem, dá-lhe complacentemente aquilo de que ele sente precisão, aquilo que ele pretende «ter». E assim ficam ambos com as mãos vazias. Isto, em vez de se procurarem um ao outro para assim se encontrarem a si mesmos, *encontrando-se com o «caráter de algo único» e a irrepetibilidade, que são os únicos rasgos humanos capazes de tornar o outro digno de ser amado e digna de ser amada a própria vida.* É que, ao criar, o homem dá de si o seu «caráter de algo único» e irrepetível; mas no amor acolhe em si mesmo o «caráter de algo único» e a irrepetibilidade da sua companhia. No amor há uma entrega recíproca, um recíproco dar e receber;

A) ANÁLISE EXISTENCIAL GERAL

e, não obstante, é assim que se faz valer a personalidade de cada qual. Quer dizer, portanto, que a autêntica intenção amorosa penetra naquela camada do ser em que cada indivíduo, longe de representar um «tipo», seja qual for, se apresenta exclusivamente como exemplar único, dotado de toda a dignidade do «caráter de algo único» a que aludimos, incomparável e insubstituível. Esta dignidade é a dignidade daqueles anjos de que certos escolásticos afirmam que não estão sujeitos ao «principium individuationis», não representando uma espécie, antes estando cada espécie representada por um exemplar único.

A única garantia da fidelidade está precisamente no fato de a autêntica atitude amorosa representar a orientação do ser de uma pessoa espiritual para uma outra. Quando assim é, é do próprio amor como tal que resulta a sua duração no tempo empírico. Mas quanto ao tempo vivencial, algo mais resulta desse amor: a vivência da «eternidade» de um amor. A vivência do amor só se pode experimentar *sub specie aeternitatis.* Quem deveras ama não pode sequer imaginar, no momento do seu amor, enquanto se entrega a esse momento, ao objeto do seu amor, que o seu sentimento virá a alterar-se alguma vez. O que logo se compreende, se se pondera que tais sentimentos são intencionais e não «situacionais». Os que se amam *intendem* para a essência do ser amado e seu valor; e o que se apreende no amor, como em qualquer ato espiritual, por exemplo no ato de reconhecimento ou cognição de valores, é exatamente uma essência ou um valor. Se eu compreendi uma vez que 2 x 2 = 4, o valor dessa igualdade fica captado de uma vez para sempre, – e pronto!, «fica combinado». Pois bem, se se captou deveras a essência de outrem, ao contemplá-lo amorosamente, também se permanece nessa verdade, também «se fica nisso» que «fica combinado»: tenho que ficar eu nesse amor, e esse amor ficar em mim. Quando experimentamos a vivência do autêntico amor, temos uma vivência que é para valer sempre, para sempre, exatamente como sucede na cognição das verdades que, sendo reconhecidas como tais, são efetivamente tomadas por «verdades eternas»; é realmente assim o amor verdadeiro: enquanto dura no tempo empírico, necessariamente é vivido como «amor eterno». Contudo, ao procurar a verdade, o homem pode-se enganar. E, assim, também no amor se pode iludir o indivíduo. Evidentemente, nunca uma verdade subjetiva se concebe de antemão como «meramente subjetiva», como possível erro; só depois se demonstra que era tal. O mesmo ocorre com o amor: é impossível que o homem ame «por certo tempo», provisoriamente; não é possível que *intenda* para o provisório enquanto tal e que efetivamente «queira» a finitude temporal do seu amor; pode, quando muito, amar «correndo o risco» de que o objeto do seu amor se mostre mais tarde indigno dele; de que o amor «morra», mal o valor da pessoa amada desapareça da vista de quem a ama.

Já se vê, enfim, que qualquer pura posse se pode modificar. Mas vejamos: se a autêntica intenção amorosa não *intende* para aquilo que pelo outro é porventura «possuído» ou, digamos, para aquilo que o outro «tem»; se, pelo contrário, a autêntica intenção amorosa é aquela que *intende* para o que o outro «é», – é claro que o amor autêntico, e só ele, conduz à atitude monogâmica. Com efeito, a atitude monogâmica pressupõe que se apreende a outra parte no seu «caráter de algo único», que se não pode trocar, e na sua irrepetibilidade, que é insubstituível; ou seja: na sua essência e no seu valor espiritual e, por conseguinte, para além de quaisquer propriedades físicas ou anímicas, a respeito das quais, evidentemente, qualquer ser humano pode ser representado ou substituído por outro, que das mesmas propriedades seja portador.

Isto bastaria para nos ser lícito concluir que a mera paixão de namorados, enquanto «estado de sentimentos», que é mais ou

A) ANÁLISE EXISTENCIAL GERAL

menos fugaz por natureza, tem que ser considerada como contraindicada para o casamento. O que não quer dizer, evidentemente, que o autêntico amor represente, já de si, uma indicação positiva. O casamento, não há dúvida de que é algo mais do que questão exclusivamente privada. Trata-se de uma figura complexa: é uma instituição da vida social, legalizada pelo Estado e, paralelamente, sancionada pela Igreja; e com isto já se diz que entra a fazer parte do social. De maneira que, considerando-se este aspecto, é claro que se devem preencher certas condições, antes de se pensar em celebrá-lo. Acrescem a isto as condições biológicas e circunstâncias que, num caso concreto, podem dar por aconselhável ou desaconselhável a celebração do matrimônio. Vem depois o que se denomina contraindicações eugênicas. Decerto que não é por causa delas que o amor vai perigar; em todo caso, o casamento só se deve aconselhar quando as partes se propõem constituir, através dele, como que uma comunidade espiritual, e não, por assim dizer, procriar uma comum «descendência» de dois indivíduos biológicos. Se, pelo contrário, os motivos aduzidos para a celebração do matrimônio se inserem de antemão fora da esfera da autêntica vivência amorosa, tal celebração só será possível nos quadros daquele erótico que nós incluímos dentro da categoria dominante do «ter» e possuir. É o que sucede sobretudo quando na celebração do matrimônio predominam motivos econômicos, na linha de um materialismo qualquer, de um querer-«ter». O momento social do casamento visualiza-se aqui isoladamente, cingindo-se, aliás, ao econômico, para não dizer mesmo ao financeiro.

O certo é que o amor autêntico constitui já um elemento determinante do caráter definitivo das relações monogâmicas. Mas há ainda, nestas relações, um outro elemento, o da exclusividade (Oswald Schwarz). O amor significa o sentimento de uma vinculação íntima; a relação monogâmica, na forma de matrimônio, representa o seu vínculo externo. Manter este vínculo em pé, no seu caráter definitivo, é o que se chama ser fiel. Entretanto, a exclusividade do vínculo pede ao homem que ele contraia o vínculo «correto»; que não se limite a vincular-se, mas que saiba também a quem se vincula. Isto pressupõe a capacidade de se decidir por uma determinada pessoa como cônjuge. Nestes termos, a maturidade erótica, no sentido de maturidade interior em ordem à relação monogâmica, encerra uma dupla exigência: primeiro, a da capacidade de se decidir por uma pessoa (excluindo todas as outras); segundo, a da capacidade de lhe prestar fidelidade (definitivamente). Assim, se considerarmos a juventude como tempo de preparação, no sentido erótico também, isto é, como tempo de preparação para a vida amorosa, conclui-se que aos jovens se deve exigir: por um lado, que procurem e encontrem o par adequado; mas, por outro, que «aprendam» a ser-lhe fiéis, a seu tempo. Ora bem: esta dupla exigência não evita uma certa antinomia. Por um lado, e no sentido da exigência de capacidade de decisão, o jovem tem que procurar adquirir um certo conhecimento erótico das pessoas e uma rotina erótica. Mas, por outro lado, no sentido da exigência da fidelidade, tem que se esforçar por superar os meros estados de ânimo, fixando-se numa pessoa única e mantendo em pé a relação com ela. Desta maneira, pode dar-se o caso de ele não saber se deve romper uma relação concreta, para experimentar todas as possíveis e mais variadas relações e, assim, finalmente, poder decidir-se pela relação adequada; ou se, pelo contrário, não será melhor manter em pé a relação já contraída, para aprender o mais cedo possível o que vem a ser fidelidade. Pois bem: na prática, é de aconselhar aos jovens que se encontram neste dilema que, em caso de dúvida, formulem o problema numa forma, digamos, negativa. O que queremos dizer é que devem perguntar-se se porventura não estão querendo «ver-se livres» de uma relação concreta, em todo caso plena

A) ANÁLISE EXISTENCIAL GERAL

de valor, só porque temem o compromisso e desejam fugir da responsabilidade; ou se, no caso inverso, não estarão a aferrar-se convulsivamente a uma relação quebradiça, só por causa do medo de terem de ficar sozinhos meia dúzia de semanas ou de meses. Quem se interrogar deste modo, compulsando os motivos não objetivos do caso, com certeza que facilmente chegará a uma decisão objetiva.

VALOR E PRAZER

Scheler define o amor como um movimento espiritual em direção ao mais alto valor da pessoa amada, um ato espiritual em que esse valor – a que ele chama a «salvação» do homem – é captado. Não anda longe disto o que diz Spranger: o amor, para este autor, reconhece as possibilidades de valor do ser amado. É o que v. Hattingberg exprime por outras palavras: o amor vê o homem tal como Deus o «pensou».

O amor, diríamos, faz-nos contemplar a imagem de valor de um ser humano. Assim, leva a cabo uma realização francamente metafísica. Com efeito, a imagem de valor de que nos apercebemos na execução do ato espiritual do amor, em cada caso, é essencialmente a «imagem» de algo invisível, irreal e não realizado. No ato espiritual do amor, portanto, não captamos apenas o que a pessoa «é» no seu «caráter de algo único» e na sua irrepetibilidade, isto é, a *«haecceitas»* da terminologia escolástica, mas também, e simultaneamente, o que ela pode vir a ser, precisamente nesse seu «caráter de algo único» e irrepetível, ou seja, a «enteléquia». Lembremo-nos da paradoxal definição que se dá da realidade do homem, como possibilidade: possibilidade de realização de valores possibilidade de autorrealização. Pois bem, aquilo de que o amor se apercebe é, nem mais nem menos, esta «possibilidade» de um homem. Não deixaremos de anotar aqui, entre parênteses, que também a psicoterapia, na medida em que está inspirada pelo *eros paidagogos* (Prinzhorn), tem que lidar com o homem que se lhe depara vendo nele precisamente as suas possibilidades próprias, antecipando, por conseguinte, as suas possibilidades de valor. Partindo da imagem essencial do ser amado, decifra-se no amor a sua imagem de valor; é isto qualquer coisa que faz parte do caráter de mistério metafísico desse ato espiritual a que chamamos amor. Efetivamente, tomar a dianteira à possibilidade de valor com base na realidade essencial não é nenhuma operação de cálculo. Só as realidades são suscetíveis de serem calculadas; as possibilidades, enquanto tais, escapam a todo e qualquer cálculo. Também já dissemos que o homem só começa a ser homem, no sentido exato da palavra, precisamente quando já se não deixa calcular pela realidade dada e pela sua vinculação natural, antes representando, para si próprio, uma possibilidade encomendada. Daí que, neste aspecto, não possa deixar de parecer descabida a afirmação corrente de que um homem levado pelos instintos é imprevisível, no sentido de que não se pode «calcular». Parece bem mais verdadeira a afirmação contrária: é precisamente a partir da sua natureza instintiva que se pode calcular o homem! E também o homem puramente abstrato, a mera construção de uma «natureza racional» a que chamamos homem, ou o tipo psicológico do homem «calculista», que é, por seu turno, um homem que calcula tudo quanto faz, tudo isto e só isto se pode perfeitamente calcular. Mas o homem «verdadeiro e próprio», esse é que, *eo ipso*, não se pode calcular: a existência não consente que a reduzam a uma facticidade, nem desta se deixa derivar.

O aperceber-se dos valores não pode senão enriquecer o homem. Este enriquecimento interior chega a preencher, em parte, o sentido da sua vida, como tivemos ocasião de ver, ao circunscrevermos os valores vivenciais. É por isso que o amor nunca pode deixar de enriquecer a quem ama, em qualquer caso. Não há, por conseguinte, nenhum amor «infeliz», nem pode havê-lo; «amor infeliz» é uma contradição *in terminis*. Realmente, de duas uma: ou eu amo deveras, e então não posso deixar de me sentir enriquecido, independentemente de que a outra parte corresponda ao meu amor ou não; ou eu não amo propriamente, não «tenho em mente» propriamente a pessoa de um outro ser humano, apenas me apercebendo de qualquer coisa de corporal que «nela» está presente ou de algum rasgo (anímico) de caráter que ela «tem», e então, evidentemente, bem me posso dar por infeliz, mas é precisamente porque não amo. Não há dúvida: a mera paixão de namorado, de algum modo, cega; mas o autêntico amor abre-nos os olhos. Faz-nos reparar bem na pessoa espiritual do comparsa erótico, tanto na sua realidade essencial como na sua possibilidade de valor. O amor faz-nos experimentar vivencialmente o outro como um mundo para si, alargando-nos assim também o nosso próprio mundo. E do mesmo passo que, deste modo, nos enriquece e nos faz felizes, estimula o outro, à proporção que o conduz àquela possibilidade de valor que no amor, e só nele, se consegue prelibar. Quer dizer: o amor ajuda o ser amado a realizar aquilo que o amante já vê, antes que exista. Em suma: o que o amado quer é ser cada vez mais digno do amante e do seu amor, assemelhando-se à imagem que o amante dele faz, fazendo-se cada vez mais tal «como Deus o pensou e quis». Portanto, se mesmo o amor «infeliz», aquele que não é correspondido, já nos enriquece e nos faz felizes, o amor «feliz», correspondido, é manifestamente criador. Assim, no amor recíproco, em que cada um é digno do outro e quer vir a ser tal como o outro o vê, produz-se, de certa maneira, um processo dialético, no qual, como que à compita, se esforçam os amantes por realizar as possibilidades um do outro.

Compreende-se agora o significado da seguinte gradação: a mera satisfação do impulso sexual proporciona prazer; o erótico da paixão de namorados depara alegria; o amor oferece felicidade. Como se vê, há aqui uma intencionalidade crescente. O prazer é apenas uma sensação situacional, um estado afetivo; a alegria é já intencional, visa-se nela qualquer coisa; mas a felicidade tem a sua direção determinada, que é a direção para a plenitude verdadeira e própria. Assim, a felicidade adquire um caráter de realização («*beatitudo ipsa virtus*», Spinoza). A felicidade não é meramente intencional, é ainda «produtiva». Só neste sentido se compreende que um homem se possa «realizar plenamente» na sua felicidade. Também só assim se pode entender a analogia entre a felicidade e o sofrimento. Com efeito, ao circunscrevermos o «sentido» do sofrimento, já dissemos que também nele o homem pode atingir a sua plenitude. Logramos ver também no sofrimento uma verdadeira realização. Sendo assim, impõe-se distinguir, em termos gerais, entre sentimentos intencionais e afetos «produtivos», por um lado, e, por outro, meros estados afetivos «improdutivos». Desta forma, pode-se contrapor à tristeza do luto, a cujo sentido intencional e realização criadora já aludimos, o desgosto rebelde, improdutivo (perante uma perda), que é mero estado de sentimentos reativo. Aliás, até a linguagem distingue com toda a sutileza entre a «justa» cólera, como sentimento intencional, e o ódio «cego», enquanto sentimento meramente situacional ou estado afetivo sem valor.

É certo, conforme salientamos, que a expressão «amor infeliz» revela, sob o prisma da lógica, uma contradição; mas, vista sob o prisma psicológico, traduz ainda uma espécie de queixoso despeito. Exagera-se a tônica do prazer ou do desprazer de uma vivência, os seus «sinais» de prazer ou desprazer, quanto ao respectivo significado no que se refere ao conteúdo da vivência. Só que é precisamente *in eroticis* que o ponto de mira do hedonismo

A) ANÁLISE EXISTENCIAL GERAL

menos se justifica. Na vida real, passa-se com o ator uma coisa parecida com o que ocorre ao espectador no teatro: os dramas são em geral vivências mais profundas do que as comédias. Com as vivências «infelizes» da vida amorosa, não só nos enriquecemos, mas também nos tornamos mais profundos e, o mais das vezes, chegamos até a crescer nelas e a nelas amadurecer.

Evidentemente, o enriquecimento interior que o homem experimenta no amor não está isento de íntimas tensões. É delas que se arreceia; é delas que foge o adulto neurótico. E o que nele surge, por assim dizer, como caso patológico, é o que se dá no homem jovem de um modo mais ou menos fisiológico. Em qualquer dos casos, a vivência de um «amor infeliz» vem a transformar-se num meio para um fim: o fim de proteger do fogo de Eros a criança que nele se queimou. As pessoas deste tipo metem-se detrás da primeira ou única experiência desfavorável, tentando assim evitar outras piores. Portanto, os «amores infelizes» não são apenas expressão de um estado de queixoso despeito; são também um meio de salvar o sofrimento. De um modo quase masoquista, os pensamentos do apaixonado infeliz giram em torno da sua infelicidade. Entrincheira-se atrás do seu primeiro – ou último – malogro, para não ter que queimar os dedos outra vez. Esconde-se por trás da sua desditosa experiência no amor; vai-se refugiar na infelicidade do passado, fugindo das possibilidades felizes do futuro. Em vez de continuar a procurar até «achar», desiste de toda e qualquer busca. Em lugar de se abrir à riqueza de oportunidades da vida amorosa, resolve revestir-se com antolhos, e olhar as coisas «por um canudo». Põe-se a fitar, como um proscrito, a sua vivência, para não ter que ver a vida. O que lhe importa é a segurança, não a disponibilidade. Se não consegue livrar-se de uma vivência infeliz, é porque não quer arriscar-se a outra. Faz-se mister reeducá-lo para a contínua disponibilidade, incutindo-lhe uma disposição de abertura para todas as possibilidades futuras. Fazendo as contas, é perfeitamente verossímil que, na vida do homem médio, só se verifique uma relação amorosa feliz para cada série de nove das chamadas infelizes. Pois bem: o que o homem tem que fazer é esperar pela sua chegada; e não barrar-lhe o caminho, fugindo paradoxalmente da felicidade para a infelicidade. Daí que uma psicoterapia da chamada infelicidade nos amores deva consistir em pôr a descoberto esta tendência para a evasão; e em insistir naquele caráter de missão que a vida amorosa tem, tal como a vida, sem mais. Cumpre observar, entretanto, que são de todo improfícuas, ainda que bem intencionadas, as referências tão correntes a «outras mães» que «têm também filhas bonitas»: pois, se alguém se encapricha por uma determinada filha de determinada mãe, é porque já a paixão do namoro ou até o amor está despontando.

Convém ponderar, de resto, que nem sequer o amor feliz, o que portanto encontrou uma correspondência, está sempre livre da «infelicidade»; e é o que ocorre, por exemplo, quando a felicidade é perturbada pela tortura dos ciúmes. Aliás, no ciúme está presente aquele materialismo erótico de que falamos mais acima, pois se oculta aí a atitude de quem toma o objeto do seu amor como propriedade sua. O ciumento trata o ser humano a quem propõe o seu amor como se fosse possessão sua; de modo que acaba por degradá-lo. Quer tê-lo «só para si» e, desta maneira, demonstra que o seu comportamento se enquadra precisamente na categoria do «ter». Em compensação, numa relação de amor autêntico, o ciúme não tem cabimento; é assim, de resto, porque carece de qualquer razão de ser, tendo em conta que no autêntico amor se pressupõe captar-se o ser humano no seu «caráter de algo único» e irrepetível e, portanto, naquilo que ele tem de radicalmente incomparável com qualquer outro ser humano. A rivalidade, tão temida dos ciumentos, pressupõe a possibilidade de o ser amado ser comparável com um qualquer

A) ANÁLISE EXISTENCIAL GERAL

rival; mas, no verdadeiro amor, nenhuma rivalidade ou concorrência é já possível, pois o ser amado é sempre, para quem o ama, incomparável e, por conseguinte, *hors de concours*.

Como se sabe, há também um tipo de ciúme que se estende ao passado da outra parte: é o ciúme dos «predecessores». As pessoas atormentadas por estes ciúmes sempre querem ser as «primeiras». Bem mais modesto é quem se enquadra no tipo dos que se contentam com ser os «últimos». Em certo sentido, porém, não são estes os mais modestos, senão precisamente os mais ambiciosos, pois – em relação a todos os predecessores e aos eventuais sucessores – o que pretendem é a superioridade, e não a simples prioridade. Quem se compara com outro comete uma injustiça: ou para com esse outro ou para consigo mesmo. Isto vale, aliás, mesmo fora do campo da vida amorosa. Cada um tem, como dizem os desportistas, o seu próprio *start*, uma saída inicial; mas a realização pessoal daquele que teve o *start* mais difícil, porque arcou com um destino mais gravoso, é, *ceteris paribus*, relativamente maior. Ora, como não se pode apreciar em todos os seus detalhes a situação de destino, qualquer tipo de comparação carece de base e de padrão a que ater-se.

Finalmente, poderia dizer-se, além do mais, que o ciúme encobre uma dinâmica perigosa no aspecto tático. O ciumento acaba por provocar aquilo que tanto receia: o desengano amoroso. Assim como a fé, dimanando de forças interiores, conduz à posse de forças novas, assim também a dúvida, tendo nascido nos fracassos, traz a quem duvida mais e mais fracassos. E de fato, o que sucede com os ciúmes? O ciumento duvida de poder «conservar» o ser amado; e, na realidade, bem o pode perder, pois empurra para a infidelidade o ser de cuja fidelidade duvida: quase que o mete nos braços de um terceiro. Acaba por tornar verdadeiro aquilo em que acredita. Não há dúvida de que a fidelidade é, no amor, uma missão; mas trata-se de uma missão que, como tal, só é possível para quem ama, nunca devendo ser imposta como exigência ao ser amado. É que, com o tempo, se se põe como exigência, sempre vem a redundar num desafio. Impele o ser amado para uma atitude de protesto e, uma vez nesta atitude, o ser amado torna-se realmente infiel, mais cedo ou mais tarde. A fé no outro, tal como a fé em si mesmo, torna uma pessoa segura de si, de tal maneira que, em geral, essa fé acaba por ter razão. Mas, em contrapartida, sucede geralmente o mesmo com a desconfiança: esta, com efeito, torna uma pessoa insegura, acabando também por ter razão. Pois bem: isto vale, ponto por ponto, para a fé na fidelidade do ser amado. E o reverso desta fé no outro é a reta lealdade. Contudo, assim como a fé, seguindo a sua dialética, faz daquilo em que crê uma verdade, assim a lealdade ou honradez tem o seu quê de paradoxal: porque com a verdade pode o homem mentir e, ao invés, pode com uma mentira dizer a verdade e até «fazer da mentira verdade». Um exemplo, bem conhecido dos médicos todos, servir-nos-á de ilustração. Se, ao tomarmos a pressão a um doente, a achamos muito alta e, para satisfazermos o desejo dele, lhe participamos o resultado verdadeiro, o doente assusta-se: a sua pressão subirá mais ainda, acabando por ser, de fato, mais elevada do que quando lha tomamos; se, no entanto, não lhe dizemos a verdade, comunicando-lhe apenas um nível mais baixo do que o que foi verificado, então conseguiremos acalmá-lo, de modo que a pressão descerá realmente. Assim, com esta nossa aparente mentira (não uma mentira convencional), acabamos por ter razão.

As consequências nascidas da infidelidade da outra parte podem variar. Não se esqueça, entretanto, que a variedade das possíveis «atitudes» para com a efetiva quebra de fidelidade traz consigo também uma *chance* de realizar «valores de atitude». Neste sentido, a realização do valor residirá em superar a

A) ANÁLISE EXISTENCIAL GERAL

vivência experimentada. Enfim, pode haver quem se desligue simplesmente da outra parte; haverá quem, não renunciando à outra parte, antes lhe perdoe o que fez, logrando uma reconciliação; e ainda quem tente reconquistá-la, trazendo-a de novo para junto de si.

Posto isto, interessa observar que o materialismo erótico não se limita a converter a outra parte num objeto de posse; chega a fazer da relação erótica uma mercadoria. É o que se patenteia na prostituição. Como problema psicológico, logo se intui que a prostituição, mais do que coisa das prostituídas, é coisa dos «consumidores» da prostituição. Quer dizer: a psicologia das prostitutas está livre de problemas, na medida em que se reduz a uma psicopatologia de um tipo de personalidade mais ou menos psicopático. A análise sociológica dos vários casos que se apresentam não nos leva muito mais longe. Com efeito, tem aqui plena validade o que já dissemos noutra ocasião: a carestia econômica, por si só, não força ninguém a adotar um comportamento determinado e, por conseguinte, também não força a nada uma mulher normal. Pelo contrário, o que nos espanta é que frequentemente a mulher comum resista à tentação de recorrer à prostituição, a despeito das enormes dificuldades econômicas que atravessa. Essa saída, para resolver o problema da escassez, simplesmente não lhe passa pela cabeça; e isto parece-lhe tão evidente como evidente parece às prostitutas típicas a escolha do caminho que seguiram.

Pelo que diz respeito ao consumidor da prostituição, o que se passa com ele é que anda à procura de uma forma de «vida amorosa» impessoal e sem compromissos, que corresponde ponto por ponto à relação havida entre uma pessoa e uma mercadoria ou uma coisa. O que interessa vincar a este respeito é que a prostituição, sob o prisma da higiene psíquica, é pelo menos tão perigosa como sob o prisma da higiene física; e que, como quer que seja, os seus perigos psíquicos são menos fáceis de prevenir. O mais importante de todos está em que o rapaz se habitua a adotar perante a sexualidade uma atitude que qualquer pedagogia sexual racional desaconselha totalmente. Referimo-nos à atitude que consiste em encarar a sexualidade como um simples meio a que se recorre no intuito de conseguir um prazer.

O perigo desta saída – que é saída do caminho, descaminho – da prostituição, ou seja, o perigo da degradação da sexualidade, que assim vem a ser simples meio de satisfazer os instintos, reduzindo-se a outra parte à condição de mero objeto dos impulsos, salta à vista, com a máxima clareza, se se pondera que barra o caminho àquela vida amorosa reta que encontra no sexual nada mais do que a sua expressão e nada menos que o seu coroamento. A fixação de um rapaz novo no gozo sexual como fim em si – fixação por ele experimentada através da prostituição – acarreta-lhe um sombrio futuro na vida matrimonial. Quando, um dia, enfim, resolve amar realmente, já não pode, digamos, voltar atrás; ou melhor: já não pode ir em frente, não pode mais avançar para a atitude normal do amante em face da sexualidade. Para quem ama, o ato sexual é expressão física de uma ligação anímico-espiritual; não assim, porém, se a sexualidade se converteu num fim em si: não constituindo esta um meio de expressão, chega-se àquela incurável separação entre os chamados tipo de rameira e tipo de virgem, tão conhecidos dos psicoterapeutas e que há tanto tempo tanto lhes tem dado que fazer.

Diga-se ademais, para terminar, que também há por parte da mulher situações típicas que a tolhem naquele desenvolvimento normal em que culmina a vivência da sexualidade como expressão do amor. E note-se ainda que os prejuízos delas resultantes também só muito a custo costumam ser sanados pela psicoterapia. Assim sucedeu, por exemplo, num caso de uma moça que, a princípio, tinha relações «platônicas» com um amigo. Relações sexuais com ele, recusava-as, simplesmente porque não sentia impulsos que lhas pedissem. No entanto, o rapaz insistia cada vez mais, até que um dia deixou-lhe cair ao ouvido este comentário: «Acho que você é frígida». Então, ela começou a ter medo que ele estivesse com razão; que, quem sabe, talvez ela não fosse «mulher de verdade» e assim, um dia, resolveu entregar-se-lhe – para demonstrar, a si própria e a ele, a sem-razão daquele comentário. O resultado desta experiência só poderia ser o que foi: a incapacidade total para o gozo. É que o impulso ainda não tinha germinado nela: nem surgira espontaneamente nem havia sido despertado; e, em vez de esperar pelo seu desenvolvimento gradual e espontâneo, a moça em questão entregou-se ao primeiro ato sexual com o desejo convulsivo de pôr à prova a sua capacidade de gozar, tendo do mesmo passo o secreto receio de que com isso ficasse a descoberto a sua incapacidade para tanto. A forçada autoobservação (obs. 23) produzia já, necessariamente, sobre uma eventual excitação sexual, um efeito repressivo. Enfim, dadas estas circunstâncias, a moça não tinha motivo para estranhar que ela – observando-se assim ansiosamente – não pudesse satisfazer-se nada ao entregar-se. E o efeito de desenganos deste tipo na futura vida amorosa, na vida conjugal, pode muito bem vir a ser uma frigidez psicógena do tipo da neurose sexual denominada angústia expectante (*Erwartungsangstneurose*).

DISTÚRBIOS NEURÓTICOS SEXUAIS

Como é sabido, o psicoterapeuta encontra-se a cada passo com o «mecanismo» da chamada angústia expectante. A observação de qualquer ato que se efetive normalmente numa regulação automática e que seja imperceptível para a consciência produz, já de si, um efeito perturbador. Quem tende a ser tartamudo observa as suas palavras, em vez de atentar no que quer dizer; observa o como, em lugar de prestar atenção ao quê. Assim, paralisa-se a si mesmo, como se fosse um motor em que tentasse meter os dedos, em vez de o «deixar» funcionar por si só. Para curar um tartamudo, muitas vezes, é suficiente convencê-lo a adotar a atitude de quem simplesmente pensa em voz alta, pois a boca, digamos assim, fala por si – e tanto mais fluentemente quanto menos a ficar observando. Se se consegue que se aperceba disto, pode-se dizer que o trabalho psicoterápico mais importante já está feito. A psicoterapia dos distúrbios que impedem conciliar o sono segue, como se sabe, um roteiro análogo. Basta que, falsamente, se faça tenção de entrar no sono – *intendendo* para ele –, basta que o sono convulsivamente seja «querido», para que se produza imediatamente um estado de tensão interior que por força tornará o sono impossível. O medo da insônia, enquanto angústia expectante, impede, em tais casos, a conciliação do sono; e o distúrbio do sono que desta forma se provoca confirma e reforça a angústia expectante, dando-se origem, afinal, a um círculo vicioso.

Ora, é bem semelhante o que se passa com todos os indivíduos que se começaram a sentir inseguros na sua sexualidade. A sua autoobservação exacerba-se e é a própria angústia expectante, em face de um eventual malogro, que o leva à frustração sexual. O neurótico sexual nem de longe *intende* para a outra parte da relação que estabelece (como faz o verdadeiro amante); apenas *intende* para o ato sexual que como tal é visado por ele. Assim, fracassa esse ato, e por força tem que fracassar, pois não se efetua «com simplicidade»: não se leva a cabo como coisa natural e óbvia, mas antes como coisa que foi «querida» de propósito. Nestes casos, a missão essencial da psicoterapia cifra-se em quebrar o círculo diabólico e maldito da angústia expectante se-

A) ANÁLISE EXISTENCIAL GERAL

xual, eliminando toda e qualquer *intenção* que vise o ato sexual como tal. O êxito desta tarefa será garantido se se demonstra ao paciente que nunca deve arriscar-se a realizar o ato sexual como se se sentisse obrigado a isso, digamos assim. Para tanto, cumpre evitar tudo o que para o paciente possa significar uma espécie de «sexualidade sob coação». Esta coação pode ser uma coação exercida pela companheira (como no caso das mulheres «temperamentais», sexualmente muito exigentes); ou pelo próprio eu (quando se faz um «programa», decidindo-se praticar um ato sexual num dia e hora determinados); ou, finalmente, por uma situação (como quando se vai para uma pousada, hotel, etc.). Além da eliminação de todas estas formas de coação, que poderiam impressionar o neurótico sexual, conforme os casos, faz-se necessário educá-lo para a improvisação; e, com esta improvisação é que se tem de ir encaminhando discretamente o neurótico, de modo que ele, pouco a pouco, volte a consumar atos sexuais com a naturalidade de quem faz qualquer coisa de evidente e com espontaneidade. No entanto, uma psicoterapia deste tipo deve ser precedida pela tentativa de mostrar ao paciente que o seu comportamento originariamente «doentio» é, apesar de tudo, humanamente compreensível, libertando-o, assim, da sensação de estar sofrendo de um distúrbio patológico fatal. Por outras palavras: faz-se mister levá-lo a entender a influência maldita da angústia de expectativa e o círculo em que ela o encerra como algo que se reduz a um modo geral do comportamento humano.

Certa ocasião, um homem ainda novo foi procurar um médico por causa de um distúrbio de impotência. Verificou-se que, decorridos vários anos de porfia, por fim tinha convencido a namorada a «entregar-se-lhe». A moça prometeu-lhe que, «lá para a Páscoa», se lhe entregaria. Era uma promessa que lhe fazia quatorze dias antes da Páscoa. Durante essas duas semanas inteiras, o rapaz quase não dormiu de tensão e expectativa. Em chegando a Páscoa, fizeram ambos uma excursão de dois dias e passaram uma noite num refúgio de montanha. Quando o paciente, à noite, subia as escadas para o quarto de casal, estava tão excitado – no sentido da angústia de expectativa, não no sentido de uma excitação sexual – que, como depois contou, com as tremuras que sentia e o martelar do coração, mal podia andar. Assim, como é que havia de ser potente? Pois bem: o médico apenas teve que lhe fazer ver que o contrário do ocorrido era impossível, dadas as condições interiores e externas da situação e que, nessa situação, a reação do paciente era perfeitamente compreensível – compreensível como comportamento humano, que não chegava ainda a ser doentio! Desta maneira, o paciente acabou por se convencer de que não havia motivo para falar de impotência, tal como ele a temia (e que só por um triz não se convertera em conteúdo de uma angústia de expectativa, desembocando no círculo funesto correspondente). Isto, por si só, foi suficiente para devolver a segurança necessária a quem se havia tornado sexualmente inseguro. Já era patente para ele que um homem não está necessariamente doente só porque não consegue ao mesmo tempo entregar-se à companheira (pressuposto da capacidade de gozo e realização sexual) e observar-se a si mesmo numa angustiosa expectativa.

Mais uma vez se põe de manifesto, também aqui, no âmbito da vida sexual, na sua psicologia e patologia, de que modo se falseia a aspiração do homem à felicidade: como é precisamente a procura convulsiva da felicidade, do gozo como tal, que está condenada ao fracasso. Já dissemos, a outro propósito, que, a rigor, o que o homem procura não é a felicidade; isto é, em geral, está muito longe de andar à procura do prazer. O que se vê no fundo do homem não é a busca do prazer em si e por si mesmo, mas de um *fundamento* para o prazer. Contudo, na medida em

A) ANÁLISE EXISTENCIAL GERAL

que o prazer *realmente se converte em conteúdo da sua intenção e eventualmente também em objeto da sua reflexão, o homem perde de vista o fundamento do prazer, acabando por fazer com que o prazer em si mesmo se desvaneça.* E, se Kant pensava que o homem quer ser feliz, mas isso significava que ele deve é ser «digno da felicidade», – já nós pensamos de outro modo: originariamente, o que o homem quer não é, nem de longe, ser feliz; o que quer é ter um fundamento, uma razão para ser feliz! Explicamos: quando o seu esforço se desvia do respectivo objeto da intenção para esta intenção considerada em si mesma, da meta para a qual tende (do «fundamento» da felicidade) para o prazer (resultado da consecução da meta) – pode-se afirmar que tal esforço representa como que um *modus* degenerado do esforço humano, ao qual falta o caráter direto, imediato.

Ora, esta falta de caráter direto, imediato, é precisamente o que caracteriza toda e qualquer vivência neurótica. Já vimos até que ponto esta falta de imediatidade pode conduzir a distúrbios neuróticos e, em especial, a distúrbios sexuais. A imediatidade e, portanto, a autenticidade da intenção sexual é, especialmente no que se refere à potência masculina, um pressuposto impreterível. Prende-se com a patologia sexual a expressão consagrada por Oswald Schwarz para designar a autenticidade de intenção, aqui discutida: refiro-me à expressão «exemplaridade». O seu significado, poderíamos nós circunscrevê-lo como combinação de autenticidade e consequência, de modo que a primeira representasse a exemplaridade, digamos assim, num corte transversal, e a segunda o mesmo estado de coisas (correspondente à «exemplaridade») mas, por assim dizer, num corte longitudinal. Pois bem: é típico do homem «exemplar» não cair facilmente na «perplexidade»: com uma segurança de instintos característica, evita todas as situações que não pode «arrostar» e recusa qualquer ambiente que não lhe «convém» ou em que não «convém» a sua presença. Tipicamente «não exemplar» seria, em contrapartida, o homem de fina sensibilidade que, por exemplo, se lembra de procurar uma prostituta e diante dela se revela impotente. Este comportamento, em si, ainda não tem nada de doentio nem há motivo para tachá-lo de neurótico. Numa situação destas, o distúrbio da potência sexual seria de esperar, em se tratando de um homem de certo nível cultural; e poderíamos dizer até que é pouco menos de desejável. Todavia, o fato de o indivíduo referido se ter deixado arrastar a semelhante situação; o fato de ter entrado numa situação em que o «fracasso» constitui a única saída possível para se livrar do *affaire,* tudo isto mostra precisamente que o homem em questão não é «exemplar». A modo de conclusão, poderíamos portanto condensar o estado da questão na seguinte fórmula: cumpre denominar exemplar um comportamento em que o espiritual está em íntima harmonia com o psicológico e o biológico. Como se vê, o conceito de «exemplar» exprime, no plano existencial, o mesmo que o conceito de «não neurótico» no plano psicológico.

Como quer que seja, os distúrbios psicossexuais não se podem compreender se não partimos de um fato fundamental da existência humana, que é este: a vida sexual *humana* é sempre, de per si, algo mais do que *mera* vida sexual, justamente na medida em que constitui expressão de uma aspiração amorosa. É por isso que, se a sexualidade deixar de ser, neste sentido, um meio de expressão, para *se pôr a serviço do próprio prestígio* ou até *a serviço* exclusivo *do gozo,* logo se manifestam os distúrbios sexuais. Efetivamente, *quanto mais interessa ao paciente,* não a outra parte, mas *unicamente o prazer, tanto mais este se lhe dissipa;* e as consequências que disto resultam são distúrbios da potência e do orgasmo. Assim, a prevenção de distúrbios neurótico-sexuais baseia-se numa educação na capacidade de amar e na capacidade de entrega de si mesmo. Por isso, também tem plena validade no

A) ANÁLISE EXISTENCIAL GERAL

campo dos distúrbios sexuais e da respectiva terapia a frase de Paracelso: «O amor é a base da medicina».

Mas a frustração sexual não é a única; há também uma frustração existencial. Sim, pode muito bem acontecer que o paciente procure iludir a frustração existencial por meio de uma compensação sexual. E a *fuga* à frustração existencial, com a correspondente procura de uma compensação sexual, leva a uma espécie de *caça* ao prazer. Entretanto, quanto mais alguém anda à caça do prazer, mais o *rechaça*[80]. É como se aquela sensação de vazio, que definimos como vácuo existencial, conduzisse a uma inflação de sexualidade. Afinal, *só no vácuo existencial é que a libido sexual pode medrar!*

O AMADURECIMENTO SEXUAL

Uma vez tratados os problemas da natureza e valor do amor, vejamos agora o seu processo de formação. No período de amadurecimento, o sexual (no mais estrito sentido do termo) revela-se de modo tão súbito à consciência do homem que poderíamos falar – por analogia com as fórmulas de Schilder relativas ao psicótico – de uma «irrupção do orgânico» no psíquico. Quando da sua irrupção na esfera pessoal, o sexual ainda nada tem que se assemelhe ao psicológico propriamente dito. O que aí há é uma sexualidade determinada a partir do fisiológico, originariamente amorfa, ainda não configurada pela personalidade. Ou, por outras palavras: uma sexualidade que ainda não foi *integrada!* Só no decorrer do amadurecimento psicossexual progressivo é que o sexual vem a ser organizado pelo que há

---

(80) A palavra exata seria *afugenta (verjagt)*. Traduzi tal como se lê por me parecer conservar assim, de algum modo, o jogo de palavras do original: *Jagd* (caça); *jagen* (caçar, perseguir); e *verjagen* (afugentar, expulsar). (N.T.)

de pessoal no indivíduo, sendo-lhe paulatinamente assimilado. De início, porém, não representa nenhuma tendência pessoal, antes constitui mero impulso, sem finalidade e direção. No transcurso da evolução ulterior e da maturação que a acompanha, adquire uma direção cada vez mais definida, passando a revestir-se gradualmente de uma intencionalidade, de modo que a sexualidade, em se aproximando mais e mais do eu, entra pouco a pouco no campo de forças das tendências pessoais ou propriamente psíquicas (porque intencionais). Mas inicialmente o impulso sexual encerra apenas uma meta: a descarga («desintumescência») do estado de tensão mediante «contrectação» (A. Moll) com um indivíduo (qualquer um!) do sexo oposto. Assim, do impulso sexual ainda sem meta nasce o instinto sexual propriamente dito que, como tal, já se dirige a uma meta instintiva. Mais tarde, acresce a este outro fator que lhe define melhor a direção: o instinto sexual endereça-se a uma pessoa determinada, a um representante específico do sexo oposto; e, desta maneira, o instinto adquire um objeto específico. Portanto, o instinto endereçado a uma meta, que nascera do mero impulso sem meta, converte-se em tendência que visa uma pessoa. À meta instintiva não específica (de tipo genital-sexual) recresce agora o objeto específico do instinto: a pessoa – amada – do indivíduo de sexo oposto. Impulso sexual, instinto sexual, tendência sexual – marcam, assim, os degraus do caminho em que se processa o amadurecimento psicossexual e traduzem aquela intencionalidade crescente (inicialmente dirigida ao coito, sem mais; depois, a uma pessoa determinada), em virtude da qual a sexualidade, no decurso do amadurecimento do indivíduo, assume cada vez mais o caráter de expressão da personalidade.

Ora bem. Donde provém o elemento que marca a direção neste processo? O que é que dita ao instinto a direção para uma pessoa determinada? Não é possível que resida no próprio instinto esse elemento. O caso é que o instinto, bem como a sexualidade em geral, recebe a sua intencionalidade de uma tendência essencialmente diversa, de origem autónoma (e portanto não deriva da mera sublimação): de uma tendência erótica imanente. E falamos aqui de tendência «imanente» porque, muito embora se trate de uma tendência oculta, sempre a podemos pôr a claro; mesmo nos casos em que já se não tem consciência dela, podem-se descobrir os seus germes no passado. Falamos, por outro lado, de tendência «erótica» porque está numa relativa contraposição com todas as tendências sexuais: no adolescente, por exemplo, aparece sob a forma de um anelo de camaradagem, ternura, confiança íntima e mútua compreensão. É o desejo que o adolescente tem de conviver e estar acompanhado, o anelo de convívio no sentido anímico-espiritual: a tendência erótica é aqui, portanto, «erótica» no sentido mais estrito da palavra. Trata-se de algo primário e que de modo algum se pode deduzir do sexual.

Mesmo o homem que parece ter-se votado exclusivamente ao gozo sexual experimentou algumas vezes aquelas emoções que Freud definiu como tendências inibidas, mas que, como já dissemos, e na qualidade de tendências propriamente eróticas, acabam por proporcionar uma satisfação bem mais verdadeira do que o puro instinto sexual. Com certeza que até quem se entregou à mera satisfação sexual dos instintos sustentou uma vez por outra pretensões mais elevadas em relação à outra parte. E todas estas emoções e pretensões se denunciam mesmo nos escombros da depravação sexual burguesa. Só assim se entende o que uma prostituta contava certa ocasião: que era muito típico o fato de os homens embriagados lhe proporem sempre fazer as coisas como se ambos fossem casados e felizes; como se ele fosse o homem que volta do trabalho para casa e ela a mulher à sua espera, para o abraçar amorosamente. Há aqui qualquer coisa que irrompe e que, por assim dizer, estava confinada e reprimida: é o amor que havia sido reprimido, a tendência erótica que tinha sido relegada para segundo plano pelo instinto sexual! Quer dizer: até nestas formas tão mesquinhas e miseráveis de vida erótica, como são as que estão na base das relações entre uma prostituta e seu companheiro, arrepia caminho aquele anelo congênito de uma forma erótica mais elevada.

Pode afirmar-se, portanto, que a tendência erótica imanente se revela como aquilo que encaminha a sexualidade, desde o puramente físico de um impulso até ao espiritual de uma tendência que brota da própria pessoa e se dirige a uma outra pessoa diferente, passando pelo anímico de um instinto. Assim, o que se verifica no decurso normal e ideal do amadurecimento psicossexual é uma convergência progressiva das tendências sexuais e eróticas, até que, finalmente, a sexualidade se funde com a eroticidade, chegando-se a uma congruência do conteúdo da tendência erótica com o das tendências sexuais. O que se produz aqui é, enfim, uma síntese feliz da sexualidade e do erótico. O instinto, que recebe a sua meta, isto é, a sua orientação para uma pessoa determinada, a partir da tendência erótica, vincula-se depois a essa pessoa, a que «se sente vinculado» aquele que ama.

É assim que este processo de maturação conduz automaticamente à atitude monogâmica. A tendência sexual dirige-se exclusivamente àquela companheira única que a tendência erótica lhe ditou. Por conseguinte, o homem realmente amadurecido, a rigor, só pode desejar sexualmente a pessoa que ama; para ele, só se pensa numa relação sexual quando a sexualidade pode ser expressão de amor. Neste aspecto, a íntima capacidade para contrair uma relação monogâmica tem que impor-se como o verdadeiro critério da maturidade erótico-sexual de um indivíduo. A atitude monogâmica é, nestes termos, a um tempo: a última fase da evolução sexual; meta final da pedagogia se-

A) ANÁLISE EXISTENCIAL GERAL

xual; ideal da ética sexual. É claro que, como ideal, só raramente se atinge, e a maioria das vezes por aproximação; mas, como todo ideal, tem uma validade, se bem que apenas normativa: «é como que a mosca do alvo, que sempre se tem que ter em mira, ainda que nem sempre nela se acerte» (Goethe). Mas a razão desta raridade está inquestionavelmente na falta de amor verdadeiro. Com efeito, se é tão raro que o homem médio consiga chegar ao mais alto grau de desenvolvimento da vida amorosa madura, é exatamente por ser raro o homem médio que é capaz de amar deveras. Como quer que seja, qualquer missão humana continuará a ser «eterna»: todo o avanço humano é um avanço indefinido, um avanço para o infinito, um avançar em direção a uma meta que está no infinito. Dou de barato a dúvida sobre se existe ou não verdadeiro «progresso» no âmbito da história da humanidade; concedo que seja problemático o sentido em que, nessa esfera, se pode falar de verdadeiro progresso: o mais que se pode neste ponto registrar é o progresso técnico – o qual talvez se nos imponha, afinal, pela simples razão de estarmos vivendo numa época de técnica. Mas o que aqui está em causa é outra coisa: simplesmente, o progresso do indivíduo na sua esfera pessoal; e da possibilidade deste não se pode duvidar.

É de reconhecer que, no caminho que leva à meta ideal do processo normal de maturação, tal como nós a definimos, tem a mulher mais facilidades do que o homem. A virgindade até à união física com o homem real e definitivamente amado facilita-lhe a atitude monogâmica, na medida em que – depois de entrar em relação sexual com ele – tanto o erótico como o sexual se vinculam quase automaticamente à pessoa do amado, de modo que a sexualidade da mulher desprende-se quase como um reflexo condicionado pelo «seu» marido. Seja como for, a possibilidade do progresso não se esconde ao homem só por ser mais difícil.

Entretanto, o processo normal de amadurecimento psicossexual pode sofrer vários distúrbios. Dentre as várias formas deste processo em perturbação, cumpre distinguir três bem típicas que, ao mesmo tempo, correspondem a três tipos de homem neurótico-sexual. O primeiro tipo representa-o o adolescente, que já tinha enveredado pelo melhor dos caminhos: partindo do impulso sexual ainda informe, havia atingido formas eróticas cada vez mais elevadas numa atitude cada vez mais profunda para com a outra parte, uma vez ultrapassada a fase do instinto sexual endereçado a uma meta e a tendência erótica centrada em outra pessoa, acabando por encontrar, além de tudo, o objeto insubstituível da sua tendência erótica – isto é, a pessoa amada; mas, ao chegar a esta última fase, sobreveio-lhe um retrocesso, provocado, digamos, por um desengano. Realmente, uma vivência amorosa que se traduz numa decepção pode desencorajar um homem do tipo indicado, de modo que ele se sinta, por assim dizer, empurrado para trás, no seu normal desenvolvimento em ordem a uma vida amorosa ideal. Daí em diante, já não consegue acreditar na possibilidade de encontrar uma pessoa que ao mesmo tempo possa respeitar espiritualmente e desejar sexualmente. Então, atira-se ao gozo meramente sexual; e, na bebedeira sexual, tenta esquecer a sua infelicidade erótica. A quantidade de gozo sexual e de satisfação dos instintos entra a substituir a qualidade de uma profunda e plena realização na felicidade amorosa. A sexualidade converte-se, assim, em «meio de gozar», em puro meio que se emprega para conseguir prazer. Verifica-se uma mudança de tônica: do erótico para o sexual. O instinto sexual que nestes casos, frequentemente pelo menos, nunca tinha sido satisfeito, e nem sequer, por outro lado, havia reclamado satisfação incondicional, exige subitamente satisfação e arrasta estes homens em cata das maiores satisfações possíveis. Desta maneira, porém, afastam-se de novo e cada vez mais da

A) ANÁLISE EXISTENCIAL GERAL

meta final do processo de amadurecimento psicossexual, e cada vez se lhes torna mais difícil dominar a síntese do erótico com o sexual. A vivência da decepção atira-os outra vez para o plano mais baixo da mera sexualidade, fazendo-os retroceder para a fase primitiva do desenvolvimento percorrido. Pois bem: já que este tipo de distúrbio no processo de amadurecimento psicossexual tem a sua origem numa vivência da decepção, denominamo-lo «tipo-ressentimento».

Conhecemos o diário de um jovem *gangster*, onde se contém uma descrição penetrante do que ocorre no íntimo de um destes homens que representa o «tipo-ressentimento». Trata-se de um rapaz moço arrastado às orgias na primeira juventude. Atolado em orgias, tinham abusado dele também em relações homossexuais. (A essencial falta de meta ou objetivo do impulso sexual explica, em princípio, que, nesta fase da evolução psicossexual, se aceitem também metas e objetivos instintivos perversos). O rapaz costumava andar inclusive com as piores companhias, metido em grupos de delinquentes, que não se limitavam a perpetrar crimes sexuais; até que, um belo dia, por acaso, se acabou introduzindo numa associação de rapazes animados de ideais políticos e entusiastas do alpinismo. Aí conheceu uma moça e apaixonou-se por ela. A partir desse instante mudou inteiramente de vida, mas especialmente a vida sexual. O que começou a sentir para com a moça amada nada tinha que ver com finalidades sexuais. Produziu-se uma brusca mudança de tônica, do sexual para o erótico. Não tinha relações sexuais com o seu par, nem de resto as reclamava. A despeito de uma sexualidade tempora, tinha-se desenvolvido agora até alcançar o erótico não sexual. Todavia, quando um dia a moça o decepcionou, atirou-se de novo à vida antiga, cheia de ânsias de gozo sexual, e regrediu por completo, não apenas do ponto de vista sexual, mas também socialmente. Comoventes, as palavras que no diário dirige imaginariamente àquela moça soam como um grito de horror: «Então, queres que eu volte a ser o mesmo que era dantes, que eu volte àquela vida, para andar sempre de noite em cabarés, em bebedeiras, e metido em bordéis?!»

O segundo tipo a que nos referimos acima caracteriza-se pelo fato de os indivíduos que o representam não terem chegado sequer a uma atitude ou relação propriamente erótica. Este tipo de homem fica logo desde o início debruçado sobre o meramente sexual. Nem sequer se aproxima da união das pretensões sexuais com as eróticas (no sentido mais estrito da palavra e, portanto, enquanto se contrapõem àquelas). Declina também a possibilidade de respeitar a companheira sexual, bem como a possibilidade de amá-la. Considera impossível que um dia lhe possa caber em sorte uma autêntica vivência ao amor e não confia em que possa vir a experimentar ou despertar um verdadeiro amor. Quanto à tarefa de realizar a síntese da sexualidade com o erótico, renuncia igualmente, resignado. Em contraposição com o tipo-ressentimento, denominamos este, por isso, o «tipo-resignação». Tais homens, porque não creem na possibilidade do amor quanto à sua pessoa, também não acreditam no amor em geral, e duvidam da realidade do amor mesmo fora da sua vida pessoal. Tiram-lhe o valor, supondo-o uma ilusão. Na realidade – assim julgam eles – tudo é mera sexualidade. O amor – costumam dizer – só aparece nos romances e não passa de um ideal irrealizável.

Entre os homens deste tipo conta-se também o chamado tipo Don Juan, que se inculca aos ingênuos como herói erótico. Mas na verdade o que ele é é um débil que nem sequer se sente com forças para levar a cabo uma verdadeira e plena vida amorosa. Apesar da quantidade de gozo sexual e de amantes que consumiu, ao fim e ao cabo, a sua vida não pode deixar de ser vazia. Assim, fica o seu mundo mais vazio do que o daqueles

A) ANÁLISE EXISTENCIAL GERAL

que amam realmente, e mais inacabada a sua vida do que a vida deles.

Finalmente, o terceiro tipo a apontar aqui é aquele a que nos apraz chamar «tipo-inativo». Tanto o tipo-ressentimento como o tipo-resignação ficam aquém de tudo quanto seja «mais do que sexualidade»; o tipo inativo, porém, nem sequer chega à mera sexualidade, no sentido de contato sexual com outra pessoa. Ao passo que o tipo-ressentimento, pelo menos ao princípio, chega a experimentar a vivência de um companheirismo erótico, e o tipo-resignação, por seu turno, um companheirismo sexual – já o tipo-inativo desconhece toda e qualquer vivência semelhante, pois recusa-as todas. Não é nem eroticamente nem sexualmente ativo. Está, portanto, isolado, digamos assim, com o seu instinto sexual, e a expressão de tal isolamento é o onanismo. Num homem destes, a sexualidade é vivida de um modo puramente «situacional», como simples estado; no ato de onanismo, essa sexualidade carece de toda e qualquer intencionalidade e orientação que, transcendendo-a, vise o ser de outra pessoa. Para falar verdade, o onanismo não é nem uma doença nem uma causa de doenças; o que é, e sempre, é um sinal de um distúrbio no desenvolvimento da vida do amor e bem assim de uma atitude errônea e falhada relativamente a essa vida; carecem, portanto, de justificação as ideias hipocondríacas acerca das suas consequências patológicas. Mas a modorra desalentada que costuma seguir-se ao ato de onanismo tem, para além e independentemente dessas ideias hipocondríacas, o seu fundamento naquele sentimento de culpa que não pode deixar de invadir o homem, sempre que ele foge da vivência intencional para a vivência situacional ou de estado. Este tipo de comportamento impróprio do homem é afinal o mesmo que demos a conhecer já, ao estudarmos a embriaguez, salientando-o como essência deste fenômeno. Tanto assim é que, exatamente como sucede com a embriaguez, salta aqui à vista esse estado de modorra – de ressaca – que se segue à prática do onanismo.

Entre os indivíduos do «tipo-inativo», contam-se, mesmo independentemente da válvula da masturbação, todos aqueles jovens que sofrem da chamada «necessidade sexual». «Necessidade sexual» é sempre a expressão de uma indigência ou escassez geral, de natureza decididamente anímica. Cumpre entendê-la, por isso, como indigência ou necessidade de um homem que «fica só» com o seu instinto, tomando-o por isso, mas só por isso precisamente, como uma necessidade miseranda. Na medida em que – como nos casos de desenvolvimento normal – o erótico predomina, a sua relativa contraposição com a sexualidade não é sentida a modo de conflito interior. O conflito e tensão anímica que produzem a «necessidade sexual» só se manifestam quando, havendo distúrbios no decurso da evolução, se verifica uma espécie de mudança de tom, por exemplo aquela mudança de tônica já referida em que se acentua o sexual com prejuízo do erótico. A expressão «necessidade sexual», entretanto, pode levar-nos a um equívoco, por nos fazer crer que o momento da necessidade radica, já de si, no próprio instinto sexual insatisfeito, como se estivesse portanto fatalmente vinculado ao fato da abstinência sexual. Na realidade, contudo, o fato da abstinência nem de longe significa o mesmo que uma vivência da necessidade. Evidentemente – e ainda voltaremos ao assunto –, isto só vale para o homem novo, em processo de maturação, e não para o adulto. Por conseguinte, se um rapaz novo padece da referida necessidade sexual, tal necessidade é unicamente um sinal de que o seu «instinto sexual» ainda não se subordinou a uma tendência erótica, não se tendo inserido nas tendências propriamente pessoais, ou de que já deixou de estar assim subordinado e inserido.

Esta frase feita que vimos manuseando – «necessidade sexual» – tem sido empregada abusivamente de vez em quando

A) ANÁLISE EXISTENCIAL GERAL

numa espécie de propaganda sexual, segundo a qual, ao abrigo de uma concepção equívoca e de uma interpretação vulgar da psicanálise, o instinto sexual insatisfeito – não o que foi infelizmente reprimido – conduziria necessariamente à neurose. Assim, prega-se à juventude a nocividade da abstinência sexual, quando na realidade o que realmente é nocivo é o resultado dessa pregação, a saber: a angústia de expectativa que ela cria. Dessa forma, apregoa-se o comércio sexual «a todo o custo», mesmo entre os mais moços – em vez de os deixar amadurecer e progredir pelo caminho que leva àquela eroticidade sadia, a única digna de um ser humano, em que o sexual é mera expressão e coroamento da relação de amor. Com isto dizemos também que o erótico deve ser precedido de uma relação amorosa. E, em contrapartida, o jovem que entra numa vida exclusivamente sexual antes do tempo verá barrado o caminho que conduz à síntese da sexualidade e do erótico.

DIRETRIZES DE PEDAGOGIA SEXUAL

Interroguemo-nos agora acerca das possibilidades terapêuticas que se nos oferecem em relação a um fenômeno como este da chamada necessidade sexual da juventude. O problema não deixa de ter a sua importância uma vez que uma eventual psicoterapia da «necessidade sexual» *ex iuvantibus* permite formular conclusões retrospectivas quanto à psicogênese. Basta, para tanto, proporcionar aos jovens em questão a companhia de pessoas da mesma idade, de ambos os sexos. Feito isto, o rapaz, mais cedo ou mais tarde, ficará «apaixonado», isto é, encontrará uma companheira e, claro está, no sentido erótico e não no sentido sexual da palavra. Em acontecendo isto, logo a necessidade sexual desaparece como que por encanto. Estes rapazes admitem com frequência, por exemplo, que literalmente «se esqueceram» de se masturbarem. Sentem-se atraídos pela companhia da moça que escolheram, para além de qualquer atitude sexual. Quer dizer: aquilo que é grosseiramente sexual nos jovens passa automaticamente para segundo plano, no exato momento em que se apaixonam – com as suas exigências insatisfeitas, ou apesar delas. E, em contrapartida, passa para primeiro plano o erótico. Assim, bruscamente, a tônica desloca-se do sexual para o erótico, verificando-se uma abrupta mudança de tom entre as tendências sexuais e eróticas, que se apresentam, nos jovens, em certo antagonismo. Pois bem: a proporcionalidade recíproca entre sexualidade e eroticidade é precisamente aquilo de que nos devemos servir para tratar os rapazes novos que sofrem de «necessidade sexual». No caso de rapazes novos, podemos considerar fenômeno normal esta reciprocidade, e, em consequência dela, a diminuição e desaparecimento do mal-estar que acompanha o instinto sexual insatisfeito, não obstante a abstinência sexual prolongada. Experiências muito extensas e contundentes, efetuadas com base no material fornecido por estabelecimentos de orientação sobre as necessidades anímicas da juventude, vieram confirmar a normalidade deste fato, em perfeita concordância com as discussões havidas com inúmeros jovens, por ocasião de conferências sobre temas de pedagogia sexual, na sede das suas associações juvenis. Dentre os muitos milhares de casos analisados, não houve um único sequer que não confirmasse plenamente o efeito referido, isto é, a mudança de tônica que se desloca do sexual para o erótico.

Mas, como dissemos, não se passam assim as coisas com o adulto, com o homem já maduro. No homem adulto, as tendências eróticas acompanham lado a lado as tendências sexuais, pois, dada a síntese do sexual e do erótico, levada a cabo no processo de amadurecimento psicossexual, a primeira converteu-se

A) ANÁLISE EXISTENCIAL GERAL

já em expressão da segunda. Não obstante, tampouco a abstinência sexual do adulto conduz necessariamente, de modo algum, a sintomas neuróticos. Se de fato, num adulto que pratica a abstinência sexual, encontrarmos sintomas neuróticos, nem de longe nos será lícito considerá-los, em geral, como consequência direta da continência sexual, mas apenas como algo que com ela está coordenado. Nesses casos, aliás, observa-se habitualmente que a própria abstinência é um sintoma, entre outros muitos, de uma neurose comum que está no fundo de todos eles.

O certo é que, mesmo nos jovens que, em virtude daquela mudança de tônica que se desloca do sexual para o erótico, se viram livres da sua «necessidade sexual»; mesmo nesses, digo, o instinto sexual volta a manifestar-se, mais cedo ou mais tarde, fazendo valer as suas exigências, se bem que já de acordo com a natureza – e precisamente à proporção que se efetiva a síntese de sexualidade e eroticidade no decurso do seu progressivo amadurecimento. Isto significa que o que se fez, ao relegar para segundo plano – transitoriamente apenas – o instinto sexual, foi adiar o problema da sua satisfação. Com este adiamento, contudo, conseguiu-se algo de essencial, a saber: que, neste meio tempo, o rapaz em questão amadureceu tanto que – predominando nele a tendência erótica – se tornou capaz de estabelecer uma relação erótica, em cujo âmbito uma relação sexual já é, pelo menos, digamos assim, discutível. Efetivamente, o que agora temos é uma relação amorosa em que a eventual relação sexual desempenha valiosa função de meio de expressão (e também não pretendíamos mais do que isso). Mas não se ficou por aqui; algo mais aconteceu entretanto: à medida que foi amadurecendo, o senso de responsabilidade do jovem desenvolveu-se o suficiente para poder decidir, com base na sua própria responsabilidade e na da pessoa a quem ama, se e quando deve contrair com ela uma relação sexual séria. Podemos já encarregá-lo de resolver esse problema, com a consciência sossegada. Com efeito, uma coisa é certa: se, num caso assim, chega a contrair uma relação sexual séria, a sexualidade desempenhará aí o único papel que lhe compete desempenhar: o de uma forma física de expressão de um conteúdo anímico-espiritual, o de expressão do amor (obs. 24).

Pois bem. Se agora, resumindo o que se expôs, nos interrogamos sobre a posição que ao médico compete adotar em face do problema do comércio sexual entre jovens; se, enfim, se nos pergunta qual a «indicação» a dar quanto ao comércio sexual ou à abstinência sexual entre gente moça, podemos estabelecer as seguintes diretrizes: em primeiro lugar, sob o prisma médico-somático, não há nenhuma indicação ou contraindicação – pressupondo-se sempre, bem entendido, uma maturidade corporal. Por outras palavras: a este respeito, o médico, enquanto tal, comportar-se-á com toda a neutralidade, na certeza de que nem as relações sexuais nem a abstinência sexual podem acarretar qualquer prejuízo efetivo do ponto de vista físico. Contudo, o problema é outro quando encarado do ponto de vista psico-higiênico. Deste ponto de vista, já não nos devemos poupar a uma tomada de posição. Quer dizer: há casos em que, por razões psico-higiênicas, temos que pronunciar-nos em sentido negativo, recorrendo, por assim dizer, a um direito de veto que nos assiste. Assim deveremos fazer em todos os casos em que se observa um impulso para o comércio sexual sem se verificar ainda uma relação de amor propriamente dita; isto é, sempre que não estiver ainda presente uma relação verdadeiramente erótica que pressione no sentido de uma expressão sexual. Neste caso (e apenas neste) deverá dar-se uma indicação, aliás negativa; o comércio sexual entre gente moça – enquanto amadurecidos sexualmente, mas não ainda psicossexualmente – afigura-se-nos, assim, contraindicado.

A) ANÁLISE EXISTENCIAL GERAL

Em compensação, uma indicação positiva é que nunca poderemos dar, nem nos será lícito fazê-lo em caso nenhum. Com efeito, isso faria com que o médico estivesse arcando com uma decisão que não lhe compete, tirando aos outros uma responsabilidade que se situa na esfera última da discussão do problema, na esfera espiritual – para além do meramente físico e anímico. Há ainda um terceiro ponto de vista a partir do qual se pode apreciar o comércio sexual entre jovens, à parte as considerações médico-somáticas e psico-higiênicas: é o ponto de vista ético-sexual. Mas, vistas as coisas sob este prisma, tampouco existe, jamais existe para o médico a possibilidade de dizer «sim» e aconselhar diretamente, num caso concreto, o referido comércio sexual. É que, em se chegando a este ponto, qualquer conselho médico iria além dos limites da sua competência. Enquanto conselheiro, o médico não está no seu posto para desonerar da respectiva responsabilidade o indivíduo que vem aconselhar-se com ele; pelo contrário, o que o médico deve fazer é educar para a responsabilidade esse indivíduo. É precisamente com base na sua própria responsabilidade que o jovem tem que saber escolher um caminho. Por conseguinte, o problema de saber se um rapaz que ama realmente uma companheira erótica deve ou não contrair com ela uma relação sexual não é jamais problema para o médico conselheiro, pois constitui de antemão um problema exclusivamente pessoal do indivíduo que o procura. Quando muito, uma coisa apenas é lícita ao médico: fazer ver a quem o vem consultar que ninguém tem nada a temer da abstinência – caso por ela se tenha decidido livremente e a tenha assumido voluntariamente por qualquer razão (assim, porventura, se lhe parecer que o seu amor lhe exige esse sacrifício).

Mas há mais. A responsabilidade em ordem à qual o jovem tem que amadurecer e em ordem à qual o conselheiro tem que educá-lo, se aquele o consulta para aconselhar-se, não envolve apenas a pessoa da companheira, pois atinge, para além dela, o social, o econômico, compreendendo ainda, finalmente, o campo do eugênico. Isto vale sobretudo em relação ao problema de saber se uma relação monogâmica se deve ou não converter em matrimônio. Já tivemos ocasião de comprovar, a outro propósito, que o matrimônio constitui uma figura categorial que se insere em várias esferas autônomas ao mesmo tempo, transcendendo, por isso, o puramente psíquico. De qualquer forma, o psicoterapeuta apenas tem que lidar com a esfera do psíquico, de modo que só lhe resta fomentar e exigir a capacidade interior para contrair uma relação monogâmica e para adotar uma atitude monogâmica correspondente. No que diz respeito especialmente à gente moça, é necessário encorajar os indivíduos a enfrentar todas as dificuldades que a juventude depara como tempo de preparação erótica. O rapaz novo tem que ter a valentia de se apaixonar e desprender-se da paixão, de «fazer a corte», de estar só, etc. Mas, quando o sexual tentar antepor-se ao erótico e ameaçar tornar-se despótico, a psicoterapia e, paralelamente, a pedagogia sexual, levantarão a sua voz de aviso. Vem aqui a propósito salientar que uma estatística psicológica de grandes proporções, organizada pela Escola de Charlotte Bühler, revelou que as relações estritamente sexuais de moças muito jovens – nas quais, portanto, não nos é lícito pressupor quaisquer relações de amor propriamente eróticas – conduzem a uma clara limitação do círculo geral de interesses, do horizonte espiritual, porquanto o instinto sexual dessas moças, postas assim à prova sem terem atingido a acabada compleição da sua personalidade, fiadas na promessa do lucro fácil de um prazer e movidas pelo veemente desejo de se satisfazerem, absorve todo e qualquer outro afã. É claro que pela própria natureza das coisas, em se verificando esta evolução desencaminhada, a preparação interior para o ideal do

A) ANÁLISE EXISTENCIAL GERAL

matrimônio por força tem que sofrer menoscabo, pois a felicidade e a duração do matrimônio só estão garantidas pela consecução da meta ideal da evolução normal, isto é, pela maturidade que habilita a contrair uma relação monogâmica, pela síntese feliz e a congruência do sexual com o erótico.

A existência humana de per si e como um todo já se funda essencialmente no ser-responsável. Quanto ao conselheiro, o médico, esse tem uma responsabilidade que, por assim dizer, foi potencializada: é corresponsável pelo paciente, pelo indivíduo que o consulta pedindo-lhe conselho. Mas a sua responsabilidade aumenta ainda mais em se tratando de conselhos sobre matéria sexual, pois evidentemente esta responsabilidade transcende o presente, para se estender também ao destino de uma geração vindoura. Ora, a pedagogia sexual do período de amadurecimento também não pode deixar de ficar ciente desta plenitude de responsabilidade. A este respeito, não poderá subtrair-se aos pontos de vista gerais de uma pedagogia da puberdade. E para satisfazer as exigências de tais pontos de vista, terá que tentar obter uma tríplice confiança, sob o signo da sua tríplice responsabilidade. Referimo-nos com isto, em primeiro lugar, à confiança do jovem no seu educador, nos pais ou professores, no líder de juventude ou no médico da família ou num conselheiro em geral. Todos eles devem tentar conquistar e conservar a confiança do jovem. Isto é especialmente importante no que diz respeito ao tão discutido complexo de problemas da chamada iniciação sexual. Quanto a estes problemas, uma única coisa podemos dizer aqui: a informação e esclarecimento sexual nunca se devem dar coletivamente. É que, ao passo que para uns será demasiado prematura, desconsertando-os, para outros será já tardia, tornando-se ridícula, para simplesmente mover ao riso. Daí que o único caminho razoável seja o individual. Ora, este caminho apoia-se precisamente na confiança que o jovem sente no seu educador: esta confiança, uma vez gerada, fará com que o jovem apresente ao seu educador qualquer problema sexual logo que ele surja, nem antes nem depois. Mas há ainda uma segunda confiança que a pedagogia da puberdade deve propor-se alcançar: é a confiança do jovem em si mesmo, que impedirá qualquer desânimo na encosta empinada que leva à personalidade madura. E, finalmente, a terceira confiança estará em depositarmos nós próprios no jovem a nossa confiança – o que constitui, aliás, o meio mais adequado de cimentar a confiança dele em si mesmo e a que a nós conceda. Diga-se enfim, para terminar, que com esta terceira confiança – a confiança que nele depositamos – evitamos-lhe qualquer falta de independência no pensar e no agir, e estimulamo-lo a seguir o seu caminho para a liberdade.

B) Análise existencial especial

Nos capítulos precedentes, tivemos já reiteradas ocasiões de explicar, à luz de alguns casos neuróticos, o método de exame e tratamento analítico-existencial. Sem a preocupação de formarmos um sistema, no sentido, digamos, de uma teoria da neurose, demos a conhecer, por exemplo, com as observações que fizemos sobre a chamada neurose dominical ou algumas formas da neurose sexual, a possibilidade de se aplicar a análise existencial como logoterapia. Pois bem: embora também não nos proponhamos fazer agora, nas páginas que se seguem, uma exposição sistemática, não deixaremos de oferecer o nosso contributo coerente para uma análise existencial específica das neuroses e psicoses, analisando especialmente, aliás, o material casuístico de que dispomos. Veremos em que medida se verifica a possibilidade de encontrar aqui alguns pontos de partida para uma logoterapia das neuroses, tal como a postulamos inicialmente, e tal como depois a delineamos, na forma de uma análise da existência. Entretanto, e a modo de introdução, gostaríamos de apontar algumas considerações psicológicas e patogênicas de índole muito geral.

Já nos referimos, em várias ocasiões, ao fato de que todo sintoma neurótico tem quatro raízes, cada uma das quais brota de uma das quatro dimensões essenciais do ser humano. Assim, a neurose apresenta-se-nos simultaneamente como consequência de algo físico, como expressão de algo psíquico, como meio dentro do campo de forças sociais e, finalmente, como um *modus* da existência. Pois bem: só este último momento nos fornece um ponto de partida para o processo analítico-existencial.

Os fundamentos fisiológicos da neurose são de diferentes tipos e, no caso concreto, sobressai ora um ora outro. São de considerar sobretudo os fundamentos constitucionais (disposição hereditária) e os condicionais. Entre os fundamentos constitucionais, contam-se a inestabilidade (labilidade) vegetativa e a estigmatização endócrina. Por outro lado, como fundamentos condicionais da origem da neurose, poderíamos entrever, por exemplo, a convalescença após uma doença corporal grave ou a prolongada ressonância afetiva do organismo após uma intensa vivência do susto ou medo. Mas, ao passo que os momentos condicionais só raramente se verificam e a sua significação é a de meros fatores de desencadeamento, o mesmo não sucede com os fundamentos constitucionais, já que o mais provável é que nenhuma autêntica neurose, no sentido clínico, possa nascer sem um concreto fundamento constitucional e, por conseguinte, em última análise, sem uma base biológica.

Se um sintoma neurótico for suscetível de ser interpretado como «expressão» e «meio», é porque primária e diretamente é expressão e só secundariamente é meio para um fim[81]. Sendo

---

(81) Cf. V. E. Frankl, *Die Neurose als Ausdruck und Mittel.* Terceiro Congresso Internacional de Psicologia Individual, Düsseldorf 1926.

B) ANÁLISE EXISTENCIAL ESPECIAL

assim, nunca a chamada finalidade de um sintoma neurótico explica a origem de uma neurose, mas apenas a fixação do sintoma em questão, conforme o caso. Por conseguinte, nunca com esta finalidade se pode explicar de que modo o paciente contraiu a sua neurose; essa finalidade poderá explicar-nos, quando muito, de que modo o paciente não conseguiu desenvencilhar-se do sintoma. Logo se vê que isto se opõe à visualização da psicologia individual. Para esta, a neurose teria primariamente a «missão» de desviar o homem da sua missão vital. Em contrapartida, a análise existencial não acredita nesta função final da neurose e, apesar disso, considera sua missão terapêutica o aproximar o homem do cumprimento da sua missão na vida, pois, além do mais, é assim que ele se verá livre da sua neurose, mais cedo e mais facilmente. O que se quer afirmar, portanto, é que esta «liberdade de» (da neurose) tem que ser precedida, quanto possível, pela «liberdade para», pela «decisão a favor» da missão vital; quanto mais de antemão vincularmos este momento positivo (logoterapêutico) ao momento negativo (psicoterapêutico), tanto mais depressa e com mais segurança chegaremos ao nosso objetivo terapêutico. Quem teve a coragem de explicar isto foi, mais uma vez, o tão conhecido psicólogo americano da atualidade, Gordon W. Allport, da Universidade de Harvard: «True neuroses, we know, are best defined as stubborn selfcenteredness. No therapist can cure a phobia, obsession, prejudice or hostility by subtraction. He can assist the patient to achieve a valuesystem and outlook that will blanket or absorb the troublesome factor» (*Personality and Social Encounter*, Beacon Press, Boston 1960). Isto é: «Como sabemos, a melhor maneira de definir as verdadeiras neuroses é entendê-las como teimosa fixação em si mesmo. Nenhum terapeuta pode curar uma fobia, uma obsessão, preconceito ou hostilidade, limitando-se a extirpar o que quer que seja. O que ele pode fazer é ajudar o paciente a aproximar-se de uma visão dos valores e de uma concepção do mundo capaz de cobrir e absorver o fator de perturbação».

1. Psicologia da neurose de angústia

Baseando-nos em casos escolhidos, explanaremos seguidamente a estrutura psicológica da neurose de angústia, detendo-nos em alguns exemplos que nos permitam ver que a neurose também mergulha as suas raízes em camadas que não são propriamente psíquicas. Para tanto, partiremos de um caso concreto de eritrofobia. A base fisiológica desta neurose está num distúrbio de regulação vasovegetativa. Mas tal distúrbio, por si só, não representa ainda nenhuma neurose no sentido rigoroso da palavra; tem que acrescentar-se, como momento patogênico no mais estrito sentido do termo, o elemento psicógeno. Este elemento psíquico apresenta-se-nos, dentro do quadro da etiologia da neurose, na imensa maioria dos casos, como «trauma» psíquico, seja ele qual for. No caso da angústia de rubor (*Errötensangst*) que temos diante dos olhos, tudo decorreu como na vivência que passamos a descrever. Num dia de inverno, o rapaz em questão, vindo do frio da rua, entrou no ambiente cálido de um café. Isto era já o bastante para explicar que lhe começasse a ficar vermelha a cara ao avançar para a mesa reservada do café, onde costumava reunir-se com os amigos, que agora encontrava outra vez. A primeira coisa de que um deles se lembrou foi chamar a atenção do recém-chegado e dos que o acompanhavam para o rubor do seu rosto, começando a caçoar dele. Pois bem: nesse mesmo instante, estava assente o fundamento de uma autêntica neurose. É que, daí em diante, vinha acrescentar-se a angústia de expectativa à simples disposição neurótico-vegetativa que não tinha mais importância do que a de uma «complacência somática»: na próxima ocasião, numa situação análoga, o nosso paciente já começava a recear o enrubescimento, de modo que ele próprio o tinha que provocar diretamente, mesmo sem a interferência de uma mudança brusca de temperatura, isto é, sem a presença de um fator de desencadeamento. Este «mecanismo» da angústia de expectativa, uma vez posto em jogo, progride continuamente de um modo inexorável: a angústia provoca o sintoma, e o sintoma volta a estimular a angústia por seu turno. Assim se fecha o círculo, até o quebrar a terapia. Em princípio, também seria possível aplicar ao caso um tratamento medicamentoso[82] (não decerto no sentido de uma sugestão larvada); mas em geral, o tratamento mais simples e o que mais resultado dá é o que se faz em forma de psicoterapia verdadeira e própria.

Assim, o que antes de mais nada importa é isto: fazer com que o doente compreenda «humanamente» a angústia de expectativa, de modo que esta não se lhe imponha como algo de propriamente «enfermiço» e, por conseguinte, como qualquer coisa de fatal. Mal o paciente se aperceba de que essa angústia de expectativa, tão compreensível, não pode deixar de cultivar o sintoma, deixará de dar-lhe importância e de temê-la, até que, finalmente, desaparecerá o sintoma, quebrando-se o círculo. Se tiramos a esse rapaz o respeito pelo sintoma, a importância que lhe concede como uma espécie de despótico acontecer patoló-

---

(82) Cf. V. E. Frankl, Zur medikamentösen Unterstützung der Psychotherapie bei Neurosen, Schweizer Archiv für Psychiatrie 43, 1, 1939.

B) ANÁLISE EXISTENCIAL ESPECIAL

gico, logo cederá também aquela convulsividade que crava a atenção do paciente no sintoma, fixando-a nele, e que é, aliás, o verdadeiro motivo da fixação do próprio sintoma.

Noutros casos – em conformidade com o esquema, acima apontado, sobre os possíveis momentos patogênicos –, o que encontramos como fundamento fisiológico de uma neurose de angústia é um distúrbio de regulação endócrino. Nos casos de agorafobia designadamente, sempre nos chamou a atenção o fato de se encontrarem também sinais claros de hipertireose. Seja como for, sempre a hipertireose ou, paralelamente, a «simpaticotonia» traz consigo já uma certa «predisposição para a angústia» (Wexberg). Ora, sobre esta base disposicional, pode construir-se uma neurose de angústia. Pelo que se refere especialmente à agorafobia, deixam-se entrever também vivências «traumáticas», a modo de fatores causais que desencadeiam a avalanche da angústia de expectativa. Mas, ao lado das agorafobias, por trás das quais se esconde uma hipertireose, há também claustrofobias, que ocultam uma tetania latente, e sintomas de despersonalização – a síndroma psicoadinâmino – que encobrem uma insuficiência das cápsulas suprarrenais.

É importante, além de explicar e solucionar a angústia de expectativa, fazer com que o paciente se distancie da angústia. O modo mais simples de o conseguirmos consiste em levar o paciente a objetivar o sintoma, por assim dizer. Só o conseguirá, porém, se chegar a rir-se de si, a fazer uma espécie de paródia de si mesmo, pois o distanciamento e a objetivação do sintoma têm realmente por finalidade possibilitar ao doente o colocar-se, por assim dizer, «ao lado» ou «acima» da sensação de angústia. E nada melhor que o humor para criar esta distância. Não há dúvida de que precisamos de arriscar-nos a aproveitar este fato; é como se tentássemos tirar à angústia neurótica o vento que lhe sopra nas velas. Assim, por exemplo, se um doente de agorafobia se nos queixa de que ao sair de casa se angustia, com medo de que «lhe dê um ataque» na rua, podemos aconselhá-lo a tentar «propor-se», logo ao sair, desmaiar na rua, em consequência de um ataque[83]. Mas, para reduzirmos por completo *ad absurdum* a sua angústia, ainda é preciso sugerir-lhe que diga, de si para si, o seguinte: «Afinal de contas, já me aconteceu muitas vezes cair ao chão no meio da rua com um ataque; pois bem, hoje voltará a acontecer-me outra vez». O doente logo se aperceberá de que a sua angústia está muito longe de ser angústia real, tomando consciência de que é angústia perfeitamente neurótica; e com isto ter-se-á dado mais um passo no distanciamento. Assim, o doente aprenderá paulatinamente a colocar-se cada vez mais «acima» do sintoma, e este tipo de humorismo em que o introduzimos e em que, para dizer toda a verdade, o ensaiamos, simplifica-lhe o problema tanto como toda a espécie de humor, que afinal facilita ao homem o pôr-se «acima de uma situação», para dominá-la. O leitor decerto estará sorrindo... Podemos rir-nos à vontade deste sistema com que levamos o doente a contornar o seu sintoma; o próprio doente não deixará de sorrir. O certo é que com isto já conseguimos ganhar o jogo – o jogo dele![84]

Mas o paciente que sofre de neurose de angústia não tem que aprender simplesmente a agir apesar da angústia que sente; tem que aprender precisamente a fazer aquilo que lhe dá angústia ou medo e, por conseguinte, a procurar as situações em que costuma experimentar a vivência da angústia. A angústia «desistirá» sem nada ter conseguido, «com as mãos vazias»; afi-

---

(83) Allers disse uma vez que «quem renuncia à vitória está tão pouco ameaçado e tão longe de sentir angústia como aquele que considera excluída a possibilidade da derrota».

(84) Cf. Gordon W. Allport: «The neurotic who learns to laugh at himself may be on the way to self-management, perhaps to cure».

B) ANÁLISE EXISTENCIAL ESPECIAL

nal, não passa de uma reação de alarme biológica que, por assim dizer, quer sabotar toda e qualquer ação ou evitar qualquer situação que, «aos olhos da angústia», constitua situação perigosa. Aprenda o doente a agir «sem lhe ligar importância», e logo verá como a angústia vai pouco a pouco cedendo como se tivesse sido vítima de uma atrofia por inatividade. Isto de «viver sem ligar importância à angústia» é, portanto, digamos assim, o objetivo negativo da nossa psicoterapia no mais estrito sentido do termo – um objetivo que ela tem atingido não poucas vezes, mesmo antes de alcançado o objetivo positivo de «viver com uma finalidade», que é o escopo colimado pela logoterapia e análise existencial.

Mas, ao lado das pseudoneuroses somatógenas, e além das psicógenas, temos ainda aquelas que defini como noogênicas. É deste tipo o caso de um rapaz novo que sofria com o medo constante de ter de morrer de um carcinoma. Pela análise existencial do caso, verificou-se que o doente se ocupava continuadamente no seu íntimo com o problema de saber de que tipo seria a morte que um dia o esperava e, por outro lado, se desinteressava do problema de saber como viver o seu «tipo de vida» presente. A sua angústia da morte era, em última análise, angústia de consciência, aquela angústia que o homem sente perante a morte e necessariamente tem que sentir, quando despreza as possibilidades da sua vida, em vez de realizá-las, não podendo deixar de afigurar-se-lhe sem sentido toda a existência anterior. Àquele desinteresse com que o nosso paciente passava de largo pelas suas próprias possibilidades, correspondia como equivalente neurótico o seu vivo e exclusivo interesse pela morte. Com a sua carcinofobia justificava, por assim dizer, a sua «frivolidade metafísica» (Scheler). Por trás duma angústia neurótica deste tipo está, portanto, uma angústia existencial. É como se o sintoma da fobia se limitasse a especificar esta angústia. *A angústia existencial condensa-se na fobia hipocondríaca* quando a angústia originária perante a morte (= angústia de consciência) se concentra numa determinada doença mortal. Na neurose hipocondríaca não podemos deixar de ver, por conseguinte, um desdobramento da angústia existencial que deriva para um órgão concreto. Põe-se de lado a morte que é receada por uma consciência pesada, e passa-se a temer, em seu lugar, a doença de um órgão concreto.

A condensação da angústia existencial, a angústia em face da morte e ao mesmo tempo em face da vida como um todo, surge-nos constantemente no processo neurótico. A angústia total, originária, parece andar à cata de um conteúdo concreto, de um representante objetivo da «morte» ou da «vida», de um representante da «situação-limite» (Jaspers), de uma representação simbólica (E. Straus). Esta «função representativa», assume-a, por exemplo, «a rua», no caso de uma agorafobia, ou, no caso da febre do palco (*Lampenfieber*), «o cenário». Muitas vezes, as próprias palavras com que os doentes pintam os seus sintomas e mágoas e que eles parecem julgar meramente figurados, metafóricos, indicam-nos as pegadas da razão verdadeira e existencial da neurose. Assim, uma paciente que sofria de agorafobia descrevia a sua sensação de angústia nestes termos: «é a sensação de estar suspensa no ar». Na realidade, isto era a expressão mais exata que achara para explicar toda a situação espiritual em que se encontrava. Com efeito, a neurose era nela, em última análise, essencialmente, a expressão anímica do seu estado espiritual. A sensação de angústia e de vertigem que costumava acometer como um paroxismo, na rua, a nossa paciente é, portanto, poderíamos dizer, em termos de análise existencial, expressão «vestibular» da sua situação existencial. Muito semelhante é o caso de uma atriz que tinha a febre do palco e, para nos explicar a sua vivência de angústia, nos dizia: «Tudo tem dimensões enor-

B) ANÁLISE EXISTENCIAL ESPECIAL

mes – tudo me persegue –, tenho medo de perder a vida». Uma outra doente descrevia a sua vivência de agorafobia, aliás sem estar influenciada por ninguém, desta maneira: «Assim como, no espiritual, vejo muitas vezes diante de mim um vazio, assim o vejo eu, exatamente assim, um vazio no espaço... Não sei sequer para onde vou, nem para onde quero ir».

Quanto aos casos concretos em que a angústia neurótica, além de mera expressão anímica direta da angústia da vida, vem a ser também um meio para um fim, cumpre observar que só secundariamente o veio a ser[85]. Ainda que a psicologia sempre tenha envidado os seus esforços para demonstrar o contrário, a angústia neurótica nem sempre está efetivamente – e, se o está, é em plano secundário – ao serviço de tendências tirânicas em face de um ou outro membro da família; e nem sempre serve de «legitimação da doença», em vista de uma autojustificação perante os outros ou perante si mesmo. Quer dizer: antes e a par desta utilização «mediata» – mediata no duplo sentido de utilização «secundária» e utilização como «meio»–; portanto, antes e a par deste eventual caráter de *arrangement*, – a angústia neurótica tem sempre primariamente o caráter imediato de expressão. Por isso Freud tem toda a razão ao falar do «lucro da doença» como «motivo secundário (!) da doença». Mas, mesmo nos casos em que este motivo secundário da doença se apresenta de fato, não é de aconselhar que se diga ao doente, «de chofre», que o que ele pretende com os seus sintomas é, por exemplo, reter a sua mulher ou dominar a irmã, ou coisa que o valha. O que se consegue com semelhante proceder é, habitualmente, um protesto. Quando não, cometemos para com o doente uma espécie de extorsão, desentranhando-nos longo tempo a

---

(85) Cf. V. E. Frankl, *Die Neurose als Ausdruck und Mittel*, Terceiro Congresso Internacional de psicologia individual, Düsseldorf 1926.

persuadi-lo de que o seu sintoma é uma arma com que ele, por exemplo, anda a aterrorizar os seus, – até que, por fim, para não ter de continuar a «engolir» aquelas recriminações, arranca de si todas as energias que lhe restam e consegue dominar, seja como for, o seu sintoma. A estes processos, que afinal são sujos, devem talvez o seu êxito alguns tratamentos psicoterápicos. Quanto a nós, parece-nos bem mais aconselhável – em vez de forçar com essa extorsão o «sacrifício» do sintoma e a cura – esperar que o doente, animicamente alquebrado, repare que está utilizando um sintoma como meio para um fim, o fim da sua vontade de domínio sobre o ambiente social ou familiar, apercebendo-se, portanto, de que está a cometer um abuso. E é precisamente a espontaneidade do conhecimento de si mesmo e do reconhecimento das coisas como elas são, o que indica o verdadeiro efeito terapêutico[86].

Quando a análise existencial de um caso de neurose de angústia chega à conclusão de que tal neurose é, em última análise, um *modus* da existência, concebendo-a como modo de existir, de situar-se humanamente e de tomar decisões espirituais, logo temos também o ponto de partida para uma logoterapia, como terapêutica adequada e específica. Tomemos como exemplo o caso concreto de uma neurose climatérica de angústia. Prescindindo do desequilíbrio endócrino como infraestrutura somatógena da doença, havia que encontrar a sua autêntica raiz na dimensão existencial, espiritual: na vivência da crise da vida, enquanto crise existencial, na ameaça que para um indivíduo representa um balanço espiritualmente negativo. Como mulher formosa que era, a paciente fora mal-acostumada com mimos pela sociedade; mas agora não tinha outro remédio senão en-

---

(86) Cf. V. E. Frankl, *Zur medikamentösen Unterstützung der Psychotherapie* bei Neurosen, Schweizer Archiv für Psychiatrie 43, 1, 1939.

B) ANÁLISE EXISTENCIAL ESPECIAL

frentar aquele período da vida em que já não estaria em questão a valia erótica; só lhe restava «aguentar», em vista da formosura em declínio. Eroticamente, esta mulher sentia-se fora de jogo; achava-se numa vida sem objetivo e sem finalidade, sem conteúdo – a existência parecia-lhe sem sentido. Eis o que nos dizia ela, letra por letra: «De manhã, levanto-me e pergunto-me a mim própria: que temos para hoje? Para hoje, nada...» E começou a haver-se com a angústia. Como não tinha nenhum conteúdo vital, como não podia dispor de uma vida cheia de conteúdo, a sua angústia necessariamente entrava a entretecer-se-lhe com a vida.

O que se impunha era procurar um conteúdo de vida, encontrar o sentido da vida dela; encontrá-lo agora para além do êxito erótico e da valia social – e ao mesmo tempo encontrá-la a ela, o seu eu, as suas íntimas possibilidades. Tratava-se, em suma, de fazer com que a paciente se apartasse da sua angústia e se aplicasse às suas missões. Já dissemos que esta última e positiva finalidade de uma logoterapia analítico-existencial se pode atingir mesmo antes da finalidade negativa de qualquer psicoterapia no sentido mais estrito do termo; mais ainda, conforme as circunstâncias, a consecução deste objetivo positivo pode ser o bastante para libertar o doente da sua angústia neurótica, exatamente na medida em que priva a angústia da sua base existencial. É que, afinal, em se descobrindo de novo a plenitude de sentido da vida, a angústia neurótica fica sem objeto, de modo que é como se não houvesse lugar para tal angústia; e, como nos comentava mais tarde a nossa paciente, com toda a espontaneidade, «não há tempo» para isso. O que havia que fazer no caso era, portanto, isto: conduzir o indivíduo concreto, que se encontrava numa situação concreta, àquela missão que devia desempenhar na vida e que, conforme dissemos, tinha também para ela o «caráter de algo único» e irrepetível. A solução válida residia, digamos, em fazê-la «compreender o que ela era», pois também ela se apercebia da «imagem do que devia vir a ser» e, para o dizermos com as palavras de Rückert, «não seria completa a sua paz» enquanto o não viesse a ser.

Fazia-se mister transformar a crise climatérica num renascimento crítico configurado «a partir do espírito» – e, no caso, era esta *a missão da logoterapia*. De modo que sem dúvida veio a caber aos terapeutas desempenharem *o papel de parteiros no sentido socrático*. Aliás, como veremos adiante, cometer-se-ia um erro tático se se quisesse impor ao paciente determinadas tarefas, fossem quais fossem. Pelo contrário, e conforme já vimos, o que compete à análise existencial é precisamente conduzir o paciente à sua espontânea responsabilidade.

Pois bem, no caso que estamos considerando, também a paciente conseguiu encontrar «a sua» missão na vida. Tendo-se devotado inteiramente ao novo conteúdo da vida, entregando-se ao sentido da existência que havia recuperado e à vivência da própria e plena realização, não só voltou a nascer nessa paciente um novo ser humano, mas também desapareceram quaisquer sintomas neuróticos. E de fato, apesar de subsistir naturalmente a base climatérica da neurose, desapareceram todas as sensações funcionais do coração, tais como a sensação de desassossego na zona cardíaca e as palpitações de que a doente sofria. Pôs-se assim de manifesto até que ponto a vivência neurótico-cardíaca do «desassossego» era, em última análise, a expressão do desassossego, da inquietação espiritual, da catividade total em que a pessoa se achava prisioneira, à espera de libertação. *«Inquietum est cor nostrum...»*, diz Agostinho; é exato: inquieto esteve também o coração da nossa paciente, enquanto não pôde descansar e sossegar, e encontrar a paz na consciência da sua missão de «caráter único» e irrepetível, na consciência da responsabilidade e do dever perante a sua missão na vida.

2. Psicologia da neurose compulsiva

Até Wexberg e outros investigadores, orientados, de si, mais para a psicogênese e, relativamente, para a psicoterapia, admitiram que, afinal, sempre há na base da neurose compulsiva uma subestrutura somática. Com efeito, tivemos ocasião de conhecer quadros morbosos em que se manifestam processos patológicos pós-encefalíticos e ao mesmo tempo se destaca uma analogia com síndromas de neurose compulsiva. Entretanto, cometeu-se o erro de confundir semelhança formal com identidade substancial. Depois foi-se mais longe ainda, chegando-se a admitir como base da neurose compulsiva, não só um fator constitucional, mas também um fator processual. A suposição de que esta base existia vinha sendo corroborada pelo conhecimento daqueles casos em que o curso da neurose se revestia absolutamente do caráter de um processo progressivo ou, em todo o caso, tinha o caráter de um desenvolvimento marcado por fases. Contudo, não se exclui a possibilidade de que, nos primeiros casos, se tratasse de esquizofrenias camufladas e, nos últimos, de melancolias larvadas. Mas, mesmo quando não se tomavam os processos psicóticos por base fisiológica dos sintomas neurótico-compulsivos, punha-se em primeiro plano o momento fatal, o elemento da fatalidade, se bem que num outro sentido: no sentido de uma psicopatia constitucional. Falava-se de uma «síndroma anancástica» como expressão de uma psicopatia anancástica. Via-se nela o elemento hereditário da neurose compulsiva; atribuía-se-lhe também um radical biológico-hereditário próprio, que devia ter uma função hereditária especial, isto é, dominante. Finalmente, propôs-se que se falasse de «doença compulsiva» em vez de neurose compulsiva, acentuando-se assim o seu carácter fatal.

Do ponto de vista terapêutico, entendemos que têm relativamente pouca importância todas estas variadas concepções; julgamos especialmente que a psicoterapia, mesmo que acentue o momento de fatalidade entre as bases da neurose compulsiva, não se exime do seu dever nem se priva das suas oportunidades. Com efeito, a psicopatia anancástica não representa senão a mera predisposição para certas propriedades caracterológicas, tais como o pedantismo, e especialmente o amor pela ordem, o fanatismo da limpeza ou a idiossincrasia escrupulosa. Não é por causa destas propriedades que o sujeito sofre. Tais propriedades não prejudicam nem o sujeito que as tem nem os circunstantes. São apenas o terreno em que pode medrar a neurose compulsiva propriamente dita, mas não necessariamente. Quando no terreno de uma constituição desse tipo efetivamente se verifica uma neurose compulsiva, então é que se chegou já ao terreno da liberdade humana: aí é que a atitude do homem, o seu comportamento para com a disposição psicopática, é essencialmente livre, deixando de ser fatal – como o são as disposições –, ou, para usarmos a expressão de Erwin Straus, «criatural». Nestes termos, se a causa primária de uma neurose compulsiva não é nada de psíquico, não sendo psicógena portanto a neurose compulsiva, trata-se pura e simplesmente de uma disposição e não de uma doença no sentido rigoroso da palavra. Esta disposição, em si, é puramente formal; e no caso de neurose compulsiva manifesta, o que sucede é que se lhe acrescentam aquelas deter-

B) ANÁLISE EXISTENCIAL ESPECIAL

minações de conteúdo que, por seu turno, são evidentemente psicógenas.

Com isto, é claro que nem de longe se quer dizer que a descoberta da psicogenia dos conteúdos concretos seja eficaz do ponto de vista terapêutico, ou simplesmente indicada. Pelo contrário, sabemos demasiado bem do perigo que se encerra em nos adentrarmos no conteúdo concreto dos sintomas. Na neurose compulsiva, aliás, o tratamento de cada sintoma parece-nos contraindicado. Passa-se aqui uma coisa semelhante ao que ocorre com os casos de esquizofrenia. Qualquer tentativa de tratamento hipnótico é capaz de provocar nos esquizofrênicos a sensação de os estarem a influenciar; outro tanto se verifica com os melancólicos: o tratamento psicológico-individual, prevenindo-os de que se estão a servir dos afetos como instrumentos de domínio sobre os parentes, é o mesmo que levar água ao moinho de autocensura desses pacientes. Com efeito, tratar a fundo os sintomas, no caso dos neuróticos compulsivos, só serve para fomentar-lhes a tendência obsessiva para excogitar. Deste tratamento sintomático ou dos sintomas cumpre distinguir acuradamente o tratamento paliativo por meio da logoterapia. Realmente, o que se faz com a logoterapia não é tratar o sintoma concreto ou a doença enquanto tal, pois o que efetivamente importa tratar é o Eu do paciente que sofre de neurose compulsiva, a sua atitude para com a neurose compulsiva. Esta atitude, aliás, foi o que converteu o distúrbio básico constitucional no sintoma clínico da doença; e é uma atitude que se pode corrigir perfeitamente, pelo menos nos casos mais simples ou que estão na fase incipiente. Por conseguinte, se a atitude em si ainda não tem aquela rigidez tipicamente neurótico-compulsiva; se ainda portanto não se deixou infiltrar, digamos assim, pelo distúrbio básico, – por força tem que ser ainda possível também uma mudança.

Quando se trata de neurose compulsiva, já a psicoterapia tem a missão de imprimir uma mudança à atitude do paciente para com a neurose como um todo. Esta mudança tem que processar-se de um modo semelhante ao que vimos quanto à neurose de angústia. Tal como no caso desta última, é preciso criar aqui, em primeira linha, um «distanciamento do sintoma». O processo terapêutico em vista da neurose compulsiva, tal como no tratamento das fobias, deve amolecer, digamos assim, o paciente e, por assim dizer, relaxar a sua atitude global para com a neurose. É bem sabido, de resto, que a luta tensa destes pacientes contra as suas ideias obsessivas não serve senão para aumentar a «pressão» dessas ideias. Pressão provoca contrapressão; quanto mais o paciente arremete, digamos, contra as suas ideias obsessivas, tanto mais estas se revigoram e mais dominador as têm que parecer-lhe. Conforme disse já Erwin Straus, o que mais falta faz a um paciente destes é sossego e humor. Ora, ambos estes momentos se acham presentes nas aplicações do nosso processo psicoterápico. O neurótico compulsivo tem que enfrentar os seus temores obsessivos rindo-se de si mesmo, exatamente como aconselhávamos ao neurótico de angústia, estimulando-o. Conhecemos, por exemplo, um doente que andava sempre com receio de ter prejudicado nuns centavos o cobrador do bonde ou um balconista duma loja, sem reparar. Em breve este doente aprendeu a voltar-se para o seu receio, dizendo entre si: «Ora essa! Com que então, enganei o homem só por causa de um par de centavos?! Não senhor: enganei-o, mas foi em milhares de centavos; e daqui em diante é assim que o quero enganar; e vocês vão ver como vou enganar muito mais gente e em dinheiro graúdo!»

Deve notar-se, contudo, que só se consegue que o doente deixe de debater-se com as suas ideias obsessivas se se pressupõe nele o fato essencial de as não recear. E isto não é fácil, porque o mais das vezes os pacientes tendem a exagerar o valor dos sinto-

B) ANÁLISE EXISTENCIAL ESPECIAL

mas neurótico-obsessivos, vendo neles o pródromo, quando não os próprios sinais, de uma enfermidade psicopática. Desta forma, é claro que têm que sentir medo dos pensamentos obsessivos. É por isso que o que se impõe, antes de mais nada, é afastar este receio da psicose ameaçadora; um receio que, uma vez por outra, pode converter-se numa psicoticofobia manifesta. Aquele distanciamento, aquela objetivização tão importante, e de per si já tão frutífera e eficaz, de que falamos acima, só a poderemos conseguir se tirarmos ao paciente o excessivo respeito – que alimenta pela sua neurose compulsiva. Só quando conseguirmos, neste sentido, trivializar a sua neurose, só então o doente que a sofre estará em condições de a ignorar como quer que seja, e de agir sem lhe prestar atenção. Em casos deste tipo, isto é, quando se trata de um medo à psicose, é aconselhável levar o paciente a estudar a fundo a sua própria neurose; não há inconveniente, por exemplo, em remetê-lo para trabalhos como os de Pilcz ou de Stengel, dos quais se deduz até um certo antagonismo entre as neuroses compulsivas e as doenças psicóticas: sendo assim, o próprio neurótico compulsivo, a despeito dos seus receios compulsivos pelas psicoses, ou melhor, graças a eles, terá que sentir-se necessariamente imune. Posto isto, podemos calmamente chamar a sua atenção para o seguinte fato: a «passagem da neurose compulsiva para uma psicose», tão temida por ele, figurou apenas uma vez como título de uma epígrafe numa estatística sobre a evolução das autênticas neuroses compulsivas, apresentada numa comunicação a um congresso de psicoterapeutas; e, sob a epígrafe referida, figurava um zero reconfortante.

Perguntemos ao paciente se ele não tem o hábito de controlar repetidas vezes a chave de gás e a porta da casa, para se certificar de que estão bem fechadas. Mal o paciente nos diga que sim, todo espantado, expliquemos-lhe com o ar mais grave possível, como se quiséssemos anunciar-lhe a sua sentença de morte espiritual, o seguinte: «Veja bem! Qualquer homem pode ficar doente mental; mas há um único grupo de homens que estão absolutamente imunizados contra qualquer doença mental; e esses homens, que constituem a exceção, são os que têm caráter neurótico-compulsivo, isto é, os que tendem para diversos receios obsessivos ou já os sofrem. Pois bem: isso que o senhor acaba de declarar – quero dizer, a obsessão da repetição e do controle – são receios obsessivos típicos. Portanto, não posso deixar de lhe roubar a ilusão: o senhor jamais pode vir a ser um doente mental; por mais que teime nisso, o senhor, nunca!» Se falarmos assim com o paciente, até *nos parecerá ouvir o baque da pedra que lhe fizemos cair do coração.*

No entanto, os pacientes neurótico-compulsivos não temem apenas a possibilidade de que a sua neurose se converta numa psicose; receiam também, por exemplo, a possibilidade de virem a cometer um dia alguma ação, sob a pressão dos seus impulsos obsessivos para o suicídio ou o homicídio – caso não estejam em condições de os dominar. Nestes casos, é imperioso, porém, abrir os olhos do paciente para a natureza das coisas e, com um são realismo, fazer retroceder os receios, para deslocar essas escaramuças contraproducentes com os impulsos obsessivos.

Basta o fato de termos conseguido arrancar ao paciente o medo injustificado a uma psicose, para termos já obtido uma notável «descarga de pressão» anímica. Atingido este resultado, já o Eu não exercerá aquela contrapressão, que era o que produzia, por outro lado, a pressão da compulsão. Tendo em vista esta descarga de pressão, no sentido de que deve preceder toda a psicoterapia ulterior e bem assim toda e qualquer logoterapia, é importante frequentemente conduzir o paciente a uma mudança radical na sua atitude para com a doença. O que queremos dizer com isto é que, tendo efetivamente a sua doença como que um núcleo de fatalidade, o paciente deve aprender também

B) ANÁLISE EXISTENCIAL ESPECIAL

a aceitar a neurose compulsiva como qualquer coisa de fatal, para evitar, assim, que se forme em torno do núcleo psicopático-constitucional um padecimento psicógeno desnecessário. Em suma: há um mínimo de predisposição caracterológica realmente ininfluenciável pela psicoterapia; e o paciente deve aprender a dizer o seu «sim» a esse mínimo. E, efetivamente, quanto mais o educarmos numa espécie de *amor fati*, tanto mais insignificante virá a ser esse resto de sintomas fatais, que escapam a qualquer influência.

Conhecemos o caso de um paciente que, tendo sofrido durante quinze anos de uma neurose compulsiva grave, veio lá da sua terra passar uns meses na capital, para se tratar. Chegado à capital, submeteu-se à psicanálise; mas o tratamento, provavelmente em virtude da brevidade do prazo de que dispunha, não deu resultado. Visto isto, dispunha-se já a regressar à terra, mas com o único fito de pôr em ordem os assuntos da família e os negócios e, logo a seguir, suicidar-se, tão grande era o seu desespero por verificar que, ao que parecia, se fizera incurável o seu sofrimento. Poucos dias antes de empreender a viagem, pressionado pelos amigos, resolveu-se a consultar outro médico. Este, mesmo porque tinha, no caso, pouco tempo à disposição, teve que renunciar de antemão a qualquer análise e limitar-se, por assim dizer, a uma revisão da atitude do doente em face da doença compulsiva. Tentou, pois, induzir o doente, digamos assim, a fazer as pazes com a sua doença. E baseou esta tentativa no fato de o paciente ser um homem profundamente religioso. Tendo isto em conta, o médico apenas lhe pediu que visse na doença qualquer coisa «querida por Deus», algo dado a modo de fatalidade, devendo portanto passá-la por alto, em vez de ficar a altercar com ela, para dessa maneira levar uma vida grata a Deus. A viragem que, nesse instante, se produziu no íntimo do doente teve um efeito surpreendente, que espantou o próprio médico: por ocasião da segunda sessão psicoterápica, o doente já podia admitir que agora, *pela primeira vez depois de dez anos,* tinha passado uma hora inteira livre das suas ideias obsessivas; e depois, logo após o regresso à sua terra, imediato à consulta por não se poder adiar a viagem, escreveu uma carta informando o médico de que a situação se tinha mitigado tanto que se podia considerar-se praticamente curado.

A correção daquela equivocada atitude anímica que consiste em os nossos pacientes neurótico-convulsivos lutarem convulsivamente contra as suas ideias ou representações obsessivas visa esclarecer-lhes duas coisas simultaneamente: primeiro, que eles não são responsáveis pelos «acessos» neuróticos obsessivos que os acometem; segundo, que eles são, no entanto, responsáveis pela atitude com que encaram esses acessos. E, efetivamente, o que faz com que esses penosos acessos venham a ser tão penosos para eles é essa atitude de se «ocuparem» interiormente com os mesmos, continuando a pensar neles ou a debater-se com eles, talvez até pelo medo que lhes causam. Também aqui há que acrescentar, às componentes negativas e psicoterapêuticas, no sentido mais estrito da palavra, do tratamento, um componente logoterápico positivo. Queremos dizer, neste sentido, que o doente deve acabar por aprender a viver passando por alto a sua neurose compulsiva e a levar, apesar dela, uma vida plena de sentido. De resto, é patente que o simples fato de se aplicar às suas tarefas vitais concretas o ajudará a desembaraçar-se dos seus pensamentos obsessivos.

ANÁLISE FENOMENOLÓGICA DAS VIVÊNCIAS DE TIPO NEURÓTICO-COMPULSIVO

A propósito da neurose cumpulsiva, há que considerar também, afora a logoterapia de tipo geral, de que estamos falando,

B) ANÁLISE EXISTENCIAL ESPECIAL

uma logoterapia especial, que se ocupa da conduta espiritual específica do neurótico compulsivo, tentando corrigir aquela concepção do mundo característica a que propendem tipicamente estes neuróticos. É esta logoterapia que em seguida estudaremos. A análise existencial especial da neurose compulsiva prestar-nos-á preciosa ajuda ao bom entendimento dessa concepção do mundo, e tem que partir de uma análise fenomenológica despreconcebida da vivência da referida neurose compulsiva.

O que é que se passa com o neurótico compulsivo quando, por exemplo, se sente atormentado pelo ceticismo? Ao fazer as contas, diz, por exemplo: $2 \times 2 = 4$. E, no caso concreto, demonstra-se que o paciente, antes de ter tido qualquer dúvida, sabia, como quer que fosse, que a conta estava certa; agora, não obstante, começa a repontar-lhe a dúvida. «Tenho que fazer a conta outra vez» – dizia um destes doentes – «embora eu saiba que está bem feita». É como se, afetivamente, experimentasse a vivência de que ainda há uma espécie de resto em suspenso! Ao passo que o homem normal se apazigua com o resultado concreto dos seus atos de pensamento, no sentido de que não prossegue nas suas indagações, uma vez obtido esse resultado, o homem neurótico compulsivo sente a falta desse sentimento simples que se segue ao ato de pensamento e que, quanto ao exemplo matemático – «$2 \times 2 = 4$» –, poderia exprimir-se dizendo-se: «e, com efeito, é assim mesmo». A vivência experimentada pelo homem normal, nestes casos, é a da evidência; e o que falta ao pensamento do neurótico compulsivo é precisamente a sensação normal de evidência. Nestes termos, podemos falar de uma insuficiência do sentimento de evidência nos neuróticos compulsivos. O homem normal tapa, por assim dizer, com o diafragma da sua ótica, esse resto irracional que, de um modo ou de outro, sempre adere a todos os resultados do pensamento, mesmo nas operações de cálculo mais difíceis ou em outros atos de pensamento mais complicados; mas o neurótico compulsivo não consegue libertar-se desse resto, e prossegue para além dele, no seu pensamento: à sua *insuficiência do sentimento de evidência* corresponde uma intolerância para com aquele resto irracional. Enfim, o neurótico compulsivo não consegue tapá-lo com o diafragma da sua visão.

Vejamos então como reage o neurótico compulsivo ao resto irracional. Que faz ele? Tenta dominá-lo, abordando-o de novo com o pensamento; mas, como é natural, sem o conseguir de todo eliminar. Assim, vê-se forçado a continuar nas suas tentativas de pensar e repensar, para cancelar o resto irracional, mas sem conseguir sequer diminuí-lo. Este jogo assemelha-se à função de uma bomba aspirante que, como se sabe, tem um «espaço morto», de modo que nunca produz um vácuo absoluto, antes se limita a reduzir, numa percentagem determinada, a quantidade de ar contida no recipiente que se quer esvaziar: o primeiro movimento do êmbolo reduz o volume de ar à décima parte, o seguinte à centésima parte, e assim por diante. Pois bem: a compulsão reiterativa da neurose compulsiva corresponde às repetições dos movimentos do êmbolo, inúteis afinal. Com a revisão de um resultado do seu pensamento, o neurótico compulsivo sentir-se-á mais seguro na matéria em questão; mas sempre subsiste um resto de insegurança e não pode deixar de subsistir, por mais que tente eliminá-lo, levado pela compulsão da repetição. Prosseguirá nestes esforços até se esgotar, até ao momento em que, tirando forças da fraqueza, se render por fim a um vago *credo* e a uma absolvição geral, deixando de lado as suas elucubrações (até às próximas).

Ao distúrbio do sentimento de evidência, tomado como um dos momentos da perturbação básica da neurose compulsiva, no que diz respeito ao conhecimento, corresponde, no que se refere à capacidade de decisão, um *distúrbio da segurança instintiva*. A

B) ANÁLISE EXISTENCIAL ESPECIAL

análise fenomenológica ulterior da vivência de tipo neurótico-compulsivo indica que, no doente por ela afetado, está tremida aquela segurança instintiva que guia, na vida quotidiana, o homem são e que, por assim dizer, toma por ele as decisões triviais. A *segurança instintiva do homem normal reserva a consciência da sua responsabilidade para os grandes momentos das encruzilhadas da vida e, mesmo então, atua de uma forma de certo modo irracional: como consciência*! Não assim o neurótico compulsivo, que tem de compensar os dois defeitos timopsíquicos que o afetam – o distúrbio do sentimento de evidência e o da segurança instintiva – mediante um especial estado de consciência e uma especial escrupulosidade. Os seus excessos de escrupulosidade e conscientidade evidenciam-se, assim, como hipercompensações noopsíquicas (para nos servirmos da conhecida antítese de Stransky, entre «noopsique» e «timopsique»). O transtorno da sensação de segurança, quanto ao conhecimento e decisão, leva os indivíduos neurótico-compulsivos a um forçado autocontrole. Provoca neles, a modo de compensação, a vontade de chegarem a uma certeza absoluta de conhecimento e decisão; uma aspiração a um conhecimento absolutamente seguro e o esforçado desejo de tomarem decisões moralmente absolutas. Com os mesmos conscienciosos escrúpulos e conscientidade com que um homem normal, na melhor das hipóteses, resolve escolher a profissão ou a mulher para casar, o indivíduo afetado de neurose compulsiva fecha a porta da sua casa ou mete uma carta na caixa do correio. Esta conscientidade exorbitante e esta autoobservação exacerbada necessariamente têm que ter, mesmo de per si, efeitos perturbadores: e é coisa sabida. O que falta ao neurótico compulsivo, dada a hipertrofia da consciência que o acompanha constantemente, molestando-o nos seus atos de pensamento e de decisão, é aquele «estilo fluente» com que o homem são vive, pensa e atua. O caminhante tropeçará logo que – em vez de pôr os olhos na meta – centrar demasiado a atenção nas pedras do caminho. Num estado de consciência exorbitante, pode o homem, quando muito, iniciar um ato; mas não o pode executar sem o prejudicar com a própria execução.

A conscientidade exorbitante e a excessiva escrupulosidade do neurótico compulsivo representam nele, por conseguinte, traços de caráter típicos, cuja raiz podemos ir encontrar na infraestrutura timopsíquica da sua personalidade. Disto se segue que uma das tarefas terapêuticas, nestes casos, consiste em fazer com que o neurótico compulsivo *volte a encontrar, seja como for, as fontes estancadas do sentimento de evidência e segurança instintiva, que brotam das camadas emotivas mais profundas da pessoa;* tarefa essa que se pode levar a efeito, por exemplo, ensinando-o a confiar naquele resto de sentimento de evidência e de segurança instintiva que sempre se descobre no homem, mesmo em se tratando de um neurótico compulsivo.

O neurótico compulsivo, conforme dissemos, procura a absoluta certeza no conhecimento e na decisão. Aspira sempre ao cem por cento. Só quer o absoluto, o total. A este propósito, disse Erwin Straus que o neurótico compulsivo se acha sempre em frente do «mundo como totalidade». E poderíamos acrescentar: sofre debaixo do peso do mundo inteiro, como Atlas. Sofre profundamente sob a parcialidade de qualquer conhecimento humano, sob a problematicidade de todas as humanas decisões!

Disse também Straus, ainda a este respeito, que – ao contrário do neurótico compulsivo – o homem são vê o particular, vê o mundo em perspectiva. E também a isto gostaríamos de acrescentar alguma coisa: os valores valem sempre, no caso concreto, para uma pessoa apenas, mas é precisamente por isso que são obrigatórios. Para o neurótico compulsivo, no entanto, qualquer coisa de particular cai, dentro da sua imagem do mundo, num ponto cego. Entretanto, ao contrário do que opina

B) ANÁLISE EXISTENCIAL ESPECIAL

Straus, entendemos que este escotoma espiritual ainda se pode iluminar: teremos ocasião de ver ainda até que ponto uma logoterapia específica está em condições de corrigir, com argumentos baseados na natureza das coisas, essa *concepção do mundo cem por cento exata, própria do neurótico compulsivo*.

Straus também se referiu, finalmente, ao fato de que o neurótico compulsivo não consegue viver nessa espécie de «provisoriedade» que ao homem quadra e se impõe. E queríamos acrescentar que nisto o caracteriza também uma impaciência específica. Caracteriza-o, enfim, uma *intolerância*, não apenas para com o resto irracional que fica no pensamento, mas também *para com a tensão entre ser e dever-ser*. Talvez seja isto o que está latente naquele «desejo de igualar-se a Deus» de que falava Alfred Adler e em que nós poderíamos entrever o reverso do conhecimento que o homem tem do seu estado de imperfeição «criatural». É precisamente ao reparar nisto que o homem reconhece a tensão entre ser e dever-ser, essa tensão *em que se acha imerso o homem como tal*.

A tese de Straus, segundo a qual o neurótico compulsivo não é capaz de viver na provisoriedade, parece-nos que deve ser completada com esta outra: o neurótico compulsivo também não consegue pensar por aproximação. *Assim como, em vez do provisório, quer o definitivo, assim também quer o definido em vez do aproximado.* Como se vê, à sua pretensão totalitária da exatidão cem por cento no aspecto pragmático, corresponde uma pretensão equivalente no aspecto cognoscitivo.

Em última análise, a essência da neurose compulsiva revela-se nesta análise existencial como a caricatura de uma aspiração fáustica. Com toda a sua querença de absoluto, com sua aspiração a tender para a exatidão cem por cento em todos os setores, *o neurótico compulsivo* surge *como um Fausto frustrado* – «trágico» na sua humanidade e «triste» no seu estado doentio.

Ao tratarmos da neurose de angústia, vimos que a angústia cósmica (*Weltangst*) se condensa no sintoma de fobia. Ao analisarmos agora a neurose compulsiva, encontramo-nos com uma certa analogia: como é impossível satisfazer inteiramente a sua pretensão totalitária, o neurótico compulsivo forçosamente tem que concentrar-se numa esfera especial da vida. Como a referida exatidão cem por cento não é realizável sempre e em toda a parte, limita-se e desvia-se para um setor determinado, em que já parece poder alcançar-se plenamente (por exemplo, para a pureza das mãos, no caso da obsessão de limpeza). O campo em que o neurótico compulsivo consegue impor a meias a sua querença do incondicional varia conforme os casos: para a dona de casa, pode ser a ordem doméstica; para o intelectual, a ordem da escrivaninha; para o «homme à petit papier», o cuidado de tomar nota dos seus programas e fixar tudo o que experimenta; para o indivíduo de tipo burocrático, a pontualidade absoluta; e assim por diante. O neurótico compulsivo cinge-se, portanto, conforme o caso, a um determinado setor da existência; e nesse setor – como *pars pro toto* – tenta satisfazer plenamente a sua pretensão totalitária (obs. 25). Assim como na fobia, a angústia (do homem de tipo passivo) perante o mundo *in toto* assume um conteúdo concreto e se aplica a um objeto singular, assim também no sintoma neurótico-compulsivo a vontade (do homem de tipo ativo) de configurar o mundo à sua própria imagem, se concentra numa esfera isolada da vida. O certo é que, mesmo nessa esfera em que se concentra, o neurótico compulsivo não logra ser bem-sucedido: só fragmentária ou ficticiamente conseguirá satisfazer a sua pretensão totalitária e, em qualquer caso e sempre, à custa da sua naturalidade – da sua «criaturalidade». É uma aspiração que, neste sentido, já se tem definido como de todo em todo inumana. Comportando-se assim, o indivíduo furta-se à «realidade do devir» (Straus), despreza a realidade,

B) ANÁLISE EXISTENCIAL ESPECIAL

que o homem não afetado de neurose compulsiva converte em trampolim da liberdade existencial; antecipa, de forma fictícia, o desenlace da missão que tem na vida.

Tanto o neurótico compulsivo como o indivíduo que padece de neurose de angústia se podem caracterizar igualmente, dizendo que o anseio de segurança está neles como que torcido, refletido, «retrofletido», tendo um certo cunho subjetivo, para não dizer psicologístico. Mas, para podermos entender melhor tudo isto, temos que partir do anseio de segurança do homem normal. E desde já podemos afirmar que no homem normal o anseio de segurança tem por conteúdo, *sem mais,* a segurança; ao passo que, no neurótico, não se satisfaz de modo algum com tal segurança, com essa *vaga* segurança, a vaga segurança de todo o ser criatural. É que o homem neurótico está, como quer que seja, «sobressaltado» e, nessa medida, o seu anseio de segurança sempre é forçado. É assim que nasce nele a vontade de uma segurança *absoluta*.

Pois bem: em quem sofre de neurose de angústia, esta vontade tem por objetivo a segurança perante catástrofes. Mas como não há uma segurança absoluta de evitar catástrofes, o neurótico deste tipo contenta-se com o mero sentimento de segurança, limitando-se a isso, efetivamente, o seu anseio. Desta forma, porém, já se retira do mundo dos *objetos* e das *coisas objetivas,* para se aplicar ao *subjetivo,* e ao que é *situacional,* isto é, mero estado (*Zuständlich*): o lugar da existência do neurótico que sofre de angústia já está muito longe do mundo, que oferece ao homem médio a sua tranquilidade quotidiana, aquela tranquilidade que se contenta já com a relativa improbabilidade de uma catástrofe – pois este neurótico, o que quer é a absoluta impossibilidade de uma catástrofe. Entretanto, uma coisa sucede: esta sua vontade de uma segurança absoluta obriga-o a prestar uma espécie de culto ao sentimento de segurança; e, como quer que seja, a fuga do mundo, que está latente nessa atitude, representa uma espécie de pecado original, provocando, consequentemente, como que uma má consciência, a qual pressiona em direção a uma compensação; compensação que o neurótico angustiado só pode experimentar, por sua vez, numa exacerbação desumana do seu anseio de segurança subjetivista, com que reflete vergando-se sobre si mesmo.

Ora bem. Assim como para o indivíduo que padece de neurose de angústia, a preocupação dominante é a segurança absoluta perante uma catástrofe – preocupação essa que ele se vê obrigado a retorcer, convertendo-a num forçado anseio pelo mero *sentimento de segurança* –, o que está em questão para o neurótico compulsivo é já a segurança, a certeza do seu conhecer e decidir. Mas também aqui, no caso do neurótico compulsivo, este anseio de segurança não se aquieta, digamos, na aproximatividade e provisoriedade da existência «criatural», antes sofre uma viragem subjetivística, redundando num convulsivo anelo pelo mero *sentimento* de segurança ou certeza «cem por cento». Entrementes, surge aqui uma trágica frustração: é que basta o anseio de segurança dirigir-se apenas e diretamente ao *absoluto sentimento* de segurança para que, como aspiração «fáustica» que é, esteja condenado ao malogro. Com efeito, no mesmo instante em que se *intende* para o sentimento como tal (em vez de se dar a esse sentimento o lugar de mero resultado de uma execução com conteúdo objetivo), nesse mesmo instante, digo, dissipa-se o sentimento... Ora, nunca o homem tem uma segurança completa, nem num aspecto nem noutro, embora, no mínimo, sempre lhe possa cair em sorte precisamente aquele *sentimento* de segurança que o neurótico compulsivo tão afanosamente tenta agarrar, sem o conseguir.

Em suma, poderíamos dizer o seguinte: o homem normal quer estar num mundo que é seguro *a meias*, ao passo que o neurótico anseia por um *sentimento* de segurança *absoluto;* o pri-

B) ANÁLISE EXISTENCIAL ESPECIAL

meiro quer se entregar ao Tu amado, ao passo que o neurótico sexual anela o orgasmo, *intendendo* para o orgasmo como tal, com o que já se acha perturbada a sua potência sexual; aquele quer conhecer «por aproximação» um pedaço do mundo, ao passo que este (o neurótico compulsivo) quer ter um sentimento de evidência, *intendendo* para essa evidência enquanto tal e arrastando-se dessa forma num *progressus in infinitum*. Enfim, o homem normal quer dar uma resposta existencial à existência concreta; mas o escrupuloso neurótico-compulsivo gostaria de ter apenas o *sentimento* de uma consciência tranquila – *absolutamente,* é claro: algo que é, portanto, *demasiado* – sob o prisma do humanamente desejável – e, ao mesmo tempo, *demasiado pouco,* – sob o prisma do humanamente realizável.

Assim, a neurose compulsiva surge-nos como qualquer coisa de muito exemplar no que diz respeito à contracenação da liberdade com o constrangimento *(Gebundenheit),* dentro da neurose em geral. Isto leva-nos a fazer alguns reparos a Erwin Straus, que, no seu trabalho sobre a psicologia da neurose compulsiva, apresentou o caráter neurótico-compulsivo mais ou menos como algo de «criatural». Não podemos concordar com ele: pois não consideramos como inevitável e fatal a evolução caracterológica no sentido da neurose compulsiva manifesta. Antes pelo contrário, temos por absolutamente possível *uma espécie de ortopedia anímica.* Já fizemos menção da necessidade que há de tal ortopedia: digamos, no sentido de uma psicologia que eduque o neurótico compulsivo nas qualidades caracterológicas do humor e do sossego, que lhe faltam essencialmente. Straus tem o mérito de ter sido o primeiro a acompanhar a evolução da neurose compulsiva, seguindo-a até o existencial; mas passou por alto a possibilidade de tratá-la a partir do espírito! E não há dúvida de que o comportamento do doente em face dela continua a ser livre, de um modo ou de outro, tomando-se aqui o termo «comportamento», conforme o caso que se apresente, no sentido de um comportar-se da pessoa em relação ao patopsíquico. Ora, a atitude da pessoa para com a doença anímica é também o ponto de arranque da logoterapia.

Até aqui, tentamos expor a logoterapia geral da neurose compulsiva (mudança radical da pessoa em face da doença anímica), e bem assim a análise da existência especial da mesma (interpretação dessa doença como caricatura do homem fáustico). O que se nos impõe agora é abordar a sua logoterapia especial, tomada como correção da concepção do mundo própria dos neuróticos que a sofrem.

A neurose compulsiva «conduz» àquela concepção do mundo cem por cento exata, de que já falamos. Pois bem: ao passo que Straus vê nesta concepção do mundo simplesmente um sintoma psíquico, nós levantamos aqui o problema de saber da possibilidade de convertermos a referida concepção num instrumento terapêutico, num instrumento que, portanto, se possa aplicar contra a neurose compulsiva e, por isso mesmo, contra a concepção do mundo própria do doente que a sofre. Analisemos, pois, esta possibilidade à luz de um caso em que a concepção do mundo neurótico-compulsiva estava *in statu nascendi*. Tratava-se de um rapaz novo, na última fase da puberdade. Sob a aura da maturidade, tornara-se visível, no caso, o «nascimento» da concepção do mundo neurótico-compulsiva; mas, ao mesmo tempo, via-se a possibilidade de uma contrarregulação logoterápica.

O rapaz em questão sentia-se animado por um impulso fáustico para conhecer. «Quero remontar-me à origem das coisas», dizia ele, «quero demonstrar tudo; tudo o que seja imediatamente evidente; eu quero demonstrar, por exemplo, que estou vivendo». Já sabemos que o sentimento de evidência do neurótico compulsivo é insuficiente; mas, na nossa opinião, também o normal sentimento de evidência representa uma autêntica «rea-

B) ANÁLISE EXISTENCIAL ESPECIAL

lidade de execução». Como tal, subtrai-se essencialmente à intervenção intencional. Assim é, com efeito: experimentemos, no plano da teoria do conhecimento, entregar-nos exclusivamente ao nosso sentimento de evidência, e logo cairemos num *progressus in infinitum* lógico. A isto corresponde – no plano psicopatológico – a compulsão da repetição do neurótico compulsivo ou, paralelamente, a sua mania obsessiva de excogitar. E não nos é lícito hesitar em submeter esta mania a uma crítica imanente.

Vejamos. O último ou, se se prefere, o primeiro problema do ceticismo radical refere-se ao «sentido do ser». Mas perguntar pelo sentido do ser carece de sentido, porquanto o «ser» antecede o «sentido». Com efeito, o ser do sentido já se pressupõe no problema do sentido do ser. O ser é, digamos assim, aquele muro para trás do qual não podemos ir nunca, por muito que questionemos. Contudo, o nosso paciente pretendia provar o ser, queria demonstrar dados intuíveis, imediatos; impunha-se fazer-lhe compreender que era impossível «demonstrar» tais dados, e que, além disso, era desnecessário, pois sendo dados intuíveis, eram de per si evidentes. Para dizermos toda a verdade, a sua objeção de que, apesar de tudo, continuava a duvidar, carecia de objeto. Efetivamente, à impossibilidade lógica da dúvida ante o ser imediatamente dado, intuível e evidente, corresponde uma irrealidade psicológica, na medida em que tal modo de duvidar nada mais é que um palavreado vazio. E, no fim de contas, o mais radical dos céticos comporta-se, não só no seu agir mas também no seu pensar, exatamente como os que reconhecem as leis da realidade e do pensamento.

No seu livro sobre psicoterapia, Arthur Kronfeld opina que o ceticismo se neutraliza a si mesmo[87], o que é, aliás, opinião

---

[87] À autoneutralização do ceticismo corresponderia a autofundamentação do racionalismo (vide infra).

filosófica corrente, mas que nós reputamos incorreta. Com efeito, na tese em que se afirma: «Eu duvido de tudo», sob o termo «tudo» entende-se apenas isto: tudo, exceto precisamente esta tese. Portanto, não se volta contra si mesma, de modo algum, e está muito longe de se contradizer. Quando Sócrates dizia: «Eu sei (!) que nada sei», – o que queria dizer era exatamente isto: «eu sei que não sei nada, exceto o nada saber».

Como todo e qualquer ceticismo epistemológico, também o ceticismo neurótico-compulsivo se esforça por encontrar um ponto de Arquimedes, uma base absolutamente segura donde possa partir, sobre a qual possa construir, para, com uma incondicional vontade de verdade e com uma coerência lógica, atingir uma concepção do mundo. Nisto, está o homem à procura de um começo radical. O ideal de uma *philosophia prima* deste teor seria, como sua *prima sententia*, uma tese que se legitimasse a si mesma epistemologicamente. Logo se compreende que só poderia satisfazer esta exigência uma tese cujo conteúdo próprio fosse a iniludível necessidade de utilizar o pensamento conceitual, em e apesar de toda a sua problematicidade; uma ideia, portanto, que se sustentasse a si mesma exatamente na medida em que o fato de o pensamento depender dos conceitos (de algo que não são, portanto, intuições evidentes) constituísse o seu conteúdo.

A semelhante autofundamentação do racionalismo corresponde a sua autoneutralização. Ora, exatamente neste sentido, o que se impunha no tratamento logoterápico daquele paciente neurótico-compulsivo era fazer com que, por um processo racional, se neutralizasse a si mesmo o seu racionalismo exacerbado, latente no seu ceticismo e, em geral, em todos os tipos de ceticismo. O processo racional a que nos referimos é uma «ponte de ouro», que temos que estender ao cético. Poderia servir-nos, para o efeito, a seguinte tese: «Não há nada mais ra-

B) ANÁLISE EXISTENCIAL ESPECIAL

cional do que não querer raciocinar demais» (obs. 26). O nosso paciente tinha, pois, que ater-se, dadas todas as suas dúvidas e elucubrações filosoficamente arquitetadas, à conhecida afirmação de Goethe: «Um ceticismo atuante é aquele que, sem cessar, se empenha em dominar-se a si mesmo». A logoterapia especial da sua concepção do mundo, cética e neurótico-compulsiva, teria que levá-lo, por conseguinte, a aceitar este tipo de ceticismo. E foi assim, com as armas que a logoterapia lhe pôs nas mãos, que o dito paciente conseguiu desenvencilhar-se da sua concepção do mundo, tipicamente neurótica. Utilizando meios racionais, foi lutando por reconhecer o caráter, em última análise irracional, da existência. E assim chegou, por fim, a uma mudança completa da problemática originária. A princípio, o problema de um ponto de partida no pensamento punha-se para o paciente como procura de um axioma teorético; agora, tudo estava mudado: já se tratava de procurar a solução noutra esfera essencialmente anterior a todo e qualquer pensamento científico e mesmo filosófico; numa esfera em que brotam originariamente o agir e sentir do homem – isto é, numa esfera existencial. É aquilo que Eucken denominou «fato axiomático».

Mas à luta e vitória contra o racionalismo próprio e tão característico do neurótico compulsivo, assim desenvolvida e acabada por meios racionais, tem que seguir-se algo que sirva de contrapeso pragmático. Além do mais, porque o neurótico compulsivo, com a sua concepção do mundo cem por cento exata, não pretende apenas a segurança absoluta no conhecer, mas também no decidir. A sua escrupulosidade excessiva representa no agir, precisamente como o seu excesso de conscientidade, um *handicap*. Ao seu ceticismo teórico corresponde um ceticismo ético; às suas dúvidas quanto à validade do seu pensamento corresponde uma dúvida sobre a validade moral dos seus atos. Daí resulta precisamente a indecisão tão característica dos neuróticos compulsivos. Havia, por exemplo, uma paciente que andava continuamente atormentada pelas dúvidas sobre o que tinha que fazer em cada caso. As dúvidas foram aumentando de tal maneira que, por último, já não podia fazer absolutamente nada. Nunca conseguia decidir-se por alguma coisa; nem sequer nos casos mais triviais sabia o que é que devia preferir. Não podia decidir, por exemplo, se devia ir a um concerto ou a um parque; e, em geral, acabava por ficar em casa – depois de esgotado o tempo que lhe restava para ir a uma coisa ou a outra. Note-se, entretanto, que a incapacidade para decidir que caracteriza o neurótico compulsivo não é a que se refere, digamos, às decisões importantes, mas precisamente a que entra em jogo nas ninharias.

Mas a escrupulosidade excessiva do neurótico compulsivo, lançando-se mão de uma logoterapia especial, também é suscetível de ser conduzida à mesma autoneutralização a que se pode reduzir o racionalismo exacerbado. Boa razão tinha Goethe para afirmar que «quem tem consciência não é nunca aquele que atua, mas sim e exclusivamente aquele que observa». O certo é que também podemos estender ao neurótico compulsivo escrupuloso uma «ponte de ouro». Será para tanto suficiente apresentarmos-lhe uma tese complementar: se, realmente, um indivíduo pode ser inconsciente, ao agir desta maneira ou daquela, nada seria mais inconsciente do que não agir de maneira nenhuma. O homem que não se decide por nada e nada resolve, decerto que toma, com a sua passividade, a mais inconsciente das decisões.

A TÉCNICA LOGOTERÁPICA DA INTENÇÃO PARADOXAL

Quando se fala de *logos*, no contexto da logoterapia, o que se tem em mente é o espírito e, para além dele, o sentido. Por

B) ANÁLISE EXISTENCIAL ESPECIAL

espírito cumpre entender a dimensão dos fenômenos especificamente humanos; e, ao contrário do que faz o reducionismo, a logoterapia recusa-se precisamente a reduzir essa dimensão a fenômenos sub-humanos, sejam quais forem, ou a deduzi-la a partir deles.

Pois bem. Na dimensão especificamente humana, teríamos que localizar agora, entre outros, o fenômeno que consiste em a existência se transcender a si mesma, em ordem ao *logos*. De fato, a existência humana sempre vai além de si mesma, sempre se refere a um sentido que a ultrapassa. O que neste aspecto está em questão para o homem que vive a sua existência, não é o prazer ou o poder; mas também não se trata da realização de si mesmo: trata-se antes da plenitude de sentido. Daí que, em logoterapia, falemos de uma vontade de sentido *(Willen zum Sinn)*. Desta maneira, o sentido é, ao lado do espírito, um dos focos que a logoterapia envolve, como se fosse uma elipse.

À capacidade de o homem *se transcender a si mesmo* acresce, entretanto, a sua capacidade de *se distanciar de si mesmo*. E é justamente esta capacidade que caracteriza e constitui o homem como tal.

A antropologia pandeterminista põe entre parênteses a capacidade essencialmente humana que o homem tem de se afastar de si mesmo. Mas o método da intenção paradoxal, por mim desenvolvido, usa-a amplamente. Trata-se de uma técnica logoterápica baseada na sadia influência exercida sobre os pacientes que sofrem de fobias, quando estes tentam desejar precisamente aquilo que tanto temem. E é desta forma que a angústia deixa de soprar nas suas velas.

O medo realiza, afinal, o que teme; o desejo demasiado intensivo impossibilita já o que tanto com ele se deseja. É disto que se serve a logoterapia, acompanhando e orientando os pacientes no sentido de empreenderem precisamente aquilo que até então receavam, ainda que, evidentemente, só por alguns instantes: «Hoje vou sair um pouco, para ter um ataque» – eis o que, a título de exemplo, tem que dizer a si mesmo um paciente, quando sofre de agorafobia.

Vejamos agora, através da ilustração casuística que passamos a expor, como configurar as coisas concretamente. Comecemos por mencionar o caso de uma colega. Um dia, depois de ter apresentado o método da intenção paradoxal numa conferência clínica, recebi a carta de uma ouvinte, a contar-me que tinha sofrido de uma tremurafobia (*Tremorphobie*), que se manifestava sempre que o professor de anatomia entrava na sala de autópsias. E de fato era assim mesmo: a jovem colega começava sempre a tremer. Entretanto, depois de me ter ouvido falar, na conferência, a respeito do caso de tremurafobia, havia tentado aplicar a si própria, por sua conta, a mesma terapia: e, de cada vez que o professor aparecia para examinar a dissecação, propunha-se esta tarefa: «Bem, chegou a oportunidade de começar com os tremeliques; vocês vão ver como eu sei tremer bem de verdade!» Uma vez encetada esta engenhosa tarefa – dizia-me ela na carta –, a tremurafobia e a tremura começaram a ceder.

O desejo, o desejo sadio, passou a ocupar o lugar do medo. Evidentemente, um desejo destes não se pode tomar como coisa séria e definitiva. Trata-se apenas de alimentá-lo por alguns instantes. Bastam uns instantes em que o paciente se ri de si próprio interiormente para estar ganho o jogo. É que este riso, todo humor, cria distância, faz com que o paciente se distancie da sua neurose. E não há nada de melhor para fazer com que um homem possa criar distância entre si próprio e o que quer que seja do que o humor.

O efeito terapêutico da intenção paradoxal depende de que o médico tenha a coragem de explicar ao paciente em que con-

B) ANÁLISE EXISTENCIAL ESPECIAL

siste a sua manipulação. Primeiro, o paciente, é claro que começará a sorrir; não obstante, o médico terá que fazer com que o paciente aplique a intenção paradoxal logo que surja a situação concreta de um caso de angústia; e, finalmente, terá que fazer com que o doente aprenda a rir-se na cara da sua angústia, distanciando-se dela desta maneira, cada vez mais. G. W. Allport, o psicólogo de Harvard, foi quem, pronunciando-se uma vez a este respeito, declarou que o neurótico, uma vez que consiga sorrir de si próprio desta forma tão adequada, já se encontra a caminho da cura. Eu, por mim, estou em dizer que no método da intenção paradoxal temos a verificação clínica deste *aperçus* allportiano.

Nada como o humor poderia configurar de uma maneira tão sadia a mudança radical em face da condicionalidade e dos dados da existência humana. Há uma anedota que nos poderia ajudar a ilustrar o significado da atitude, no aspecto especial da problemática da angústia. Em certa ocasião, durante a primeira guerra mundial, encontraram-se um oficial de alta patente e um médico militar judeu. Estavam os dois a conversar, quando se desencadeou um bombardeamento. O oficial, então, começou a caçoar do judeu e a espicaçá-lo: «Mais uma vez, verifica-se a superioridade da raça ariana em relação à raça semítica; e... já arranjou uma boa angústia[88] para se entreter, não é doutor?» Ao que o médico judeu retorquiu: «Que eu tenho medo, é evidente; mas... isso da superioridade – como assim? Bem vê, coronel, que se o senhor tivesse o medo (angústia) que eu tenho, já se tinha posto a andar há muito tempo». Neste «caso», trata-se, evidentemente, de uma angústia em face de uma realidade; não é o mesmo que nos nossos casos, em que temos de lidar com uma

---

(88) Em alemão, a palavra *Angst*, que é a que aparece no texto, significa tanto angústia como medo. (N.T.)

predisposição neurótica para a angústia. Seja como for, o que importa é a atitude ou a modificação terapêutica dessa atitude.

A intenção paradoxal precisa daquilo que nós definimos como poder de resistência do espírito[89]. Mas a sua mobilização não é válida apenas no sentido *heróico;* é-o também no sentido *irônico.*

Já que o humor se prende claramente com o nosso tema, não será despropósito, senão coisa bem justificada e permitida metodologicamente, citar aqui um episódio que, de um modo bastante plástico, se bem que drástico, caracteriza a *inversão da intenção*, tão típica, aliás, para a intenção paradoxal. O episódio a que me refiro é o seguinte: Uma vez, um estudante ainda moço, tendo chegado atrasado à escola, apresentou esta desculpa: «Apanhei uma nevada tão forte na rua, que a cada passo que dava, resvalava dois passos para trás». A isto, o professor, todo triunfante, respondeu: «Se assim foi realmente, como é que conseguiu chegar à escola?» Só que o nosso pequeno impostor era mentiroso, mas não apoucado; e logo reconveio: «Muito simples: dei meia volta e voltei para casa...»

Socorrendo-se da intenção paradoxal, os meus colaboradores Eva Niebauer-Kozdera e Kurt Kocourek[90] conseguiram melhorar, a curto prazo, pacientes, mesmo idosos, afetados por neuroses compulsivas inveteradas, e a tal ponto que chegaram a readquirir a sua capacidade de trabalho. E o professor Dr. D. Müller-Hegemann, diretor da Clínica Neuropsiquiátrica da Universidade Karl Marx de Leipzig, considerou estas medidas de tratamento psicoterápico como uma técnica altamente meri-

---

(89) *Viktor E. Frankl,* Theorie und Therapie der Neurosen, Einführung in Logotherapie und Existenzanalyse, Urban & Schwarzenberg, Viena e Innsbruck *1956.*

(90) Ergebnisse der klinischen Anwendung der Logotherapie, Handbuch der Neurosenlehre und Psychotherapie editado por Viktor E. Frankl, Victor E. Frhr. v. Gebsattel e J. H. Schultz, 3 vol., Urban & Schwarzenberg, Munique e Berlim 1959.

B) ANÁLISE EXISTENCIAL ESPECIAL

tória, conforme o tinham demonstrado os resultados favoráveis por ele observados nos últimos anos em caso de fobia[91].

O Dr. Hans O. Gerz[92], diretor clínico do Hospital do Estado de Connecticut (U.S.A.), dispõe de uma detalhada casuística de 24 pacientes afetados de fobia, angústia e neurose compulsiva, cuja doença durou desde duas semanas até mais de 24 anos, e que foram tratados com a intenção paradoxal. Baseando-se nas suas experiências clínicas de tantos anos, o dr. Gerz vê na intenção paradoxal uma técnica eficaz, quase específica para os casos de neurose compulsiva, de angústia e de fobia. Com este método, mesmo nos casos mais graves de neurose compulsiva, consegue-se proporcionar aos pacientes pelo menos um alívio considerável. Nos casos agudos, seria manifestamente um tratamento reduzido. Eis as palavras do dr. Gerz: «O que me é dado afirmar é que a aplicação desta técnica logoterápica é rica em resultados, mesmo nos casos crônicos e mais difíceis da neurose de fobia. As histórias clínicas que se seguem poderiam demonstrá-lo perfeitamente» (*loc. cit.*).

A. V., 45 anos de idade, casada, mãe de um filho de 16 anos, acusa uma história clínica de 24 (!) anos de duração. Durante esse período, sofreu de uma das síndromas mais graves de fobia, concretamente: de claustrofobia, agorafobia, vertigens (*Höhenangst*, medo das alturas), angústia de elevador *(Angst vor Aufzügen)*, angústia ao atravessar pontes, e quejandas. Em virtude de todas estas moléstias, foi tratada por vários psiquiatras ao longo

---

(91) *Methodologic Approaches in Psychotherapy,* en *J. Psychother.* 17, 554, 1963.

(92) *Zur Behandlung phobischer und zwangsneurotischer Syndrome mit der «Parasoxen Intention»*, segundo Frankl, Z. Psychother. med. Psychol. 12, 145, 1962. Trata-se de uma tradução abreviada de um artigo originalmente escrito e publicado em inglês, nos Estados Unidos, sob o título de «The Treatment of the Phobie and the Obsessive-Compulsive Patient Using Paradoxical Intention sec. Viktor E. Frankl», Journal of Neuropsychiatry 3, 375, 1962.

de 24 anos e, além do mais, repetidas vezes no sentido de uma análise manifesta de longo curso. A título de medida suplementar, foi internada várias vezes, tendo recebido, na ocasião, eletrochoques, até que, por fim, foi proposta uma leucotomia. Os últimos quatro anos teve que passá-los numa clínica e, por sinal, todo o tempo numa seção nada sossegada! Entrementes, tanto os eletrochoques como o tratamento intensivo com barbitúricos, fenotiazina, monoamidoxidase e preparados de anfetamina ficaram sem efeito. Fora de uma área determinada à volta da cama, não se podia manter em pé. A despeito de todos os tranquilizantes que tomou, estava constantemente em grande excitação. Da mesma forma, um tratamento psicanalítico intensivo de meio ano, executado por um analista experimentado, quando da sua estadia na clínica, ficou sem qualquer resultado. No dia 1 de Março de 1959, o dr. Gerz tomou conta do tratamento, empregando precisamente o método da intenção paradoxal. Todos os medicamentos foram suspensos imediatamente e, não obstante, conseguiu-se suprimir, pelo método desta vez escolhido, um sintoma após o outro, uma fobia e outra. Em primeiro lugar, indicou-se à paciente que *desejasse* colaborar, que *se propusesse* ficar tão angustiada quanto possível. Em poucas semanas, já a paciente chegava a fazer tudo o que antes não estava em condições de fazer: abandonar a seção, andar de elevador e assim por diante – e tudo isto com o propósito firme de desmaiar, de ficar inconsciente, e de «mostrar (ao dr. Gerz) como ela era perfeitamente capaz de ficar paralisada pelo pânico da angústia». No elevador, por exemplo, pensava assim: «Veja, doutor, faço o mais que posso para perder os sentidos e para sentir angústia, mas tudo é inútil: simplesmente, já não consigo como dantes». E começou, pela primeira vez depois de longos anos, a sair da clínica, para dar uma volta, com a intenção de sentir medo, mas sem o conseguir realmente («constantly trying hard to become panicky and paraly-

B) ANÁLISE EXISTENCIAL ESPECIAL

zed»). *Cinco meses mais tarde*, a paciente estava já inteiramente livre de quaisquer sintomas. Quando pela primeira vez, *depois da pequena brincadeira de 24 anos*, voltou a casa para um fim de semana, sentia-se livre de qualquer receio. Se bem que não totalmente: com efeito, o caminhar pelas pontes ainda lhe dava bastante que fazer; de modo que, na própria noite em que regressou à clínica, meteu-se no carro do dr. Gerz para dar um passeio por uma ponte e ter ocasião de a palmilhar. «Então, vamos!, experimente sentir angústia, tanta angústia quanto possível!» Eram estas as palavras do médico. «Não dá!, não sinto angústia nenhuma, não dá, doutor!» Era assim que ela exprimia a sua reação. Logo a seguir, deram-lhe alta. De então para cá, passaram quatro anos e meio e, no círculo da sua família, nunca deixou de levar uma vida normal e feliz. Uma ou duas vezes por ano procura o dr. Gerz, mas é apenas para lhe exprimir o seu reconhecimento.

D. F., 41 anos de idade, casado, pai de duas moças, sofreu de um «vácuo existencial» típico. Além disso, não conseguia escrever em presença de outras pessoas sem começar a ficar com tremores imediatamente. Isto converteu-se num grave *handicap* para a sua vida profissional, tendo em conta sobretudo que não era capaz de realizar, em presença de outras pessoas, o seu trabalho mecânico de precisão. Em sociedade, nem sequer era capaz, por exemplo, de levantar um copo cheio. Isto, para não dizermos que era incapaz de dar fogo a um fumador. Terapeuticamente, foi-lhe indicado que «demonstrasse mais uma vez (aos circunstantes) que era exímio nos tremores». «Mostre-lhes até que ponto é capaz de se enervar e quanto café está em condições de entornar!» Pois bem: decorridas três consultas, quase que já não podia: «Não é assim tão fácil, já não consigo tremer! Já nem consigo ter receio disso! Por mais que teime, não vai!» Eram estas as suas palavras. Finalmente, também pôde ser tratado com êxito o vácuo existencial que, aliás, lhe tinha provocado a neurose noogênica.

A.S., 30 anos de idade, mãe de quatro crianças, sofreu de estados de angústia pânica gravíssimos, mas sobretudo de uma contínua angústia em face da morte. Neste quadro, não se pode entrar nos detalhes do caso; baste-nos dizer, entretanto, que a instrução para a aplicação da intenção paradoxal correspondia, no caso, às seguintes palavras: «Daqui em diante, morre-se de ataque cardíaco pelo menos três vezes por dia!» O que é de notar neste caso é que, no fundo da neurose, havia um agudo conflito matrimonial. Mas, depois que um tratamento reduzido com base na intenção paradoxal produziu um alívio imediato, logo a senhora S. ficou em condições de acabar com o referido conflito, no decorrer do tratamento psicoterápico. «*Não se quer dizer com isto, bem entendido, que a aplicação da intenção paradoxal exclua a análise e o tratamento sério de eventuais conflitos neuróticos.* Antes pelo contrário, é de todo evidente que semelhantes conflitos, mesmo nos casos em que a intenção paradoxal foi acompanhada de êxito, têm que continuar a ser tratados no sentido da psicoterapia tradicional ou no sentido logoterápico» (*loc. cit.*).

W.S., 35 anos de idade, casado, pai de três filhos, procurou o dr. Gerz por indicação do médico da família porque sofria do receio de poder morrer de um ataque cardíaco, especialmente por ocasião e em consequência de relações sexuais. O paciente foi examinado a fundo do ponto de vista orgânico; e o seu estado (mesmo o EKG) revelou-se normal. Quando o dr. Gerz o viu pela primeira vez, estava angustiado, tenso e extremamente deprimido. Explicou ao dr. Gerz que, embora sempre tivesse sido nervoso e preocupado, sem mais, com a sua angústia, jamais tinha experimentado um estado como o que no momento experimentava. Fez então o seguinte relato: uma noite, imediatamente após as relações sexuais, foi ao quarto de banho para se lavar. Debruçou-se na banheira e, de repente, sentiu uma dor violenta na região do coração. Isto provocou-lhe uma sensação de pânico,

B) ANÁLISE EXISTENCIAL ESPECIAL

pois, além do mais, veio-lhe nesse momento à lembrança que a sua irmã morrera com 24 anos e a mãe com 50, e ambas em consequência de padecimentos cardíacos. E, pelo visto, estava-lhe reservada a mesma sorte. Sobreveio um acesso de suor e o paciente pensava que o fim estava próximo. A partir dessa noite, começou a observar o pulso. Evidentemente, a angústia fazia com que periodicamente o atormentassem palpitações cardíacas. As afirmações do médico da família, que lhe garantia estar perfeitamente são, do ponto de vista orgânico, ficavam sem efeito. O que realmente acontecera, pelo visto, fora uma distorção muscular intercorrente na caixa toráxica, provocada pela inclinação com que se debruçara na banheira. Era este o elemento decisivo que desencadeara o círculo maldito da angústia de expectativa. No decurso do tratamento logoterápico, tudo isto foi objetado ao paciente, exigindo-se-lhe que fizesse o possível por ativar de novo o ataque cardíaco; «para morrer, ali mesmo, de um ataque de coração». A reação do paciente não se fez esperar: riu-se e respondeu: «Mas, doutor, já tentei e não consegui nada!». Posto isto, foi convidado a proceder da mesma forma sempre que a angústia estivesse a ponto de surpreendê-lo. Finalmente, a consulta acabou com a indicação de que «fizesse o possível e o impossível para sucumbir a um ataque cardíaco pelo menos três vezes por dia». Três dias depois, reapareceu, – sem qualquer sintoma. Tinha tido a sorte de surtir nele efeito a aplicação da intenção paradoxal. Ao todo, só três vezes teve que aparecer para tratamento. O certo é que, tanto antes como agora – isto é, desde há um ano e meio a esta parte –, está livre de moléstias.

P.K., 38 anos de idade, casado, pai de dois adolescentes, sofre, há mais de 21 (!) anos, de uma série de sintomas neurótico-compulsivos e angústia graves. O que sobressaía era o medo de degenerar em homossexual e de se lhe tornar impossível, de uma vez para sempre, viver em sociedade, por tocar as partes genitais de qualquer indivíduo do sexo masculino que estivesse junto dele. No plano psiquiátrico, tinha-lhe sido diagnosticada já uma esquizofrenia. Durante anos, o senhor K. tinha sido tratado psicanaliticamente. Além disso, fora submetido tanto a uma farmacoterapia intensiva como a tratamento de eletrochoque. Não obstante, nada lhe trouxera qualquer alívio sensível. Quando da primeira consulta ao dr. Gerz, estava tenso, manifestamente agitado e debulhado em lágrimas. «Há mais de 20 anos que ando num verdadeiro inferno! Não falei nada disto com ninguém, e só a minha mulher o sabe; mas posso-lhe garantir que o único alívio que tenho é dormir». O receio de vir a tocar o pênis de alguém atingia o máximo da violência quando, por exemplo, tinha que ir a uma barbearia. E, sempre que lhe sucedia uma coisa deste tipo, logo começava a imaginar-se, não só socialmente banido e liquidado, mas também na contingência de perder a colocação que tinha. Havia ainda uma dúzia de temores compulsivos que lhe infernavam a vida, mas que não é aqui oportuno detalhar. Em todo o caso, o *handicap* que lhe acarretavam era tão imenso que o paciente, por exemplo, sentia-se impossibilitado de ir à vontade aonde quer que fosse. Pois bem, durante seis meses, realizaram-se duas sessões logoterápicas por semana. E os sintomas, um após o outro, foram-se eliminando. Quando – isto, só para salientarmos o detalhe mais importante – lhe foi «aconselhado» que aproveitasse todas as ocasiões favoráveis – na rua, no restaurante, onde quer que fosse – para apertar o pênis de alguém, o sr. K começou a rir-se – a rir também dos seus temores compulsivos; e não foi preciso esperar muito tempo para que tais temores deixassem de o importunar. Mas, o mais impressionante da sua história clínica, é o relato que o paciente faz da primeira viagem de trem da sua vida, que, logo a seguir ao tratamento, se sentiu em condições de fazer. Regressando das suas férias na Flórida (era a primeira vez depois de longos anos que se tinha animado

B) ANÁLISE EXISTENCIAL ESPECIAL

a gozar de uma licença de férias!), contava ele ao dr. Gerz como «se havia esforçado diretamente» no trem, para ver se entrava no pânico da angústia e, sobretudo, como «andava de um lado para outro no compartimento, com a ideia de apalpar o pênis de todos, um por um». E... qual foi o resultado? Da angústia, nem falar! Pelo contrário, viagem e licença – tudo uma cadeia de resultados agradáveis. O paciente está inteiramente livre de achaques e a sua vida – inteiramente também normalizada – transcorre em paz, a todos os respeitos.

A. A., 31 anos de idade, casada, sofre há 9 anos de diversas fobias, entre as quais sobressai uma agorafobia grave. Finalmente, o estado tornou-se tão virulento que a paciente nem sequer conseguia sair de casa. Tinha sido tratada assiduamente em clínicas psiquiátricas e em policlínicas universitárias, utilizando-se no tratamento tanto a *psicanálise* como o eletrochoque e a farmacoterapia. Entretanto, além de que nenhuma ajuda lhe prestaram esses meios, o diagnóstico classificou o caso como desfavorável e pouco promissor. «Pois bem, o tratamento logoterápico, ou seja, a aplicação da intenção paradoxal, neste caso, correu por conta de um dos meus assistentes – depois de eu o ter instruído na técnica frankliana – e durou ao todo não mais que 6 semanas. Vencido este prazo, a paciente podia abandonar a nossa clínica; estava totalmente livre de quaisquer sintomas e assim continuou pelos 3 anos que transcorreram de então para cá» (*loc. cit.*).

S. H., 31 anos de idade, era um caso muito semelhante ao último dos mencionados. Só que a sua neurose já durava havia 12 anos (!). Repetidos internamentos em clínicas e sanatórios, bem como as medidas de tratamento de toda a espécie aí efetuadas, tudo foi em vão. Por fim, no ano de 1954, resolveram fazer-lhe uma *leucotomia,* – mas sem resultado. O certo é que, uma vez aplicada a intenção paradoxal, o seu estado melhorou em 6 semanas. «Deram alta à paciente na nossa clínica e, no decurso de três anos e meio que passaram de então até agora, continuou inteiramente livre de sintomas e moléstias» *(loc. cit.).*

Durante o simpósio de logoterapia que se organizou no Sexto Congresso Internacional de Psicoterapia, o dr. Gerz referiu-se às duas histórias clínicas que passamos a expor.

A senhora R. W. tem 29 anos e é mãe de três filhos. Em consequência da fobia que a acomete há 10 anos, já foi submetida muitas vezes a tratamento psiquiátrico. Faz 5 anos, teve que ser conduzida a um sanatório, onde lhe aplicaram tratamento de eletrochoque. Dois anos atrás, o dr. Gerz encarregou-se de tratá-la; e finalmente teve que ser internada no hospital do Estado de Connecticut. Depois de lhe terem dado alta, a paciente foi consultar um outro colega que continuou a tratá-la com psicanálise durante mais dois anos. O resultado foi que a paciente aprendeu realmente a interpretar psicodinamicamente a sua neurose, mas sem que a neurose tivesse sido solucionada. Quando procurou o dr. Gerz, sofria de múltiplas fobias: vertigens *(Höhenangst)*, angústia perante a solidão, em face das refeições em restaurantes e, na verdade, era por causa da angústia que vomitava e entrava em pânico. E outras: medo de ir ao supermercado, de andar no metrô, de se meter em aglomerados de gente, de viajar sozinha de automóvel, de ter que parar com semáforo vermelho; e medo de gritar ou blasfemar na igreja durante a missa. Então, o dr. Gerz indicou à paciente que começasse a desejar fazer exatamente tudo o que tanto receava. Assim, por exemplo, devia propor-se sair com o marido e os amigos, ir jantar fora com eles, simplesmente «para vomitar na cara» das pessoas que a acompanhavam, e para lhes servir à mesa «a maior porcaria que se pudesse imaginar». De fato, a paciente começou imediatamente a ir de carro ao supermercado, ao cabeleireiro, a deslocar-se ao Banco, «a fim de tentar ser assaltada o mais possível pela angústia», de modo que pudesse vir depois, toda ufana, informar o médico de que

B) ANÁLISE EXISTENCIAL ESPECIAL

tinha tido sorte, havendo conseguido tudo quanto se propusera. Seis semanas depois, o marido da paciente achava que a sua mulher saía demais. Pouco após, foi de automóvel, sozinha, à casa do dr. Gerz, o que implicava uma viagem de uns 80 quilômetros de ida e volta. «Já posso guiar sozinha por toda a parte», dizia ela toda orgulhosa. Quatro meses depois de algumas tentativas de tratamento baseadas na intenção paradoxal, percorreu de carro 160 Km até Nova York, passou pela ponte de George Washington, pejo túnel de Lincoln; andou de ônibus e de metrô, percorrendo de lés a lés o colosso que é Nova York, e, para concluir a sua obra de mestre em matéria de autossuperação e libertação de todas as fobias, resolveu subir de elevador até o pináculo do mais alto edifício do mundo, o Empire State Building. «Foi simplesmente maravilhoso», explicava ela. O marido, por seu turno, garantiu ao dr. Gerz que «a sua mulher já não era a mesma e até se entregava com prazer às relações sexuais». Entrementes, a paciente teve o quarto filho e vive uma vida normal com a família. Já passaram mais de 2 anos, sem que qualquer distúrbio a incomodasse. O tratamento psicoterápico foi auxiliado durante certo tempo com Valium, em doses de 25 mg por dia.

E agora, vejamos o caso de um paciente que sofria de neurose compulsiva. O senhor M. P. é um advogado de 56 anos, casado, pai de um rapaz de 18, que estuda os últimos anos do Colégio. Há coisa de 17 anos, meteu-se-lhe na cabeça «de repente, como um raio que estoura em céu sereno, uma ideia compulsiva, espantosa»: teria reduzido em cerca de 300 dólares a importância de imposto de renda a pagar; e, portanto, teria defraudado o Estado, embora tivesse preparado a declaração e tudo conscienciosamente e com o máximo rigor. «Não consigo livrar-me desta ideia, por mais que me esforce», dizia o paciente ao dr. Gerz. E já se via perseguido pelo procurador do Estado por causa da fraude, metido na cadeia, os jornais cheios de artigos a seu respeito e a sua posição profissional perdida. Pois bem: começou por um sanatório, onde o trataram primeiro por método psicoterápico e, em seguida, com 25 eletrochoques; resultado: nulo. Neste meio tempo, agravou-se tanto o seu estado que teve de fechar o escritório. Em noites de insônia, via-se forçado a debater-se com ideias obsessivas, que aumentavam de dia para dia. «Mal me vejo livre de uma – dizia ele ao médico – logo outra me sobrevêm». Começou a revisar constantemente tudo, mesmo as rodas do seu automóvel. O que o atormentava especialmente era a ideia obsessiva de que os seus vários contratos de seguro podiam ter vencido sem ele ter reparado. Examinava tudo constantemente e depois voltava a fechar tudo bem fechado num armário acouraçado de aço especial; atava *n vezes* cada contrato com uma corda; e, finalmente, fez no Lloyd de Londres um seguro especial, elaborado especialmente para ele, e que deveria protegê-lo das consequências de não se sabe que erro que poderia ter cometido na esfera da sua prática forense, ainda que sem a menor premeditação e inconscientemente. Mas também esta prática forense se arruinou em breve, pois a obsessão da repetição tanto se agravou que o paciente não teve outro remédio senão se recolher à clínica psiquiátrica de Middletown. Chegara a ocasião de o dr. Gerz, mais uma vez, dar o sinal de partida ao tratamento com a intenção paradoxal. Durante quatro meses, três vezes por semana, sucederam-se as entrevistas para aplicação da logoterapia. As fórmulas de intenção paradoxal cuja utilização lhe foi recomendada, eram as seguintes: «Estou-me nas tintas para tudo, que vá tudo à fava! O perfeccionismo, que vá pro diabo que o carregue! Eu, cá por mim, acho formidável que me venham prender, será ótimo. Quanto mais cedo melhor! Ter medo, eu!, das consequências de um erro que me podia ter escapado? Ora!, então o que têm que fazer é virem meter-me na cadeia – três vezes por dia, nem mais nem menos! Pelo menos, sempre conseguirei

B) ANÁLISE EXISTENCIAL ESPECIAL

reaver o meu dinheiro, um bom dinheiro, que atirei às fuças daqueles senhores de Londres...» E, enfim, no sentido da intenção paradoxal, começou a desejar o ter cometido precisamente o maior número de erros possíveis e a propor-se cometer ainda mais, a revolver todo o seu trabalho e a demonstrar à sua secretária que «ele era o homem que mais erros cometia no mundo». E o dr. Gerz não duvida de que a completa ausência de qualquer apreensão por sua parte – apreensão que, evidentemente, não podia deixar de haver por trás das suas instruções – desempenhava no jogo um papel importante, pois o paciente estava agora em condições, não apenas de *intender* paradoxalmente para os objetivos propostos, mas de formular as intenções da maneira mais humorística possível. Deve dizer-se, entretanto, que para isto contribuía indiscutivelmente o dr. Gerz, quando, por exemplo, cumprimentava o paciente, por ocasião da consulta, dizendo-lhe coisas deste gênero: «Mas como?! Será possível? Ainda anda por aqui à solta? Eu pensava que o senhor já há muito tempo estava por trás das grades. Aliás, já estive a folhear os jornais, para ver se ainda não diziam nada do grande escândalo que o senhor provocou». Ouvindo isto, o paciente costumava desmanchar-se a rir, e procurava adotar, por seu turno, em medida crescente, esta atitude irônica, analisando-se ironicamente a si próprio e à neurose. Assim, por exemplo, dizia: «Para mim, tanto faz, tudo me é indiferente: na certa, vão-me prender..., mas, que pode acontecer? Nada! Quando muito, a companhia de seguros vai à bancarrota». Faz agora mais de um ano que acabou o tratamento. E o paciente, conversando com o médico, confessa o que passo a transcrever: «Essas fórmulas, doutor, isso que chama de intenção paradoxal, comigo acertou em cheio; atuou como um milagre, é o que eu lhe digo! Em 4 meses, o senhor conseguiu fazer de mim outro homem. É claro que, uma vez por outra, ainda me vêm à cabeça os velhos temores disparatados; mas, sabe?, agora já estou preparado, já sei perfeitamente como me hei de tratar!» E, rindo-se, acrescentou: «E, sobretudo, uma coisa, doutor: não há nada mais belo do que ser encarcerado com tanto acerto e habilidade ao mesmo tempo...»

Que a logoterapia se pode levar a cabo num prazo relativamente curto, é o que se deduz de um informe de Eva Niebauer-Kozdera[93] acerca dos resultados estatísticos do ambulatório psicoterápico por ela dirigido segundo os princípios da logoterapia e da análise existencial: conforme consta desse informe, sobe a 75,7% a percentagem de curas e melhorias, com uma média de oito sessões, sendo que o grau de melhoria aí mencionado dispensa, por supérfluo, qualquer tratamento ulterior. H. O. Gerz explica: «O número de sessões necessárias depende muito de saber há quanto tempo o paciente já estava doente. Pelo que me diz a experiência, os casos agudos que remontam a algumas semanas ou meses apenas, podem-se curar perfeitamente entre quatro e doze sessões. Os pacientes com uma anamnésia de vários anos precisam, em média, de duas sessões semanais e, ao todo, de cerca de seis a doze meses para convalescença. A este propósito, de resto, nunca insistiremos demasiado na importância que tem o sabermos abrir uma espécie de pista do tipo de conduta aprendido de novo pelo paciente: isto é, a pista ou roteiro para aquela mudança radical que se trace no sentido da intenção paradoxal. Afinal, não é verdade que a teoria behaviorista da aprendizagem já nos ensinou o bastante para sabermos que essa mudança radical, destinada a fazer descarrilar os reflexos condicionados, precisa por sua vez de que lhe instalemos uns carris? Ora, para tanto, é preciso um certo treino» (*loc. cit.*).

Por ocasião do simpósio sobre logoterapia, que se realizou

---

[93] Offizielles Protokoll der Gesellschaft der Ärzte in Wien (Protocolo oficial da Associação médica de Viena), Wien. Klin. Wschr. 67, 152, 1955.

B) ANÁLISE EXISTENCIAL ESPECIAL

em Londres, o dr. Gerz salientou que o psicoterapeuta, que tenha decidido aplicar a intenção paradoxal, tem que ser paciente e tenaz, se efetivamente pretende alcançar bons resultados por este caminho. Mas o êxito do tratamento baseado na intenção paradoxal depende, afinal de contas, do verdadeiro domínio da técnica respectiva, por parte do terapeuta: assim, um colega seu conhecido enviou-lhe certa vez uma paciente que ele vinha tratando pelo referido método há um ano e meio, mas sem êxito. Tratava-se de um caso de agorafobia e claustrofobia. Pois bem: com o dr. Gerz bastaram quatro sessões para levar a melhoria a tal ponto que a paciente já abandonava a casa para ir às compras e percorria uma distância de 30 quilômetros para o consultar.

E, para terminar, o dr. Gerz apresentou os resultados estatísticos que se seguem:

Durante os últimos 6 anos, foram por ele tratados, pelo método da intenção paradoxal, 29 pacientes afetados de fobia e 6 que sofriam de neurose compulsiva. Dos casos de fobia, 22 foram curados, 5 substancialmente melhorados e 2 ficaram na mesma. Nestes dois últimos, tratava-se indubitavelmente de um efeito secundário de uma doença. Quanto aos 6 casos de neurose compulsiva, observou-se que 4 ficaram inteiramente curados e os dois restantes acusaram tal melhoria que, em 3 anos, os pacientes readquiriram por completo a capacidade de trabalho. Por sinal, não podemos deixar de anotar aqui que a maioria dos casos eram crônicos – um deles já há 24 anos que sofria de neurose! – e que, além do mais, tinham sido submetidos a toda a espécie de terapias.

Apesar de tudo, continua-se a duvidar desta técnica, no que diz respeito à duração dos seus resultados. Mas este ceticismo carece de fundamento: com efeito, prescindindo daqueles casos que, tendo sido tratados pelo método da intenção paradoxal, foram observados ao longo de muitos anos, de dezenas de anos até, sem neles se verificar qualquer retrocesso, ficou provado, em conexão com a psicoterapia behaviorista recentemente difundida por H. J. Eysenck, que a ideia de que à chamada psicoterapia sintomática necessariamente se teriam que seguir, mais cedo ou mais tarde, outros sintomas, por a neurose, afinal, não ter sido curada, – ficou provado, digo, que tal ideia nada mais é que um preconceito. Eis as palavras do própro Eysenck: «The notion has been accepted without proof in the first place, and been perpetuated through indoctrination»[94]. E prossegue: «The fact that so-called symptomatic cures can be achieved which are long-lasting and do not produce alternative symptoms argues strongly against the freudian hypothesis» *(loc. cit.,* pág. 82).

Também não é só a psicoterapia orientada pelo método da psicanálise que tem êxitos a apontar. Isto vale sobretudo para a escola reflexológica. É patente, de resto, que estes êxitos se potenciam, logo que se arrisque a entrada na dimensão mais própria e característica do homem, que é a dimensão espiritual. «Há neste ponto uma vantagem imponderável em não tratar os sintomas mórbidos e neuróticos no mesmo plano, mas sim no plano superior e mais elevado da pessoa»[95].

Não vale a pena falar aqui de certa atitude nada criteriosa, que, em face dos resultados obtidos, tomaram os autores psicológico-experimentalistas lançados por Eysenck. O próprio Eysenk, bem como os seguidores da sua sensata orientação de pesquisa, não ignora nem desmente o que é conhecido e significativo, isto é, a predisposição constitucional para enfermidades neuróticas: «Neurotic symptoms tend to appear most frequently in peo-

---

(94) Behaviour Therapy and the Neuroses, Pergamon Press, Nova York 1960, pág. 82.
(95) N. Petrilowitsch, Logotherapie und Psychiatrie, «Symposium on Logotherapy», apresentado no 6.º Congresso Internacional de Psicoterapia de Londres.

B) ANÁLISE EXISTENCIAL ESPECIAL

ple who may be supposed to be endowed genetically with an overreactive autonomic system» (*loc. cit.,* pág. 463). Ora, considerando essa base constitucional, a psicoterapia não poderia ser senão de natureza sintomática: «Treatment on psychological grounds can only be symptomatic, since treatment of the predisposition must ultimately be by genetic or chemical means» (*loc. cit.,* pág. 24). Mas isto é mais uma razão para se dizer que a tese logoterápica segundo a qual importa muito destruir os mecanismos circulares secundários encontra a sua confirmação nos trabalhos dos psicólogos de orientação experimentalista, publicados por Eysenck.

Só que o fundo behaviorista, tanto na teoria como na prática, manifesta-se, bem vistas as coisas, no sentido de uma limitação. Com efeito, também se verifica que tanto o processo como o método da praxe negativa (K. Dunlap) ou a técnica da inibição recíproca (Josef Wolpe), nos termos em que seus autores os recomendam, têm uma serventia relativamente pequena logo que esteja em causa a angústia, ao passo que a intenção paradoxal assinala com razão o seu triunfo, precisamente nos casos de fobia, mesmo em se tratando de casos crônicos e graves. Ora, não é assim tão difícil explicar a razão por que as coisas se passam desta maneira. É que a psicoterapia perfilhada pela psicoterapia behaviorista não vai além do plano do psicológico, para se adentrar na dimensão especificamente humana, no espaço do noológico; aferra-se àquela imagem do homem proveniente da psicologia que unilateralmente segue o processo experimental e a orientação behaviorista e que Allport considera uma paródia da verdadeira imagem do homem, uma espécie de «machine model» ou «rat model». Por outro lado, é fácil de ver que uma atitude como o humor, que só ao homem é acessível, que só à disposição do homem se encontra – nenhum animal é capaz de rir –, de modo algum se pode refletir sobre o plano sub-humano do psicológico, pois, muito pelo contrário, só transparece no espaço espiritual dos fenômenos especificamente humanos.

Opondo-se à «deconditioning therapy» proposta por Wolpe, Bjarne Kvilhaug[96] e N. Petrilowitsch[97] observam que a logoterapia transcende – e leva os pacientes a transcender – o plano dos processos de aprendizagem e dos reflexos condicionados, precisamente na medida em que ataca os sintomas da neurose a partir da dimensão dos fenômenos especificamente humanos, e não no mesmo plano em que se apresentam; e assim, por exemplo – no seguimento da intenção paradoxal – mobilizando contra a neurose aquela capacidade que o homem tem de se distanciar de si mesmo e que lhe é tão essencial. Ora, o que se mobiliza no quadro da intenção paradoxal é exatamente esta capacidade para o humor, característica do homem.

Seja como for, seja qual for a direção tomada – praxe negativa, inibição recíproca ou intenção paradoxal –, o efeito da psicoterapia sempre se traduz no sentido de uma ruptura dos chamados «feedback mechanisms». Com estes mecanismos, aliás, já nós coordenamos determinados tipos de reação neurótica, descrevendo-os e caracterizando-os como *modelos de conduta neurótico-sexual, neurótico-compulsiva e neurótico-angustiante* que primam pela *fuga à angústia*, pela *luta contra a obsessão* e pela *luta pelo prazer*[98]. Mas também não nos esquecemos de mencionar um fato que se prende com isto: o fato de que, afi-

---

(96) *Klinische Erfahrungen mit der paradoxen Intention,* conferência proferida na Associação Médica Austríaca de Psicoterapia (Österreichische Ärztegesellschaft für Psychotherapie) em 18 de Julho de 1963.

(97) *Über die Stellung der Logotherapie in der klinischen Psychotherapie, Die medizinische Welt* 2790-2794, 1964.

(98) V. E. Frankl, *Grundriss der Existenzanalyse und Logotherapie, Handbuch der Neurosenlehre und Psychotherapie,* editado por Viktor E. Frankl, Victor E. Frhr. v. Gebsattel e J. H. Schultz, 3 vols. Urban & Schwarzenberg, Munique e Berlim, 1959.

B) ANÁLISE EXISTENCIAL ESPECIAL

nal, o passo decisivo ultrapassa a intenção paradoxal, porquanto culmina naquilo que em Logoterapia se denomina *dereflexão;* quer dizer: só se consegue dominar a neurose na medida em que se *iluminam e elaboram analiticamente* possibilidades de sentido concretas, cuja plena realização compete pessoalmente aos pacientes, impondo-se-lhes também existencialmente. Vale a pena refletir sobre a sábia advertência de Ernst Kretschmer: «É mister fazer brotar na vida uma torrente forte e positiva que corra em direção a objetivos conformes à lei da personalidade. É na água estagnada que melhor proliferam os complexos: o que os arranca é uma torrente forte de água fresca»[99].

«É claro que, em geral, não se deve interromper o tratamento psicoterápico, impondo-se sempre a continuidade no trabalho sobre a história da vida do paciente e a sua concreta disposição de conflito. Afinal, a intenção paradoxal e, em qualquer caso, a logoterapia, não têm a menor intenção de desbancar a psicoterapia feita até à data, antes pelo contrário querem completá-la»[100]. «Não reputo oportuno levantar uma oposição entre a psicanálise e a logoterapia. De resto, os resultados obtidos com a técnica da intenção paradoxal também se podem entender e interpretar, sem mais, a partir da psicanálise. Foi, aliás, Edith Joelson quem primeiro se abalançou a uma tentativa desse gênero. Em todo o caso, bem se pode afirmar que as fobias suscetíveis de serem interpretadas como produto de agressões reprimidas, e precisamente por isso, podem ser eliminadas se o paciente for estimulado – pelo método da intenção paradoxal – a fazer exatamente aquilo que, pela sua angústia, costuma evitar; por outras palavras, se é encorajado a entregar-se, pelo menos simboli-

---

(99) *Hypnose und Tiefenperson*, Z. Psychother. med. Psychol. 11, 207, 1961.
(100) Hans O. Gerz, *Zur Behandlung phobischer und zwangsneurotischer Syndrome mit der «paradoxen lntention» nach Frankl*, Z. Psychother. med. Psychol. 12, 145, 1962.

camente, às suas agressões» *(loc cit.)*[101]. «Não obstante, é muito fácil de entender que aqueles psiquiatras que passaram longos anos a formar-se no método psicanalítico só muito raramente conseguem dominar a sua *prevenção* contra a técnica frankliana, convencendo-se por experiência própria da eficácia do método logoterápico. O certo é que o espírito acadêmico manda-nos examinar sem preconceitos todas as possibilidades terapêuticas que se nos ofereçam. Ora, isto vale também e sobretudo para o método da logoterapia, e especialmente para a intenção paradoxal, tanto mais que foi concebida de antemão, não como uma espécie de substituto, mas sim como complemento da psicoterapia até hoje praticada» *(loc. cit.)*.

Quem se encontra numa angustiada expectativa durante uma noite de insônia, é perfeitamente compreensível que queira adormecer; mas é precisamente o fato de o querer o que não o deixa sossegar nem conciliar o sono, pois nada faz tanta falta para adormecer como a distensão, pressuposto do sono. Daí, o malogro. Assim, também aqui, no caso da psicoterapia dos distúrbios do sono, o que se torna necessário é quebrar o *circulus vitiosus* da angústia de expectativa. E, mais uma vez, a maneira mais rápida e simples de o conseguirmos é recorrer a uma intenção paradoxal, desviando o vento que sopra nas velas da angústia de expectativa específica dos distúrbios do sono. No caso em apreço, o que é preciso é que o doente se proponha diretamente efetuar um exercício de distensão, pura e simplesmente, em vez de tentar dormir. Por isso, temos de fazer com que confie no

---

(101) O Dr. Glenn O. Golloway, da Clínica Psiquiátrica de Ypsilanti Michigan, USA, disse uma vez o seguinte: «Paradoxical intention is aimed at manipulating the defenses and not at resolving the underlying conflict. This is a perfectly honorable strategy and excellent psychotherapy. It is no insult to surgery that it does not cure the diseased gall bladder it removes. The patient is better off. Similarly, the various explanations of why paradoxical intention works do not detract from paradoxical intention as a successful technique».

B) ANÁLISE EXISTENCIAL ESPECIAL

próprio organismo, convencendo-se de que o organismo se encarrega de provocar incondicionalmente o sono de que também incondicionalmente carece.

O dr. Hans Joachim Vorbusch, da Clínica Psiquiátrica da Vanderbilt University de Nashville, Tennessee (USA), numa sessão da Associação Médica austríaca de psicoterapia, apresentou um informe sobre as suas experiências com a intenção paradoxal, aplicada a casos graves e crônicos de insônia. Num só ano, e no prazo médio de uma semana, conseguiu normalizar o sono de 33 dos 39 casos em que os pacientes já há 10 anos sofriam de distúrbios do sono. Os pacientes referidos no informe já tinham sido tratados reiteradamente sem êxito, e em metade dos casos tinha-se tentado a aplicação expressa de medicamentos. Vale a pena reproduzir aqui dois desses casos, extraídos da casuística do dr. Vorbusch.

O primeiro dos pacientes era um jornalista de 41 anos de idade, alcoólico desde os 20, ainda que não tivesse adquirido o vício por causa das insônias. Repetidas vezes teve que ser hospitalizado por *delirium tremens.* Nos três últimos anos, já não podia exercer a sua profissão. Uma vez internado, reagiu com sonoras gargalhadas à primeira insinuação de uma intenção paradoxal, tachou de doido o dr. Vorbusch («you are crazy»), chegando a mostrar-se-lhe agressivo. Perante a insistência do médico, lá se resolveu por fim a experimentar uma vez («to give it a trial»), mas sem fazer qualquer segredo de estar convencido de que, sem medicamentos, não conseguiria nada. Posto isto, foi-lhe indicado que durante a noite fosse passear pelos corredores e pelo jardim da clínica de Nashville ou então que trabalhasse, isto é, que escrevesse artigos. Após uma semana, se tanto, o paciente conseguiu dormir três horas seguidas, pela primeira vez em três anos, e, decorridas mais duas semanas, pode-se dizer que tinha o sono normalizado. Mais tarde, no decurso do tratamento subsequente de base psicoterápica, que penetrou mais fundo, ultrapassando os distúrbios do sono, meramente sintomáticos, do caso presente, o paciente deu a entender ocasionalmente que tinha duvidado tão seriamente da competência médica do dr. Vorbusch, que chegara a pensar em jogar com as suas relações políticas e usar de toda a sua influência para removê-lo do posto de direção que ocupava na clínica. Neste meio tempo, a normalização do sono tinha-o impressionado tanto que durante a permanência na clínica, indicada ulteriormente em atenção ao tratamento do alcoolismo, transformou-se no mais zeloso propagandista da intenção paradoxal entre os pacientes que o acompanhavam e, no grupo de alcoólicos submetidos a tratamento psicoterápico, chegou a ser uma figura-chave.

O segundo dos casos aludidos é o de um trabalhador de 49 anos que, em consequência de um laringo-espasmo psicógeno, já por duas vezes tinha sido submetido a traqueotomia. Logo que, após a primeira traqueotomia, foi retirada a cânula, o paciente caiu numa angústia de expectativa tão cheia de pânico perante a asfixia, que teve que ser submetido realmente a outra intervenção idêntica. Em vista da depressão reativa e das consecutivas ideias de suicídio, internaram-no na clínica de Nashville. Aí, a cânula não mais figurou entre os meios clínicos. Não obstante, e enquanto a cânula permanecia *in situ*, produziram-se uma série de acessos de asfixia e o estado de angústia foi crescendo. Chegou, então, o momento da ofensiva com a intenção paradoxal. Posta de lado a cânula, o dr. Vorbusch indicou ao paciente que provocasse «um acesso perfeito de asfixia», o que foi repetido um par de vezes. O resultado não se fez esperar. Poucos dias depois, já se podia renunciar à cânula definitivamente. Posto isto, atacou-se a insônia grave e crônica, desta vez também com a ajuda da intenção paradoxal. E também a este respeito se obteve um bom resultado em poucos dias. O paciente, depois de ter passa-

B) ANÁLISE EXISTENCIAL ESPECIAL

do mais de um ano incapacitado para o trabalho, pôde retomar o seu trabalho profissional logo que lhe deram alta na clínica de Nashville; e continuou desde então livre de quaisquer moléstias, conforme o atestam os repetidos controles.

Não queríamos deixar de mencionar também as experiências especiais colhidas por R. Volhard e D. Langen[102] com a aplicação do método da intenção paradoxal: «A intenção paradoxal – dizem eles – tem sido aplicada com muito êxito sobretudo aos estados de fobia, à angústia de expectativa e à insuficiência sexual». São interessantes igualmente as informações do professor Dr. Hans Joachim Prill[103], da clínica feminina da Universidade de Würzburg. É ele que nos informa que, nos casos específicos da sua clínica para mulheres, «tem sido útil a intenção paradoxal». Uma paciente, examinada pelo referido professor, não abandonava a cama há já quatro meses, a fim de engravidar. O seu comportamento em matéria de concepção tinha-se tornado, com o correr dos anos, tão obstinado e caprichoso, que o professor Prill[104] lhe disse, no sentido de uma intenção paradoxal, que nos próximos tempos ficaria estéril e primeiro tinha que adquirir melhor forma física. Os desejos irrealizáveis que tinha, de que lhe nascesse uma criança viva, desvaneceram-se inteiramente. E, depois de uma reação afetiva grave, foi fazer uma viagem para se distrair: dali a umas duas semanas, já anunciava que tinha ficado grávida».

Para terminar, gostaria de aludir, a título de jocosidade, ao seguinte caso: na sua dissertação «Etiologia e terapia do tartamudo, especialmente com base no método da intenção paradoxal

---

(102) *Z. Psychotherap. med. Psychol.* 3, 1, 1953.
(103) *Z. Psychotherap. med Psychol.* 5, 215, 1955.
(104) *Psychosomatishe Gynäkologie*, Urban & Schwarzenberg, Munique e Berlim, 1964, pág. 160.

segundo V. E. Frankl» (Clínica Neuropsiquiátrica da Universidade de Friburgo em Breisgau, 1960), Manfred Eisenmann cita «um exemplo impressionante de aplicação espontânea da intenção paradoxal», proporcionado por Goeppert: «Um paciente tartamudo informa que, uma ocasião, numa reunião de sociedade, quis contar uma piada de tartamudo; mas, quando ia imitar a tartamudez, começou de repente a falar com toda a fluência, a tal ponto que um dos convidados o interrompeu bruscamente com esta observação: "Desista, você não consegue gaguejar nada!"»

Tenho ainda em meu poder um memorando pessoal que devo ao diretor da Clínica Neurológica da Universidade de Mainz, o prof. dr. Heinrich Kranz. Não queria deixar de anotá-lo aqui, pois me parece não menos digno de atenção. Eis o texto em que o professor Kranz me comunica o caso: «Há anos, quando eu ainda trabalhava em Frankfurt, muito antes de conhecê-lo e sem fazer ainda a menor ideia do que fosse a sua intenção paradoxal, veio ter comigo ao consultório um estudante de ginásio (creio que do 3.º ano) que gaguejava duma maneira assustadora. Nisto, não havia nada de especial. O engraçado do caso foi o que o moço me declarou depois : disse-me que a única ocasião da sua vida em que não tinha conseguido gaguejar, por mais esforços que fizesse, tinha sido numa festa escolar que os da aula dele prepararam para um sarau dedicado às famílias; num dos números da festa, aparecia em cena um tartamudo e, evidentemente, ninguém como ele poderia desempenhar o papel. O certo é que "fracassou": todo o repertório lhe saía da boca fluentemente, a despeito de muitas tentativas e ensaios; e tiveram que dar a outro o seu papel!»

3. Psicologia da melancolia

As psicoses endógenas também podem ser objeto de tratamento logoterápico. Evidentemente, o que se submete a tratamento nessa hipótese não são os componentes endógenos, mas sim os componentes reativos, psicógenos, que possam estar em jogo no caso concreto. Ao analisarmos a atitude espiritual do homem em face do destino anímico que se lhe depara sob a forma de uma enfermidade psicótica, já nos referimos ao momento patoplástico que, ao contrário do momento patogênico, cumpre conceber como resultado de uma configuração do acontecer psicótico da doença. A esse propósito, citávamos também o exemplo de um estado de depressão originariamente endógeno em que, além de ser possível um tratamento psicoterápico bem como a aplicação de medicamentos, também o era, tendo em conta o fator psicógeno, uma autêntica logoterapia. E a finalidade desta logoterapia era a mudança total da atitude do paciente para com a doença tomada como destino, acompanhada de uma viragem radical na sua atitude perante a vida, que deveria encarar como uma missão.

É claro que na «patoplástica», uma vez efetivada, já se encerra uma tomada de posição, mesmo antes de qualquer modificação logoterápica da posição espiritual em que o indivíduo se posta diante do acontecer psicótico da sua enfermidade, – na medida em que, bem entendido, é possível tal modificação. Neste sentido, a conduta manifesta do doente psicótico é também, em cada caso concreto, mais do que mero resultado de uma afecção fatal, «criatural»; é ao mesmo tempo a expressão da sua atitude espiritual. Esta atitude é livre e, como tal, subordina-se à exigência de ser correta, ou, conforme o caso, à exigência de vir a sê-lo. Neste sentido, a própria psicose é, afinal, de um modo ou de outro, a prova que preserva o humano, que protege o que há de humano no psicótico. A patoplástica que o psicótico experimenta, a partir do que tem de humano, é um teste para o que há de humano nele. O resto de liberdade que continua presente na psicose, na atitude livre do doente em face dela, possibilita-lhe, em cada caso, a realização de valores de atitude. O que a logoterapia faz é chamar a atenção do paciente para essa liberdade que lhe resta. Enfim, mesmo na psicose e apesar dela, entreveem os doentes a possibilidade de realizarem valores, ainda que a realização, no caso, seja mera realização de valores de atitude.

Na minha opinião, há um certo grau de liberdade próprio da existência psicótica. Na realidade, o homem que sofre de uma depressão endógena pode ainda resistir a essa depressão. Seja-me permitido ilustrar o que acabo de dizer com um extrato duma história clínica, que considero um autêntico *document humain.* A paciente era uma carmelita que, no seu diário, descreve o curso da doença e o tratamento que, note-se bem, não era pura logoterapia, mas também tratamento farmacoterápico. Limito-me a citar uma das passagens desse diário. «A tristeza – dizem as anotações da freira – é o meu companheiro constante. Não me sai nunca da alma, como um peso de chumbo. Onde estão os meus ideais, toda a grandeza, toda a beleza, todo o Bem, que era o único fim de todas as minhas aspirações? Tenho só tédio a prender-me o coração, um tédio em que só me apetece bocejar. Vivo

B) ANÁLISE EXISTENCIAL ESPECIAL

como se me tivessem atirado para o vazio: porque há temporadas em que me é negada a própria dor». Temos aqui, portanto, os indícios de uma melancolia anestésica. A paciente prossegue com a sua descrição: «Nesta tortura, eu chamo por Deus, que é nosso Pai. Mas Ele fica calado. Para falar verdade, só queria uma coisa: morrer, – hoje mesmo, se fosse possível». Segue-se, porém, uma viragem brusca: «Se eu, graças à minha fé, não tivesse consciência de que não sou dona da minha vida, com certeza que já teria acabado com ela muitas vezes». E depois, triunfante, continua: «Nesta fé, começa a desvanecer-se toda a amargura do sofrimento. Realmente, quem pensa que uma vida humana tem que ser sempre um andar de êxito em êxito, assemelha-se a um tolo que, postando-se diante duma obra arquitetônica e vendo cavar a fundo os alicerces, começa a abanar a cabeça, maravilhado de que dali precisamente vá emergir uma catedral. Deus constrói para ele um templo em cada alma humana. Em mim, começou agora a abrir os cavoucos para os alicerces. Portanto, a minha missão é apenas esta: oferecer-me voluntariamente às suas enxadadas».

Ora bem. O que vamos tentar nas páginas que se seguem é compreender, à luz da análise existencial, a depressão endógena, procurando conceituá-la como *modus* da existência. O primeiro dos sintomas, o que aparece em primeiro plano, quando se faz a análise existencial especial da pressão endógena, é a angústia. Do ponto de vista somático, a depressão endógena representa uma baixa vital: nada menos, mas também nada mais do que isso. Com efeito, a baixa em que se encontra o organismo do paciente afetado de depressão endógena está muito longe de explicar todos os sintomas da melancolia. Nem sequer explica a angústia melancólica. Esta é predominantemente angústia da morte e da consciência. Todavia, só poderemos compreender o sentimento de angústia do melancólico e a sua vivência de culpa se os concebermos como um modo do ser-homem, como uma modalidade da existência humana. O certo é que a mera baixa vital não nos explica nada – e afinal, como se sabe, nunca foi explicada até hoje sequer esta baixa vital. O primeiro elemento a tornar possível a vivência da melancolia é um elemento transmórbido: só o humano transforma a baixa primariamente vital no modo melancólico da vivência que, precisamente, é um modo do ser-homem. Ao passo que o mero *morbus* de uma depressão endógena produz exclusivamente sintomas tais como a inibição psicomotora ou secretória, a vivência da melancolia é já o resultado de um *debate do que no homem há de humano com o que nele há também de patológico.* É por isso que, embora de algum modo se possa falar de estados de depressão (mesmo com excitação angustiante) nos animais, com base numa baixa orgânica, nem de longe poderíamos imaginar um animal com a autêntica depressão endógena do homem, caracterizada por sintomas como sentimentos de culpa patognômicos, autocensuras e autoacusações. O sintoma da angústia de consciência, no depressivo endógeno, nunca é produto da depressão endógena enquanto enfermidade de origem corporal, mas sim uma «realização» do homem. A angústia de consciência só é compreensível a partir do que está para além do fisiológico, a partir do humano. Quer dizer: só a podemos compreender como angústia de um homem enquanto tal: como angústia existencial!

O que a baixa vital cria, tomada como base fisiológica da depressão endógena, é apenas uma sensação de insuficiência. Mas o fato de esta sensação de insuficiência ser vivida como sentimento de incapacidade para cumprir uma missão – isso transcende já essencialmente o endógeno da doença. Angústia, pode senti-la um animal; mas, angústia de consciência ou sentimento de culpa, só o pode sentir um homem como tal, isto é, como ser que é responsável pelo seu ser, perante o dever-ser. Psicoses como as que o homem tem, nunca num animal se podem sequer

B) ANÁLISE EXISTENCIAL ESPECIAL

imaginar: portanto, é porque nelas toma parte essencial o que é humano. Isto é: o acontecer organicamente condicionado, que está latente na psicose, é sempre transposto para o propriamente humano, antes de se converter em vivência psicótica: tem que se transformar necessariamente em tema humano.

Ora bem, no caso da depressão endógena, a insuficiência psicofísica é experimentada pelo homem de um modo único que só ele pode experimentar, por ser exclusivo da sua natureza: como tensão entre o seu ser característico e o seu característico dever-ser. O indivíduo que sofre de depressão endógena experimenta naturalmente, como supradimensional, a distância que medeia entre a sua pessoa e o seu ideal. O que aí sucede é apenas isto: a baixa vital faz sobressair aquela *tensão da existência* que é própria da existência humana enquanto tal; *o contraste entre ser e dever-ser* sofre aqui um aumento por meio da vivência da insuficiência. Para quem está afetado por depressão endógena, esse contraste entre *ser e dever-ser converte-se num abismo*. Mas no fundo deste abismo que assim se cava, temos que entrever aquilo que afinal está no fundo de todo o ser humano como ser-responsável: a consciência. Assim, a angústia de consciência do indivíduo melancólico deve ser entendida como algo que resulta da vivência dessa tensão mais destacada entre necessidade e possibilidade de cumprimento, tomada como vivência especificamente humana.

Aliás, esta vivência melancólica da insuficiência radical, que se traduz na sensação de não estar à altura de uma missão, assume especificações diversas. Na angústia pelo empobrecimento, melancólica e obsessiva, que se observa no burguês típico pré-mórbido, esta sensação de insuficiência certamente se referirá à missão de ganhar dinheiro. E se distinguirmos, na esteira de Schopenhauer, entre «o que uma pessoa é, o que tem e o que parece», então a angústia de consciência e o sentimento de culpa deste tipo de homem, em sofrendo de uma depressão endógena, acentuará, em conformidade com a acentuação pré-mórbida, «o que uma pessoa tem». Em compensação, tratando-se da angústia da morte, num indivíduo pré-mórbido que está inseguro na sua vida, a vivência de insuficiência recairá na missão de conservar a vida; e, por último, em se tratando da angústia de consciência, num indivíduo premorbidamente consciente da sua culpa ou simplesmente escrupuloso, incidirá sobre a missão da justificação moral.

Se, em virtude do distúrbio básico vital da depressão endógena, o indivíduo experimenta num grau sobremaneira desmesurado a tensão da existência, o indivíduo melancólico não pode deixar de pensar que é inalcançável o objetivo da sua vida. Assim, perde o sentimento do fim, do final, do futuro. «Eu vivia da vida já vivida», dizia uma paciente melancólica; «o presente tinha desaparecido da minha vista, e perdia-me a viver de lembranças passadas». Com a perda do sentimento do futuro, com a vivência da «ausência de futuro» surge a sensação de que a vida chegou ao fim, de que o tempo parou. «Eu via com outros olhos», dizia uma paciente; «em vez de ver homens de hoje e de ontem, o que via eram os homens no dia da sua morte – e tanto fazia que fossem velhos como crianças. Via tudo muito antes do tempo, e eu própria tinha deixado de viver no presente». Para caracterizarmos o estado de ânimo próprio destes casos de depressão endógena, poderíamos dizer que é o estado de ânimo «do Juízo Final», o estado de *dies irae*. Se Kronfeld, para explicar a vivência existencial da esquizofrenia, fala da vivência da «morte antecipada», também nós aqui poderíamos falar da vivência de um *«dies irae permanente»*.

Ao afeto de tristeza do deprimido endógeno corresponde, no maníaco, o afeto de alegria. À vivência da angústia melancólica corresponde a vivência da euforia. Ao passo que o melancólico

B) ANÁLISE EXISTENCIAL ESPECIAL

experimenta a vivência de o poder não estar à altura do dever, o maníaco, ao contrário, tem a vivência de que o poder é superior ao dever. Assim, a sensação maníaca de poder vem a ser o correlato do sentimento melancólico de culpa. E, da mesma forma que a angústia melancólica é, em especial, uma angústia perante o futuro (enquanto angústia catastrófica, será angústia em face de um futuro catastrófico), o indivíduo maníaco de que agora falamos vive precisamente no futuro: faz programas, forja planos, anda sempre a antecipar o futuro, toma equivocadamente por realidades as suas possibilidades, é um homem «todo futuro».

Dada a vivência da sua própria insuficiência, o deprimido endógeno necessariamente tem que ser cego para os valores. E, mais tarde, esta cegueira para os valores virá a ser também cegueira para o mundo que o cerca. Portanto, ainda que este escotoma dos valores seja de início, no deprimido endógeno, por assim dizer central, enquanto afeta apenas o seu eu, pode muito bem evoluir em direção centrífuga, trazendo consigo uma supressão dos cambiantes de valor do não-eu. O certo é que, em se desvalorizando o próprio eu, necessariamente se tem que experimentar como vivência uma queda de valor perante o mundo. A esta vivência é que corresponde, no melancólico, o sentimento de inferioridade. Daí que o deprimido endógeno se sinta, nas suas vivências, como indivíduo sem valor, afigurando-se-lhe sem sentido a sua vida – donde resulta, aliás, a tendência para o suicídio.

Entretanto, algo mais sobrevêm no acontecer das ideias obsessivas de tipo niilista, próprias da depressão endógena: juntamente com os valores, escamoteiam-se as próprias coisas, os portadores dos valores; nega-se mesmo o substrato de uma possível valiosidade. Também aqui, o que primeiro se ataca é o próprio eu: produz-se uma despersonalização. «Eu não sou homem nem nada», confessava um doente; «não sou ninguém, não sou nada no mundo». Mais tarde, contudo, o mundo é abrangido neste niilismo, e verifica-se uma desrealização. Era neste sentido que um paciente explicava, quando um médico se lhe apresentou, que «não há nenhum médico, nunca houve nenhum».

Cotard descreveu uma síndroma melancólica em que se encontram «ideias de condenação, ideias de não-existir e de não--poder-morrer». As «ideias de condenação» melancólicas, explicam-se sem mais, tendo em consideração o que acabamos de dizer, para compreendermos a despersonalização niilista; e a ideia de não se poder morrer, a ilusão de que se é imortal, depara-se-nos também isoladamente em certas formas de depressão endógena. Poderíamos definir estas imagens patológicas como *melancolias ahasvéricas*[105]. Mas, como interpretar doenças deste tipo com uma análise existencial?

O sentimento de culpa do deprimido endógeno, agravado pela vivência daquela tensão da existência que, como vimos, se acentuou nele sobremaneira, pode atingir tal magnitude que acabe por considerar vivencialmente irreparável a sua culpa; e a missão que não se sente à altura de cumprir, levado pela vivência de insuficiência, forçosamente tem que afigurar-se-lhe irrealizável, mesmo que não tenha fim a sua vida. Assim, e só assim, estamos em condições de entender certas declarações dos pacientes; por exemplo, esta: «Tenho que viver eternamente,

---

(105) A expressão do Autor é esta: *ahasverische Melancholien. Ahas Verus* ou *Ahasvero* é um personagem lendário, símbolo do povo judaico ou do judeu errante, que, desde a morte de Cristo, sempre andaria sem descanso de terra em terra, em expiação da sua culpa, até à consumação dos séculos. A versão mais antiga desta lenda, no Ocidente, dá-lhe o nome de *Ahasverus* e apresenta-o como sapateiro de Jerusalém. Acrescenta depois que, passando Jesus com a cruz às costas defronte da sua loja, os soldados pediram ao sapateiro que deixasse entrar o Messias, a fim de descansar um pouco. Não acedendo Ahasvero, Jesus ter-lhe-ia dito: «...percorrerás a terra inteira até à consumação dos séculos e, quando teus pés fatigados quiserem deter-se, terás de recomeçar a caminhar». Alguns escritores, que foram enfeitando a lenda, chegaram a dizer que haviam encontrado Ahasvero em diversos países e épocas, sem nunca conseguir descansar ou morrer... (N. T.)

B) ANÁLISE EXISTENCIAL ESPECIAL

para expiar a minha culpa. Isto é para mim como o vestíbulo do inferno». O caráter de missão que a vida tem assume nos casos de depressão endógena umas proporções gigantescas. Um destes doentes dizia: «Tenho que carregar aos ombros o mundo inteiro; para falar com propriedade, a consciência é a única coisa que vive dentro de mim. Tudo me oprime demais. Desapareceu da minha vista tudo o que há de mundo à minha volta; só enxergo o Além. Bem vejo que o meu dever era criar o mundo inteiro, mas não posso. Devia substituir os mares e as montanhas, mas já não tenho um tostão. Não posso cavar uma mina e fazer voltar à vida povos desaparecidos e, no entanto, é isso o que tem que ser. Tudo tem que ser destruído agora». A desvalorização, não apenas de si mesmo, mas também do mundo inteiro, provoca no deprimido endógeno uma misantropia geral. O que lhe dá nojo e fastio não é só ele próprio, mas todos os outros. A seus olhos, nenhum valor pode subsistir. «Porque tudo o que existe é digno de perecer». Esta frase mefistofélica traz-nos um esclarecimento sobre as ideias de desaparecimento do universo, que são como que o resíduo, o precipitado catatímico-alucinatório do sentimento vital da angústia catastrófica, tomado como sentimento do universo do deprimido endógeno. Mas a grandeza sobre-humana com que se lhe afigura – deformada pela vivência de insuficiência – a missão da vida, é que nos permite entender, numa análise existencial, aquele sentimento de culpa que se expressa em certas declarações quiméricas dos pacientes. Eis uma dessas declarações: «Tudo desaparecerá e sou eu quem tem de fazer tudo outra vez – e não posso! Sou eu que tenho que fazê-lo. Mas onde é que vou arranjar dinheiro, de eternidade em eternidade? Eu não posso criar os potros, e os bois, e o gado todo que existe, desde que o mundo é mundo».

Na angústia – que, segundo o ensinamento de Kierkegaard, podemos entender como vertigem das alturas da liberdade – sucede uma coisa semelhante ao que se verifica na vertigem: há uns movimentos aparentes, uns movimentos aparentes do espírito que, no caso da melancolia, e portanto quando o paciente experimenta vivencialmente, como abismo, o abismo cavado entre ser e dever-ser, provocam nele a sensação de que se submergem o eu e o mundo, o ser e os valores.

Ao referir-nos a uma psicoterapia ativa da depressão endógena[106], já tivemos ocasião de salientar que a própria psicoterapia experimentada – e é tão fácil que isso ocorra nestes casos – não se converte em nóxio iatrógeno. Sobretudo, importa frisar que é inteiramente descabida qualquer *tentativa de dirigir um apelo* ao paciente, no sentido de que se acalme; antes pelo contrário, o que é de recomendar é que se instrua o paciente para que ele aceite a depressão precisamente como depressão endógena; numa palavra: para que ele a objetive e, desta maneira, se distancie dela, sempre que possível, como de fato é, não digo já nos casos fáceis, mas em casos de gravidade média! O que nós indicamos ao paciente não é que «se acalme», mas antes que aguente a sua doença de sentimentos, sabendo que a sua cegueira para os valores, a sua incapacidade para encontrar nele próprio um valor e na vida um sentido faz parte dessa doença; fazemos-lhe ver com toda a clareza que, enquanto lhe durar a doença, está livre de obrigações, ou melhor, que só tem duas obrigações a cumprir: primeiro, está obrigado a confiar no médico e na prognose médica – e podemos perfeitamente garantir-lhe que sairá da fase concreta em que se acha, pelo menos tal como dantes era –; depois, está também obrigado a ser paciente consigo mesmo, até o dia do restabelecimento previsto.

---

(106) V. E. Frankl, *Psychagogische Betreuung endogen Depressiver. Handbuch der Neurosenlehre und Psychotherapie*, editado por Viktor E. Frankl, Victor E. Frhr. v. Gebsattel e J. H. Schultz, 4 vol. Urban & Schwarzenberg, Munique e Berlim 1959.

4. Psicologia da esquizofrenia

Nas linhas que se seguem, traçaremos agora algumas anotações psicológicas de caráter geral, que nos tornarão possível o entendimento analítico-existencial da esquizofrenia. Para tanto, partiremos de algumas observações clínicas. Tivemos ocasião de observar muitas vezes em toda uma série de pacientes esquizofrênicos uma vivência bem característica. Estes doentes a que me refiro, é frequente declararem que têm de quando em quando a sensação de os estarem a filmar. E o resultado da exploração correspondente ao caso é digno de nota: a sensação de que falam os pacientes não tinha quaisquer bases alucinatórias; o que os pacientes confessam, não é, por exemplo, o terem ouvido uma manivela ou, em se tratando da sensação de que os estão fotografando, um disparador de máquina fotográfica. Mesmo no aspecto ótico da sua vivência, a máquina de filmar permanece invisível e o operador da câmara permanece oculto. Também não se podem comprovar ideias paranoicas, com base nas quais nos fosse dado interpretar as afirmações dos pacientes no sentido de uma explicação quimérica secundariamente racionalizadora. Há casos, é certo, que realmente foram alicerçados em quimeras; são os casos dos doentes que sustentam, por exemplo, que se tinham visto nos documentários cinematográficos, ou que afirmam sem pestanejar que os seus inimigos ou perseguidores só os teriam podido identificar por fotografias arranjadas secretamente. Mas estes casos com base paranoica, excluimo-los de antemão das investigações em questão, pois o paciente não experimenta neles diretamente a vivência de ser filmado, antes a constrói posteriormente, só então a introduzindo no passado.

O que se nos depara, portanto, uma vez feita a mais estrita seleção da casuística, poderíamos nós caracterizá-lo, fenomenológica e descritivamente, como *quimera fílmica*. Esta quimera fílmica representa uma autêntica «alucinação do saber», no sentido que Jaspers atribui à expressão; no entanto, também a poderíamos incluir entre os «sentimentos primariamente quiméricos», de que fala Gruhle. Uma doente, interrogada sobre como podia supor que tinha sido filmada, uma vez que nada observara que de algum modo a pudesse levar a tal conclusão, deu a seguinte resposta, bem característica: «Não sei como, mas tenho a certeza disso».

Entretanto, há casos em que se revelam transições entre o quadro patológico característico da quimera fílmica e outros quadros análogos. Referimo-nos àqueles pacientes que supõem que a sua voz «foi gravada em discos», o que nada mais é do que o paralelo acústico da quimera fílmica. Mas há outros ainda, que afirmam que alguém os anda a «espionar» ou a «escutar atrás da porta». Por último, parece-nos estarem na mesma linha os casos em que os pacientes dizem ter a sensação bem definida de os «andarem a procurar», ou a certeza, igualmente sem fundamento, de que alguém «pensa» neles.

É de perguntar, então, o que há de comum em todas estas vivências. O que se passa aqui, afinal? Em síntese, podemos dizer que, em todos os casos considerados, uma pessoa se torna vivencialmente a si mesma como objeto dos mais variados atos

B) ANÁLISE EXISTENCIAL ESPECIAL

intencionais de outras pessoas: como *objeto da objetiva* de uma câmara de filmar – no caso da «quimera fílmica» –, ou da objetiva de um aparelho fotográfico; como objeto de um gravador; e, quanto aos casos citados por último, como objeto de «escuta» e de «espionagem» de outros homens; como objeto, enfim, da sua «busca» e dos seus «pensamentos». Todos os casos aqui subsumidos são experimentados vivencialmente pelos pacientes como objeto da atividade psíquica de outrem: os aparelhos a que os pacientes se referem, nas suas vivências, nos primeiros casos mencionados, e em relação aos quais se sentem, portanto, como objetos, representam apenas uma ampliação da atividade psíquica, por meio de um dispositivo mecânico, uma espécie de prolongamento «técnico» dos atos intencionais do ver e ouvir. (É compreensível, assim, que os aparelhos em questão contenham, para os esquizofrênicos, uma espécie de intencionalidade mítica). Portanto, o que temos aqui, nos casos de esquizofrenia mencionados, é o sentimento primariamente quimérico a que poderíamos chamar *vivência do puro ser-objeto*. E, com base nisto, também poderíamos conceber como meras formas especiais da vivência geral do puro ser-objeto tudo o que se considera sensação de ser influenciado (*Beeinflussungsgefühl*), mania de perseguição ou de observação por parte de outrem: nestas formas especiais, o esquizofrênico teria precisamente a vivência de ser objeto das intenções de observação ou perseguição de alguém, conforme o caso.

A vivência que acabamos de apresentar – vivência do puro-ser-objeto –, poderíamos considerá-la como uma faceta daquela perturbação central do eu, que Gruhle enumera entre os «sintomas primários» da esquizofrenia. Quer dizer: assim como por uma fissura geológica se avalia a estrutura das camadas minerais mais profundas, assim também a observação dos sintomas primários (da superfície sintomatológica, digamos) nos permite julgar da essência do «distúrbio básico» esquizofrênico. Na realidade, quanto aos casos de esquizofrenia, as diversas formas de manifestação daquela vivência do puro ser-objeto podem-se reduzir a uma lei uniforme, que se traduz em o esquizofrênico se sentir vivencialmente como se ele – o sujeito – se tivesse transvertido num objeto. Os pacientes deste tipo têm, pois, a vivência de que os seus atos psíquicos se inverteram, tendo-se mudado para a passiva: ao passo que numa vivência normal, o homem se vê, ele próprio, a pensar, prestar atenção, observar, influir, espiar, escutar, procurar e perseguir, ou a fotografar e gravar o que quer que seja, na vivência que o caracteriza, o esquizofrênico sente todos estes atos e intenções e funções anímicas como se tivessem passado para a passiva: é ele que «é observado», «pensado», etc. Numa palavra, na esquizofrenia verifica-se uma passivização vivencial das funções anímicas. A nosso ver, é isto um princípio geral da psicologia do esquizofrênico.

É interessante reparar como a passivização vivida por estes doentes os obriga a utilizar, quando o normal seria empregar expressões intransitivas, as formas verbais transitivas correspondentes. Assim, uma paciente queixava-se de que tinha a sensação, não de que «acordava», mas sim de que «a acordavam». Aliás, esta *tendência para a passivização,* própria da *vivência esquizofrênica*, permite-nos compreender também, em conformidade com a linguagem que a exprime, aquela dicção típica e conhecida em que desprezam o verbo e – não raro de um modo forçado – preferem construções substantivadas («andadura» e coisas do gênero[107]); e isto é assim, evidentemente, porque o

---

(107) O exemplo que dá o Autor é a palavra «Elektrisiererei», que corresponde ao verbo *elektrisieren*. Na impossibilidade de traduzir literalmente com perfeito acerto, recorremos à palavra «andadura», cuja «passivização» se pode efetivamente observar no velho ditado português: «burro velho *não toma andadura»*, onde as três últimas palavras, numa forma substantivada, significam simplesmente *aprender a andar*. (N.T.)

B) ANÁLISE EXISTENCIAL ESPECIAL

verbo, a «palavra da atividade», pressupõe e exprime essencialmente a vivência da ação.

A linguagem típica do esquizofrênico, pelo menos do esquizofrênico autístico – que, portanto, num outro sentido, isto é, em relação ao mundo exterior, acusa uma deficiência de «atividade» –, tem ainda outro traço característico: o predomínio da função expressiva em detrimento da função representativa. Assim se explica – e inclusive chega a compreender-se – a chamada linguagem artificial de alguns esquizofrênicos; com efeito, se usamos desta «linguagem» artificial, conseguimos às vezes entender-nos com os seus criadores, limitando-nos também, como eles, às formas expressivas, para «falarmos» com os pacientes em questão mais ou menos como «falamos» com um cão, isto é, fazendo depender tudo da entoação e não do sentido das palavras.

Desta interpretação das vivências esquizofrênicas como passivização vivencial da atividade psíquica, aproxima-se bastante a teoria da esquizofrenia de Berze. Como é sabido, Berze fala de uma insuficiência da atividade psíquica dos esquizofrênicos. E a «hipotonia da consciência» é, para este autor, o sintoma principal da doença. Se com esta hipotonia da consciência relacionamos aquilo que caracterizamos como passivização vivencial, bem podemos agora, no sentido de uma análise existencial da esquizofrenia, apontar a fórmula seguinte: o ser-eu é, enquanto ser-consciente, «hipotónico» e, enquanto «ser-responsável», «é como se, na sua vivência», também tivesse sido afetado. O esquizofrênico experimenta a vivência de estar de tal maneira limitado em todo o seu ser-homem que já não consegue sentir-se propriamente «existente». Compreende-se agora facilmente a interpretação dada por Kronfeld à vivência esquizofrênica, ao apresentar a esquizofrenia como uma «morte antecipada».

Desde que Berze nos ensinou a distinguir entre sintomas

processuais e sintomas defectivos da esquizofrenia, bem sabemos que qualquer interpretação psicológico-fenomenológica da vivência de tipo esquizofrênico, e portanto a sua interpretação analítico-existencial, deve ater-se aos sintomas processuais. Ora, na nossa opinião, entre os sintomas processuais e defectivos da esquizofrenia, há uma diferença análoga à que se verifica entre dois tipos de vivência do homem normal, isto é, entre as vivências do adormecer e as do sonhar. Por isso tem razão C. Schneider quando, no seu estudo sobre a psicologia da esquizofrenia, escolhe «para modelo do pensamento adormentado» precisamente este tipo de pensamento vago e crepuscular de quem está adormecendo[108], e não o pensamento dos sonhos, como faz, por exemplo, C. G. Jung, que vê no esquizofrênico um «sonhador em vigília». A vivência normal do adormecer é realmente uma espécie de imitação da vivência de tipo esquizofrênico: isto logo se compreende se atentarmos em que, ao adormecermos, se produz uma hipotonia da consciência ou, para usarmos a expressão de Janet, um «abaissement mentale». Já Löwy chamou a atenção para os «produtos semifabricados do pensamento», e Mayer-Gross fala de «cascas de pensamento vazias». Ora, todos estes fenômenos se encontram tanto no pensamento adormecido normal como no pensamento perturbado pela esquizofrenia. Por outro lado, a escola de Karl Bühler, partindo da psicologia do pensamento, fala do «esquema de pensamentos» e bem assim do «caráter de folha em branco» do pensamento. Por conseguinte, há uma perfeita concordância nos resultados das investigações dos três autores. Efetivamente, poderíamos dizer agora que quem está adormecendo adormece «sobre» a folha em branco dos pensamentos, em vez de a preencher. E também se esclarece a razão pela qual no pensamento adormentado – o que nor-

---

(108) *Einschlafdenken*, no original. (N.T.)

B) ANÁLISE EXISTENCIAL ESPECIAL

malmente nunca acontece – se pode chegar a intuir a folha em branco de um ato mental.

Pois bem. O pensamento dos sonhos contrapõe-se ao pensamento adormentado, na exata medida em que no sonho domina a língua das imagens. O que queremos dizer é o seguinte: ao passo que, enquanto se adormece, o nível da consciência se desloca para um grau mais baixo – correspondente à hipotonia da consciência –, o nível que se atinge mal se começa a sonhar é o nível ínfimo da consciência; os sonhos desencadeiam-se já neste nível ínfimo. E, em harmonia com a mudança funcional que se efetiva no trânsito da vigília para o sono, o homem que sonha «regride» à linguagem simbólica primitiva dos sonhos.

Entrementes, deixemos de lado a distinção fundamental entre sintomas processuais e defectivos da esquizofrenia, e vejamos se e em que medida além dos sintomas mencionados (distúrbios do eu e do pensamento), há outros sintomas esquizofrênicos que se possam esclarecer mediante o princípio explicativo por nós apresentado, isto é, mediante a passivização vivencial geral dos processos anímicos. Não vamos averiguar aqui até que ponto o sistema motor do esquizofrênico se encaixa no quadro da passivização – de resto, a aplicação do nosso princípio aos fenômenos catatônicos e catalépticos é facílima: limitar-nos-emos apenas ao problema psicológico das alucinações acústicas, da audição de vozes, própria do esquizofrênico. Para tanto, o princípio da passivização decerto nos oferecerá a chave da explicação, se partirmos desse fenômeno que consiste em se exprimirem em voz alta os pensamentos: aqueles elementos acústicos que num indivíduo normal (mais ou menos conscientemente) sempre acompanham, sob a forma da chamada «linguagem interior», o pensamento, são experimentados vivencialmente pelo esquizofrênico, mas passivamente; tem a vivência deles, sim, mas como se se tratasse de coisa estranha, vinda do exterior, em conformidade com o esquema das percepções. Ora, o experimentar vivencialmente o próprio e interior como se fosse estranho e vindo de fora, como se fosse uma percepção – isso é precisamente o que se chama alucinar-se ou ter alucinações.

O princípio da passivização vivencial das funções psíquicas como princípio explicativo da psicologia da esquizofrenia, é claro que não encontra no campo terapêutico nenhuma possibilidade de aplicação prática; mas não há dúvida de que encontra uma confirmação empírica. Foi o que aconteceu uma vez quando do tratamento psicoterápico de um indivíduo jovem, que acusava uma mania de relacionamento sensitiva, muito pronunciada. Foram-no treinando a não prestar atenção ao fato de lha prestarem, e a não observar – *à la «persécuteur persécuté»* – os seus supostos observadores (o problema de saber se tinha razão ou não na sua vivência de ser observado, pôs-se de antemão fora de qualquer discussão). De fato, a sensação de estar sendo observado desapareceu logo que o paciente aprendeu a deixar de observar os que o rodeavam, fixando-se, como fazia até então, no fato de ser observado. Posta de lado a própria observação que ele fazia, desapareceu a vivência passiva correspondente, isto é, o fato vivencial de estar sendo observado. Ora, na nossa opinião, o fato de, pelo tratamento psicoterápico, se ter conseguido por termo à vivência passiva de ser observado, mediante a supressão da observação ativa, só se pode explicar admitindo que o distúrbio fundamental havia produzido uma inversão da vivência de observar, apassivando-a.

Não há razão para que a análise existencial especial da esquizofrenia se atenha incondicionalmente aos casos indiscutíveis do ponto de vista nosológico; com base na análise daqueles quadros patológicos que se situam já na periferia do círculo das formas esquizofrênicas – precisamente, é esse o caso de mania de relacionamento sensitiva –, está também ao seu alcance esclarecer

B) ANÁLISE EXISTENCIAL ESPECIAL

o modo especial da vivência esquizofrênica. Para tanto, gostaríamos de ocupar-nos agora com aquelas formas da psicopatia esquizoide que, a seu tempo, se englobavam sob a imagem da chamada psicastenia. Como é sabido, a vivência deste tipo de doentes descrevia-se como *«sentiment de vide»;* dizia-se, além disso, que lhes faltava o *«sentiment de réalité».* Um dos nossos pacientes tentou explicar-nos a sua vivência, dizendo-nos que se podia comparar a «um violino sem caixa de ressonância»; sentia-se vivencialmente «como se» fosse, pura e simplesmente, «a sua própria sombra». A deficiente «ressonância» para o mundo circundante, de que se queixava, produzia nele uma vivência declarada de despersonalização.

Já Haug salienta, na sua monografia, que a vivência de despersonalização pode ser provocada por uma forçada observação de si mesmo. A isto, entretanto, gostaríamos de acrescentar algumas considerações. O saber é sempre, não apenas um saber acerca de alguma coisa, mas também um saber acerca deste mesmo saber; e, além do mais, um saber que este saber procede do eu concreto. O ato primário, refletido pelo ato secundário, reflexivo, é dado a si mesmo como psíquico, qualifica-se como psíquico; a qualidade de vivência só se constitui portanto «psiquicamente» em e através da reflexão.

Tentaremos representar estas conexões socorrendo-nos de um modelo biológico. Imaginemos que ao ato psíquico primário corresponde, no paralelo biológico, o pseudópode que uma ameba emite do seu centro celular, estendendo-se até um objeto qualquer. Ao ato secundário, reflexivo, corresponderia então um segundo pseudópode menor, que «se dobra» sobre aquele outro originariamente emitido. Pois bem: poderíamos perfeitamente imaginar que este pseudópode «reflexivo», em se «estendendo demais», perde e quebra a conexão sincicial com o plasma da célula da ameba. Aí temos nós o modelo biológico da vivência de despersonalização de quem se observa forçadamente a si mesmo. Com efeito, a «sobreexcitação» daquilo que se tem caracterizado como «arco intencional» – ao sabor da auto-observação exorbitante – necessariamente tem que dar lugar a uma vivência de uma perturbação, a saber: a uma conexão perturbada entre as funções psíquicas e o eu, passando a serem vividas aquelas como «automatizadas». O forçado ato reflexivo da auto-observação perde a conexão essencial com o ato primário e o eu ativo. Daí se segue, como não podia deixar de ser, a perda da sensação de atividade e do sentimento de personalidade: a perturbação do eu na forma de uma despersonalização.

Uma coisa há que afirmar: mediante a reflexão concomitante de um ato psíquico, este constitui-se já em ponte entre sujeito e objeto; e, além disso, o sujeito apresenta-se como suporte de toda a atividade psíquica. Quer dizer: em dizendo que «tenho qualquer coisa», eu digo que tenho duas coisas além dessa «qualquer coisa»: tenho «o tê-la» e também o eu que se tornou consciente de si mesmo. Para esta conscientização operada mediante a reflexão sobre si mesmo, há também um modelo biológico. Referimo-nos, assim, ao Eu enquanto «eu mesmo». O «eu mesmo» é portanto filogênese do telencéfalo: o *córtex* cerebral – correlato anatômico da consciência reflexiva – está *dobrado*, *«retrofletido»* em torno do tronco cerebral – substrato orgânico dos impulsos inconscientes – tal como a *função inibitória da consciência se acha «refletindo» sobre as reações instintivas dos centros diencefálicos*.

Conforme dissemos, o «arco intencional» do ato reflexivo está, no caso da despersonalização, tão «esticado», que pode chegar a partir; e deste modo tentamos explicar como a auto-observação forçada se faz acompanhar de um distúrbio do sentimento do eu. Fica claro agora que a «hipotonia» da consciência pode ou tem que conduzir necessariamente, na esquizofrenia, ao mesmo

B) ANÁLISE EXISTENCIAL ESPECIAL

resultado de perturbação do eu a que a hipertonia da consciência conduz na psicastenia, – quer dizer, nos psicopatas esquizoides; ao mesmo que é provocado pela auto-observação forçada dos psicopatas neurótico-compulsivos. Afinal a diferença entre a perturbação esquizofrênica do eu e a despersonalização psicopática reside em que, no primeiro caso – em correspondência com a hipotonia da consciência –, o arco intencional ostenta um mínimo de tensão, ao passo que no segundo – em harmonia com a hipertonia da consciência – ficou tão tenso que «se partiu».

Como já dissemos, o nível mais baixo de consciência a que o homem regride no sono traz consigo uma hipotonia da consciência que é fisiológica e, portanto, não patológica. É de esperar, por isso, que essa hipotonia se externe também numa descida da tendência para a reflexão. Assim, bem podemos admitir que, no sonho, o ramo reflexivo do ato de pensar, por assim dizer, se retraia mais ou menos. E o resultado desta regressão está precisamente em que os elementos intuitivos das «representações livremente ascendentes» podem fazer à vontade o seu jogo alucinatório, sem qualquer interferência da correção reflexiva que o estorve.

Feitas todas estas considerações, e para terminarmos com uma visão panorâmica dos resultados obtidos pela análise existencial especial quanto às diferenças essenciais entre os diversos modos de vivência neurótico-compulsiva e esquizofrênica, podemos alinhar, condensando-as, as seguintes conclusões: o neurótico-compulsivo sofre de uma insuficiência da função-filtro (*Blendenfunktion*) e de um consequente excesso de consciência (*Überbewusstheit*); o esquizofrênico sofre de «hipotonia da consciência», em consequência de uma «insuficiência da atividade psíquica» (se bem que, em parte realmente, em parte vivencialmente, verifica-se na esquizofrenia, não apenas uma limitação do eu enquanto consciência, mas também uma limitação enquanto ser-responsável, enquanto ser-sujeito responsável: vivência do puro ser-objeto, consoante o princípio da passivização). Seja como for, permanece ainda no esquizofrênico aquele resto de liberdade em face do destino e bem assim em face da doença, que continua à disposição do homem como tal e também como doente, em todas as situações e instantes da vida, até o fim.

III

DA CONFISSÃO SECULAR À DIREÇÃO DE ALMAS MÉDICA

III

Saluti et solatio aegrorum

No primeiro capítulo tentamos indicar em que medida a psicoterapia até à data praticada carece, em princípio, de um complemento: de um complemento no sentido de incluir a dimensão espiritual na esfera do tratamento anímico. A «possibilidade» de uma complementação deste tipo, eis o tema do presente capítulo.

A base a que chegamos no primeiro capítulo era a logoterapia. E esta, em chegando a certo ponto, vem a coincidir com a análise da existência. Agora, levanta-se o problema de saber se o psicoterapeuta, em princípio, deve ou pode licitamente ir mais além.

O significado psicoterápico da confissão tem sido justamente reconhecido muitas vezes, sob vários aspectos. Sempre se tem comprovado que a mera conversa, de per si, produz já um efeito essencialmente terapêutico. O que nos capítulos precedentes se disse a propósito da terapia da neurose de angústia e da neurose compulsiva, sobre o efeito da objetivização do sintoma e do distanciamento do paciente, vale, em geral, ponto por ponto, para a manifestação de qualquer necessidade da alma numa conversa. *Dar parte da dor é também a dor «partir».*

O que a psicoterapia, e especialmente a psicanálise, pretendia ser, era isto: confissão secular; o que a logoterapia, e especialmente a análise existencial pretende ser, é isto: direção de almas médica.

Mas não entendamos mal esta frase. A direção de almas médica não deve ser sucedâneo da religião; nem sequer ela pretende ser um sucedâneo da psicoterapia, no sentido em que esta até aqui tem sido aplicada; mas apenas, conforme dissemos, mero complemento. Ao homem religioso, que se sabe seguro, resguardado nas realidades recônditas da metafísica (obs. 27), nós não temos nada a dizer, nem a oferecer. Em todo o caso, um problema se levanta: que fazer com os homens, de fato não religiosos, que se abeiram do médico, sedentos de uma resposta para aqueles problemas que os agitam lá no fundo do seu ser? Talvez alguns vejam nesta direção de almas médica um substitutivo da religião; mas nem por sombras se trata disso. Mesmo na logoterapia ou análise existencial, o que nós queremos continuar a ser é médicos. Não nos passa pela cabeça fazer concorrência aos sacerdotes. A única coisa que pretendemos é alargar o círculo da ação médica e esgotar todas as possibilidades da sua atividade.

Direção de almas médica e pastoral

Evidentemente, a direção de almas médica não é sucedâneo da direção de almas feita pelo sacerdote, que continua sendo o que é. Mas, quer o queira quer não, o médico encontra-se em situações que lhe exigem empreender uma direção de almas. «São os pacientes que nos marcam a missão» (Gustav Bally). «São inúmeras as ocasiões em que a psicoterapia é chamada a desembocar em direção de almas» (W. Schulte); e, com efeito, «é inevitável, a psicoterapia... mesmo que ela o ignore ou queira ignorá-lo, sempre será, de algum modo, direção de almas... Frequentemente não pode deixar de intervir... com medidas que são expressamente direção de almas» (A. Görres)[109].

«Quer ele queira quer não, impõe-se hoje ao médico muitas vezes ocupar o lugar do diretor de almas, para aconselhar sobre a necessidade vital do paciente, para além da doença propriamente dita» e «ninguém pode evitar que hoje em dia grande parte dos

---

(109) *Jahrbuch für Psychologie und Psychotherapie* 6, 200, 1958.

homens que se acham em estado de necessidade vital, em vez de procurarem o diretor de almas, procurem, como conselheiro, o médico experimentado na vida» (H. J. Weitbrecht). Aliás, como diz Victor E. von Gebsattel, «a humanidade ocidental emigrou do diretor de almas para o médico dos nervos»[110]; e isto, sendo um fato a que o diretor de almas não se pode esquivar, e também uma exigência a que o médico dos nervos não tem o direito de fugir. E, não recorrendo o paciente a um sacerdote, o médico deve abster-se de alegrar-se farisaicamente com o mal alheio: porque, fariseu é o que o médico seria, se, em face da necessidade anímico-espiritual de um não crente, se alegrasse malevolamente, pensando de si para si: ora!, é claro que, se o paciente tivesse fé, já teria ido a correr buscar um padre!

Para a logoterapia, a existência religiosa e a existência irreligiosa são, por princípio, fenómenos coexistentes; por outras palavras: a logoterapia assume para com ambas uma atitude neutra, já que é uma orientação da psicoterapia e – pelo menos segundo a lei austríaca que rege o exercício da medicina – só aos médicos é lícito praticar a psicoterapia. Demais, mesmo que outras razões não houvesse, bastaria ao logoterapeuta o juramento de Hipócrates, que ele como médico prestou, para com toda a razão se esmerar em aplicar a sua técnica e método logoterápicos a *qualquer* doente, seja este crente ou descrente, e ter o cuidado de que sejam aplicáveis por *quaisquer médicos,* independentemente da sua pessoal concepção do mundo. A religião é um fenómeno que se dá no homem, no paciente; um fenómeno entre outros muitos que à logoterapia se depara. Para a logoterapia, a religião é, e só pode ser, um objeto – não, porém, uma posição.

Se agora, uma vez determinada, como vimos, a posição da

---

(110) Ao citar esta frase pela segunda vez o Autor escreve «médico dos nervos» em vez de «médico da alma». (N.T.)

logoterapia no âmbito da medicina, quisermos delimitá-la em confronto com a teologia, bastar-nos-á dizer isto: o objetivo da psicoterapia é a cura anímica *(seelische Heilung)* e o objetivo da religião é a salvação das almas (*Seelenheil)*[111]. Uma consideração tornará evidente a diferença entre estas duas finalidades. Assim, o pastor de almas deverá empenhar-se na salvação da alma do seu fiel, conforme as circunstâncias do caso; e, bem ciente do perigo de fazer cair o fiel em tensões emocionais ainda maiores, precisamente em consequência da sua direção pastoral, de forma alguma deverá evitá-lo, pois, primária e originariamente, está muito longe do pastor de almas qualquer motivo psico-higiênico. Note-se, entretanto, o seguinte: por mais longe que esteja do empenho e preocupações da religião, na sua primeira intenção, o saneamento anímico ou a prevenção de doenças, o que certamente sucede é que ela, *per effectum* – e não *per intentionem!* – tem uma repercussão psico-higiênica e efetivamente terapêutica, porquanto permite ao homem uma segurança e uma ancoragem incomparáveis, que em parte alguma poderia encontrar: a segurança e a ancoragem na transcendência, no Absoluto. Pois bem, do lado da psicoterapia também poderíamos salientar um efeito lateral análogo e espontâneo, que corrobora o que acabamos de dizer. Refiro-me a casos, sem dúvida, raríssimos, mas que são sem dúvida também os mais felizes para o paciente e para o médico, em que aquele, no decurso do tratamento psicoterápico, reencontra as fontes, há muito enterradas, de uma fé originária, que tinha reprimido e tornado inconsciente[112]. Mas, ainda que assim possa ocorrer, nunca isso poderia constituir o legítimo escopo do médico: com efeito, se o médico fosse ao encontro do paciente no mesmo plano

---

(111) *V. E. Frankl, Das Menschenbild der Scelenheilkunde,* Stuttgart 1959.
(112) Cf. V. E. Frankl, *Die Psychotherapie in der Praxis,* 2.ª edição, Viena 1961.

confessional e baseando-se numa espécie de união pessoal para orientar o tratamento – então, já de antemão, não estaria de modo algum tratando o paciente como médico[113].

Escusado seria dizer que as coisas não se passam como se os objetivos da psicoterapia e da religião se situassem no mesmo plano do ser, como se tivessem o mesmo nível de valor. Antes pelo contrário, o nível categorial da saúde anímica é diferente do da salvação da alma. Quer dizer: a dimensão em que avança o homem religioso é mais elevada, tem um significado mais extenso do que a dimensão em que se desenvolve qualquer outra coisa como a psicoterapia. Seja como for, a penetração na dimensão mais alta não se efetiva mediante um saber qualquer, mas sim mediante a fé.

Qualquer passo que se dê, pela fé, nas coisas divinas, isto é qualquer passo a caminho da dimensão supra-humana, resiste sempre à força: não pode ser forçado, e muito menos pela psicoterapia. Já nos damos por satisfeitos se o reducionismo não bloquear a porta de entrada no supra-humano, tal como costuma fazer, ao seguir de perto uma interpretação vulgar e tergiversada da psicanálise, que depois inculca aos pacientes. Já nos damos por satisfeitos se não continuar a apresentar Deus como «nada mais que» uma imagem do pai, e a religião como algo «que outra coisa não é senão» uma neurose da humanidade, degradando-a, assim, aos olhos dos pacientes.

Ora bem. Muito embora para a logoterapia a religião seja «apenas» um objeto, conforme dissemos acima, decerto que é um objeto de sumo interesse; e isto, pela simples razão de que, no contexto da logoterapia, *logos* significa espírito e, para além

---

(113) Cf. R. C. Leslie, *Jesus and Logotherapy: The Ministry of Jesus as Interpreted Through the Psychotherapy of Viktor Frankl*, Nova York 1965; D. F. Tweedie, *Logotherapy and the Christian Faith: An Evaluation of Frankl's Existential Approach to Psychotherapy*, Grand Rapids 1961; e *An Introduction to Christian Logotherapy*, Grand Rapids 1963.

do espírito, sentido. Assim, na medida em que o ser-homem se pode definir como ser-responsável, decerto que o homem é responsável pela plena consecução de um sentido. Mas, na psicoterapia, a pergunta que se tem de fazer não se refere ao «porquê»; refere-se antes ao «perante quem?» do nosso ser-responsável. Logo se vê que tem de ficar a cargo do paciente a decisão sobre como interpretar o seu ser-responsável: como ser-responsável perante a sociedade, perante a humanidade, perante a consciência ou, sobretudo, não perante uma coisa, mas perante alguém, perante a divindade[114].

Talvez se pudesse aqui objetar que o que importa é dar desde o início ao paciente uma resposta, afirmando-lhe que há uma Revelação, em vez de se lhe deixar em suspenso, para que ele responda o problema do «para quê» do seu ser-responsável. Mas o argumento não colhe, pois redunda numa *petitio principii*: o fato de eu em princípio reconhecer a Revelação como tal pressupõe sempre uma decisão de fé. Portanto, de nada serve mostrar a um não crente a existência de uma Revelação: se para ele fosse tal, é porque já seria crente.

Por conseguinte, a psicoterapia tem que se mover aquém da fé na Revelação, e tem que responder ao problema do sentido, pondo-se aquém da cosmovisão teística, por um lado, e ateística, por outro, antes de nelas fazer presa. Se desta maneira concebe o fenômeno da fidelidade à fé, não como fé em Deus, mas como uma fé, mais geral, em um sentido, então é perfeitamente legítimo que ela se ocupe e se empenhe com o fenômeno

---

(114) O que se pergunta é se, em geral, nos é dado falar de Deus ou se não será antes o caso de apenas Lhe podermos falar. A frase de Ludwig Wittgenstein: «whereof one cannot speak, thereof one must be silent» – necessariamente temos que calar-nos a respeito do que não podemos falar –, bem a poderíamos nós traduzir, não apenas do inglês para o português, mas também do agnosticismo para o teísmo, dizendo: *Àquele de quem falar não se pode é que se tem de rezar.*

da fé. Se assim for, coincidirá precisamente com a opinião de Albert Einstein, para quem o problema do sentido da vida tem uma significação religiosa.

O sentido é um muro, para trás do qual não podemos continuar a retroceder e antes pelo contrário temos que aceitar: este sentido último, temos que admiti-lo, já que as nossas perguntas não podem recuar mais, indo além dele; e isto precisamente porque basta tentarmos responder à questão do sentido do ser para já estarmos pressupondo o ser do sentido. Em suma, a fé no sentido do homem, para nos atermos a Kant, é uma categoria transcendental. É exatamente assim. Com efeito, sabemos perfeitamente desde Kant que não faz sentido algum continuar a inquirir para além das categorias de espaço e tempo, pela simples razão de que não é possível pensar nem, por isso, perguntar, sem se pressupor espaço e tempo; e é exatamente isto o que sucede com o problema do sentido: porque o ser humano é já de si um ser ordenado ao sentido, muito embora ainda mal o conheça, havendo aí como que um pré-saber acerca do sentido, e é uma ideia do sentido o que está também na base daquilo que em logoterapia se denomina «vontade de sentido». Mesmo que o não queira, mesmo que o não reconheça, o homem acredita num sentido, até ao último suspiro. E é assim também no caso do suicida, que afinal crê em um sentido: não decerto no sentido da vida, no sentido de continuar vivendo; mas sim no sentido da morte. Não acreditasse ele realmente em sentido algum, deixasse ele de crer em qualquer tipo de sentido, e não poderia propriamente mexer um dedo e não daria sequer um passo para o suicídio.

Eu vi morrer ateístas convictos que em vida se tinham recusado categoricamente a acreditar num «ser superior» ou, o que é o mesmo, na dimensão de um sentido mais elevado da vida; mas que, no leito de morte, «na hora da partida», acabaram por testemunhar aquilo que durante a vida a ninguém se sentiam capazes de dizer: um estado de segurança, um alívio, que não só escarnece da sua concepção do mundo, mas, além disso, já não pode ser intelectualizado e racionalizado. «De profundis» irrompe um não sei quê; há qualquer coisa aí que serpenteia; vem à luz do dia uma confiança completa, sem resíduos, que não sabe ainda o que se lhe vai oferecer nem aquilo sequer em que confia e, no entanto, resiste a saber de qualquer prognóstico infausto (obs. 28).

A relação manipulada e a entrevista de acareação

Na obra que escreveu sobre a logoterapia, Donald F. Tweedie[115] apresenta um aforismo que bem nos pode servir para caracterizar a diferença entre psicanálise e logoterapia: «In psychoanalysis the patient lies on a couch and tells the analyst things which are disagreeable to say, while in logotherapy the patients sits in a chair and is told things which are disagreeable to hear». («Na psicanálise, o doente deita-se numa otomana e tem que dizer ao analista coisas que são desagradáveis; na logoterapia pode ficar sentado, mas o que tem de fazer é ouvir coisas desagradáveis»). Evidentemente, o que Tweedie tem em mente é uma caricatura da situação real do tratamento; seja como for, trata-se de uma caricatura com que pretende aludir seguidamente ao papel ativo desempenhado pelo logoterapeuta. Quanto a nós, aliás, quer-nos parecer que o «dizer» e o «ouvir» da comparação mencionada se complementam um ao outro, pois, na verdade, só em função

---

(115) *Logotherapy and the Christian Faith: An Evaluation of Frankl's Existential Approach to Psychotherapy, Baker Book House*, Grand Rapids, Michigan 1961.

dessa complementação se constitui aquela reciprocidade que está na base da entrevista do médico com o doente.

O que acabamos de apontar prende-se com o problema de saber em que medida a psicoterapia de orientação pessoal ou existencial – desde Scheler e Heidegger – ultrapassou Freud; com o problema de saber em que consiste o passo por ela dado nesse sentido, em harmonia com a sua «intenção antropológica»[116]. Ora, se efetivamente queremos uma resposta para este problema, temos que partir do contributo trazido por Freud à psicoterapia, da específica contribuição realizada pela psicanálise. Nada melhor do que uma «reflexão sobre o sentido» da neurose para aquilatarmos dessa contribuição. De um modo ou de outro, desde Freud que a neurose vem sendo interpretada como algo com um sentido: a psicanálise, contudo, se ao buscar o sentido da neurose não o encontra, contenta-se em forjá-lo, dando à neurose, enfim, o sentido que nela não encontra; e, neste aspecto, leva as coisas tão longe que, para o dizermos com Boss[117], constrói a hipótese, ou melhor, a hipóstase de «uma instância, do Ego ou do Id», uma instância do inconsciente e de um «Super-ego», servindo-se, no fundo, da velha técnica dos contos de fadas. É realmente assim: o que se faz nestes contos é isolar, separando-as de todas as outras possibilidades, os tipos de conduta (da mãe, por exemplo) desejados e queridos pela criança, e condensá-los na representação de uma instância independente, numa boa Fada; e, por outro lado, personificar na ideia de uma bruxa todas as condutas desagradáveis, de que a criança nem sequer quer ouvir falar, e que receia. Entretanto, assim como a

---

(116) Paul Polak, *Existenz und Liebe: Ein kritischer Beitrag zur ontologischen Grundlegung der medizinischen Anthropologie durch die «Daseinsanalyse» Binswangers und die «Existenzanalyse» Frankl's*, Jahrbuch für Psychologie und Psychotherapie 1, 355, 1953.

(117) *Schweizerische Zeitschrift für Psychologie und ihre Anwendungen* 19, 299, 1960.

crença nestas figuras lendárias não se pode manter de pé, assim também o mais provável é que de futuro não se mantenham as representações da instância psicológica. Diga-se ainda, para completar esta reflexão, que a psicanálise, na medida em que «personifica» as chamadas «instâncias», despersonaliza o paciente, de modo que, ao fim e ao cabo, configurado dessa maneira, o homem é *reificado*[118].

Só que o fato de o homem ser *reificado*, o fato, portanto – para usarmos a antítese personalística de William Stern[119] –, de deixar de ser «pessoa» para converter-se em «coisa» *(res)*, é apenas um dos aspectos de um processo em que o outro deles se pode formular dizendo que o homem é manipulado ou, por outras palavras, além de ser transformado em coisa, vem a ser também simples meio para um fim.

Mas como atua esta tendência para a reificação, imanente, assim, à psicanálise? E, sobretudo, como atua esta tendência para a manipulação de tudo o que é humano, na relação entre médico e doente, no encontro recíproco entre eles? Como se sabe, é nesse encontro ou entrevista que se opera a «transferência»; contudo, também esta *é* «manipulada»: em Robert W. White[120], por exemplo, encontramos expressões como estas: «manipulating the transference relationship», «the manipulation of the transference». Mas Rudolf Dreikurs[121] não deixa de precaver-nos contra esta teoria da transferência, ao esclarecer: «The asumption of transference as the basic therapeutic agent puts the therapist

---

(118) O latinismo usado pelo Autor, em lugar da palavra «coisificado», não está grifado no original. O mesmo vale para as palavras derivadas que se seguem no texto. (N.T.)

(119) *Allgemeine Psychologie auf personalistischer Grundlage*, 2ª edição, Nijhoff, Haag 1950.

(120) *The Abnormal Personality*, 2ª edição, Ronald Press, Nova York 1956.

(121) *The Current Dilemma in Psychotherapy,* Journal of Existential Psychiatry 1, 187, 1960.

in a superior position, manipulating the patient acording to his training and therapeut schemes». E o próprio Boss[122], referindo-se ao analista seguidor da sua «*Daseinsanalytik*», afirma que «ele de modo algum pode aderir à moda freudiana de manusear a transferência, pois o que faz é antes admitir a validade da inclinação para a transferência como relação autêntica, direta, que liga o paciente ao analista num contacto humano, tal como o próprio analisando a experimenta».

Assim, se a psicanálise mina a «relação de contato humano», manipulando-a precisamente no sentido da transferência, o mérito da *«Daseinsanalyse»* (Binswanger) e da *Daseinsanalytik*[123] está em terem voltado a pôr no devido lugar o caráter de entrevista da relação psicoterápica. Desta maneira, decerto se protege o caráter existencial da entrevista; e existencial quer dizer: adequado ao ser humano. Mas ainda não se inclui na relação psicoterápica a dimensão imediatamente superior, em que o ser humano se transcende em ordem a um sentido, em que a existência (*Existenz)* se confronta com o *Logos*.

Desde Karl Bühler[124], bem sabemos da importância que tem para a linguagem humana a sua referência ao objeto. Com efeito, podemos focar a linguagem humana de três pontos de mira diferentes: vista da posição do observador que fala, a linguagem é expressão; atendendo-se àquele a quem se dirige a palavra, é um apelo; e, considerada no seu objeto, no objeto de que se fala, é representação. Em todo o caso, sempre a linguagem humana como tal, como humana, é inconcebível sem a referência a um

---

(122) *Die Bedeutung der Daseinsanalyse für die psychoanalytische Praxis*, Zeitschrift für Psycho-somatische Medizin 7, 162, 1961.

(123) Conservamos os termos alemães para evitar confusões com a *Existenzanalyse* de V. Frankl. *Daseinsanalyse* = análise do Da-sein (ser-aí); *Daseinsanalytik* = analítica do Dasein; *Existenzanalyse* = análise da existência. (N.T.)

(124) *Sprachtheorie: Die Darstellungsfunktion der Sprache*, 1934.

objeto. Ora, o mesmo sucede com a relação psicoterápica, pois nem é mero diálogo intersubjetivo, nem mero monólogo intrassubjetivo: o diálogo psicoterápico que não «se abre» a um sentido, que não quebra o seu restrito quadro, não passa de *diálogo sem logos.*

É por isso que, *seguindo o caminho que vai da logoterapia à direção de almas médica, passando pela análise da existência,* nos encontramos em medida crescente com aquela problemática espiritual que, afinal, de um modo ou de outro, é inerente a todo tipo de psicoterapia; donde resulta, evidentemente, a necessidade essencial de nos havermos com o problema e o perigo de uma extralimitação. No primeiro capítulo, já nos debatemos com este problema, esforçando-nos tão somente por salvaguardar – em face do perigo do psicologismo – a legítima autonomia do espiritual, sem mais. Mas agora, do que se trata é de garantir a legitimidade própria do espiritual concreto, do pessoalmente espiritual. Nestes termos, a questão é a seguinte: quanto às referidas garantias, o que é que nos cumpre exigir a uma logoterapia ou análise existencial, ou mesmo à direção de almas médica por nós preconizada? Entrevendo a sua analogia com a histórica formulação de Kant a respeito da metafísica, poderíamos precisar a nossa pergunta de outra maneira, isto é, indagando se e como a psicoterapia será possível enquanto valoradora. Ou ainda, parafraseando o título da obra kantiana, tentaríamos explicar os «Prolegomenos à psicoterapia futura», que poderá apresentar-se como valoradora.

Em tudo isto, porém, temos que ter bem presente a *quaestio iuris,* em vez de derivarmos para a *quaestio facti,* pois facticamente é claro que qualquer médico, e não apenas o médico da alma *(Seelenarzt),* aplica critérios de valor: em todo o agir médico se pressupõe efetivamente o valor da saúde, e, paralelamente, o valor da cura. Conforme já dissemos acima, a problemática espiritual ou axiológica da ação médica aparece logo que se trate do problema da eutanásia ou da salvação de suicidas ou de intervenções cirúrgicas arriscadas; portanto, sempre que esteja em causa o todo da existência humana. Enfim, o que de antemão podemos afirmar é que não há nenhuma praxe médica independente dos valores. Se bem que a ciência que mais explora a logoterapia sempre tem sido na prática a psicoterapia e, consequentemente, a direção de almas médica; na medida em que o psicoterapeuta – por assim dizer numa unidade de ação – sempre entrelaçou aqueles campos díspares cuja separação heurística se nos fez tão oportuna no primeiro capítulo (para defrontarmos o psicologismo).

Uma questão, pois, se nos depara: a questão da legitimação fundamental da atitude valorativa, por parte do psicoterapeuta: o problema de saber «qual a instância em cujo nome» (Prinzhorn) nos incumbimos de penetrar no terreno das concepções do mundo, no espiritual, no reino dos valores. E, diga-se de passagem, é esta uma questão de jogo limpo quanto às concepções do mundo, e de limpeza quanto ao método. Para um médico instruído na crítica do conhecimento, tudo está claro: em matéria de direção médica de almas tudo depende de conseguirmos dar uma resposta ao problema que nos levantem.

Ainda que Hipócrates julgue que o médico que ao mesmo tempo é filósofo se assemelha aos deuses, não é essa a nossa pretensão ao pormos – na medida do viável – o problema dos valores na atividade médica; e nem sequer ao sacerdote nos queremos com isso assemelhar. A nossa única pretensão é esgotar as últimas possibilidades do ser-médico, levando-as até os últimos confins. E não podemos deixar de atrever-nos a tanto, – mesmo correndo o risco de tal atrevimento ser tachado de empreendimento prometeico. Efetivamente, o médico, ao dar consulta, defronta constantemente decisões do doente que envolvem uma concepção do mundo; e a verdade é esta: não podemos cometer a discrição de passá-las por alto, antes nos vemos obrigados constantemente a tomar uma posição a seu respeito.

Ora bem. Estará o médico, enquanto tal, autorizado, ou terá inclusive o dever de adotar uma posição nesse sentido? Não estará antes autorizado ou mesmo obrigado a recusar uma tomada de posição? Ser-lhe-á lícito imiscuir-se nas decisões do paciente? Não se estará ele, dessa maneira, intrometendo numa esfera privada, pessoal, do espírito? Acaso não é isso transferir o médico para o doente, impensadamente ou sem critério, a sua pessoal concepção do mundo? É verdade que Hipócrates diz isto: «Faz-se mister levar a filosofia à medicina e a medicina à filosofia»; mas também não podemos evitar uma pergunta: procedendo assim, porventura não estará o médico a introduzir no seu tratamento qualquer coisa que nada tem a ver com ele ? Não será impor determinada concepção o simples fato de se pôr a debater, com o doente que lhe foi confiado ou que se lhe confia, problemas que envolvam uma concepção do mundo?

Para o pastor de almas, as coisas são simples: basta-lhe a posição que ocupa para ter competência em matérias desse gênero, e nenhum motivo existe que o faça recear alguma imposição. O mesmo se pode dizer do médico quando nele se verifica uma «união pessoal» do médico e do homem religioso (obs. 29); e, dada esta hipótese, debate problemas axiológicos ou uma concepção do mundo com um doente que pensa como ele. Mas, tirante casos deste tipo, o médico, e sobretudo o psicoterapeuta, encontra-se aqui perante um dilema: por um lado, depara-se-lhe a necessidade de emitir um juízo de valor, dentro da psicoterapia; por outro, a necessidade de evitar uma imposição como psicoterapeuta.

Ora, uma solução existe para este dilema – mas uma só e bem determinada. É o que logo se evidencia se nos remontamos àquele estado de coisas antropológico originário, àquele fato fundamental da existência humana, que escolhemos para ponto de partida: ser-homem, assim dissemos, é ser-consciente e ser-responsável. Afinal de contas, a análise existencial não pretende nem mais nem menos do que isto: *fazer com que o homem seja consciente deste seu ser-responsável;* fazer com que ele experimente, numa vivência sua, este ser-responsável, a sua responsabilidade na existência. Em todo o caso, *levar o homem mais além deste ponto* em que ele se apercebe, com o máximo de profundidade, da sua existência enquanto ser-responsável, *nem possível é nem necessário.*

Responsabilidade é, sob o prisma ético, um conceito formal: não encerra ainda, de per si, quaisquer determinações de conteúdo. É, além disso, um conceito ético neutro e, nesta medida, no plano ético, um conceito-limite, pois *nada nos diz sobre o «perante quem» (das Wovor) e o «por que» (das Wofür) da responsabilidade.* Neste sentido, a análise existencial ressalva também a neutralidade em face do problema de saber «perante quem» o homem se sente responsável: se perante Deus ou perante a sua consciência ou perante a comunidade ou perante qualquer outra instância; e bem assim quanto ao problema de saber «por que» matéria ou missão se sente ele responsável: se pela realização de determinados valores, se pelo cumprimento de determinadas tarefas pessoais, se por um sentido concreto a imprimir à vida.

Conseguintemente, a análise existencial não comete nenhuma intromissão ao responder àquelas questões que tocam a escala dos valores ou a sua ordem hierárquica. A análise existencial e, com ela, toda a direção de almas médica, contentam-se – e é mister que se contentem – em conduzir o doente à vivência radical da sua responsabilidade. Qualquer prolongamento do tratamento para além deste ponto – por exemplo a penetração na esfera pessoal das decisões concretas –, não podemos senão considerá-lo, agora e sempre, como inadmissível. Nestes termos, nunca ao médico é lícito *privar o doente da responsabilidade que lhe cabe, fazendo com que dela fique desembaraçado para se responsabilizar ele em seu lugar*, antecipar-se ou impor-se, enfim, às decisões do doente. Muito pelo contrário: a missão da análise existencial consiste precisamente em levar o homem àquele ponto em que ele, com a autonomia que lhe confere a sua própria responsabilidade tomada consciente, enfrenta os seus deveres característicos e encontra o sentido da sua vida, agora já não mais de caráter anônimo, mas sim único e irrepetível. Afinal, basta que o homem chegue aí para que possa dar – uma vez nele efetivada aquela revolução copernicana de que falamos – uma resposta, a um tempo concreta e criadora, ao problema do sentido da existência. É que esse ponto a que assim chega é aquele em que a «resposta chama pela responsabilidade» (Dürck).

A técnica analítico-existencial do denominador comum

De qualquer forma, os valores são incomensuráveis e a decisão que peçam só é possível, em cada caso, com base numa preferência (Scheler). Daí que, em certas circunstâncias, seja também necessário ajudar nisto o homem. É o que tentaremos evidenciar com o exemplo que passamos a expor. Um rapaz novo apareceu no consultório do seu médico para se aconselhar a respeito de uma decisão que lhe era imposta no momento. Tratava-se do seguinte: a amiga da sua noiva tinha-o convidado a uma aventura sexual; o rapaz, em vista disso, perguntava como decidir, o que devia fazer; enganar a noiva – a quem muito amava e prezava – ou pôr de lado a aventura, conservando a fidelidade a quem tanto se achava ligado pelos sentimentos? Evidentemente, o médico recusou-se, por princípio, a intrometer-se na decisão. Contudo, e uma vez feita esta reserva, foi mais além – e com razão –, tentando fazer ver ao paciente o que ele realmente queria; o que, em última análise, se propunha alcançar, fosse qual fosse a decisão. Pois bem: neste sentido, fez-lhe ver então que, por um lado, certamente tinha a oportunidade, que não se repetiria, de experimentar uma só vez um gozo passageiro; mas que, por outro lado, tinha a oportunidade, também irrepetível, de realizar uma renúncia por causa do amor, a oportunidade de levar a cabo uma «realização» perante a sua consciência (e não perante a noiva, que decerto nunca viria a saber do assunto). E, afinal, o rapaz do caso andava a namorar a *chance* do gozo sexual, simplesmente porque, como ele dizia, «não queria deixar escapar nenhuma ocasião».

Ora, o gozo que se lhe oferecia era muito problemático; assim era de prever realmente, pois o paciente andava em tratamento por causa de certas dificuldades de impotência. Por isso, o médico não podia deixar de admitir que a consciência pesaria ao doente e, na forma de um distúrbio de impotência, acabaria por lhe desfazer todos os projetos. Mas, mesmo prescindindo desta consideração utilitária que, evidentemente, guardou para si, o médico fez todos os possíveis para livrar o paciente daquela situação que, na verdade, se assemelhava à do «asno de Buridan», o qual – segundo a conhecida teoria escolástica – morreu de fome por não se decidir entre dois moios de aveia, do mesmo tamanho e postos à mesma distância. Para tanto, tentou reduzir, por assim dizer, a um denominador comum as duas possibilidades que lhe reclamavam uma decisão. Ambas constituíam «oportunidades irrepetíveis»; fosse qual fosse a decisão tomada, o paciente teria que «deixar escapar uma ocasião»: num dos casos, a ocasião de um gozo problemático e, no outro, a ocasião de demonstrar a si mesmo a profunda gratidão que sentia por sua noiva e que provavelmente nunca mais poderia exprimir tão bem como desse modo; porque agora, com certeza, bem a podia exprimir mediante a renúncia calada a uma aventura! O rapaz tinha que aperceber-se, portanto, não apenas de que em qualquer das hipóteses iria «deixar escapar uma ocasião», mas também de que o que lhe escapava, era, num caso, desproporcionadamente pouco, e, no outro, desproporcionadamente muito. Assim, sem ter sido preciso indicar-lhe o caminho, o paciente já sabia que caminho tomar; de modo que tomou a sua decisão, e por si mesmo, com autonomia, não apesar, mas precisamente, graças à entrevista esclarecedora prestada pelo médico.

Esta visualização do denominador comum desempenha também o seu papel quando se trata de preferir um de vários «bens» e não apenas quando está em causa a preferência de valores. Nestes termos se punha, por exemplo, o caso de um homem relativamente novo, que, em consequência de uma embolia cerebral, estava paralítico de um lado; o doente descrevia ao médico o enorme desespero que sentia ao ver o corpo naquele estado, sem esperança de uma melhoria que se visse. Com efeito, o que o médico fez para ajudá-lo foi levá-lo a considerar uma espécie de balanço: em confronto com o infortúnio da doença, havia ainda bens suficientes para darem um sentido à sua vida; e esses bens eram: um casamento feliz e um filho são. A limitação do livre uso das extremidades do lado direito, em se tratando de um doente que vivia dos rendimentos, não representava um gravame especial. Assim, não podia deixar de admitir que uma paralisia como a dele arruinaria só, quando muito, a carreira de um pugilista profissional; nunca, porém, necessariamente prejudicaria todo o sentido da vida, num caso como o seu. Mas, como é que este doente foi tão longe, chegando a esse sossego estoico e a essa sábia alegria? Por um caminho muito simples: o médico indicara-lhe que fizesse exercícios de leitura, dados os distúrbios de dicção que sofrerá em consequência do ataque cerebral. Ora, o livro que lhe caíra nas mãos, para efetivar os referidos exercícios, era o «Da vida feliz», de Séneca.

Entretanto, e independentemente de tudo o que acabamos de dizer, não nos podem passar despercebidos alguns casos ou situações em que a psicoterapia deve ir mais longe. Referimo-nos aos casos urgentes em que a psicoterapia chega mesmo a intervir para salvar a vida: e, nessa hipótese, não seria sem perigo uma renúncia à intromissão na decisão do doente. O médico não pode desamparar um homem desfeito pelo desespero, sacrificando-o a um princípio. Não o pode deixar cair. É como o guia que conduz um alpinista: em geral, a corda que o ata ao alpinista «conduzido» vai meio bamba, para não poupar a este o esforço pessoal da escalada; mas, se fica em perigo de se despenhar, o guia não hesita em, não digo já «segurá-lo» com a corda, mas sim em prestar-lhe socorro, isto é, esticar a corda e puxá-lo para si. Quer dizer: no campo da logoterapia e da direção de almas médica, há como que uma indicação vital – assim, por exemplo, nos casos de suicídio iminente. São, contudo, casos excepcionais que apenas confirmam a conduta regularmente discreta do médico quanto aos problemas de valores apresentados pelo doente. E, em termos gerais, é de respeitar em princípio o limite por nós apontado.

Por muito que a técnica e a ciência constituam parte integrante da psicoterapia, esta sempre e em última análise se baseia menos na técnica do que na arte e menos em ciência do que em sabedoria. Ora, na direção de almas médica, o que está já de antemão em causa não é exclusivamente, nem sequer essencialmente, o tratamento da neurose. É, sim, uma direção de almas que incumbe primariamente a todo e qualquer médico! O cirurgião precisa dela tanto e tão frequentemente pelo menos como o neurólogo ou o psiquiatra e o psicoterapeuta. O que acontece é que a meta proposta na direção de almas médica é diferente e mais vasta do que, por exemplo, a que se propõe o cirurgião. Este, levada a cabo uma amputação, tira as luvas de operador e parece ter já terminado a sua obrigação de médico. Contudo, se o paciente perpetra o suicídio por não querer continuar a vida como mutilado, que resta do efeito real da terapia cirúrgica? Acaso não está também enquadrado na ação médica tudo quanto o médico possa fazer ainda a respeito da atitude do doente em face dos padecimentos cirúrgicos ou, conforme o caso, em face do efeito resultante da cirurgia? Não terá ele porventura o direito, para não dizer o dever, de tratar essa atitude do doente para com a doença, – atitude que, afinal (ainda que não *expressis verbis*), representa uma concepção do mundo? Mas, precisamente no momento em que o cirurgião fica de mãos a abanar, é que começa o seu trabalho a direção médica da alma! Nesse momento, digo, em que acabou o seu trabalho cirúrgico; ou então, no momento em que verifica não poder fazer nenhum trabalho cirúrgico, como sucede, por exemplo, nos casos inoperáveis.

Uma vez, um eminente jurista a quem tiveram que amputar uma perna em consequência de uma gangrena arteriosclerótica, quando saiu da cama para tentar andar com uma perna só, desatou a chorar. Então, o médico perguntou-lhe se ele aspirava a ser especialista em corridas de resistência, dizendo-lhe que só nessa hipótese se entendia semelhante desespero. E esta pergunta fez brotar imediatamente, como que por encanto, um sorriso entre aquelas lágrimas. O paciente logo se apercebeu do fato, em si tão banal, de que o sentido da vida, mesmo para um corredor especialista em longas distâncias, não está em caminhar com a maior facilidade possível e de que a vida humana não é tão pobre em possibilidades de valor que a simples perda de uma das extremidades já a possa tornar sem sentido algum.

Há ainda um caso semelhante que queríamos mencionar. Uma paciente, vitimada por uma tuberculose óssea, tinha que sofrer a amputação duma perna. Na véspera do dia marcado para o efeito, escreveu a uma amiga uma carta em que aludia vagamente a ideias de suicídio. A carta, digamos assim, extraviou-se felizmente a tempo, indo parar às mãos de um médico daquela seção cirúrgica onde estava a remetente. Assim, poucos minutos depois de ter apreendido a carta, o médico improvisou uma breve conversa com a doente. E o que fez foi também pôr-lhe a claro que a existência humana seria paupérrima se realmente perdesse o sentido e o conteúdo só por se ficar com uma perna a menos. Semelhantes circunstâncias poderiam, quando muito, privar de finalidade a vida de uma formiga, dada a hipótese de esta já não poder servir-se das seis patas para andar de um lado para outro, conforme a finalidade imposta à sua condição de formiga; mas – continuou o médico –, uma coisa é a vida de uma formiga, e outra completamente diferente a vida humana. O resultado desta palestra com o jovem médico, subordinada a uma espécie de *estilo socrático*, não se fez esperar. Mas o seu chefe, que no dia seguinte efetuou a amputação, ainda hoje ignora que, a despeito do êxito obtido na operação, a paciente esteve a pique de arribar à mesa de dissecação.

A análise existencial tinha que atrever-se a dar um passo revolucionário e herético: não apenas na medida em que se propôs dotar o homem de capacidade de gozo e de realização; mas também na medida em que, indo além desse objetivo, viu na capacidade de sofrer do homem uma missão fundamentalmente possível e realmente necessária. Desta maneira, vem a fazer parte da competência de *qualquer* médico, e não apenas do neurólogo, psiquiatra ou psicoterapeuta; mas sobretudo sempre será da competência dos clínicos gerais, ortopedistas e dermatologistas, – e isto, muito mais do que no caso das outras especialidades antes mencionadas. Com efeito, o clínico geral tem que se ocupar de doentes crônicos e de caquéticos incuráveis; o ortopedista, de mutilados para a vida inteira; e o dermatologista, de indivíduos que ficaram para muito tempo desfigurados. Quer dizer: todos eles têm que lidar com homens que já não podem modelar o destino que os domina, antes têm que contentar-se com sofrê-lo.

Último auxílio

Já se tem dito, a título de objeção, que a função da psicoterapia não é consolar – e isto, mesmo quando ela (ou em geral a medicina) já não consegue efetivamente curar. Mas esta objeção não colhe. Não foi por acaso que o sábio fundador do Hospital Geral de Viena, o imperador José II, mandou encimar a porta de entrada com uma placa onde se lê esta inscrição: *Saluti et solatio aegrorum;* uma inscrição que está dedicada, não apenas à cura, mas também à consolação dos doentes. Que a consolação se inclui na esfera de competência do médico, é o que, aliás, se deduz da recomendação da *American Medical Association.* «O médico também tem que consolar as almas. Em nenhuma hipótese é isto da competência exclusiva do psiquiatra. É muito simplesmente a missão de todo e qualquer médico que pratica a medicina.» Eu estou convencido de que as palavras milenares de Isaías – «Eis o que diz o vosso Deus: consolai o meu povo, consolai-o» – conservam ainda hoje plena validade: mas não apenas em geral, e sim muito especial e diretamente para o médico.

Pois bem. O último auxílio é a consolação que eu presto quando consigo tornar visível, apesar de um grande sofrimento que não cede, a última possibilidade, aliás, a mais alta, de encontrar um sentido para a vida. Tentarei ilustrar o meu processo nestes casos, reproduzindo um fragmento de uma fita magnetofônica. A fita a que me refiro contém uma conversa que eu tive com uma paciente e que foi gravada durante uma das minhas conferências clinicas. À conversa assistiam os meus ouvintes – estudantes de medicina, de filosofia e teologia. Já se vê que se trata de um diálogo improvisado do começo ao fim. A paciente em questão tinha 80 anos de idade e sofria de um carcinoma que não admitia mais intervenção cirúrgica. Escusado seria dizer que o nome desta velha senhora é inteiramente fictício: foi extraído duma personagem de romance, aquela Teta Linek da obra de Werfel «Ao Céu Desfalcado»[125], à qual a paciente se assemelhava extraordinariamente. Passemos, pois, ao fragmento mencionado.

Frankl – «Diga-me uma coisa, senhora Linek: que pensa, hoje, da sua longa vida, fazendo agora um retrospecto? Acha que foi uma vida bonita?»

Paciente – «Ah!, professor, não tem dúvida que foi uma vida boa. Era bonito viver! E tenho que agradecer a Deus tudo o que me deu de presente. Fui ao teatro. Ouvi concertos. O senhor sabe, aquela família de Praga com quem estive a servir – e foram dezenas de anos –, levava-me muitas vezes aos concertos. E tudo isso era bonito, e tenho que agradecer tudo a Deus».

O certo é que eu tinha que trazer-lhe à consciência o desespero existencial que ela tornara inconsciente, reprimindo-o. Era preciso que lutasse com ele, como Jacó lutou com o Anjo, até este o vencer. O que se me impunha era levá-la até ao ponto de vencer terminantemente a sua vida, até à capacidade de dizer «sim» ao *seu* destino, que não aceitava já mudança. E, para tan-

---

(125) Título em alemão: «Der veruntreute Himmel». (N.T.)

to, precisava – o que soa a paradoxo – de que ela duvidasse, uma vez que fosse, da sua vida. Isto, porém, no plano da consciência e não, como ela tinha dado a entender, reprimindo a dúvida.

Frankl – «Bem, senhora Linek, a senhora fala de vivências realmente belas. Mas não acha que, agora, tudo isso acabou?»

Paciente – (pensativa) «Sim, realmente, tudo acabou».

Frankl – «Então, acredita que todas essas coisas tão bonitas que viveu desapareceram sem deixar rasto? Que ficaram sem valor, que foram reduzidas ao nada?»

Paciente – (continuando pensativa) «As coisas tão bonitas que vivi...»

Frankl – «Mas olhe uma coisa, senhora Linek: haverá alguém capaz de fazer com que não tenha acontecido essa felicidade que viveu? Será que alguém a pode apagar?»

Paciente – «Não, professor, o senhor tem razão: ninguém pode fazer com que não tenha acontecido».

Frankl – «E poderá alguém desfazer os bens que encontrou na vida?»

Paciente – «Não, isso também não».

Frankl – «Quem pode desfazer o que a senhora conseguiu e com tanto esforço?»

Paciente – «Ah!, ninguém, professor: é claro que ninguém pode fazer desaparecer isso assim».

Frankl – «E alguém será capaz de fazer desaparecer tudo o que a senhora passou com tanta valentia e coragem? Alguém conseguiria eliminar isso do seu passado? Desse passado em que pôs tudo isso a salvo, *enceleirando-o,* como uma colheita? Desse passado em que poupou e armazenou tantas coisas?»

Paciente (agora, comovida até às lágrimas) – «Ninguém pode fazer isso, doutor. Ninguém!» (Aqui houve um momento de silêncio). «Com certeza que tive de sofrer muito. Mas também tentei aparar os golpes que a vida me deu. O senhor compreende, professor: eu acredito que o sofrimento é um castigo. Eu acredito em Deus».

Escusado seria dizer que eu, por mim, nunca teria tido o direito de iluminar a explicação do sentido da vida apelando para princípios religiosos, examinando a doente neste ponto. É esta uma possibilidade que apenas cabe ao sacerdote; o médico, como tal, não tem nisso nem deveres nem legítimos direitos. Mas, uma vez que a atitude religiosa positiva da paciente veio à luz, já nada impedia que a inserisse, como fato dado, no tratamento psicoterápico.

Frankl – «Mas, vejamos, senhora Linek, não acha que o sofrimento também pode ser uma prova? Não lhe parece que talvez Deus tenha querido ver até que ponto a senhora Linek é capaz de suportar o sofrimento? E, afinal, talvez Ele tenha que admitir esta conclusão: ótimo!, ela suportou tudo com grande valentia. E, sendo assim, senhora Linek, diga-me mais uma coisa: acha que alguém seria capaz de desfazer semelhante realização?»

Paciente – «Não, ninguém».

Frankl – «Então, é porque permanece, não é verdade?»

Paciente – «É exato: isso permanece!»

Frankl – «Como vê, senhora Linek, a senhora fez muitas coisas ao longo da vida, realizou muito; mas o que fez do seu sofrimento foi a melhor das realizações! E, neste aspecto, a senhora é, para as nossas pacientes, um exemplo. Aliás, felicito as suas companheiras de clínica por poderem tomá-la como exemplo!»

Neste instante, aconteceu uma coisa que ainda não tinha acontecido nunca numa aula: os 150 ouvintes romperam todos num aplauso espontâneo! Dirigi-me então, mais uma vez, à velha senhora e disse-lhe: «Veja, senhora Linek, estes aplausos são para V.S. São pela sua vida, que foi uma realização grande e única. Pode sentir-se orgulhosa dessa vida. E são tão poucos os homens que se podem sentir orgulhosos com a deles! Aliás, senhora Linek, posso dizer-lhe mesmo que a sua vida é um monumento. Um monumento que nenhum homem poderá fazer desaparecer!»

Vagarosamente, a velha senhora saiu da sala de conferências. Uma semana mais tarde, morreu. Morreu como Jó: cansada dos anos. Mas durante a sua última semana de vida já não estava deprimida. Pelo contrário, sentia-se animada e cheia de fé. Pelos modos, eu tinha conseguido mostrar-lhe que a vida *dela* possuía pleno sentido e que o *seu sofrimento* possuía um sentido ainda mais profundo. Antes, como dissemos, a velha senhora estava oprimida pela preocupação de haver levado uma vida inútil. Contudo, as suas últimas palavras, tal como se acham na história clínica, nada deixam transparecer dessa opressão; e vale a pena transcrevê-las aqui: «A minha vida é um monumento, foi o que disse o professor aos estudantes, na sala de aula. Portanto, não vivi em vão...»

O campo em que entramos com a logoterapia, e mais ainda com a análise existencial, é um campo fronteiriço entre a medicina e a filosofia. Paralelamente, também a direção de almas médica se move numa linha divisória, se bem que diversa: entra na fronteira entre a medicina e a religião. Já se sabe que quem anda sempre a mudar de país, atravessando a fronteira, é observado com desconfiança dos dois lados. Assim, a direção de almas médica sempre terá que ter em conta que a perseguem olhares desconfiados e receosos; e isto, nunca o deve ela esquecer.

Dizem-nos que, com a direção de almas médica, nos limitamos a dar «pedras em vez de pão». Mas, afinal, quem quiser ver as coisas com olhos de ver, dará uma sentença mais benigna e terá que admitir que o que nós damos é realmente pão: mas em vez de maná...

A direção médica de almas situa-se entre dois reinos. É, assim, um campo-limite. Como campo-limite é, entretanto, terra de ninguém. E, não obstante, é também uma Terra de Promissão!

Epílogo

Num prefácio que escreveu para uma obra sobre logoterapia, o professor de Harvard, Gordon W. Allport menciona a logoterapia entre aquelas correntes a que nos Estados Unidos se dá o nome de «psiquiatria existencial». Mas o professor Robert C. Leslie afirma que a logoterapia ocupa, precisamente neste aspecto, uma «posição excepcional digna de nota»; a tal ponto que, ao contrário das outras correntes psiquiátricas existenciais, teria o cabedal suficiente para produzir e revelar uma técnica certeira. Observações análogas encontram-se em escritos de Tweedie, Ungersma, Kazcanowski e Crumbaugh sobre esta matéria. Mas, na realidade, a logoterapia, por exemplo em comparação com a *Daseinsanalyse*, é mais do que simples análise; e tanto isto é assim que o que ela quer ser em primeira linha – conforme o indica o próprio nome de «logoterapia» –, é terapia. Além disso, a logoterapia preocupa-se não tanto com o ser como com o sentido, o *logos* precisamente. Desta maneira, aquilo que em logoterapia se denomina «vontade de sentido» assume, dentro deste sistema, um especial valor funcional. O que queremos dizer com isto é que por vontade de sentido não se entende senão um fato, que se confirma mediante uma análise fenomenológica; o fato de que o homem, no fundo, sempre aspira a encontrar um sentido para a sua vida e a atingir plenamente esse sentido, realizando-o.

Sem dúvida, hoje em dia esta vontade de sentido vê-se malograda com demasiada frequência. É, aliás, a este propósito que em logoterapia se fala de frustração existencial. Pacientes a quem se aplica este diagnóstico costumam queixar-se de um sentimento de ausência de sentido ou de um vazio interior. São os casos de «vácuo existencial», como se diz com terminologia logoterápica; vácuo este que, com razão, se pode caracterizar como a neurose coletiva da atualidade. De resto, ainda recentemente um psiquiatra checoslovaco chamava a atenção para o fato de que a frustração existencial está muito longe de se notar apenas nos chamados países capitalistas.

Nos casos em que a frustração existencial se condensa em sintomas neuróticos, temos um novo tipo de neurose, que denominaremos neurose noogênica, para usarmos a terminologia logoterápica. Crumbaugh e Maholick, os diretores de um centro de investigação dos Estados Unidos, prepararam um teste específico que aplicaram a 225 pessoas, para verificarem empiricamente a neurose noogênica. Terminado o teste, os autores publicaram um trabalho no *Journal of Clinical Psychology*, esclarecendo que os seus achados confirmam plenamente a hipótese frankliana, segundo a qual, hoje em dia, há que acrescentar à neurose psicógena a nova modalidade de neurose noogênica. Está demonstrado que se trata efetivamente de uma nova síndroma. No que diz respeito à frequência da neurose noogênica, basta considerar os resultados estatísticos apresentados pela investigação de Werner, em Londres, de Langen e Volhard, em Tubinga, de Prill, em Würzburg, de Niebauer, em Viena, de Frank M. Buckley, em Worcester (Massachusetts, USA), e de Nina Toll, em Middletown (Connecticut, USA). E os cálculos concordam em que cerca de 20% das neuroses verificadas são noogênicas.

Logo se intui que uma coisa como o sentido da vida não pode ser objeto de receita médica. Não faz parte da missão do médico dar sentido à vida do paciente; mas pode muito bem ser missão dele, por meio de uma análise existencial, pôr os pacientes em condições de encontrarem um sentido na sua vida: e o que eu sustento é precisamente que o sentido é para o paciente o encontrar em cada caso, e não para o atribuirmos mais ou menos arbitrariamente a uma coisa qualquer. Neste ponto, aliás, foram também Crumbaugh e Maholick os que, que eu saiba, pela primeira vez realçaram o fato de que a tarefa de decifrar o sentido de uma situação dada se assemelha à concepção de uma figura (*The Case for Frankl's Will to Meaning*, Journal of Existential Psychiatry 4, 43, 1963). E uma pessoa tão renomada como Wertheimer bate na mesma tecla ao falar de um caráter de exigência imanente a cada situação concreta, dando com isso a entender, afinal de contas, que o caráter dessa exigência é objetivo.

Ora, não há na vida nenhuma situação que realmente careça de sentido. Quer dizer: as faces aparentemente negativas da existência humana, especialmente aquela tríade trágica em que se entrelaçam a dor, a culpa e a morte, sempre se podem converter em algo de positivo, numa realização, se as sabemos enfrentar com comportamento e atitude corretos (obs. 30). Escusado será dizer, bem entendido, que só o sofrimento inevitável e imodificável encerra uma possibilidade de sentido, pois caso contrário, mais do que heroísmo, teríamos simples masoquismo. O certo é que boa parte do sofrimento inevitável radica na essência da estrutura humana; e o terapeuta, quanto possível for, deve ter todo o cuidado para não colaborar com a tendência para a fuga por parte do paciente, em vista dos dados fácticos da existência.

À vontade de sentido tendem a equiparar-se a vontade de poder e a vontade de prazer, tendo-se em mente, quanto a esta última, o princípio do prazer. Cumpre dizer, entretanto, que, em última análise, a vontade de prazer se revela contraditória em si mesma. O prazer, com efeito, quanto mais se persegue, mais se afugenta. Quanto mais o tomamos por alvo, menos acertamos nele. Nisto vemos nós uma das causas mais frequentes das neuroses sexuais. O que provoca distúrbios na potência sexual e no orgasmo é precisamente o fato de os indivíduos os tomarem por objeto da sua atenção ou intenção. É a isto que nos referimos em logoterapia, ao falarmos de hiperintenção e, paralelamente, de hiper-reflexão. A primeira reduz-se não raro, nos casos de impotência, ao fato de o paciente experimentar o coito no sentido de uma exigência. Para eliminar este caráter de exigência, a logoterapia dispõe de uma técnica especial. No fundo, trata-se da derreflexão, que ainda não discutimos. Diga-se de passagem que o tratamento de distúrbios sexuais segundo princípios logoterápicos é possível também quando o médico que dele se socorre não segue, por suas convicções teóricas, a orientação correspondente a tais princípios. Assim, um dos colegas do quadro da policlínica neurológica de Viena, a quem foram confiados os casos de neurose sexual, tem-se servido da técnica logoterápica, considerando-a a única possível para tratar, a breve prazo, casos como os da sua alçada; e, não obstante, mantém uma posição psicanalítica pura.

Mas a derreflexão foi pensada para casos de neurose sexual. Para tratamentos abreviados de pacientes afetados por neurose de angústia ou neurose compulsiva, dispomos de outra técnica logoterápica: é a chamada intenção paradoxal, que já descrevemos na «Psicoterapia na prática». Quinze anos mais tarde, outro trabalho saiu a lume: veio da pena do diretor clínico do *Connecticut State Hospital*, nos Estados Unidos, dr. Gerz; e foi publicado no ano de 1962, no *Journal of Neuropsychiatry*. Mas aqui mais uma vez importa observar que esta técnica logoterápica pode perfeitamente ser manuseada independentemente da concepção do mundo própria do médico. Ainda recentemente, um dos membros da associação psicanalítica de Viena apresentou um informe sobre as suas experiências com a intenção paradoxal, tentando esclarecer em termos psicodinâmicos os resultados por ele obtidos mediante este método de tratamento. Mas, permita-se-nos acrescentar outro exemplo: o diretor da Clínica Neuropsiquiátrica da Universidade Karl Marx de Leipzig, o professor Müller-Hegemann, tendo tido, muito embora, ocasião de observar resultados favoráveis do tratamento mediante a intenção paradoxal, considera-o um método de orientação neurofisiológica.

O que se passa, afinal, se a intenção paradoxal se aplica? Para compreendermos o que se passa efetivamente, vamos partir do fenômeno da chamada angústia de expectativa, entendida como expectativa ansiosa perante um acontecimento que se poderia repetir. A angústia, por sua essência, provoca precisamente aquilo que se receia. Pois bem, uma coisa análoga ocorre em relação ao sintoma: a angústia de expectativa desencadeia o sintoma a que se refere. O sintoma cria uma fobia; a fobia reforça o sistema; e o sistema, desta forma reforçado, consolida o paciente na fobia.

Como quebrar este círculo diabólico? É possível fazê-lo com medidas psicoterápicas e farmacoterápicas. Quanto ao processo farmacoterápico, baste-nos aqui remeter o leitor para as agorafobias basedowianas e claustrofobias tetanoides por mim definidas e que efetivamente são acessíveis a uma farmacoterapia mais ou menos específica. Quis o acaso que o primeiro dos tranquilizantes produzidos no continente europeu surtisse efeito no quadro de um tratamento medicamentoso das claustrofobias tetanoides.

Trata-se de um relaxante muscular de cujo efeito secundário ansiolítico fui eu o primeiro a lembrar-me. É de si evidente que nos casos basedowianos e tetanoides a base somática correspondente ocasiona uma mera predisposição para a angústia e não ainda uma neurose de angústia declarada, desenvolvida. Esta predisposição só degenera em neurose de angústia logo que, precisamente, se interpõe a angústia de expectativa. Daí o recomendar-se que, quanto possível, se combata de ambos os lados, quer do psíquico quer do somático, o mecanismo do círculo que desencadeia a angústia de expectativa. Ora, do lado psicoterápico, isto ocorre mediante a intenção paradoxal, quer dizer, quando o paciente passa a desejar e propor-se aquilo que receia. Numa palavra, trata-se de desviar o vento das velas da angústia expectante.

A esta neurose de angústia dos casos de angústia de expectativa, corresponde, nos casos de neurose compulsiva, outro mecanismo que forma também o seu círculo fechado. O paciente não consegue deixar de imaginar que poderia atentar contra si ou contra outra pessoa, ou que as ideias absurdas que o atormentam poderiam indicar uma enfermidade psicótica. Daí o ficar a debater-se com todas as ideias obsessivas; mas pressão provoca contrapressão e nada mais; e a contrapressão, por seu turno, aumenta a pressão. Em contrapartida, dá bom resultado fazer com que o paciente, seguindo o rumo da intenção paradoxal, desista de debater-se, pois nessa altura cedem os sintomas, e caem finalmente numa espécie de atrofia de inatividade.

Todos os clínicos que têm trabalhado com a intenção paradoxal ou que a têm elaborado são unânimes em reconhecer que se trata em geral de um tratamento manifestamente abreviado. Mas o afirmar-se que esse tratamento só produz resultados de curta duração, – isso deve-se já, para citarmos o falecido editor do *American Journal of Psychotherapy*, dr. Gutheil, às «ilusões da ortodoxia freudiana». Aliás, ninguém menos suspeito do que o professor J. H. Schultz; e, não obstante, eis a opinião que ele sustenta: «O reparo, tantas vezes feito, segundo o qual, em tais casos, à eliminação do sintoma se seguiria necessariamente a formação de um sintoma substitutivo, é uma afirmação sem fundamento nenhum». Vale a pena transcrever também a apreciação manifestada pela professora psicanalista americana Edith Weisskopf-Joelson, num dos seus trabalhos sobre logoterapia. «Os terapeutas orientados pela psicanálise – diz a professora americana – poderiam afirmar que por meio de métodos como a logoterapia não se pode chegar a nenhuma melhoria real, já que, com tais métodos, o terapeuta não ataca a patologia nas camadas "mais profundas", preferindo dedicar-se a revigorar mecanismos de defesa. Semelhantes conclusões não são, contudo, inofensivas. Com efeito, bem pode acontecer que nos afastem de possibilidades essenciais da psicoterapia e, na verdade, pela simples e única razão de as ditas possibilidades não se adaptarem eventualmente à nossa pessoal teoria das neuroses. Acima de tudo, não nos podemos esquecer de que, no caso dos "mecanismos de defesa", "camadas mais profundas", e "perpetuação da neurose nestas camadas", trata-se de construções puramente teóricas e nem de longe de observações empíricas». A estas explicações da psicanalista americana, talvez me seja lícito acrescentar apenas que os resultados terapêuticos do tratamento com a intenção paradoxal mereciam muito mais do que a classificação de observações empíricas.

A intenção paradoxal é apropriada inclusive nos casos crônicos. No «Manual de teoria da neurose e psicoterapia», temos por exemplo a informação sobre uma paciente de 65 anos de idade que, durante nada menos do que 60 anos, tinha sofrido de uma mania de limpeza grave e, não obstante, foi tratada com êxito por uma das minhas assistentes.

À primeira vista, talvez se pudesse aplicar à psicoterapia a frase de Jaspers a respeito da filosofia: o ser novo depõe contra o ser verdadeiro. Em todo o caso, e no que diz respeito especialmente à intenção paradoxal, estou convencido de que ela tem sido praticada constantemente, se bem que sem um método consciente e sem uma contextura sistemática. Uma vez, numa prova escrita, um dos meus alunos dos Estados Unidos, em vez de uma definição da intenção paradoxal, preferiu dar um exemplo autobiográfico. Ei-lo: «Quando andava na companhia de outras pessoas, o meu estômago costumava fazer uns ruídos, e quanto mais eu tentava reprimi-los, mais alto se faziam notar. No entanto, quando um dia comecei a conformar-me com aqueles ruídos para o resto da minha vida e a caçoar do meu estômago grunhidor na companhia dos outros, sempre que lhe notava os tais ruídos – logo o bendito estômago acabou com seus grunhidos».

Deste texto que acabo de citar, gostaria de reter a palavra «caçoar», pois indica o humorismo da atitude do paciente; e a intenção paradoxal sempre deveria ser formulada da maneira mais humorística possível. Afinal, o humor é um fenômeno humano que, por suas características, possibilita ao homem o distanciar-se de qualquer coisa e de quem quer que seja, e de si mesmo também, consequentemente, para se fazer inteiro senhor de sua pessoa. E, sempre que aplicamos a intenção paradoxal, todo o nosso desejo e empenho está precisamente em mobilizar este poder essencialmente humano do distanciamento. Aliás, bem pode dizer-se que, se isto acontece com o humor, conseguimos já ultrapassar aquela advertência de Konrad Lorenz, que nos acusa de «ainda não tomarmos o humor suficientemente a sério».

Por outro lado, Gerz e Tweedie conseguiram demonstrar que a logoterapia não se identifica com a persuasão e que em especial a intenção paradoxal não se pode reduzir a meros efeitos de sugestão. Pelo contrário: o que sempre sucede é que os pacientes patenteiam uma atitude declaradamente cética a respeito desta terapia; e que, quando os meus colaboradores lhes recomendam que pratiquem a intenção paradoxal fora da clínica, vão-se embora todos irritados. Assim, como se vê, livram-se da angústia produzindo-se os efeitos terapêuticos *apesar* da sua angústia de expectativa perante a angústia, isto é, apesar de uma autossugestão negativa; e não precisamente em consequência de uma terapia larvada de sugestão. Isto não significa, porém, que não devamos admitir que há casos em que a aplicação da intenção paradoxal não se pode recomendar sem ter sido *preparado* um processo de persuasão correspondente; especialmente no caso da neurose compulsiva de blasfêmia, para cujo tratamento dispomos já de uma técnica logoterápica específica[126].

A despeito dos notáveis resultados a que se referem os mais variados autores, nada nos autoriza a tomar a logoterapia como se ela fosse uma panaceia universal. Nem é aplicável a todos os casos, nem todos os médicos estão habilitados a manuseá-la na mesma medida. Isto seria razão suficiente para combiná-la, conforme o caso, com outros métodos, como de resto têm feito vários especialistas: assim, o dr. Ledermann, em Londres, relativamente à hipnose; o professor Bazzi, em Roma, relativamente ao treino de distensão (*Entspannungstraining*) schultziano; Kvilhaug, na

---

(126) A melhor maneira de abordarmos as obsessões de blasfêmia consiste em tentarmos impressionar o paciente com a sua própria neurose compulsiva, chamando-lhe a atenção para o fato de que, com os seus permanentes receios de cometer blasfêmias, *comete* já uma blasfêmia; porque, pensar que Deus é tão mau diagnosticador que lhe possamos negar a capacidade de diferençar entre blasfêmia e ideia obsessiva, significaria, já *de per si,* uma sacrílega blasfêmia contra Deus. Na realidade, o que temos que fazer é garantir ao paciente que Deus certamente não atribui à sua pessoa uma ideia obsessiva de blasfêmia. Neste aspecto, o paciente nem é livre nem responsável, – ainda que o seja, na proporção inversa, a respeito da sua *atitude* para com a ideia obsessiva: se se aferrar à luta contra as suas ideias súbitas de blasfêmia, não conseguirá senão aumentar o «poder» delas e a sua própria tortura. O objetivo desta técnica consiste em *deslocar* a luta contra o sintoma, suprimindo o *motivo* que a provoca.

Noruega, relativamente à técnica wolpeiana; e o dr. Gerz, nos Estados Unidos, relativamente à farmacoterapia.

Estão em curso os estudos necessários para esclarecer em que casos é indicada a logoterapia. Quanto a mim, creio que o mais importante é determinar as contraindicações a respeito da intenção paradoxal. Assim, a aplicação deste método às ideias de suicídio das depressões endógenas raia num erro técnico. É precisamente para os casos de depressão endógena que se reserva uma técnica logoterápica especial, que nos permite mitigar a tendência dos pacientes para toda a espécie de autoacusações. Converter os sentimentos de culpa ligados a esta tendência numa culpa existencialmente autêntica, no sentido de uma análise do *Dasein,* que reputo, aliás, tergiversada, é mais do que mera confusão entre efeito e causa, pois pode muito bem, uma vez por outra, incitar o doente ao suicídio.

Não queria deixar passar esta oportunidade sem voltar a chamar a atenção para uma técnica logoterápica especial, a que já nos referimos (cf. pág. 85), e que nos permite ajuizar do risco de suicídio em cada caso concreto. Há, a este propósito, um informe interessante. Devemo-lo ao dr. Wallace, diretor do laboratório psicológico de uma penitenciária dos Estados Unidos, e ao dr. Kaczanowski , diretor clínico do *Ontario Hospital.* Uma vez, quando era ainda um médico incipiente, o dr. Kaczanowski opôs-se, no decorrer de uma conferência médica, a que dessem alta a uma paciente afetada de depressão, baseando-se no resultado desfavorável do teste por mim preconizado, que tinha aplicado ao caso dessa paciente. Mas ninguém fez caso das suas advertências, e o teste foi encarado com ceticismo e ironia. Um dia mais tarde, após a saída da clínica, a paciente cometeu suicídio.

Quanto aos casos de esquizofrenia, como logo se intui, é a logoterapia nada menos que um tratamento específico. Sem embargo disso, há um caso ou outro em que eventualmente se recomenda a aplicação da técnica de derreflexão, a que já aludimos de passagem. A obra conjunta «*Modern Psychotherapeutic Practice*», que em breve virá a público, e cuja edição se deve aos cuidados de Artur Burton (USA), contém a reprodução de consultas dadas a pacientes esquizofrênicos, e que foram gravadas em fita magnetofônica, justamente para ilustrar a mencionada técnica de derreflexão.

Há bem pouco ainda, Arthur Burton afirmava que «os últimos 50 anos de terapia psiquiátrica fizeram da anamnese psicológica-profunda do paciente um fetiche». «O êxito espantoso de Freud em casos de histeria – continua o referido autor – induziu-nos a buscar em todos os outros casos uma vivência traumática análoga e a esperar a cura do exame correspondente. Só agora é que a psiquiatria despertou deste erro». Mas, mesmo que admitamos que as neuroses e as psicoses realmente são de interpretar no sentido das diversas hipóteses psicodinâmicas, – mesmo que assim fosse, digo, a logoterapia continuaria a ser indicada no sentido de um tratamento específico. É que, realmente, não podemos perder de vista que mesmo uma sintomática que, em si e por si só, de modo algum seja noogênica, desenvolve-se especialmente quando dispõe de um vácuo existencial para se enraizar e prosperar. É provavelmente isto o que Crumbaugh tem presente ao afirmar que «a entrevista logoterápica ultrapassa precisamente o ponto em que todas as outras terapias fazem alto, e muito especialmente as que seguem métodos de orientação analítica: pois nós entendemos que o tratamento é de todo inútil se não se esclarece a problemática do sentido, já que, caso contrário, fica para trás a etiologia e produz-se a sintomatologia recorrente».

Já se disse muitas vezes que graças à logoterapia se descerra uma nova dimensão, a dimensão do propriamente humano. Sendo assim, este mesmo caráter dimensional do nosso contributo, decerto que não anula os achados dos grandes pioneiros da logoterapia, antes o realça. Enfim, a logoterapia não é nenhum substituto da psicoterapia; e, no entanto, bem pode contribuir para a sua reumanização.

Observações

(à página 22) – Normalmente, o homem apercebe-se de sua orientação de sentido. Certa ocasião, um sindicato operário austríaco organizou um inquérito junto de 1 500 jovens. Nada menos que 87% esclareceram que «o ter um ideal tem sentido». Pode ser ilustrativo e instrutivo, a este respeito, um fato ocorrido numa colônia penitenciária de Ohio: os presidiários a quem alguns médicos injetaram elementos cancerígenos não quiseram receber qualquer pagamento; e, no entanto, tinham-se oferecido espontaneamente para as experiências cancerológicas três ou quatro vezes, sempre que os médicos o acharam realmente necessário. A mesma afluência se registrou noutros estabelecimentos penais.

(à página 29) – E claro que também não podemos esperar ou exigir de um admirador ou cultor de Hipócrates ou Paracelso que se atenha estritamente ao receituário e métodos cirúrgicos deles.

(à página 32) – De acordo com o que dizemos, o fenômeno «vermelho» não poderia, na realidade, verificar-se; em rigor, existiria somente a relação completa «vermelho-verde», que se-

ria o autêntico fenômeno, o fenômeno último, originário. Pois bem, esta afirmação é empiricamente corroborada pelo fato de realmente não existirem, por um lado, pessoas cegas apenas para a cor vermelha e, por outro, pessoas cegas para a cor verde, mas sempre pessoas cegas para duas cores combinadas, o vermelho e o verde. Quanto à tese acima exposta de que a relação do ente como diferentemente-ente precede sempre o ser – é o que se deduz, além do mais, do fato de a física ou a astronomia, enquanto ciências de *relata,* pressuporem necessariamente a matemática, enquanto ciência de «relações». Note-se, aliás, que não entendemos aqui por relação uma categoria, antes temos em mente o sentido ontológico do conceito.

Certas experiências de psicologia animal confirmam também a ideia que fazemos do significado fundamental da relação. Assim, por exemplo, Karl Bühler (*Die geistige Entwicklung des Kindes,* 4.ª ed., Jena, Gustav Fischer, 1924, pág. 180) fala-nos do «conhecimento relacional» dos animais, mencionando a título exemplificativo, com referência a W. Köhler (*Nachweis einfacher Strukturfunktionen beim Schimpansen und beim Haushuhn,* Dissertações da Academia Berlinense das Ciências, 1918, Fis.-Mat. col. nr. 2), tentativas de adestramento de uma galinha que sempre reagia (*loc. cit.,* pág. 178) «não a impressões absolutas, mas às suas relações».

Outra prova, temo-la em determinadas experiências da física, Cf. A. March («*Neuorientierung der Physik*», «*Der Standpunkt*», 9.5.1952, pág. 5): «Se analisamos a fundo as experiências em que assenta a nossa crença na existência de um elétron substancial, não nos fica mais do que um sistema de relações constantes, de modo que o que temos de tomar por genuinamente real são essas relações e não a partícula substancial...; e a autêntica natureza das coisas... consiste numa estrutura...; esta opinião, conta hoje com o apoio de grandes nomes, tais como Bertrand Russell,

Eddington, Schödinger e muitos outros; nenhum deles vê numa substância a realidade objetiva...».

Falamos acima do ser-diferentemente, isto é, da relação do ente enquanto diferentemente-ente e, em concreto, da relação «vermelho-verde». Vermelho e verde são, pois, diferentemente; mas também o são amarelo e violeta e bem assim azul e cor de laranja. E, no entanto, todos estes pares são «diferentemente» *de diferente modo*. Uma figura vermelha grande e uma pequena em fundo verde são ainda diferentemente, num sentido, por sua vez, *diferente;* e uma figura quadrada também, mas num sentido, por seu turno, diferente daquele em que o é uma figura circular. Por último, uma figura espacial seria diferentemente em sentido diferente daquele em que o é uma figura plana, e assim por diante. Quer dizer: o ser, além de se *constituir* como algo diferente, *escalona-se* – enquanto diferente, sim –, mas escalona-se em «dimensões» cada vez mais elevadas do ser-diferentemente! Destarte, podemos abarcar o mundo como sistema de relações escalonadas. Ora bem: do caráter «dimensional» deste escalonamento resulta que a relação entre os *relata*[127] de uma determinada dimensão tem que pertencer à dimensão imediatamente superior. Assim, a «relação» entre dois pontos, isto é, a reta que os une, pertence à primeira dimensão, ao passo que a «relação» entre duas retas – unidimensionais –, isto é, o plano que as une, pertence já à segunda dimensão. E assim por diante.

Pois bem: o que lança pontes de ligação entre os diferentemente-entes é, acima de tudo, o conhecimento. Com efeito, o conhecimento interpõe o *diferentemente* entre os entes, na exata medida em que entre eles estabelece relações. Mas o conheci-

---

(127) O Autor usa aqui, como acima, uma forma germanizada da palavra latina que grifamos: e pretende significar com ela, conforme se vê pelo texto, a própria relação já constituída, a «relação», que põe entre aspas ao referir-se à reta. A reta é, pois, um *relatum* (singular de *relata*, em latim). (N.T.)

mento é também, ele próprio, relação; porquanto é referência de um ente (que o é espiritualmente) a outro ente – referência a que se aplica também o nome de «ter». Tudo o que aqui se diz põe a claro que o conhecimento, enquanto relação, não pode pertencer à mesma dimensão que os *relata* dessa relação, isto é, o ente cognoscente, por um lado, e, por outro, o ente conhecido (quer dizer: a *relação* conhecida, entre os entes, os diferentemente-entes, já se vê). Por esta razão, o conhecimento de um objeto não pode ser conhecido ao mesmo tempo que o objeto do conhecimento. Quer dizer: o conhecimento do objeto só é conhecido à custa do objeto do conhecimento enquanto não deixar de ser, finalmente, conhecimento do objeto.

(à página 53) – Ao passo que a psicoterapia se empenhou em pôr a descoberto as bases psicológicas ocultas das ideologias, a logoterapia empenhou-se em desmascarar como aparentes as razões lógicas manifestas das concepções do mundo, debilitando-as, portanto, na sua qualidade de razão e fundamento.

(à página 72) – O psico(pato)logismo projeta os fenômenos no plano do anímico. Mas, assim, perde toda uma dimensão: a dimensão do espiritual. Desta maneira, prescindindo da referência ao espiritual, numa visão puramente imanente (isto é, refugando a transcendência dos objetos em questão), também não é para admirar que um Maomé ou um Dostoievski se nos afigurem, sem mais nem menos, uns epiléticos, como qualquer outro epilético que sai da nossa ambulância ou frequenta o nosso consultório. E, no âmbito da imanência psicológica, também as visões extáticas de uma Bernadette, por exemplo, em nada se distinguirão de quaisquer outros estados excepcionais alucinatórios. Afinal, passa-se com o psicologista o mesmo que com o desenhista que projeta sobre uma folha de papel uma esfera, tirando-a da sua tridimensionalidade: assim desenhada, a esfera converte-se num círculo, que não se distingue em nada daquele que corres-

ponde à projeção de um cilindro tridimensional, de um cone do mesmo gênero, ou de um círculo bidimensional (!). O caso é que o psicopatologista puro jamais poderá distinguir entre «contributo» e «sintoma» (isto, prescindindo mesmo de que, na visão analítico-existencial consequente, até o próprio sintoma pode, em determinadas circunstâncias, representar um «contributo»).

(à página 73) –A genealogia de todas estas ideologias é a seguinte: o pai do psicologismo, do biologismo e do sociologismo é o naturalismo. No entanto, da união – que podemos denominar endogâmica – do biologisfno com o sociologismo nasceu, como fruto serôdio e disforme, um biologismo coletivo. E tornamos a encontrar este biologismo coletivo no chamado racismo.

(à página 74) – Isso de que o homem possui tanto «os vícios das suas virtudes» como «as virtudes dos seus vícios» – é aplicável não apenas aos indivíduos, mas também, e sobretudo, aos povos no seu conjunto. E com isto já se diz também que depende de cada indivíduo o que ele venha a fazer das aptidões – pois só disso se trata – que nele porventura se verifiquem por pertencer a determinado povo. Essas aptidões não são mais do que possibilidades: simples possibilidades que o indivíduo, e somente ele, pode realizar de um modo ou de outro; dentre as quais tem que escolher; a favor ou contra as quais tem que tomar uma decisão. Só depois que tiver optado e tomado esta decisão é que as *disposições da sua nação, de per si neutras em função dos valores,* se converterão em *propriedades da sua pessoa,* positivas ou negativas em função dos valores. De tudo isto resulta, no mínimo, que é o indivíduo quem é chamado a «adquirir, para as possuir», as virtudes da «sua nação», isentas, quanto possível, dos seus vícios.

(à página 100) – À «realidade de execução» – enquanto ser verdadeiro e próprio da pessoa na consumação dos seus atos – contrapõem-se, como modalidades impróprias do ser, as três seguintes:

primeiro, a do «ser meramente presente» (*modus* secundário; Heidegger); em segundo lugar, a do ser que permanece num caráter de estado, sem *intender*, portanto, para um ser que o transcenda; e, por último, a do ser que *intende* para si mesmo, que se reflete a Si mesmo, degradando-se assim ao plano do ser meramente presente (pois é claro que, mediante a observação de si mesmo, o ser existencial, «que decide» – o *«Da»-sein* –, converte-se num ser simplesmente fáctico, desnaturando-se).

(à página 103) – Exigir do homem um conhecimento perfeito e acabado seria como exigir de um compositor não que escrevesse uma sinfonia, mas *a* sinfonia por antonomásia, isto é, a sinfonia consumada quanto à forma e completa quanto ao conteúdo. Toda e qualquer sinfonia, como qualquer outra obra de arte, é sempre algo de imperfeito; o mesmo acontece com todo o conhecimento: é sempre, necessariamente, algo imperfeito – unilateral na sua visão, condicionado pelo ponto de vista que o caracteriza, fragmentário nos seus resultados.

(à página 111) – Veja-se Gabriel Marcel: «sonata de Beethoven para piano op. 111, ou o quarteto para cordas op. 127 transportam-nos àquelas paragens em que a humanidade consegue ultrapassar-se a si mesma, numa revelação de sentido a um tempo evidente e inefável».

(à página 120) – A pergunta trivial sobre se é valente ou covarde quem comete um suicídio não tem resposta assim tão fácil. Não podemos ser tão injustos que passemos por alto a luta interior que costuma preceder toda tentativa de suicídio. Assim, não nos resta senão dizer isto: o suicida é valente perante a morte, mas covarde perante a vida.

(à página 121) – «Basta um homem pôr a claro o "porquê" da sua vida, para pouco se importar com o preço do seu "como"» (*Der Wille zur Macht,* 3 vol., edição de Musarion, Munique 1926, *Gesammelte Werke* XIX, 205).

OBSERVAÇÕES

(à página 125) – Inclusive, podemos dar de barato que o homem médio não é assim tão bom; e que só alguns poucos indivíduos isolados há verdadeiramente bons. Mas é de perguntar: dadas estas circunstâncias, não se estará a impor a cada indivíduo a missão de ser melhor do que é o «homem médio», transformando-se precisamente em um homem «singular»?

(à página 126) – Gostaríamos de ilustrar aqui, à luz de um exemplo concreto, este aprofundamento que a consciência de responsabilidade experimenta, *eo ipso,* no homem religioso. Seja-nos permitido reproduzir, para o efeito, a seguinte passagem de L. G. Bachmann sobre Anton Brückner: «O seu sentimento de responsabilidade perante Deus cresce até o infinito. Vejamos, por exemplo, o que diz ao seu amigo Dr. Josef Kluger, prior do convento de Klosterneuburg: "Alguns quereriam que eu escrevesse de outro modo. É claro que poderia fazê-lo, mas não devo. Deus dignou-se distinguir-me entre milhares, dotando-me, precisamente a mim, com o talento que possuo. Um dia terei que Lhe prestar contas. Como poderia eu apresentar-me diante de Deus Nosso Senhor, se seguisse os outros em vez de O seguir a Ele?"» Nada mais falso, portanto, do que a afirmação segundo a qual a atitude religiosa torna o homem passivo; é exatamente o contrário: pode convertê-lo no homem mais ativo do mundo. Sobretudo se se trata daquele tipo religioso de homem que – adotando uma atitude existencial – se sabe sempre, de certo modo, como um paladino do divino na terra. Ele compreenderá que é na terra que se tomam as «decisões», que é aqui, na terra, que se travam todas as batalhas; que não são somenos as travadas pelo homem e no próprio homem, nem as que ele próprio trava ou dentro de si decide. Isto não pode deixar de trazer-nos à memória, a modo de analogia, a história clássica do sábio a quem um dia os seus discípulos perguntaram: «Dize-nos quando e como sabe o homem se o Céu lhe perdoou alguma coisa»; ao que o sábio respondeu:

«O homem só pode saber que o Céu lhe perdoou um pecado quando não torna a cometê-lo».

(à página 129) – Referimo-nos apenas, naturalmente, àquela religiosidade que só desponta onde Deus é concebido e vivido como um ser pessoal, mais ainda, como a personalidade por antonomásia, como sua protoimagem; ou então – poderia dizer-se também – como o primeiro e último «tu»; para o homem religioso deste tipo, a vivência de Deus é, simplesmente, a vivência do «Tu» originário.

(à página 151) – Por isso, também a massa *oprime* a individualidade dos indivíduos e, neste sentido, limita a sua *liberdade* em benefício da *igualdade;* de modo que o gregarismo entra a ocupar o posto da *fraternidade*.

(à página 169) – É claro que nem tudo o que apresenta as aparências do *ego* é realmente *ego,* assim como não é realmente *id* o que se afigura *id.* E, nesta medida, cumpre fazer justiça à psicanálise e à psicologia individual: para sermos justos, com efeito, devemos dizer que, nos casos de neurose, a instintividade do homem aparece envolta numa roupagem moral, penetrando no terreno da consciência sob um «disfarce simbólico», precisamente no sentido da psicanálise; e que – agora no sentido inverso, conforme a psicologia individual – o *ego* faz muito gosto em esconder-se com frequência por trás de certos impulsos aparentes (como se passa, por exemplo, nos casos de *arrangement).* Podemos até dar um passo mais e reconhecer sem medo que tudo quanto a psicanálise nos ensinou, por exemplo, acerca dos sonhos, conserva, no essencial, a sua validade, podendo-se convir, enfim, nesta asserção: quem sonha não sou «eu» *(ego),* é o *id* que sonha em mim!

(à página 181) – A liberdade não «se tem» – como «se tem» uma coisa qualquer que também se pode perder; o que se deve dizer é que a liberdade «sou eu».

(à página 182) – O decisivo é sempre o homem. Mas, o que é o homem? O ser que sempre decide. E o que decide ele? O que há de ser no instante seguinte.

(à página 192) – Ao passo que para a psicologia individual representa sempre um *sintoma* neurótico, para a análise existencial o sentimento de inferioridade pode constituir, em certas e determinadas circunstâncias, um autêntico contributo moral. E, note-se, não ao lado ou apesar da deficiência, se é que ela existe realmente; mas porque esta está aí presente. Com efeito, o sentir-se o homem inferiorizado – à vista de um valor que lhe esteja defronte, bem entendido! –, não é para ele a ocasião somenos que tem, para salvar-se; pelo contrário, é a ocasião melhor de que dispõe, pois só o salva e justifica, como quer que seja, a visualização de valores que então empreende.

(à página 197) – A diferença entre o destino que se pode evitar ou imputar («a desventura ignóbil»), por um lado, e, por outro, o autêntico destino, inevitável e sem possibilidade de alteração (a «nobre desventura») – sendo este último o único caso em que há oportunidade de realizar valores de atitude –, tal diferença, digo, corresponde exatamente à que o alpinista costuma estabelecer entre «perigos subjetivos» e «perigos objetivos». Entre os alpinistas, também não se considera «desonroso» sucumbir ante um perigo objetivo (por exemplo, o desprendimento de uma rocha); mas reputa-se vergonhoso cair em consequência de um perigo subjetivo (como, por exemplo, as deficiências do equipamento, a falta de experiência, a má técnica da escalada, etc.).

(à página 202) – A vida também não nos interroga com palavras, mas com fatos; e perante estes fatos, também não respondemos com palavras à vida, senão com ações que realizamos. E, se aos fatos só temos que responder, é porque estamos perante fatos não consumados.

(à página 251) – Não pode deixar de haver uma espécie de

relação inversamente proporcional entre a ação e uma eventual auto-observação; uma relação em consequência da qual parece pelo menos impossível um indivíduo empenhar-se na ação com toda a atividade e ao mesmo tempo observar-se a si mesmo com perfeita agudeza e completa distância. Quem não vê aqui, nesta relação entre a «impulsividade» humana, por um lado, e a auto-observação, por outro, uma analogia com a conhecida «relação desfocada», de Heisenberg?

(à página 270) – O «adiamento» da sexualidade, o tratamento «dilatório» do problema sexual na educação sexual da juventude, tem que partir, em última instância, da seguinte consideração: se o rapaz tivesse que entrar na vida profissional logo aos 14 anos, não chegaria nunca a desenvolver-se profissionalmente nem a preparar-se para uma profissão elevada; do mesmo modo, se o jovem se lançasse à vida sexual nos começos da puberdade, não chegaria nunca a desenvolver-se interiormente, nem poderia elevar-se às formas mais altas da vida amorosa, isto é, a uma vivência profunda do amor.

(à página 302) – Parecem certeiras, neste aspecto, as observações feitas por Johanna Dürck e Allers, ao explicarem a neurose compulsiva. A primeira escreve: «Um neurótico compulsivo disse-me uma vez que Deus tinha que ser a ordem; aludia a uma síntese pedante e fácil, que o sossegava e desvinculava da tensão do verdadeiro ser. Só assim me parece possível entender, no fundo, a "pedantice" do neurótico compulsivo». E Allers diz: «A pedantice não é senão a vontade de impor às ninharias do mundo-ambiente a lei da própria pessoa». E, no entanto, esta vontade, como qualquer vontade de ordem neurótico-compulsiva, merece ainda, de algum modo, o nome de humana, no melhor dos sentidos: «O sentido do eterno cumpre-se através da ordem e só através da ordem é que o homem se mantém fiel à sua própria imagem» (Werfel). Quer-me parecer, com efeito,

que ordem se pode definir como igualdade na heterogeneidade (por analogia com a conhecida definição de beleza, que é «unidade na variedade»).

(à página 309) – Cf. L. Tolstoi: «A inteligência, temos que apertá-la só até certo ponto; como um binóculo que, se se aperta um pouco mais, faz ver pior».

(à página 362) – A religiosidade é talvez, em última instância e essencialmente, a vivência da própria fragmentariedade e relatividade do homem, referida a um substrato que, para falar verdade, seria temerário caracterizar como «o absoluto» – tão absolutos são os termos em que este absoluto teria que ser concebido! Poderíamos falar, quando muito, de algo não fragmentário, não relativo. Mas então, o que vem a ser a vivência da fragmentariedade e relatividade na sua referência a algo... «irrelacionável»? É simplesmente isto: estar a salvo. Assim, aquilo em que o homem religioso se sente a salvo ou resguardado *(geborgen)* acha-se guardado (escondido, *verborgen*) na transcendência. Deste modo, embora não exista para a busca nada achado – já que sempre isso está na transcendência –, sempre existe para quem busca o que é buscado. E isto, sim, já «é» algo «dado» para quem o busca; dado, não no seu *quê (Was-heit),* a modo de algo achado, mas no seu puro «que» *(Dass-heit)*. Desta forma, a intencionalidade, se bem que dissolve a imanência, detém-se perante a transcendência. (E, afinal, também não é outra a «conclusão última» para a fenomenologia, que se detém ante o ato intencional enquanto sua extremidade derradeira, tal como faz a filosofia existencial perante a decisão existencial). Assim, também para o homem religioso Deus é sempre transcendente, se bem que ao mesmo tempo é *intendido* (objeto da sua *intentio*). Por maneira que Deus é sempre, para o homem religioso, o Ser sempre silente, a quem, no entanto, sempre invoca; o sempre inefável que não fala, a quem sempre se acode, contudo, para falar.

(à página 369) – W. von Baeyer bate na mesma tecla, quando escreve: «Atemo-nos às observações e ideias manifestadas por Plügge. Objetivamente, já não há esperança alguma a considerar. O doente, que se acha perfeitamente lúcido, há muito deve ter reparado que está perdido. E, não obstante, continua a esperar, mantendo a esperança até o fim. Por quê? Porque a esperança desses doentes, que na superfície pode visar uma cura ilusória neste mundo e só numa camada mais profunda e escondida deixa entrever o seu conteúdo de sentido transcendente, está necessariamente arreigada no ser humano, que nunca pode ser sem a esperança numa consumação futura, em que crê naturalmente, em conformidade com a sua natureza, mesmo sem dogmas» (*Gesundheitsfürsorge – Gesundheitspolitik,* 7, 197, 1958).

(à página 377) – A análise existencial tem por missão mobiliar e decorar o melhor possível a sala da imanência, evitando sempre obstruir as portas que dão para a transcendência. Não pretende mais do que aquilo; mas também não se lhe pode pedir que vá além disto. Segue, se assim se prefere, uma política de portas abertas; por estas portas pode livremente sair o homem religioso, sem que ninguém lho impeça, como também – se mais aprouver dizê-lo assim – livremente pode entrar o espírito de autêntica religiosidade, sem que ninguém o obrigue a isso: o espírito de autêntica religiosidade... *que não pode prescindir* dessa espontaneidade.

(à página 395) – À liberdade da vontade e à vontade de sentido associa-se o sentido do sofrimento, a modo de terceiro pilar em que assenta todo o edifício da logoterapia. E que tríade consoladora! O homem quer o sentido; mas não há apenas um sentido: há também a liberdade que o homem tem para o realizar plenamente.

Seleção bibliográfica do Autor

Viktor Frankl é autor de 39 livros, que até o momento estão disponíveis em 48 idiomas. Abaixo, compilamos uma lista dos seus livros traduzidos ao português. Para uma bibliografia completa dos seus escritos, bem como uma lista abrangente de obras sobre a logoterapia e o seu fundador, referimos o leitor à página do Viktor Frankl Institut na internet: <www.viktorfrankl.org>.

Teoria e terapia das neuroses. É Realizações, São Paulo, 2016.
O sofrimento de uma vida sem sentido. É Realizações, São Paulo, 2015.
A busca de Deus e questionamentos sobre o sentido. Vozes, Petrópolis, 2014 (coautoria com Pinchas Lapide).
Logoterapia e análise existencial: textos de seis décadas. Forense Universitária, Rio de Janeiro, 2014.
O homem em busca de um sentido. Lua de Papel, Alfragide, 2012.
A vontade de sentido: fundamentos e aplicações da logoterapia. Paulus, São Paulo 2011.
O que não está escrito nos meus livros: memórias. É Realizações, São Paulo, 2010.
Um sentido para a vida: psicoterapia e humanismo. Ideias e Letras, Aparecida, 2010.

Psicoterapia para todos: uma psicoterapia coletiva para contraporse a neurose coletiva. Vozes, Petrópolis, 1991.
Sede de sentido. Quadrante, São Paulo 1989.
Em busca de sentido: um psicólogo no campo de concentração. Sinodal, São Leopoldo; Vozes, Petrópolis, 1985.
A presença ignorada de Deus. Sulina, Porto Alegre; Imago, Rio de Janeiro, 1993.
Fundamentos antropológicos da psicoterapia. Zahar, Rio de Janeiro, 1978.
A psicoterapia na prática. Pedagógica e Universitária, São Paulo 1976.

Índice de matérias

Agorafobia 283, 287, 399
Amor 36, 92, 136, 220, 225, 243
Análise existencial 78, 285, 288, 397
Angústia de expectativa 254, 281, 400
Apelo 348
Arbítrio (puro arbítrio) 142
Arrependimento 142, 195
Arte 18, 192, 217, 386, 412
Autotranscendência 68, 136, 154

Behaviorismo 69
Biologismo 75, 411

Caducidade 93, 163, 391
Carcinofobia 285
Ceticismo 309, 310
Ciúme 248
Claustrofobia 283, 399
Comunidade 152
Consciência 106, 109, 131
Consolação 47, 389
Contraindicação 404
Culpa 142, 195, 397, 404

Daseinsanalyse (análise do *Da-Sein*) 395, 404
Depressão 339, 340, 404
Derreflexão 344, 398, 405
Desafogo 24, 190
Diálogo 377
Dimensão 20, 21, 70, 368, 405, 410
Dinâmica existencial 24, 25, 131, 132
Direção de almas médica 361
Disposição 164, 278, 292, 330, 411
Distanciamento de si mesmo 283, 294, 313, 332, 402
Distúrbios do sono 253, 334

Ego 374, 414
Eletrochoque 21
Eritrofobia 281
Eroticidade 222
Esporte 141, 169, 204, 205, 215, 386, 415
Esquizofrenia 404
Estatística 23, 328, 335
Eutanásia 116

Farmacoterapia 21, 50, 404
Fé 60, 68, 88, 92, 128, 131, 136, 364, 366, 391, 413, 417
Finalidade 279, 287
Fraqueza de vontade 171
Frigidez 253, 397
Frustração existencial 23, 45, 259, 396

Haecceitas 243
Hereditariedade cf. Disposição
Hiperintenção 256, 398
Hiper-reflexão 256, 398
Hipertireose 283
Humor 284, 294, 314, 331, 402

Id 374, 414
Imagem do pai 61
Impotência 255, 258, 398
Inibição recíproca 332
Instinto 90, 91
Intenção paradoxal 284, 293, 312, 325

Liberdade 20, 89, 111, 132, 142, 157, 183, 414
Linguagem 353
Livre-arbítrio 68, 161, 418
Logoterapia 55, 143, 288, 290, 395, 403, 404
Luto 195

Massa 150
Masturbação 268
Matrimônio 241
Melancolia ahasvérica 346
Método 17
Monadologismo 68
Monantropismo 48
Morte 144, 228, 397

Neurose compulsiva 398
Neurose compulsiva de blasfêmia 403
Neurose de angústia 400
Neurose de desemprego 209
Neurose dominical 85, 209, 215
Neurose noogênica 23, 45, 143, 285, 396
Neutralidade 380
Niilismo 58
Noodinâmica cf. Dinâmica existencial

Onanismo cf. Masturbação
Ontologia dimensional 66
Ordem 416
Orientação de sentido 24, 132, 138, 407

Pandeterminismo 57
Patologismo 69, 410
Persuasão 403
Pessoa 154, 155
Poder de resistência do espírito 164, 316
Prazer 256, 258, 398
Praxe negativa 331
Princípio da realidade 95, 134
Princípio do equilíbrio 95
Princípio do prazer 95, 134, 398
Principium individuationis 239
Problema psicofísico 68
Procriação 148
Profissão 205
Prostituição 251
Pseudoneurose somatógena 143, 285
Psicanálise 31, 35, 36, 69, 333, 414
Psicologia das alturas 37
Psicologia individual 31, 69, 279, 414

Psicologismo 49, 73, 411
Psicose 340
Psicoticofobia 295

Quimera fílmica 350

Racionalismo 310
Realização de si mesmo 137
Reducionismo 57, 313
Reflexologia 69
Relativismo 105
Religião cf. Fé
Responsabilidade, resposta 130, 142, 145, 157, 189, 204, 391
Revelação 369

Sentido 41, 81, 105, 125, 138, 142, 143, 144, 233, 309, 370, 395, 396
Ser 33, 34, 35, 154, 155, 161, 162, 309, 370, 395, 409
Sexualidade 222
Sintoma 291, 292
Sociologismo 75, 411
Sofrimento 92, 114, 192, 246, 389, 397, 418
Sonho 414
Subjetivismo 105
Sub-humanismo 58
Suicídio 59, 87, 120, 370, 386, 404, 412
Super-ego 374
Suprassentido 88

Tartamudez 254, 337
Técnica 17, 18, 386
Tédio 26, 87, 196
Teste 23, 87, 396, 404
Totalidade 20
Tranquilizante cf. Farmacoterapia
Tratamento abreviado 329, 398, 400

Tríade trágica 397

Unidade 20, 65

Vácuo existencial 26, 45, 59, 259, 396
Valor 42, 102, 109, 112, 144
Virgindade 263
Vontade de sentido 109, 136, 313, 370, 395, 418

ESTE LIVRO ACABOU DE SE IMPRIMIR
A 15 DE AGOSTO DE 2024,
EM PAPEL IVORY SLIM 65 g/m².